PRINCIPALES NOTIONS D'ITALIEN

CHIARISSIMO®

CIVILISATION
GRAMMAIRE
VOCABULAIRE
Structures
Lexique

R.J. PRATELLI - G. ZIELLA

MARTORANA
éditeur

ISBN 2-904218-04-1

MARTORANA ÉDITEUR : c/o Montricher Diffusion 645, rue Mayor de Montricher
Tech'Indus B 13854 AIX-EN-PROVENCE cedex 3

Avant-Propos

En 1993, une nouvelle édition intitulée CHIARISSIMO avait remplacé CHIARO, non seulement améliorée dans sa présentation devenue encore plus attrayante, mais aussi très enrichie dans son contenu, avec des explications grammaticales plus détaillées, avec des reproductions en couleurs de chefs-d'œuvre de la peinture, de la sculpture et de l'architecture italiennes, et surtout avec une remise à jour complète, par le journaliste Giovanni ZIELLA, de la partie réservée à la littérature contemporaine, à la télévision, au cinéma, à la presse, au sport, aux musées, à d'autres aspects de l'Italie d'aujourd'hui.
Cette remise à jour a été complétée par un examen de la situation économique et politique de l'Italie depuis 1992, intitulé VERSO LA II REPUBBLICA.

Mes remerciements s'adressent non seulement à ceux qui m'ont apporté leur aide par leur savoir, mais aussi à toutes celles et à tous ceux - amis, collègues, étudiants, anciens élèves devenus professeurs d'italien - qui ont contribué et contribuent à développer la diffusion de cet ouvrage de référence, extrêmement utile à tous les niveaux et d'un emploi d'autant plus commode que l'éditeur, dans un souci de lisibilité encore accru, à utilisé admirablement toutes les ressources technologiques actuelles de la typographie.

Les pages réservées à la grammaire ne comportent pas d'exercices : on trouvera ceux-ci, chez le même éditeur, dans mes EXERCICES DE GRAMMAIRE ITALIENNE et leurs corrigés désormais publiés à part.

CHIARISSIMO servira à la fois de révision complète des notions de base et de solide point de départ à une recherche plus spécialisée. Pour cette dernière, les étudiants utiliseront avec profit mon DICTIONNAIRE GRAMMATICAL ET CONTRASTIF DE L'ITALIEN ET DU FRANÇAIS (publié chez le même éditeur) où ils trouveront tous les éléments nécessaires à une comparaison systématique des structures morphologiques de ces deux langues romanes.

Rufin Jean PRATELLI
Professeur honoraire
à l'Université de Provence

Je suis particulièrement reconnaissant à M. Louis SALEMME de sa patiente et minutieuse relecture en vue de cette nouvelle édition de CHIARISSIMO.

Table des matières

FRANCE	ITALIE			
HISTOIRE	**DATES**	**HISTOIRE**		**ARTS**
Invasions barbares	**395** **410** **455** **476**	Mort de Théodose le Grand: partage de l'Empire (Orient et Occident) Sac de Rome par les Wisigoths Sac de Rome par les Vandales Fin de l'Empire romain d'Occident	**Décadence et chute de l'Empire**	Les quatre statues des Tétrarques (S. Marco, Venise) Cathédrale S. Martino (Lucques) Mosaïque de S. Apollinare in Classe (Ravenne)
Maures arrêtés à Poitiers (732) Création du régime féodal (900)	**711-744** **800** **962**	Consolidation de l'Etat Lombard (Liutprand) Charlemagne empereur d'Occident Saint Empire Romain Germanique (Othon 1er)	**Domination Lombarde et franque**	Baptistère S.Giovanni (Florence) Palazzo di Teodorico (Ravenne) Eglise S. Miniato (Florence) Basilique S. Ambrogio (Milan) Basilique S. Marco (Venise) Cathédrale de Pise
Régne de Philippe 1er (1060-1108) Règne de Saint Louis (1226-1270) Guerre de Cent Ans (1337-1453)	**1076** **1265** **1309-1377**	Querelle des Investitures XIIe-XIIIe siècles: Luttes entre Guelfes et Gibelins Charles d'Anjou, roi de Sicile La Papauté à Avignon	**Lutte entre la Papauté et l'Empire**	Abbaye de Pomposa Castel Nuovo (Naples) Campanile di Pisa («Tour penchée») Palazzo della Ragione (Padoue) Icône de Cimabue Fontana di Piazza (Pérouse)
Mort de Jeanne d'Arc (1431) Guerre d'Italie (1483-1491) Règne de François 1er (1515-1547) Règne d'Henri II (1547-1559) Edit de Nantes (1598) Règne de Louis XIV (1653-1715)	**1442** **1478** **1492** **1498** **1527** **1530** **1573** **1669**	Alphonse V d'Aragon, roi des Deux Siciles Conjuration des Pazzi (Florence) Mort de Laurent le Magnifique Mort de Savonarole sur le bûcher (Florence) Sac de Rome par les troupes du Connétable de Bourbon Charles Quint couronné roi d'Italie à Bologne Venise doit céder Chypre aux Turcs Venise doit céder Candie aux Turcs	**Domination espagnole**	Cathédrale de Florence Palazzo Vecchio (Florence) Fresques de Giotto Palazzo Ducale (Venise) Cathédrale d'Orvieto 1478: «Le Printemps» de Botticelli Fresques de Paolo Uccello, Piero della Francesca, Andrea Mantegna, Masaccio, etc. 1504: «Le David» de Michel-Ange 1545: Palazzo della Ragione à Vicence (Palladio) 1553: «Il Perseo» de B. Cellini Fresques du Titien, de Raphaël, du Caravage, etc 1594: Madrigaux de Palestrina 1614: «Il lamento d'Arianna» de Claudio Monteverdi
Règne de Louis XV (1715-1774) Révolution française (1789)	**1706** **1797**	Fin de la domination espagnole en Italie Début de la domination autrichienne Extension de l'Etat Savoyard Traité de Campo-Formio (La Vénétie à l'Autriche)	**Domination autrichienne**	Basilique S. Pietro (Rome) par Maderno et Piazza S. Pietro (Rome) par Le Bernin 1726: «Les quatre saisons» de Vivaldi 1732: «Concerti grossi» de Francesco Geminiani 1797: «Médée» de L. Cherubini
Bonaparte Premier Consul (1799) Napoléon 1er (1804-1814)	**1800** **1805** **1809**	Napoléon entre en Italie Napoléon proclamé roi d'Italie (à Paris) Paix de Presbourg (l'Autriche cède la Vénétie au Royaume d'Italie) Traité de Vienne (rattachement du Trentin au Royaume d'Italie)	**De la Révolution à la Restauration**	«Napoléon tenant la Victoire» par Canova (Brera, Milan) - 1811 - «Pauline Bonaparte», par Canova (Galleria Borghese, Rome) 1811: «Concerto en ré pour violon» de N. Paganini 1812: «L'échelle de soie» de Gioacchino Rossini
Règne des Bourbons (1814-1840)	**1814** **1815**	Prise de Milan par les Autrichiens. Les Bourbons chassent Murat de Naples. Congrès de Vienne		Piazzale Michelangelo à Florence (Giuseppe Poggi)

FRANCE | ITALIE

FRANCE HISTOIRE	ITALIE DATES	HISTOIRE		ARTS
Conquête de l'Algérie (1830-1857)	**1815-1831** **1831** **1849**	Echec des insurrections des «carbonari» Fondation du mouvement «Giovine Italia» par Mazzini Paix de Milan 4 juillet: Rome occupée par les Français	**Risorgimento**	1817: «La Cenerentola» de Rossini 1835: «Lucia di Lammermoor» de Donizetti Les peintres «macchiaioli» toscans (Fattori, Signorini, Sernesi), paysa- gistes piémontais (Segantini,...)
Napoléon III (1852-1870) Défaite de la France (1871)	**1859** **1860** **1861** **1865** **1866** **1870** **1871**	Victoire franco-piémontaise contre l'Autriche Expédition des Mille (Victoire de Garibaldi sur les Bourbons en Sicile) Victor-Emmanuel II roi d'Italie: Turin, capitale de l'Italie Florence, capitale de l'Italie Paix de Vienne L'armée piémontaise occupe Rome. Rome, capitale de l'Italie.	**Formation de l'Etat unitaire**	1853: «La Traviata» de Verdi 1862: «La forza del destino» de Verdi 1868: «Mefistofele» de Arrigo Boito 1871: «Aida» de Verdi
Conquête de la Tunisie (1881) Guerre contre l'Allemagne (1914-1918)	**1882** **1911-1912** **1915-1918** **1922**	Les Italiens en Erythrée et en Somalie Les Italiens occupent la Tripolitaine et la Cyrénaique. Guerre de l'Italie aux côtés de la France et de la Grande-Bretagne, Victoire sur l'Autriche «Marche sur Rome»: le roi d'Italie appelle Mussolini au pouvoir.	**Guerres coloniales et «grande guerre»**	1890: «Cavalleria rusticana» de Mascagni **Peinture**: Modigliani, Campigli, Morandi, De Pisis, Boccioni, Carrà, Rosai, De Chirico, etc. **Sculpture**: Arturo Martini, Marino Marini, Emilio Greco, Giacomo Manzù, etc.
Pacte de Locarno 1925 France occupée par les Allemands (1940-1944) Libération de la France par les Alliés (1944-1945)	**1925** **1929** **1936** **1940** **1943** **1945**	Début de la dictature fasciste Accord du Latran entre le gouvernement italien et la Papauté. L'Italie occupe l'Ethiopie. Entrée en guerre de l'Italie aux côtés de l'Allemagne. Mussolini arrêté et interné (25 juillet) Mussolini libéré (12 sept.) fonde la Repubblica Sociale Italiana (à Salò) Mussolini capturé et fusillé par les partisans (27 avril)	**Dictature fasciste**	**Architecture**: 1936: Stazione centrale (Florence) de G. Michelucci. 1942: Università Bocconi (Milan) de G. Pagano.
Charles de Gaulle Président du Gouver- nement provisoire (1945-1946) Quatrième République (1945-1958) 13 mai 1958: retour de De Gaulle au pouvoir: début de la Cinquième République	**1946** **1947** **1949** **1954** **1948-1969**	Abdication de Victor- Emmanuel III et avènement d'Humbert II (9 mai) Référendum favorable à la République (2 juin) Traité de paix (à Paris) entre l'Italie et les Nations- Unies : la majeure partie de la Vénétie Julienne est intégrée à la Yougoslavie ; Trieste devient un territoire libre. L'Italie adhère au «Pacte Atlantique» Trieste est rattachée à l'Italie Période dite du «miracle économique» italien Après 1969: agitation sociale et crise économique	**L'Italie devient une des grandes puissances économiques du monde**	1948: casa «Il Girasole» (Rome) de L. Moretti. 1949-1950: casa per abitazione e uffici (Milan) de Luigi Moretti. 1949-1959: Mensa Olivetti (Ivrea) de l. Cardella ; Stabilimento Olivetti (à Pozzuoli) de L.Cozensa ; il quartiere tiburtino (à Rome) de Lodovico Quaroni ; il villaggio della Martella (près de Matera) de L. Quaroni ; la Villa Pignatelli (à Santa Marinella) de Luigi Moretti;... 1954: Palazzo Olivetti (Milan) de Bernasconi, Fiocchi et Nizzoli. 1959: Grattacielo Pirelli (Milan) de Gio Ponti. 1961-1962: Chiesa dell'Autostrada (Florence) de Giovanni Michelucci.

La Francia

PAESI BASSI
GRAN BRETAGNA
INGHILTERRA
GERMANIA
BELGIO
MANICA
Lilla
LUSSEMBURGO
Reno
Mosa
Senna
Parigi
Marna
Strasburgo
Normandia
Versaglia
Lorena
Alsazia
Bretagna
Senna
Vosgi
Digione
Lòira
Giura
SVIZZERA
Saòna
Ròdano
Alvernia
OCEANO
ATLANTICO
Limosino
Massiccio
centrale
Lione
Alpi
ITALIA
Garonna
Ròdano
Avignone
Mentone
Provenza
Nizza
Baiona
Tolosa
Linguadoca
Aquitania
Marsiglia
Tolone
Parpignano
Bastia
SPAGNA
MARE
MEDITERRANEO
Corsica
Ajaccio

Signora, nel nostro albergo tutti i piani sono «ottimi», ma forse Lei avrà voluto dire : «All'ottavo piano»!
Io...volere...camera... ottimo piano...
ALBERGO
MEDITERRANEO
RECEPTION

Letteratura

Cronologia sommaria della letteratura italiana

1224 SAN FRANCESCO D'ASSISI: *Cantico di frate Sole.*
I poeti del *Dolce Stil Novo :*
Guido GUINIZELLI,
Guido CAVALCANTI, ecc.

1295 Dante ALIGHIERI: *Vita Nova* - **1321**: *La Divina Commedia.*

1351 Giovanni BOCCACCIO: *Il Decameron.*

1361 Francesco PETRARCA: *Rime sparse*
1370-1374: *Canzoniere ; Trionfi.*
- *I Fioretti di San Francesco.*
- Santa CATERINA DA SIENA (1347-1380): *Lettere.*
- Lorenzo de' MEDICI (1448-1492): *Canti Carnascialeschi.*
- Angelo POLIZIANO (1454-1494) *Stanze ; Canzoni a ballo ; Orfeo.*
- Matteo BANDELLO (1485-1561): *Novelle.*

1513 Niccolò MACHIAVELLI: *Il Principe* - **1520-1525**: *Istorie fiorentine.*

1518 Baldassar CASTIGLIONE: *Libro del Cortegiano*

1525 Pietro BEMBO: *Prose della volgar lingua.*
- Benvenuto CELLINI (1500-1571): *Vita* (pubblicata nel 1728).
- Giordano BRUNO (1548-1600): *Dialoghi*

1532 Ludovico ARIOSTO (1474-1533): *Orlando furioso.*

1575 Torquato TASSO (1544-1595): *La Gerusalemme Liberata.*

1590 Giambattista GUARINI (1538-1612) *Il Pastor fido.*
- Giovanni DELLA CASA (1503-1556) *Il Galateo.*
- Altri poeti del Cinquecento: Michelangelo BUONARROTI, Gaspara STAMPA, Gabriello CHIABRERA, Francesco BERNI, ecc.
Teatro: IL RUZZANTE.

1602 Tommaso CAMPANELLA (1568-1639): *La Città del Sole*

1622 Alessandro TASSONI (1565-1635): *La secchia rapita.*

1623 Galileo GALILEI (1564-1642): *Il Saggiatore.*

1623 Giambattista MARINO (1569-1625) : *L'Adone.*

1724 METASTASIO: *Didone abbandonata* - **1734**: *La clemenza di Tito,* ecc.

1750 Carlo GOLDONI: *La bottega del caffè* - **1752**: *La locandiera* ecc.
- Il giornalismo:
Gaspare GOZZI: *L'Osservatore veneto* (1761-1762)
Giuseppe BARETTI: *La Frusta letteraria* (1763-1765).
Pietro VERRI: *Il Caffè* (1764-1766)
Carlo GOZZI (1720-1806): *L'amore delle tre melarance.*

1759 Giuseppe PARINI: *La salubrità dell'aria* **1763**: *Il Giorno,* ecc.

1782 Vittorio ALFIERI: *Antigone* - **1783**: *Saul,* ecc.

1784 Vincenzo MONTI : *Al Signor di Montgolfier* - **1793**: *La Bassvilliana,* ecc.

1802 Ugo FOSCOLO: *Ultime lettere di Jacopo Ortis* - **1807**: *I Sepolcri,* ecc.

1816 Giovanni BERCHET: *Lettera semiseria di Grisostomo.*

1821 Alessandro MANZONI: *Il Cinque Maggio* **1827-1840**: *I Promessi Sposi,* ecc.

1827 Giacomo LEOPARDI: *Operette morali* - **1830**: *Canti,* ecc.

1832 Silvio PELLICO: *Le mie prigioni.*

1833 Massimo D'AZEGLIO: *Ettore Fieramosca* **1841**: *Niccolò de' Lapi.*

1843 Vincenzo GIOBERTI :*Primato morale e civile degli Italiani.*
- I poeti del «secondo Romanticismo»: Giovanni PRATI e Aleardo ALEARDI.
- Ippolito NIEVO (1831-1861): *Le confessioni di un italiano.*

1863 Giosuè CARDUCCI: *Inno a Satana* - **1877-1889**: *Odi Barbare,* ecc.

1866 Francesco DE SANCTIS: *Saggi critici* - **1870**: *Storia della letteratura italiana.*

Cronologia sommaria della letteratura italiana

1866 Giovanni VERGA: *Una peccatrice* - **1881**: *I Malavoglia*, ecc. - La «Scapigliatura milanese» (1860-1870) : C. ARRIGHI, E. PRAGA, A. BOITO, C. BOITO, I.U. TARCHETTI, V. BETTELONI, L. STECCHETTI, M. RAPISARDI, ecc.

1879 Gabriele D'ANNUNZIO: *Primo Vere* **1889**: *Il Piacere* - **1894**: *Il Trionfo della Morte* - **1900**: *Il Fuoco* - **1904**: *Laudi* - *La figlia di Jorio*, ecc.

1883 COLLODI (Carlo LORENZINI) : *Le avventure di Pinocchio.*

1883 Salvatore DI GIACOMO : *Novelle napoletane.*

1884 Matilde SERAO: *Il ventre di Napoli* - **1891:** *Paese di cuccagna*, ecc.

1891 Giovanni PASCOLI: *Myricae* - **1903**: *Canti di Castelvecchio.*

1892 Ada NEGRI: *Fatalità* - **1925**: *I canti dell'isola*, ecc.

1894 Grazia DELEDDA: *Racconti sardi* - **1903:** *Elias Portolu* - **1913**: *Canne al vento*, ecc.

1896 Antonio FOGAZZARO: *Piccolo mondo antico* **1905**: *Il Santo* - **1910**: *Leila.*

1898 Italo SVEVO: *Senilità* - **1923**: *La coscienza di Zeno*, ecc.

1902 Benedetto CROCE: *L'Estetica* - **1914-1940**: *La Letteratura della Nuova Italia*, ecc.

1904 Luigi PIRANDELLO: *Il fu Mattia Pascal* **1916**: *Il piacere dell'onestà* **1921**: *Sei personaggi in cerca d'autore* **1937**: *Novelle per un anno*, ecc. - I poeti «crespuscolari»: G. GOZZANO, S. CORAZZINI, F. GAETA.

1904 Luigi CAPUANA: *Il marchese di Roccaverdina*

1908 Bruno CICOGNANI: *Crittogama* **1920**: *Il figurinario e le figurine* **1923**: *La Velia* - **1955**: *Le novelle* **1958**: *Le fantasie* - **1960**: *Teatro.*

1911 Giovani PAPINI: *Le memorie d'Iddio* **1912**: *Un uomo finito* **1921**: *La storia di Cristo*

1911 Umberto SABA: *Poesie* **1945**: *Il canzoniere* - **1953**: *Ernesto*

1912 Scipio SLATAPER: *Il mio Carso*

1918 Ardengo SOFFICI: *Kobilek*

1920 Federico TOZZI: *Tre croci* **1921:** *Il podere*

1921 Giuseppe Antonio BORGESE: *Rubè*

1922 Alfredo PANZINI: *Il padrone sono me*

1925 Aldo PALAZZESCHI: *Poesie* **1934**: *Le sorelle Materassi*

1925 Eugenio MONTALE: *Ossi di seppia* **1949**: *Le occasioni*

1926 Salvatore GOTTA: *Il piccolo alpino*

1927 Riccardo BACCHELLI: *Il diavolo al Pontelungo* **1938/40**: *Il mulino del Po* **1959**: *Non ti chiamerò più padre*

1929 Alberto MORAVIA: *Gli indifferenti* **1935**: *Le ambizioni sbagliate* **1944**: *Agostino* - **1960**: *La noia* **1978**: *La vita interiore* **1992**: *La donna leopardo*

1929 Corrado ALVARO: *L'amata alla finestra* **1930**: *Gente in Aspromonte* **1933**: *Itinerario italiano*

1930 Giovanni COMISSO: *Giorni di guerra* **1951**: *Le mie stagioni* **1954**: *Un gatto attraversa la strada* **1962**: *La donna del lago*

1931 Eduardo DE FILIPPO: *Natale in casa Cupiello* **1946**: *Filumena Marturano* **1961**: *Il sindaco di rione Sanità* (poesia)

1931 Giuseppe UNGARETTI: *L'allegria* **1945**: *Poesie disperse*

1931 LIALA: *Signorsì*

1933 Ignazio SILONE: *Fontamara* **1937**: *Il pane e il vino* **1952**: *Una manciata di more* **1968**: *L'avventura di un povero cristiano*

Cronologia sommaria della letteratura italiana

1933 Dino BUZZATI: *Barnabò delle montagne*
1935: *Il segreto del Bosco Vecchio*
1940: *Il deserto dei Tartari*
1963: *Un amore*

1934 Francesco JOVINE: *Un uomo provvisorio*
1950: *Le terre del Sacramento*

1936 Salvatore QUASIMODO: *Nuove poesie*
1942: *Ed è subito sera*

1937 Massimo BONTEMPELLI: *Gente nel tempo* - **1953**: *L'amante fedele*

1939 Maria BELLONCI: *Lucrezia Borgia*
1985: *Rinascimento privato*

1940 Romano BILENCHI: *Il conservatorio di Santa Teresa*

1941 Marino MORETTI: *La vedova Fioravanti*

1941 Elio VITTORINI: *Conversazione in Sicilia* - **1945**: *Uomini e no*

1941 Guido PIOVENE: *Le lettere di una novizia*
1943: *La gazzetta nera*
1970: *Le stelle fredde*
1976: *Verità e menzogna*

1942 Cesare ZAVATTINI: *Io sono il diavolo*
Varie sceneggiature: da *Quattro passi tra le nuvole* a -*Sciusià* a *Ladri di bicicletta* a *L'oro di Napoli*, ecc.
Diario cinematografico

1942 Vitaliano BRANCATI: *Don Giovanni in Sicilia* - **1949**: *Il bell'Antonio*
1955: *Paolo il caldo*

1942 Pier Paolo PASOLINI: *Poesie a Casarsa*
1955: *Ragazzi di vita*
1959: *Una vita violenta*
1961: *Accattone*
1965: *Alì dagli occhi azzurri*
1968: *Teorema*

1942 Nicola LISI: *Diario di un parroco di campagna*
1967: *Il seme della saggezza*

1944 Carlo Emilio GADDA: *L'Adalgisa*
1957: *Quel pasticcio brutto di Via Merulana*
1963: *La cognizione del dolore*

1944 Curzio MALAPARTE: *Kaputt*
1949: *La pelle*

1945 Emilio LUSSU: *Un anno sull'altopiano*

1945 Giorgio BASSANI: *Storie di poveri amanti e altri versi*
1960: *Storie ferraresi*
1962: *Il giardino dei Finzi-Contini*
1968: *L'airone*

1946 Giuseppe BERTO: *Il cielo è rosso*
1951: *Il brigante* -**1964**: *Il male oscuro*
1966: *La cosa buffa* - **1978**: *La gloria*

1946 Carlo LEVI: *Cristo si è fermato a Eboli*

1945 Vasco PRATOLINI: *Il quartiere*
1947: *Cronache di poveri amanti*
1952: *Le ragazze di San Frediano*
1955: *Metello*
1956: *Diario sentimentale*
1960: *Lo scialo*
1966: *Una storia italiana*

1947 Primo LEVI: *Se questo è un uomo*

1947 Italo CALVINO: *Il sentiero dei nidi di ragno*
1952: *Il visconte dimezzato*
1957: *Il barone rampante*
1966: *Marcovaldo, ovvero le stagioni in città*
1972: *Le città invisibili* -**1983**: *Palomar*

1947 Antonio GRAMSCI: *Lettere dal carcere*

1947 Giuseppe MAROTTA: *L'oro di Napoli*
1948: *San Gennaro non dice mai no*
1962: *Le milanesi*

1948 Giovanni GUARESCHI: *Don Camillo*

1949 Renata VIGANO': *L'Agnese va a morire*

1949 Cesare PAVESE: *Prima che il gallo canti*
1950: *La luna e i falò*
1964: *Il mestiere di vivere*

1950 Mario SOLDATI: *A cena col commendatore*
1954: *Le lettere da Capri*
1977: *La sposa americanaVino al vino*

1950 Domenico REA: *Gesù fate luce*

1950 Mario PRAZ: *La carne, la morte, il diavolo nella letteratura romantica*

1952 Natalia GINZBURG: *Tutti i nostri ieri*
1962: *Le piccole virtù*
1963: *Lessico famigliare*
1967: *Ti ho sposato per allegria e altre commedie*

Cronologia sommaria della letteratura italiana

1953 Mario RIGONI STERN: *Il sergente nella neve* - **1978**: *Storia di Tonle*

1953 Tommaso LANDOLFI: *La bière du pêcheur*

1953 Lalla ROMANO: *Maria*
1957: *Tetto Murato*
1969: *Le parole tra noi leggere*

1953 MarioTOBINO: *Le libere donne di Magliano*
1982: *Gli ultimi giorni di Magliano*

1954 Goffredo PARISE: *Il prete bello*

1954 Carlo CASSOLA: *Il taglio del bosco*
1960: *La ragazza di Bube*
1964: *Il cacciatore*

1954 Beppe FENOGLIO: *La malora*
1968: *Il partigiano Johnny*

1957 Elsa MORANTE: *L'isola di Arturo*
1974: *La Storia* - **1982**: *Aracoeli*

1958 Giovanni TESTORI: *Il ponte della Ghisolfa*

1958 Giuseppe TOMASI DI LAMPEDUSA: *Il gattopardo*

1961 Alberto BEVILACQUA: *L'amicizia perduta* (poesia) - **1964**: *La Califfa*
1978: *Una scandalosa giovinezza*

1960 Leonardo SCIASCIA: *Gli zii di Sicilia*
1961: *Il giorno della civetta*
1966: *A ciascuno il suo*
1978: *L'affare Moro*

1962 Paolo VOLPONI: *Memoriale*

1962 Piero CHIARA: *Il piatto piange*
1979: *Il cappotto di astrakan*

1962 Luigi MALERBA: *Il maestro di Vigevano*
1986: *Il pianeta azzurro*

1963 Alberto ARBASINO: *Fratelli d'Italia*

1963 Dacia MARAINI: *L'età del malessere*
1985: *Isolina*
1990: *La lunga vita di Marianna Ucrìa*

1964 Giovanni ARPINO: *L'ombra delle colline*
1980: *Il fratello italiano*
1983: *La sposa segreta*

1967 Giorgio SCERBANENGO: *Traditori di tutti*

1967 Luigi SANTUCCI: *Orfeto in paradiso*
1979: *Il mandragolo*

1967 Edoardo SANGUINETTI: *Il gioco dell'oca*

1970 Ennio FLAIANO: *Il gioco e il massacro*
1972: *Le ombre bianche*

1971 Gina LAGORIO: *Approssimato per difetto*
1977: *La spiaggia del lupo*
1991: *Tra le mura stellate*

1972 Gina LABRIOLA: *Istanti d'amore ibernato*
1974: *Alveare di specchi*
1980: *In uno specchio la Fenice*

1972 Carlo FRUTTERO e Franco LUCENTINI: *La donna della domenica*
1986: *L'amante senza fissa dimora*

1973 Gianni CELATI: *Le avventure di Guizzardi*

1975 Gavino LEDDA: *Padre padrone*

1975 Stefano D'ARRIGO: *Horcynus Orca*

1975 Mario POMILIO: *Il quinto evangelo*

1976 Giorgio SAVIANE: *Eutanasia di un amore*

1976 Vincenzo CONSOLO: *Il sorriso dell'ignoto marinaio*
1988: *Le pietre di Pantalica*
1992: *Nottetempo, casa per casa*

1977 Salvatore SATTA: *Il giorno del giudizio*

1980 Umberto ECO: *Il nome della rosa*

1980 Vittorio SERENTI: *Il sabato tedesco*

1981 Gesualdo BUFALINO: *Diceria dell'untore*

1981 Antonio TABUCCHI: *Il gioco del rovescio*
1991: *Requiem*

1988 Giampaolo RUGARLI: *La troga*

1988 Cesare MARCHI: *Grandi Peccatori Grandi Cattedrali*
1989: *Quando eravamo povera gente*

1989 Paola CAPRIOLO: *Il nocchiero*

1990 Oriana FALLACI: *Insciallah*

1990 Mario FORTUNATO: *Il primo cielo*

1990 Stefano BENNI: *Baol*

Storia

Il mondo Romano

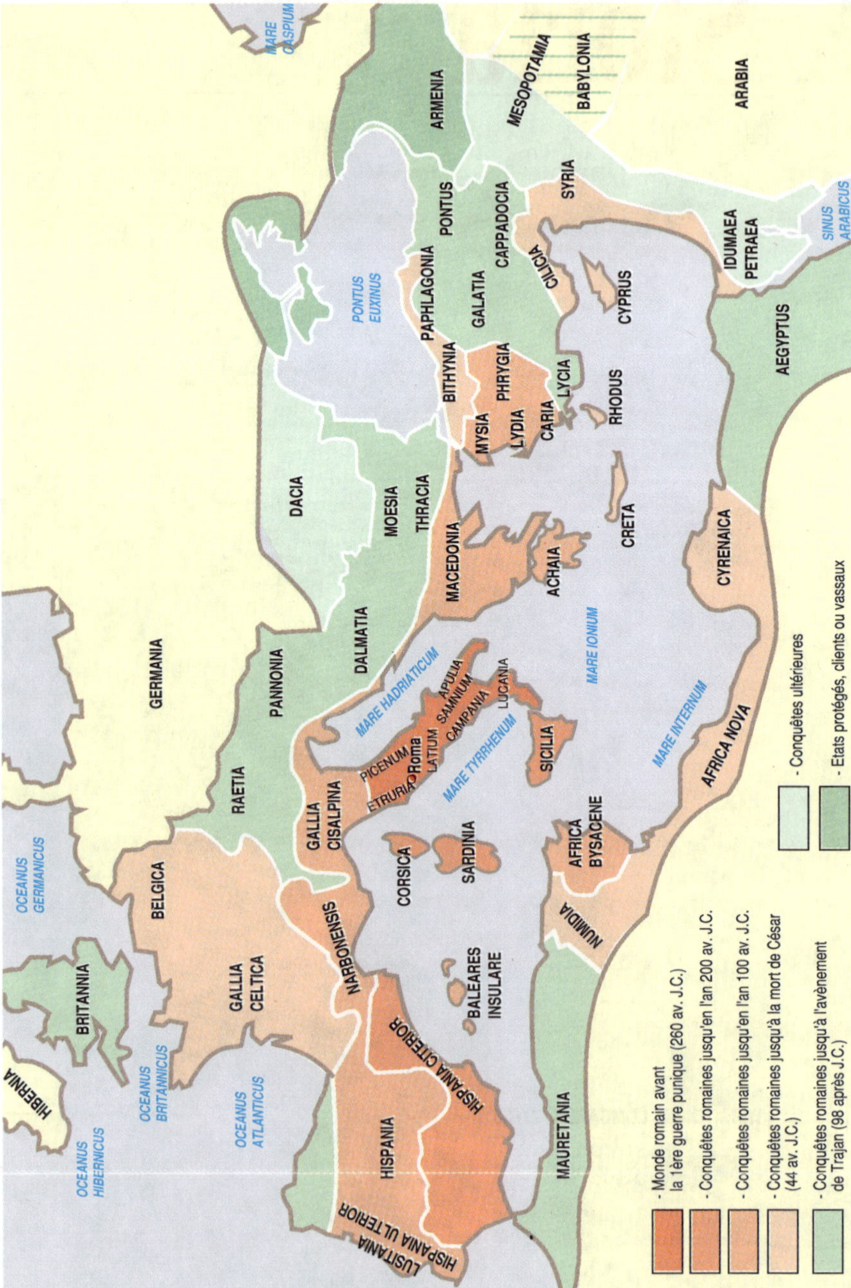

L'Italia Bizantina e Lombarda

TERRITOIRES LOMBARDS EN 603

TERRITOIRES BYZANTINS EN 603

TERRITOIRES BYZANTINS EN 603 ULTERIEUREMENT OCCUPES PAR LES LOMBARDS (603 - 605 - 644)

L'Italia verso il 1000

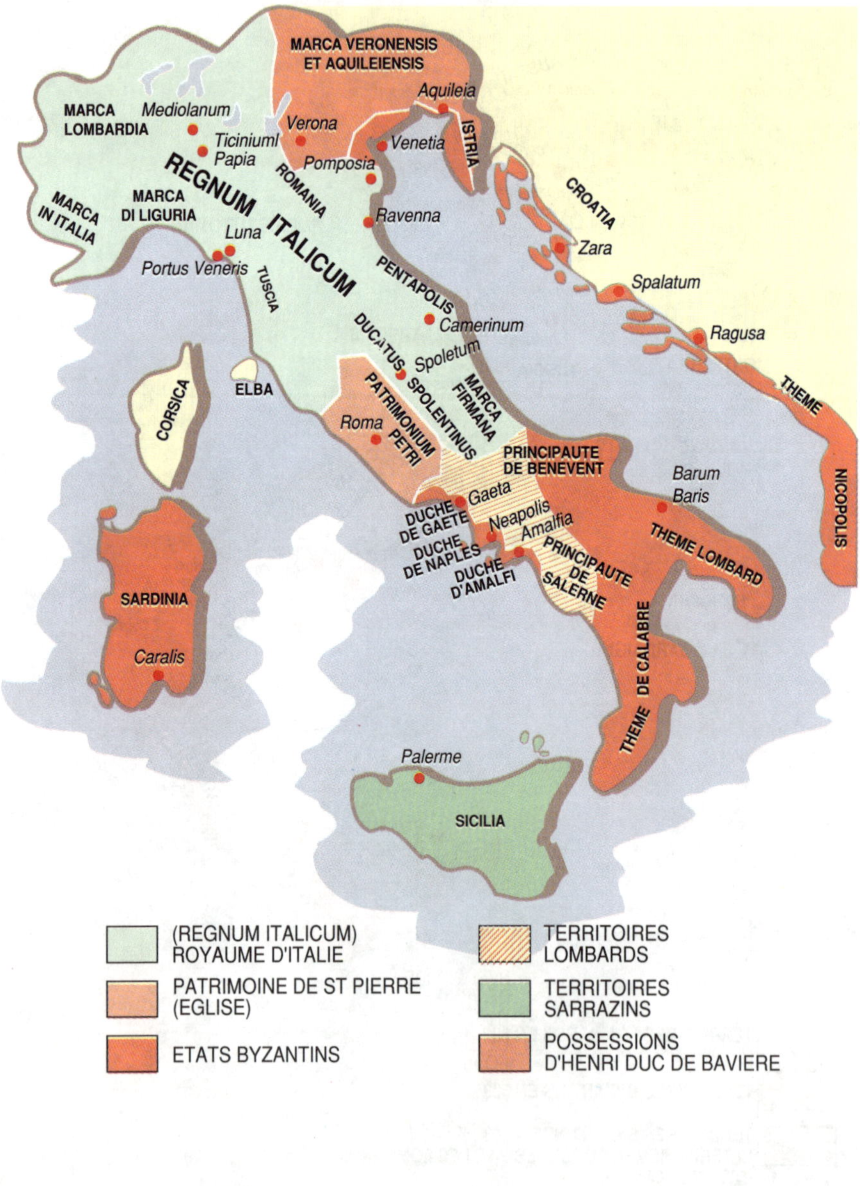

L'Italia dal 1487 al 1515

L'Italia dal 1815 al 1848

LIMITES DES POSSESSIONS AUTRICHIENNES

TERRITOIRES AUTRICHIENS INCLUS DANS LA CONFEDERATION GERMANIQUE

ROYAUME LOMBARDO-VENITIEN
Le duché de Masse appartient à Modène depuis 1829

LIMITES DE LA CONFEDERATION GERMANIQUE
Le Duché de Lucques appartient à la Toscane depuis 1847

L'unità dell'Italia e i confini attuali

Stato - Regioni

Ordinamento dello Stato italiano

La repubblica italiana è retta dalla costituzione del 27-12-1947, secondo la quale il Parlamento, costituito da due Camere, quella dei 630 Deputati e quella dei 315 Senatori, elette ogni cinque anni direttamente dal popolo, detiene il potere legislativo e di controllo sull'indirizzo e sull'attività del potere esecutivo (Governo).

A Capo dello Stato c'è il Presidente della Repubblica, che rappresenta l'unità nazionale. E' eletto dalle due Camere integrate da 3 delegati per ogni Regione e resta in carica 7 anni. Tra i suoi poteri quelli di nominare il Capo del governo, sciogliere le Camere, presiedere il Consiglio Superiore della Magistratura e nominare 6 senatori a vita.

A suprema garanzia della Costituzione c'è la Corte costituzionale composta da 15 giudici (5 nominati dal Parlamento, 5 dal Consiglio Superiore della Magistratura e 5 dal Presidente della Repubblica).

L'amministrazione dello Stato è in parte delegata alle Regioni, alle Province e ai Comuni.

Subito dopo le elezioni politiche del 5-6 aprile 1992, a Parlamento appena insediato, il 24 maggio 1992, è stato eletto il nono *Presidente della Repubblica, Luigi Scalfaro*, quale successore di Francesco Cossiga, dimessosi due mesi prima della scadenza del suo mandato.

Il cinquantunesimo governo della Repubblica, che nasce dopo le elezioni del 5 aprile 1992, è guidato dal socialista Giuliano Amato ed è sostenuto dai partiti DC, PSI, PLI e PSDI. Due sono le novità : vengono ridotti drasticamente i ministeri (da 31 a 24) e viene sancita da parte della DC, che detiene la maggioranza relativa in Parlamento, la incompatibilità dei ministri democristiani con il mandato parlamentare. Si tratta del governo chiamato a gestire la situazione politica e sociale più difficile in Italia in questo dopoguerra. La lira viene svalutata, nel Paese cresce il bisogno di rinnovare le istituzioni liberandole dalla "partitocrazia" e soprattutto, grazie all'inchiesta *Mani pulite,* emerge la cosiddetta *Tangentopoli,* e cioè la grande corruzione di uomini politici nella gestione della cosa pubblica. Una serie di importanti referendum, tra cui quello che modifica la legge elettorale per il Senato, il 18 e il 19 aprile 1993, manifesta con una percentuale alta di *Sì* (82 %) la volontà popolare di "pulizia" e di "cambiamento" nella gestione del Paese. Il governo Amato si dimette e viene chiamato a formare il nuovo governo per la prima volta un "non parlamentare" e un "non politico", Carlo Azeglio Ciampi, da 13 anni Governatore della Banca d'Italia. Il nuovo ministero viene formato in pochi giorni senza le tradizionali "contrattazioni" del presidente con i partiti, e giura nelle mani del Capo dello Stato il 29 aprile 1993. Il suo principale obiettivo è preparare la riforma elettorale, con il passaggio dal sistema proporzionale a quello maggioritario, secondo la volontà espressa dal popolo con gli ultimi referendum, e preparare quindi il passaggio dalla prima alla seconda Repubblica.

❶ MINISTERI: Alcuni sono intoccabili, come: Affari esteri, Interno, Grazia e Giustizia, Tesoro, ecc.
Altri vengono istituiti ed eliminati a seconda dei governi.

Per orientarsi, ecco l'elenco dei ministeri del governo di Carlo Azeglio CIAMPI:

1. Esteri	9. Pubblica istruzione	16. Commercio estero
2. Interni	10. Industria (e riordino Partecipazioni Statati)	17. Ambiente
3. Grazia e Giustizia	11. Agricoltura e Foreste	18. Beni culturali
4. Difesa	12. Lavoro	19. Ricerca e Università
5. Tesoro	13. Trasporti (e Marina Mercantile)	20. Riforme elettorali e istituzionali
6. Finanze	14. Lavori pubblici	21. Politiche comunitarie e Regioni
7. Bilancio e Programmazione economica	15. Poste e Telecomunicazioni	22. Funzione pubblica
8. Sanità		23. Affari sociali
		24. Rapporti con il Parlamento

❷ ORGANI AUSILIARI DEL GOVERNO :
CNEL (Consiglio Nazionale dell'Economia e del Lavoro), Consiglio di Stato e Corte dei Conti.

❸ CORTE COSTITUZIONALE: è un organo di garanzia costituzionale, quindi in un certo senso al di sopra di tutti gli altri organi. Comunque, disgiunto da tutti gli altri e nello stesso tempo con poteri di controllo su tutti.

❹ CONSIGLIO SUPERIORE DELLA MAGISTRATURA: è l'organo giurisdizionale supremo dei giudici.

Verso la II Repubblica

Il referendum del **18-19 aprile 1993** mette in moto un difficile ma inesorabile cammino verso una stagione di riforme, il cui obiettivo finale è la modifica di alcune norme costituzionali per dare vita alla seconda repubblica.

Come primo passo, sull'onda dei risultati viene modificata la legge elettorale: si passa così da un sistema proporzionale a un sistema misto : 75 deputati su cento verranno pertanto eletti con il sistema maggioritario, mentre il restante 25 per cento con il sistema proporzionale. La prima occasione per sperimentare la nuova legge è costituita dalle elezioni del **27 marzo 1994**, a seguito delle dimissioni del governo Ciampi. Il sistema maggioritario porta alla formazione di alleanze tra partiti omogenei su programmi comuni.

A questo appuntamento elettorale i partiti tradizionali, tranne il **Partito democratico della sinistra** (Pds), sono pressoché scomparsi dalla scena politica : la Democrazia cristiana si è divisa in due raggruppamenti, il **Centro cristiano democratico** (Ccd) e il **Partito popolare italiano** (Ppi), il partito socialista è allo sbando dopo l' inchiesta Mani Pulite. Alle elezioni si presentano due grossi schieramenti : da una parte il Pds con una serie di movimenti e partiti minori di sinistra, dall'altra un'alleanza di centro destra tra due «poli», il **Polo delle libertà**, formato nel Nord Italia dalla Lega Nord e da **Forza Italia**, un nuovo movimento guidato da Silvio Berlusconi, e dal **Polo del Buon Governo** a sud, tra **Forza Italia** e **Alleanza Nazionale** (evoluzione dell'MSI, il partito di ispirazione fascista). Questo raggruppamento, pur essendo un'alleanza di tipo elettorale e non di governo e quindi di programma, ottiene una netta maggioranza alla **Camera dei deputati**, mentre per qualche voto si trova in minoranza al **Senato**.

Il nuovo governo, guidato da Silvio Berlusconi, ottiene la fiducia del Parlamento il 28 aprile '94.

Ha una vita travagliata per l'inesperienza di chi lo guida, per la situazione economica generale del Paese e per le divisioni interne, alimentate soprattutto dalla **Lega Nord** che non accetta lo strapotere personale di Berlusconi e il continuo slittamento verso destra imposto da **Alleanza Nazionale**. Per iniziativa della Lega, del Pds e del Ppi il governo viene sfiduciato dal Parlamento il **22/12/94**. La caduta del governo Berlusconi è accompagnata da un lungo periodo di rissa politica con pesanti accuse anche al Presidente della Repubblica.

Forza Italia e **Alleanza Nazionale** chiedono nuove elezioni subito, mentre la maggioranza del Parlamento ritiene che si debba formare un governo di transizione, detto anche di tregua o tecnico per affrontare i problemi più urgenti, soprattutto economici, e quindi andare alle elezioni in un clima più disteso.

Passa questa seconda linea e a formare il nuovo governo viene chiamato Lamberto Dini, già Direttore Generale della Banca d'Italia e Ministro del Tesoro del governo Berlusconi, il quale presenta la lista dei ministri il **17/1/95**.

Il nuovo gabinetto formato tutto da «tecnici», molti dei quali professori dell'Università di Roma, riceve la fiducia di Pds, Ppi e Lega, mentre Forza Italia e Alleanza Nazionale si astengono. Le risse comunque, anzichè allentarsi, si fanno più aspre, accentuando alcune contraddizioni dell'attuale sistema politico-istituzionale italiano: da una parte si avverte la necessità di una legge elettorale completamente maggioritaria con l'elezione diretta del capo del governo e del Presidente della Repubblica, dall'altra, per evitare il ripetersi dell'esperienza del governo Berlusconi, guidato dal proprietario di tre reti televisive e di una casa editrice, la Mondadori, alcune forze politiche chiedono, contro le posizioni dominanti, che venga approvata anche una legge antitrust e regolamentata la proprietà dei mezzi di comunicazione sull'esempio dei maggiori Paesi europei.

Da parte di tutte le forze politiche, comunque, si ritiene che l'Italia abbia bisogno di sostanziali riforme per rendere più moderne le istituzioni.

Si discute sugli strumenti più idonei e più imparziali per giungere a queste riforme, e va facendosi strada l'idea che il popolo o il Parlamento eleggano una Camera Costituente.

L'ordinamento regionale dell'Italia

Elenco alfabetico delle **20 regioni** italiane (fra parentesi i capoluoghi)

1. **Abruzzo** (L'Aquila)
2. **Basilicata** (Potenza)
3. **Calabria** (Catanzaro)
4. **Campania** (Napoli)
5. **Emilia-Romagna** (Bologna)
6. **Friuli-Venezia Giulia** (Trieste)
7. **Lazio** (Roma)
8. **Liguria** (Genova)
9. **Lombardia** (Milano)
10. **Marche** (Ancona)
11. **Molise** (Campobasso)
12. **Piemonte** (Torino)
13. **Puglia** (Bari)
14. **Sardegna** (Cagliari)
15. **Sicilia** (Palermo)
16. **Toscana** (Firenze)
17. **Trentino-Alto Adige** (Trento)
18. **Umbria** (Perugia)
19. **Valle d'Aosta** (Aosta)
20. **Veneto** (Venezia)

5 regioni hanno uno **statuto speciale** : Friuli-Venezia Giulia, Sardegna, Sicilia, Trentino-Alto Adige, Valle d'Aosta.

Organi delle Regione : Consiglio Regionale, Giunta Regionale, Presidente della Giunta.

Ogni regione comprende una o più **provincie** (Per esempio, la Valle d'Aosta comprende una sola provincia: Aosta ; la Liguria comprende quattro provincie: Genova, La Spezia, Savona, Imperia).

Ecco l'elenco alfabetico delle **95 provincie** italiane (sono notate le *abbreviazioni* usate sulle *targhe automobilistiche*) :

Nella primavera del 1992 sono state istituite otto nuove province che entreranno in funzione gradualmente: i rispettivi consigli provinciali saranno eletti nel 1995. Si tratta di : **Biella** BI - **Crotone** KR - **Lecco** LC - **Lodi** LO - **Rimini** RN - **Vibo Valentia** VV - **Prato** PO - **Verbania** VB.

1. Agrigento - **AG**	33. Frosinone - **FR**	65. Pistoia - **PT**
2. Alessandria - **AL**	34. Genova - **GE**	66. Pordenone - **PN**
3. Ancona - **AN**	35. Gorizia - **GO**	67. Potenza - **PZ**
4. Aosta - **AO**	36. Grosseto - **GR**	68. Ragusa - **RG**
5. Arezzo - **AR**	37. Imperia - **IM**	69. Ravenna - **RA**
6. Ascoli Piceno - **AP**	38. Isernia - **IS**	70. Reggio Calabria - **RC**
7. Asti - **AT**	39. L'Aquila - **AQ**	71. Reggio Emilia - **RE**
8. Avellino - **AV**	40. La Spezia - **SP**	72. Rieti - **RI**
9. Bari - **BA**	41. Latina - **LT**	73. Roma -**ROMA**
10. Belluno - **BL**	42. Lecce - **LE**	74. Rovigo - **RO**
11. Benevento - **BN**	43. Livorno -**LI**	75. Salerno - **SA**
12. Bergamo - **BG**	44. Lucca - **LU**	76. Sassari - **SS**
13. Bologna - **BO**	45. Macerata - **MC**	77. Savona - **SV**
14. Bolzano-Bozen - **BZ**	46. Mantova - **MN**	78. Siena - **SI**
15. Brescia - **BS**	47. Massa Carrara - **MS**	79. Siracusa - **SR**
16. Brindisi - **BR**	48. Matera - **MT**	80. Sondrio - **SO**
17. Cagliari - **CA**	49. Messina - **ME**	81. Taranto - **TA**
18. Caltanisetta - **CL**	50. Milano - **MI**	82. Teramo - **TE**
19. Campobasso - **CB**	51. Modena - **MO**	83. Terni - **TR**
20. Caserta - **CE**	52. Napoli - **NA**	84. Torino - **TO**
21. Catania - **CT**	53. Novara - **NO**	85. Trapani - **TP**
22. Catanzaro - **CZ**	54. Nuoro - **NU**	86. Trento - **TN**
23. Chieti - **CH**	55. Oristano - **OR**	87. Treviso - **TV**
24. Como - **CO**	56. Padova - **PD**	88. Trieste - **TS**
25. Cosenza - **CS**	57. Palermo - **PA**	89. Udine - **UD**
26. Cremona - **CR**	58. Parma - **PR**	90. Varese - **VA**
27. Cuneo - **CN**	59. Pavia - **PV**	91. Venezia - **VE**
28. Enna - **EN**	60. Perugia - **PG**	92. Vercelli - **VC**
29. Ferrara - **FE**	61. Pesaro e Urbino - **PS**	93. Verona - **VR**
30. Firenze - **FI**	62. Pescara - **PE**	94. Vicenza - **VI**
31. Foggia - **FG**	63. Piacenza - **PC**	95. Viterbo - **VT**
32. Forlì - **FO**	64. Pisa - **PI**	

La **Repubblica di San Marino** e la **Città del Vaticano** sono territori indipendenti

I partiti

La vita politica italiana dal primo dopoguerra al 1994 è stata segnata dalla continua presenza della Democrazia cristiana come principale partito di governo e dal Partito comunista come principale forza di opposizione. Di volta in volta sono entrati a far parte della maggioranza di governo altri partiti con minore rappresentanza in Parlamento ma espressioni di un potere reale nel Paese. Con le elezioni del **1994** il panorama partitico italiano è completamente mutato per la concomitanza di due fattori: l'inchiesta Mani Pulite che ha scoperto il sistema di corruzione (Tangentopoli) della vecchia partitocrazia e l'azione dirompente di una forza di protesta convogliata nel movimento Lega Nord.

La DC (Democrazia cristiana), partito di ispirazione cattolica, è stato fondato clandestinamente sotto il fascismo, alla fine del 1942 da vecchi dirigenti del Partito popolare, fondato a sua volta da don Luigi Sturzo nel **'19**, e da esponenti dell'Azione cattolica. Il suo programma di riformismo moderato interclassista, la sua scelta di campo «occidentale» e l'appoggio della Chiesa ne hanno favorito il radicamento nel Paese. I suoi leader carismatici sono stati Alcide De Gasperi e Aldo Moro. Nelle prime elezioni del **'48** ottenne la maggioranza assoluta dei Deputati. Ha avuto fino al 1994 la maggioranza relativa dei voti (29,7% alla Camera e 27,3% in Senato). Il PCI (Partito comunista italiano) è stato fondato a Livorno nel **'21**, in seguito all'uscita dal partito socialista di alcuni dissidenti facenti capo ad Antonio Gramsci. Alla fine della guerra partecipò al governo dal **'44 al '47**, poi, sconfitto alle elezioni del '48, restò sempre all'opposizione, tranne nel **'78**, quando partecipò alla maggioranza di unità nazionale per fare fronte comune contro il terrorismo. I suoi maggiori leader sono stati Palmiro Togliatti ed Enrico Berlinguer. Tra il **'90 e il '91** il partito comunista per iniziativa del segretario Achille Occhetto si è trasformato in Partito democratico della sinistra (PDS), ma una minoranza che non ha aderito ai cambiamenti si è organizzata sotto la sigla di Rifondazione comunista. Alle elezioni politiche del **'87** il Pci aveva alla Camera il 26,6 per cento della rappresentanza. La Dc fino ai primi anni **'60** ha formato dei governi in coalizione con forze politiche liberali (PLI) e socialdemocratiche (PSDI). Nel **'63** dal centrismo si è passati al centro-sinistra, con l'ingresso nel governo dei socialisti (PSI), formula che, allargata anche fino a cinque partner (pentapartito), è durata fino al **'94**. Il PSI (Partito socialista italiano), fondato a Genova nel 1892 come partito dei lavoratori italiani, ha avuto sempre due anime, quella riformista e quella rivoluzionaria. Nel **'21** subì la scissione dei comunisti, nel **'47** quella dei socialdemocratici di Giuseppe Saragat (PSDI). Dopo una riunificazione nel '66 Psi-Psdi, si ritornò di nuovo alla separazione nel **'69**. Nel dopoguerra ha avuto come leader Pietro Nenni, Francesco de Martino e Bettino Craxi. L'inchiesta Mani Pulite ha praticamente «liquidato» il partito, che alle elezioni politiche del **marzo '94** ha ottenuto solo il 2 per cento dei consensi. Il panorama politico italiano è stato afflitto da sempre da una eccessiva frammentazione. Una decina di anni fa la protesta nei confronti del malgoverno e della partitocrazia si è convogliata nel movimento delle Leghe, che dapprima hanno imposto la loro presenza nelle amministrazioni comunali, quindi si sono proposte per il Parlamento nazionale. La più consistente, la Lega Nord, si è affermata soprattutto in Lombardia e grazie all'abilità del suo leader, Umberto Bossi, nel 1994 ha ottenuto il maggior numero di deputati nel Parlamento nazionale. Nella Lega Nord sono confluiti voti di cattolici, di ex comunisti e anche di ex socialisti. Punto qualificante del proprio programma è soprattutto il federalismo politico e fiscale, con la divisione dell'Italia in tre macro regioni (Nord-Centro e Sud) tra di loro confederate.

Fuori dalla maggioranza dei governi sorti attorno alla Dc, è sempre rimasto, oltre al Pci, anche il MSI (Movimento sociale italiano), partito di estrema destra fondato nel **'46** da ex-fascisti della Repubblica Sociale Italiana (1943-45), e che ha avuto in Giorgio Almirante il suo leader carismatico. Alle elezioni del 1994 il MSI, dopo aver abbandonato il suo estremismo, si è presentato come Alleanza Nazionale con il Polo del Buon Governo e, successivamente, è entrato a far parte della maggioranza di governo. In un congresso all'inizio del '95 ha definitivamente sciolto ogni legame con la sua tradizione fascista e sancita la sua posizione di partito espressione della destra democratica. Da Alleanza nazionale si è staccato un nucleo di irriducibili che ha mantenuto il vecchio nome di Msi. Alla vigilia delle elezioni politiche del **'94** Silvio Berlusconi, proprietario di tre reti televisive nonché della casa editrice Arnoldo Mondadori, ha fondato Forza Italia. Dapprima un semplice movimento formato da club distribuiti in tutto il Paese, quindi come un vero e proprio partito. Per mesi Berlusconi, interpretando correttamente la nuova situazione politica venuta a crearsi con la legge elettorale maggioritaria (anche se parzialmente) ha insistito perché si formasse un Polo di centro destra per contrastare le forze di sinistra, che qualche mese prima alle elezioni amministrative erano riusciti ad imporre i loro sindaci in alcune grosse città, come ad esempio Roma, Napoli e Torino. In realtà lo stesso Berlusconi aspirava a divenire leader di questo Polo e così, all'inizio del '94 ha ufficializzato la sua discesa in campo politico e, utilizzando, come mai altri avevano fatto prima, la televisione, è riuscito in breve tempo a far conoscere il suo movimento e il suo programma. Alle elezioni di marzo, ha ottenuto la maggioranza relativa dei voti (22 per cento). Forza Italia, unitamente alla Lega Nord e ad Alleanza Nazionale ha così potuto formare il primo governo di quella che tanti hanno cominciato a chiamare II Repubblica. I fatti hanno dimostrato però che l'Italia all'inizio del **'95** si trova ancora in una fase di passaggio dalla I alla II Repubblica.

Sulla scena politica italiana si è presentato, all'inizio del 1995, un candidato a guidare alle imminenti elezioni uno schieramento di centro sinistra: Romano Prodi, professore dell'Università di Bologna e già presidente dell'Iri e prima ancora Ministro dell'Industria, ha lanciato il movimento «L'Italia che vogliamo». Economista di formazione cattolica, Prodi, pur definendosi uomo di centro, è stato subito capace di aggregare il Pds, la sinistra del Ppi, i verdi e le altre forze minori di centro sinistra, come il Patto di Mario Segni e Alleanza democratica. Certamente sarà lui il leader dello schieramento che si opporrà al Polo del centro destra guidato da Silvio Berlusconi. Il suo raggruppamento si chiamerà probabilmente «Partito democratico».

Rilievo

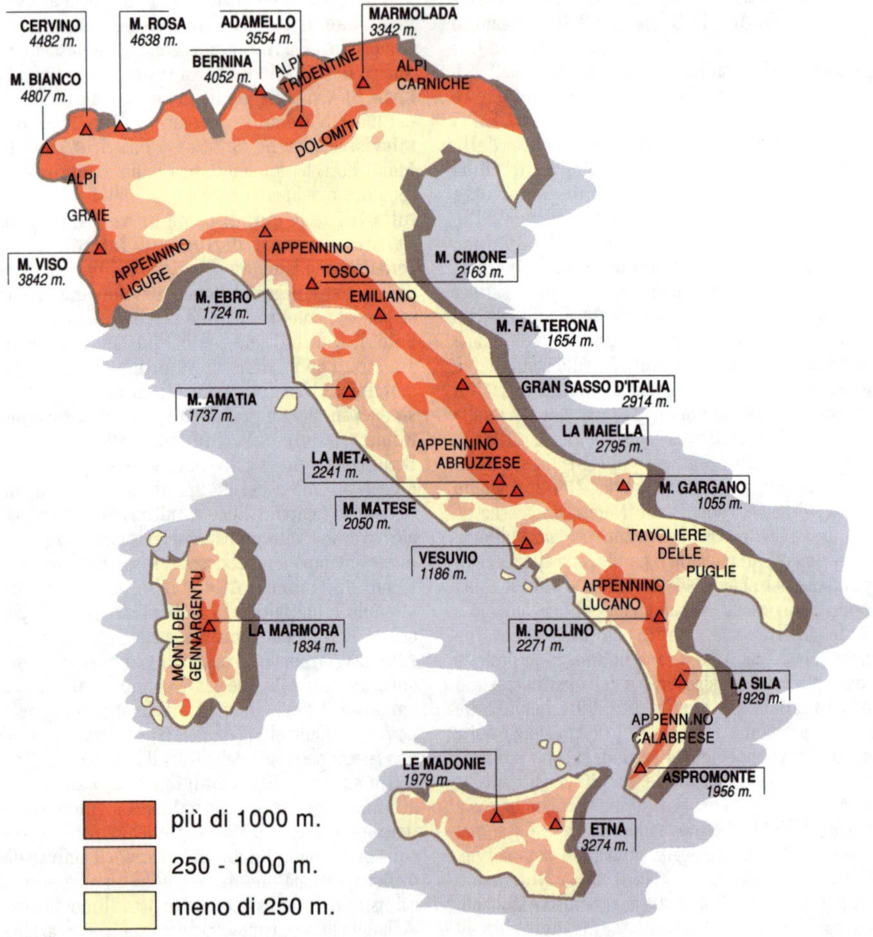
CERVINO
4482 m.
M. ROSA
4638 m.
ADAMELLO
3554 m.
MARMOLADA
3342 m.
BERNINA
4052 m.
ALPI TRIDENTINE
ALPI CARNICHE
M. BIANCO
4807 m.
DOLOMITI
ALPI
GRAIE
M. VISO
3842 m.
APPENNINO LIGURE
APPENNINO
TOSCO
EMILIANO
M. CIMONE
2163 m.
M. EBRO
1724 m.
M. FALTERONA
1654 m.
GRAN SASSO D'ITALIA
2914 m.
M. AMATIA
1737 m.
LA MAIELLA
2795 m.
APPENNINO
ABRUZZESE
LA META
2241 m.
M. GARGANO
1055 m.
M. MATESE
2050 m.
TAVOLIERE
DELLE
PUGLIE
VESUVIO
1186 m.
APPENNINO
LUCANO
MONTI DEL GENNARGENTU
LA MARMORA
1834 m.
M. POLLINO
2271 m.
LA SILA
1929 m.
APPENNINO
CALABRESE
LE MADONIE
1979 m.
ASPROMONTE
1956 m.
ETNA
3274 m.
più di 1000 m.
250 - 1000 m.
meno di 250 m.

Mari - Laghi - Fiumi

FIUMI :

il PO :	652 km	il TAGLIAMENTO :	170 km	il COGHINAS :	123 km
l'ADIGE :	410 km	il LIRI-GARIGLIANO :	168 km	il SANGRO :	117 km
il TEVERE :	405 km	il BRENTA :	164 km	la NERA :	116 km
l'ADDA :	313 km	l'OMBRONE :	161 km	il SIMETO :	116 km
l'OGLIO :	280 km	la DORA BALTEA :	160 km	il DITTAINO :	110 km
il TANARO :	276 km	la PESCARA-ATERNO :	152 km	il VARO :	110 km
il TICINO :	248 km	il TIRSO :	150 km	il TANAGRO :	92 km
l'ARNO :	241 km	il BASENTO :	149 km	il SERCHIO :	89 km
il PIAVE :	220 km	l'IMERA-SALSO :	144 km	il METAURO :	83 km
il RENO :	211 km	l'ISONZO :	136 km	la CECINA :	74 km
il MINCIO :	194 km	l'OFANTO :	131 km	il SELE :	64 km
il VOLTURNO :	175 km	il FLUMENDOSA :	127 km		

Agricoltura - Industria

Zones montagneuses

Cultures spécialisées
(olivier, vigne, agrumes, fleurs, etc ..)

Rizières

Culture et élevage intensifs

Culture et élevage extensifs

Polyculture avec maïs dominant

Polyculture avec oliviers

Zone de bonification
avec cultures industrielles

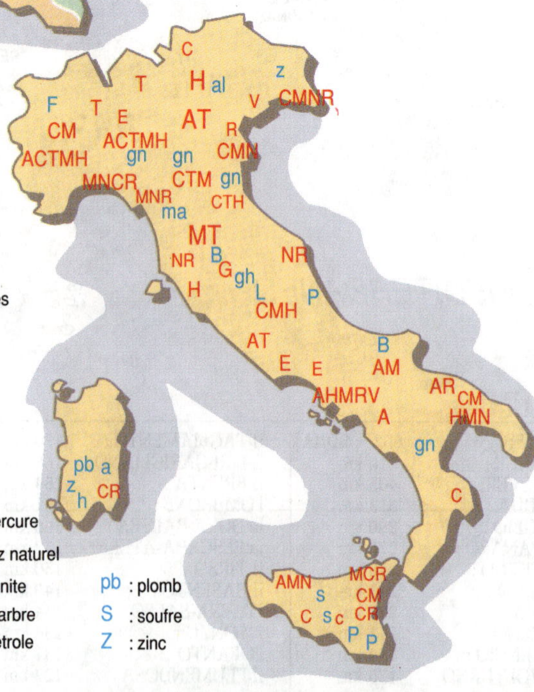

A : industries alimentaires
C : industries chimiques
T : industries textiles et de la chaussure
M : industries mécaniques
H : hauts fourneaux, aciéries
N : constructions navales
V : verre et céramique
R : raffinerie de pétrole
E : énergie nucléaire
G : énergie géothermique

a : antimoine
al : aluminium
B : bauxite
F : fer
h : houille
hg : mercure
gn : gaz naturel
L : lignite
ma : marbre
P : pétrole
pb : plomb
S : soufre
Z : zinc

Autostrade

Le grandi vie della Roma antica

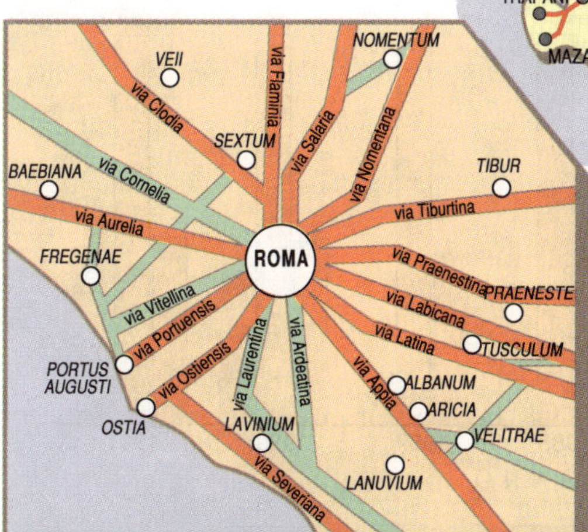

"Tutte le strade conducono a Roma..."

Economia

L'Italia siede abitualmente al tavolo dei sette Paesi più industrializzati del mondo e occupa, tra le grandi potenze economiche, ora il quinto ora il sesto posto.

Nel 1991 ha registrato un Prodotto Interno Lordo pari a 1.399.095 miliardi di lire (1,0 % in più rispetto al 1990), di cui 262.797miliardi (18,8 %) sono stati accantonati come Risparmio e 1.136.298 miliardi (81,2 %) sono andati in consumi. La percentuale di reddito che viene risparmiata è scesa costantemente in questi ultimi anni passando dal 20,4 % del 1989 al 19,6 % del 1990 e al 18,8 % dell'anno scorso. Di conseguenza sono cresciuti i consumi. Nell'ultimo decennio ('80-'90) sono saliti del 36 %, con punte di maggiore crescita fra l'85 e l'88. Lo scorso anno il tasso di crescita è stato solo del 2,6 % determinando una riduzione degli investimenti: ad esempio nel 1990 gli investimenti lordi hanno registrato +3,3 %, mentre nel '91 solo +0,9 %.

Nel 1991 la bilancia dei pagamenti si è chiusa con 25.557 miliardi, mentre l'interscambio di beni con altri paesi ha fatto registrare un passivo di 17.000 miliardi (2.000 miliardi in più rispetto al 1990)

Al 31 dicembre 1991 la forza lavoro ammontava a 24.245.000 persone, e cioè 21.292.000 occupati e 2.653.000 disoccupati (e cioè il 10,9 %).

Dal 1991 ai primi mesi del 1995 la situazione economica del Paese è cambiata. E' aumentato notevolmente il debito pubblico (2 milioni di miliardi!) e la disoccupazione (si parla di 4 milioni di senza lavoro). Nell'estate del '92 la lira è stata svalutata di un 7% rispetto alle monete forti, come il marco.

L'Italia è uscita dallo Sme (Sistema monetario europeo) e in due anni la svalutazione, a causa delle speculazioni del mercato finanziario internazionale e della instabilità dei governi, è cresciuta fino a oltre il 50%. Per effetto della svalutazione è migliorata l'esportazione dei prodotti made in Italy e quindi lo stato generale dell'economia. Nel 1994, ad esempio, il fatturato sul mercato estero era cresciuto del 7%, e le commesse del 19,7%. Le previsioni per il prossimo futuro sono di netta ripresa, a condizione che si riesca a intervenire nell'ammodernamento degli impianti e dei processi produttivi e che la lira venga riportata alle sue reali quotazioni di mercato.

Diversamente non sarà possibile acquistare beni e macchinari all'estero senza un aumento dei prezzi che causerebbe una forte crescita dell'inflazione.

Nel '94 l'Italia ha avuto un fabbisogno di 155.000 miliardi di lire. I conti dovrebbero risultare migliori di quanto previsto dal governo per il '95, mentre si profila positivo anche l'andamento del '96.

Occupazione (dati in percentuale)

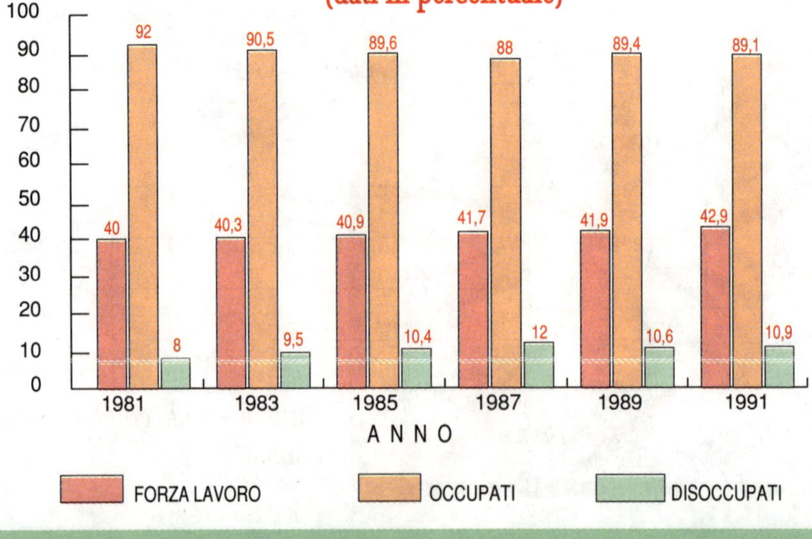

ANNO	PRODOTTO INTERNO LORDO (in miliardi di lire)	RISPARMIO	CONSUMI
1987	897858		
1988	1082926		
1989	1187988	242349	945639
1990	1238760	242797	995963
1991	1399095	262797	1136298

OCCUPAZIONE (dati in migliaia)

ANNO	FORZA LAV.	PERC.	OCCUPATI	PERC.	DISCOCCUPATI	PERC.
1981	22312	40	20544	92	1768	8
1983	22697	40,3	20557	90,5	2140	9,5
1985	23117	40,9	20735	89,6	2381	10,4
1987	23669	41,7	20836	88	2832	12
1989	23470	41,9	21004	89,4	2862	10,6
1991	24245	42,9	21592	89,1	2653	10,9

SETTORI DI OCCUPAZIONE (Dati in migliaia)

ANNO	AGRICOLTURA	PERC.	INDUSTRIA	PERC.	ALTRE ATTIV.	PERC.
1981	2731	13,3	7647	37,2	10165	49,5
1982	2522	12,3	7527	36,7	10444	51
1983	2526	12,3	7352	35,8	10679	51,9
1984	2426	11,8	7039	34,1	11164	54,1
1985	2296	11,1	6892	33,2	11548	55,7
1986	2241	10,7	6821	32,7	11794	56,6
1987	2169	10,4	6716	32,2	11952	57,4
1988	2052	9,7	6750	32,1	12181	58,2
1989	1946	9,2	6753	32,1	12305	58,7
1990	1863	8,7	6940	32,4	12593	58,9
1991	1823	8,4	6916	32	12853	59,6
1992	1711	7,9	6821	31,5	13057	60,6

Evoluzione dell' occupazione

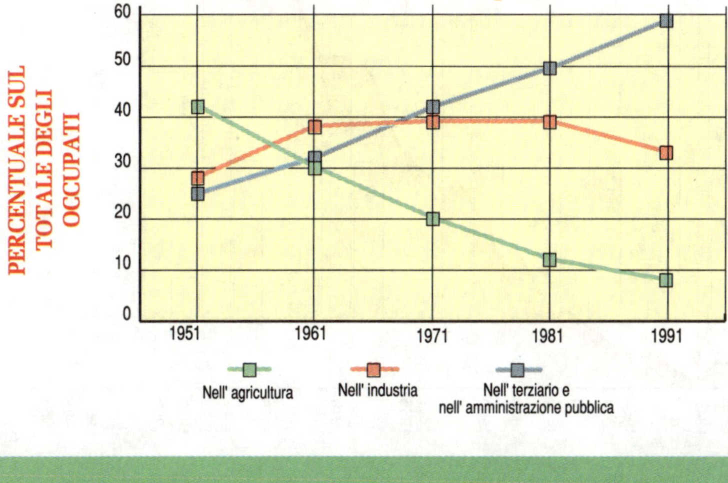

Produzione di acciaio grezzo

(milioni di tonnellate)

UNIONE SOVIETICA	CINA
116 nel 1970	18 nel 1970
149 nel 1980	37 nel 1980
163 nell' 88	59,4 nell' 88
GIAPPONE	**ITALIA**
93 nel 1970	17,2 nel 1970
111 nel 1980	26,5 nel 1980
105,6 nell' 88	22,8 nell' 88
STATI UNITI	**FRANCIA**
119 nel 1970	23,7 nel 1970
101,6 nel 1980	23,1 nel 1980
90,1 nell' 88	19,1 nell' 88
GERMANIA OCCIDENTALE	**GRAN BRETAGNA**
45 nel 1970	27,8 nel 1970
43,8 nel 1980	11,3 nel 1980
48,1 nell' 88 GERMANIA	18,9 nell' 88

Evoluzione della produzione italiana di acciaio grezzo (milioni di tonnellate)

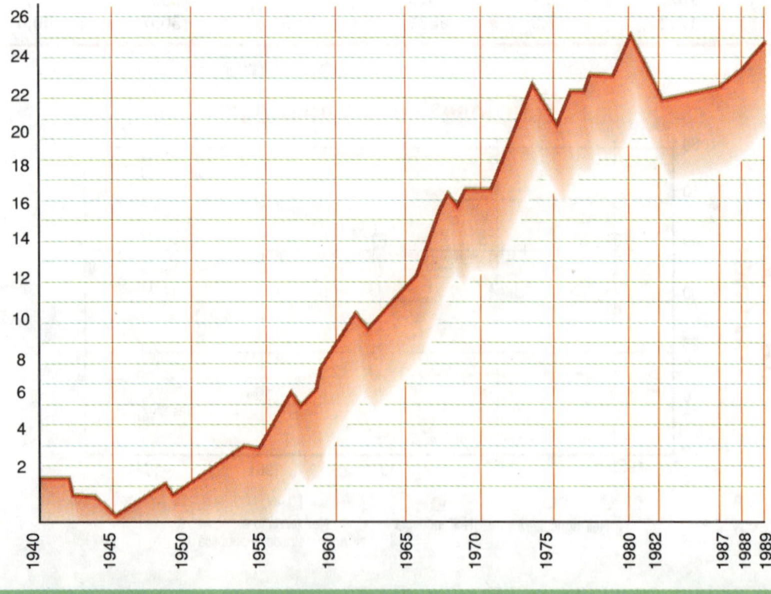

Commercio estero

(commercio speciale in milioni di lire, esclusi l'oro e le monete d'oro e d'argento)

Anno	Import.	Esport.	Bilancia commerciale (Esp.-Imp.)
1984	148 162 029	129 026 980	- 19 135 049
1985	172 809 202	149 723 608	- 23 085 594
1986	149 044 966	145 322 982	- 3 721 984
1987	161 597 000	150 454 000	- 11 143 000
1988	180 013 547	166 380 068	- 13 633 479
1989	209 919 270	193 049 807	- 16 869 463
1990	217 726 000	203 605 000	- 14 121 000
1991			- 17 000 000

Come spende la famiglia italiana

(Valori percentuali, dati 1990)

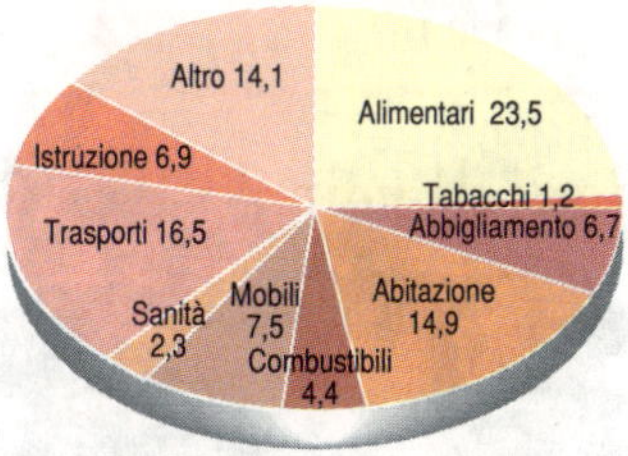

... e quanto

(Media annuale per famiglia, in migliaia di lire, dati 1990)

Pil Risparmi - Consumi

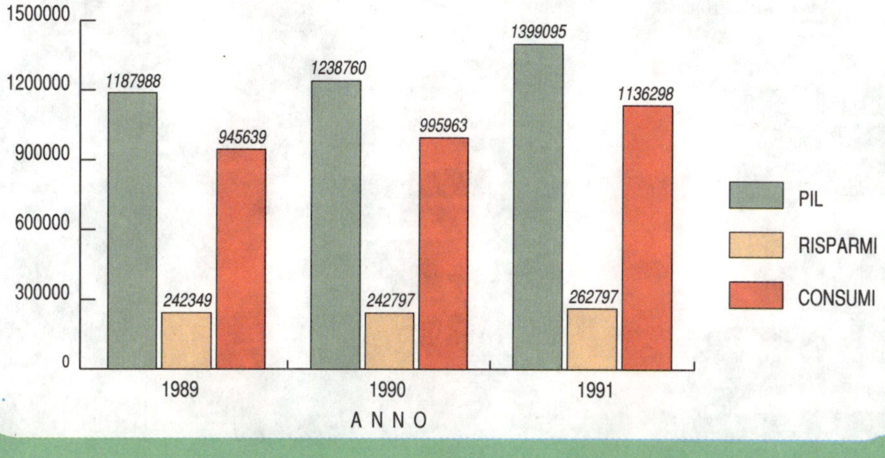

Veicoli in circolazione (1987)

Regioni	Autoveicoli e motoveicoli	di cui autovetture	Abit./ autovett.
Piemonte	2 954 173	2 225 551	2,0
Valle d'Aosta	102 505	68 848	1,7
Lombardia	5 826 912	4 287 307	2,1
Trent.-A. Adige	542 019	379 855	2,3
Veneto	2 827 957	1 952 395	2,2
Friuli-V. Giulia	801 428	567 768	2,1
Liguria	1 108 659	762 641	2,3
Emilia-Romagna	2 845 499	2 028 019	1,9
Toscana	2 618 343	1 820 369	2,0
Umbria	577 142	398 380	2,1
Marche	1 002 407	680 097	2,1
Lazio	2 931 976	2 405 896	2,1
Abruzzo	634 103	497 063	2,5
Molise	138 659	109 267	3,1
Campania	2 025 286	1 635 342	3,5
Puglia	1 601 848	1 241 008	3,3
Basilicata	244 021	189 533	3,3
Calabria	812 983	630 059	3,4
Sicilia	2 365 095	1 860 278	2,8
Sardegna	733 509	580 491	2,8
ITALIA	**32 694 524**	**24 320 167**	**2,4**

Nel 1992 : circa 40 milioni di veicoli

Le regioni d'Italia

Italia turistica

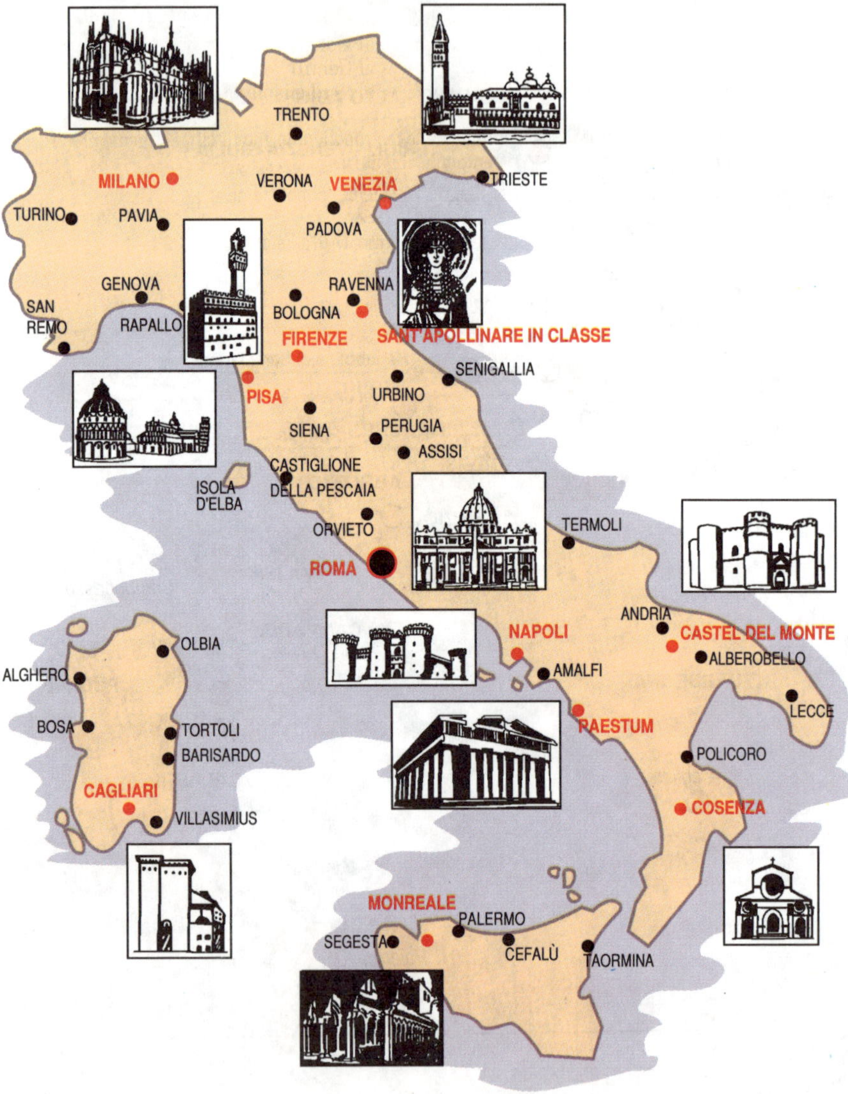

Popolazione italiana

La popolazione italiana, secondo il censimento del 20 ottobre 1991 è di 56.411.000 persone, con un aumento rispetto al precedente censimento del 1981 di 167.355 unità, pari allo, 0,3 %.

Le NASCITE tra il 1981 e il 1991		Gli STRANIERI sono risultati 501.921 di cui	
Nord	- 1,40 %	al Nord	56,10 %
Centro	0,20 %	al Centro	28,00 %
Sud e isole	2,50 %	al Sud e isole	15,95 %

In questo periodo si è verificato un abbandono delle metropoli delle grandi città. La gente predilige i centri medio-piccoli tra i cinquemila e i centomila abitanti:

- Centri con più di 500 mila abitanti: dal 14,6 % della popolazione al 13,2 %.
- Centri fino a 500 mila abitanti: dal 4,9 % al 4,1 %.
- La maggior parte degli italiani risiede in pianura (47,6 %) e in collina (39,1 %)

Censimenti dal 1861 al 1992
(in migliaia di unità)

anno	mese	pop.	% aum.	uomini	donne
1861	31-12	26328		13399	12929
1871	31-12	28251	6,1	14316	13835
1881	10-2	29791	5,4	15134	14657
1901	10-2	36921	13,30	16990	16788
1911	10-6	36778	8,8	18608	18313
1921	1-12	37856	2,9	18814	19042
1931	21-4	41043	8,4	20181	20862
1936	21-4	42399	3,3	20826	21573
1951	4-11	47516	12,06	23259	24257
1961	15-10	50624	6,5	24784	25840
1971	24-10	54137	6,9	26476	27661
1981	25-10	56244	3,8	27397	28847
1991	20-10	56411	0,29	27405	29006

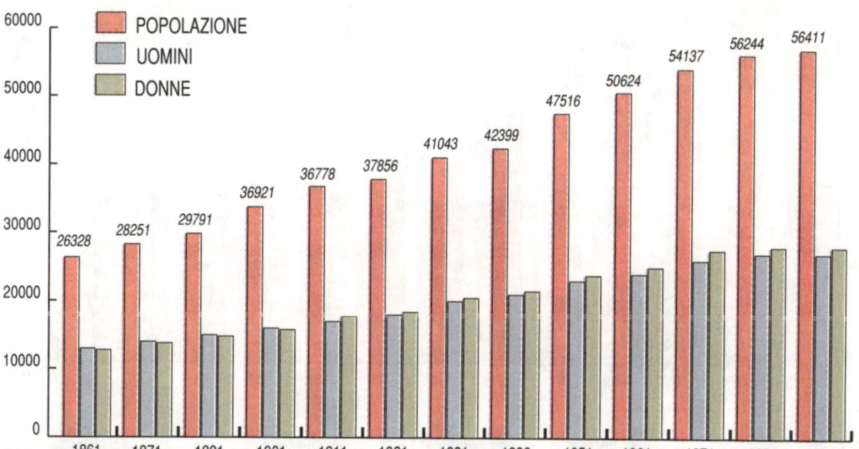

Natalità, Mortalità, Nuzialità

(dati per mille abitanti)

ANNO	NATALITÀ	MORTALITÀ	NUZIALITÀ
1951	18,7	10,8	6,7
1956	17,8	9,2	7,6
1961	18,5	9,0	7,8
1969	17,3	9,9	7,1
1971	16,8	9,7	7,5
1976	15,0	9,8	7,1
1981	11,1	9,6	5,6
1984	10,3	9,3	5,2
1987	9,6	9,3	5,3
1988	9,9	9,3	5,5
1989	9,7	9,1	5,4
1990	9,8	9,3	5,4
1991	9,7	9,4	5,4

La vita media per i maschi è di 73,2 anni (42,6 nel 1900) e per le donne di 79,7 (43,0 nel 1990)

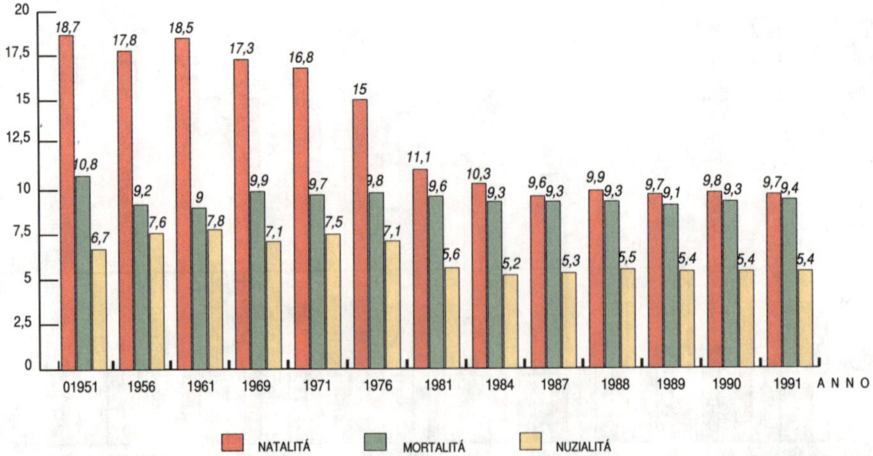

La famiglia in Italia

ANNO	ITALIA	NORD	CENTRO	SUE e ISOLE
1981	18.536.560	8.985.099	3.565.336	5.986.135
1991	19.765.679	9.783.931	3.811.698	6.470.050

I componenti per famiglia

La tabella sotto riporta il numero medio di componenti della famiglia italiana per ripartizione geografica dal 1951 al 1991. Il nucleo familiare medio è di meno di tre componenti (2,8).

ANNO	ITALIA	NORD	CENTRO	SUD e ISOLE
1951	4,0	3,7	4,1	4,2
1961	3,6	3,4	3,7	3,9
1971	3,3	3,1	3,4	3,7
1981	3,0	2,8	3,0	3,3
1991	2,8	2,6	2,8	3,1

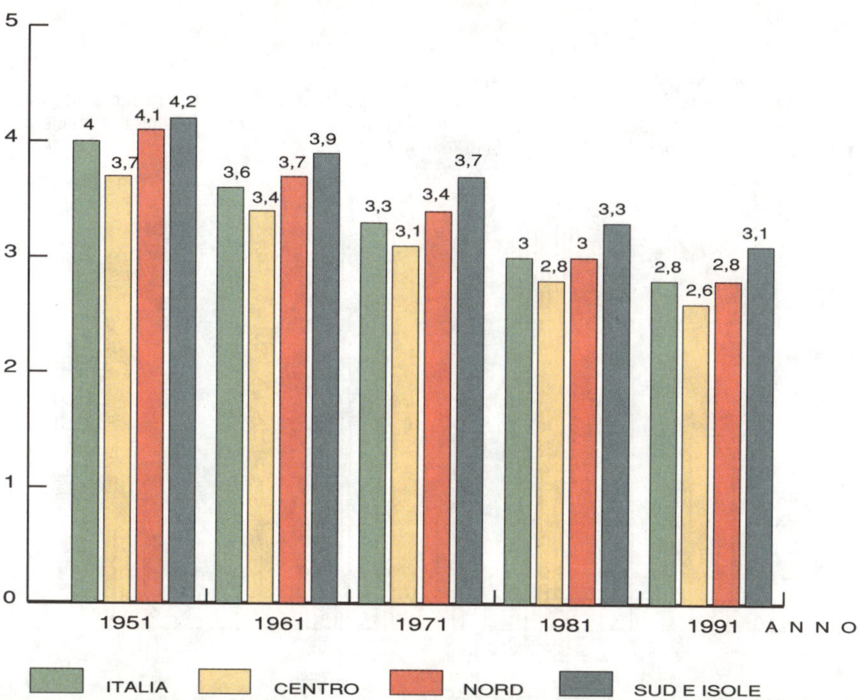

L'emigrazione italiana

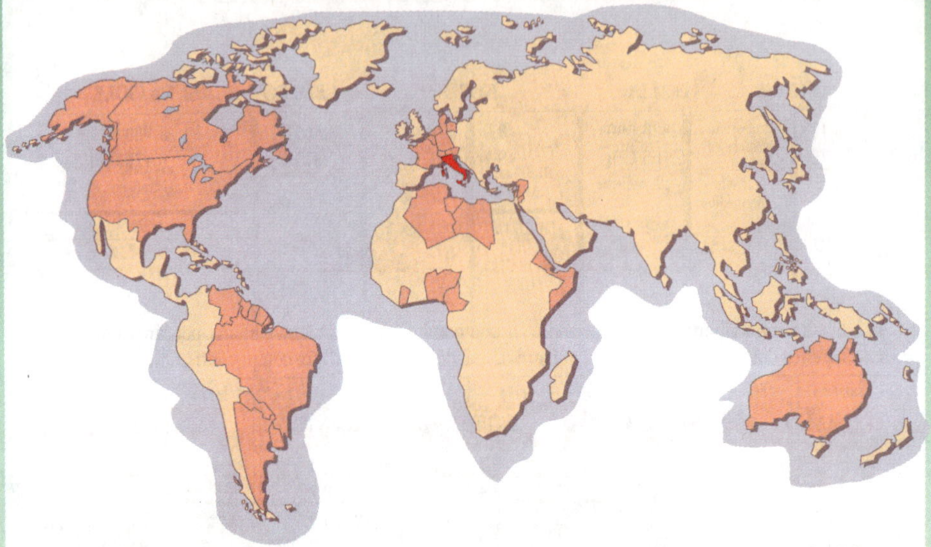

Dalla metà degli anni '80 il flusso migratorio italiano è andato diminuendo:

ANNO	EMIGRATI
1985	66.737
1988	49.381

Tra i Paesi europei sono stati preferiti la Germania Federale (33,81 %) e la Svizzera (24,45 %). Tra i Paesi extracomunitari gli italiani si sono trasferiti di più in quelli afro-asiatici (8,62 %) e negli Stati Uniti (5,22 %).

Nello stesso periodo è diminuito anche il flusso di rientro in Italia da parte di chi aveva emigrato in precedenza:

ANNO	RIMPATRI
1985	67.277
1688	49.102

La maggior parte dei rientri si sono avuti dalla Germania e dalla Svizzera (complessivamente per un 56,25 %).

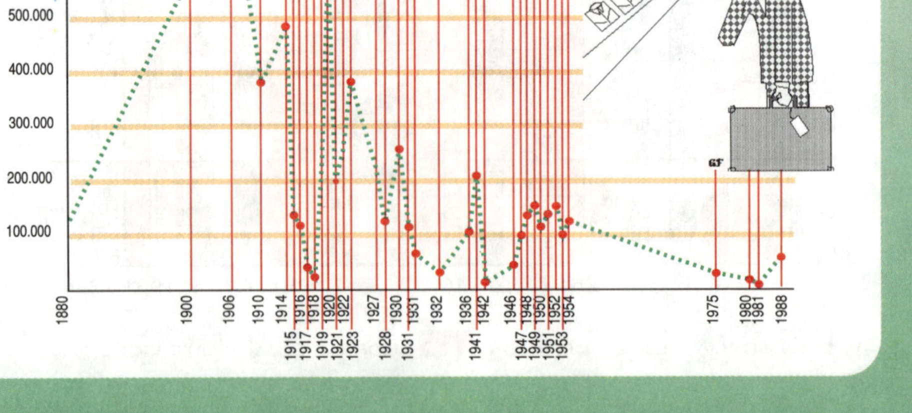

Ordinamento scolastico italiano

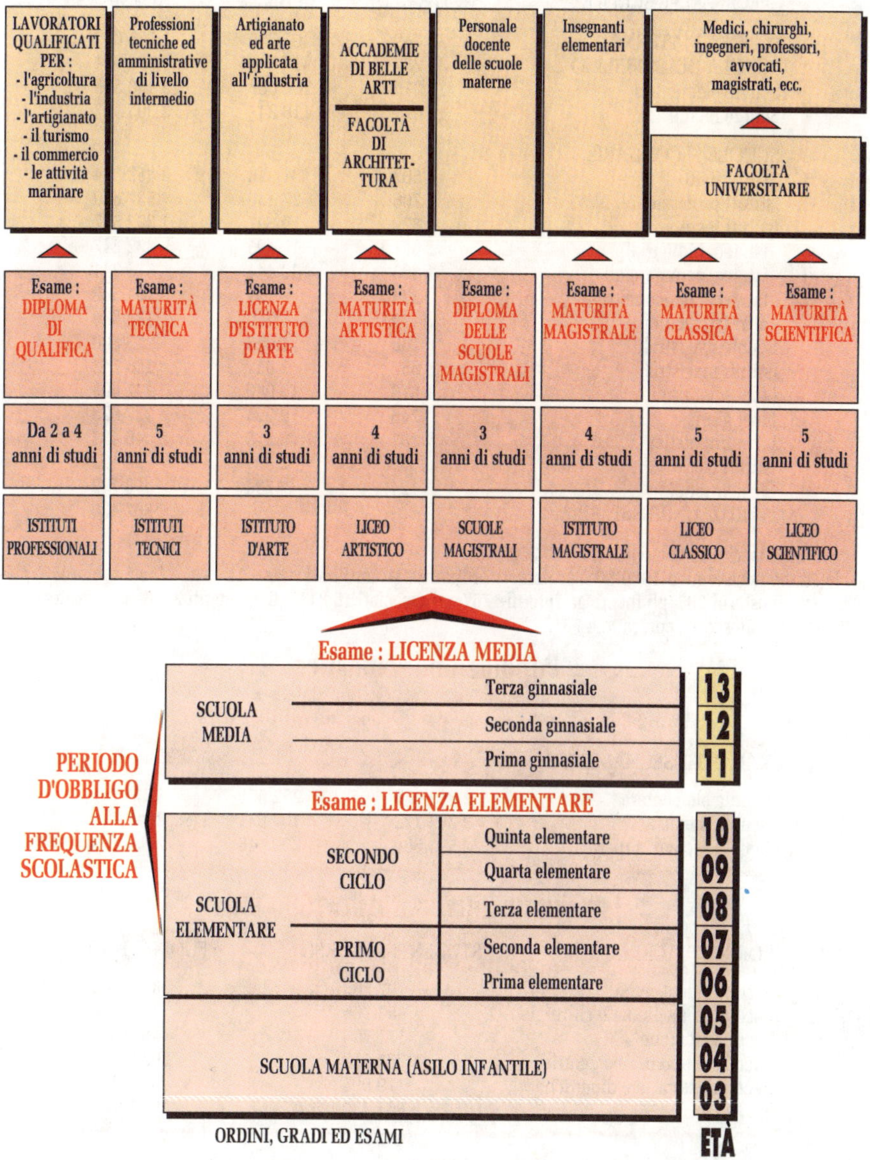

Istruzione
dati generali (Scuola in complesso ; 1989-90)

SPECIE DELLE SCUOLE	UNITÀ SCOL.	CLASSI	ALUNNI
SCUOLA MATERNA	28 049	67 559	1 565 039
SCUOLA DELL'OBBLIGO	35 237	318 910	5 533 951
Scuole elementari	25 216	200 668	3 138 548
Scuole medie	10 021	118 242	2 395 403
SCUOLE SECONDARIE SUPERIORI	7 862	131 548	2 852 614
Istituti professionali	1 706	27 130	537 889
Istituti tecnici	2 879	59 697	1 307 557
- ist. tec. industriali	621	15 495	332 247
- ist. tec. commerciali	1 305	30 441	675 241
- ist. tec. per geometri	534	7 101	161 389
- altri ist. tecnici	419	6 660	138 680
Scuole magistrali	188	1 068	23 800
Istituti magistrali	657	7 651	166 742
Licei scientifici	1 019	19 060	447 603
Licei ginnasi	746	9 995	227 628
Licei linguistici	381	2 218	46 481
Istituti d'arte	162	2 995	58 192
Licei artistici	124	1734	36 722
ISTRUZ. UNIVERSITARIA	-	-	*867 430

*Studenti iscritti in corso (fuori corso 260 718). -

Nell'anno accademico 1989-90 i professori ordinari e straordinari erano 11 371, i fuori ruolo 485, gli incaricati esterni 265, gli incaricati interni 1767, gli associati 16 811, gli assistenti 2 930, i ricercatori 14.495, i professori a contratto 4 751.

Popolazione scolastica

a: scuole statali ; b: scuole non statali
(alunni iscritti per rami d'insegnamento, nel 1989-90)

RAMO D'INSEGNAMENTO	a	b	a + b
Scuola elementare	2 885 978	252 570	3 138 548
Scuola media	2 287 772	107 631	2 395 403
Scuola second. super.	2 593 568	259 046	2 852 614

Istruzione universitaria (1989-90)

CORSI DI LAUREA	STUDENTI IN CORSO	FUORI CORSO
Facoltà scientifiche	102 703	32 454
Facoltà di medicina e chirurgia	53 266	21 732
Facoltà tecniche	171 208	48 394
Facoltà econom., soc., giurid.	361 158	102 363
Facoltà letterarie e didattiche	179 095	57 982
TOTALE	867 430	262 925

Analfabeti (oltre 6 anni di età)

Cens. 1951 = 12,9 % ; cens. 1961 = 8,3 % ; cens. 1971 = 5,2 % ; cens. 1981 = 3,1 %.

Televisione

In Italia sono attive reti radio-televisive sia pubbliche sia private. Alla Rai fanno capo Raiuno, Raidue e Raitre, mentre nel settore privato si sono affermate numerose "antenne" commerciali. La legge 223 del 1990, battezzata legge Mammi dal ministro delle Poste e Telecomunicazioni dell'epoca che l'ha proposta, prevede soltanto 12 reti che diffondano su tutto il territorio nazionale. Pertanto, entro il 23 agosto 1992, dovranno essere assegnate le 12 frequenze nazionali. Il consiglio dei ministri, il 13 agosto 1992, ha anticipato un parere positivo, oltre che per le tre reti della Rai, per le quali viene pagato un canone di abbonamento annuale, anche per le tre reti del gruppo Fininvest (Berlusconi), e cioè Canale 5, Italia 1 e Retequattro, per Telemontecarlo (Tmc), Videomusic e Rete A.

L'audience televisiva, in questi ultimi tempi, è distribuita quasi al 50 % tra le reti pubbliche e quelle private. Le ore di trasmissioni, che nel 1989 erano 50.778 per la radio e 24.300 per la televisione, sono andate aumentando notevolmente per la Tv, in maniera da realizzare quasi un "no stop" sulle 24 ore.

Esistono anche alcune pay-tv come la francese Canal Plus. Sono Tele+1, Tele+2, Tele+3 che al momento non hanno ancora un'approvazione secondo la legge.

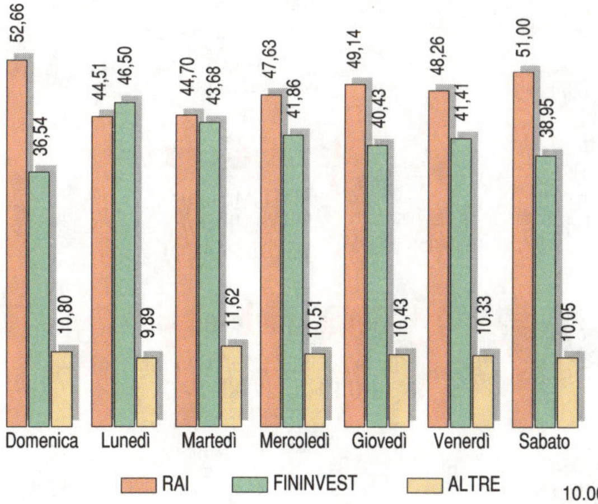

Quote % di ascolto TV per giorni della settimana

Anno Auditel 1991

(7 dicembre 1990 - 6 dicembre 1991)

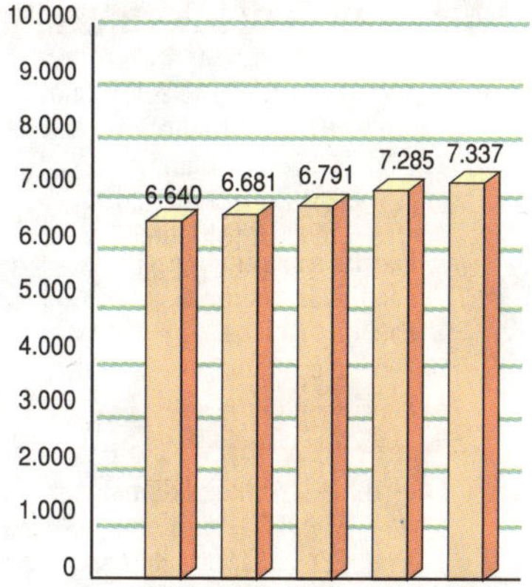

Ascolto della televisione nei 5 anni di rilevazione auditel

Intera giornata - Cifre in migliaia

I giornali

Quotidiani

CORRIERE DELLA SERA (Milano)
LA REPUBBLICA (Roma)
LA STAMPA (Torino)
IL MESSAGGERO (Roma)
IL SOLE-24 ORE (Milano)
IL RESTO DEL CARLINO (Bologna)
LA NAZIONE (Firenze)
IL GIORNO (Milano)
IL MATTINO (Napoli)
IL SECOLO XIX (Genova)
IL GIORNALE (Milano)
IL GAZZETTINO (Venezia)
IL TEMPO (Roma)
LA VOCE (Milano)
L'INFORMAZIONE (Roma)
IL TIRRENO (Livorno)
AVVENIRE (Milano)
IL MANIFESTO (Roma)
GAZZETTA DEL MEZZOGIORNO (Bari)
L'UNIONE SARDA (Cagliari)
LA NUOVA SARDEGNA (Sassari)
GAZZETTA DEL SUD (Messina)
GIORNALE DI SICILIA (Palermo)
GIORNALE DI BRESCIA (Brescia)
ARENA (Verona)
L'ECO DI BERGAMO (Bergamo)
IL PICCOLO (Trieste)
GAZZETTA DI MANTOVA (Mantova)
GAZZETTA DI PARMA (Parma)
ALTO ADIGE (Bolzano)

Settimanali di informazione

FAMIGLIA CRISTIANA (Milano)
OGGI (Milano)
GENTE (Milano)
L'ESPRESSO (Roma)
EPOCA (Milano)
PANORAMA (Milano)

Quotidiani di partiti politici

L'UNITA' (Pds - Roma)
L'AVANTI (Psi - Roma)
IL POPOLO (Dc - Roma)

Quotidiani economici

IL SOLE-24 ORE (Milano)
ITALIA OGGI

Quotidiani sportivi

GAZZETTA DELLO SPORT (Milano)
TUTTOSPORT (Torino)
CORRIERE SPORT/STADIO (Roma)

Settimanali femminili

AMICA (Milano)
ANNA (Milano)
CONFIDENZE (Milano)
DONNA MODERNA (Milano)
GRAZIA (Milano)
PIU' BELLA (Milano)
GIOIA (Milano)

Mensili di classe

KING (Milano)
MAX (Milano)
CAPITAL (Milano)

Settimanali televisivi

TV SORRISI E CANZONI (Milano)
RADIO CORRIERE TV (Roma)
TELESETTE (Milano)
TELEPIU' (Milano)

Rotocalchi rosa

NOVELLA 2000 (Milano-settimanale)
EVA EXPRESS (Milano-settimanale)

Settimanali per i ragazzi

IL GIORNALINO (Milano)
CORRIERE DEI PICCOLI (Milano)

Riviste per automobili

QUATTRORUOTE (Milano - mensile)
GENTE MOTORI (Milano - mensile)
AUTOCAPITAL (Milano - mensile)

l'Unità
MERCOLEDÌ 31 MARZO 1993 · L. 1200
LA SITUAZIONE PRECIPITA
Il premier congelato fino a
Scalfaro: «Momento diffic
to ha finito, c
so al ministro
e Pri: sì a un esec
facciamo politica
SERGIO ZAVOLI
L'INDIPENDENTE
LIRE 1200
MERCOLEDI' 31 MARZO 1993
Accerchiato dai giudici, il governo perde un altro ministro, il settimo in appena nove mesi
Sotto accusa anche Reviglio
Indagato per ricetta
Finanze si dimette
Ora Am
cutivo
cchetto
icare Napolitano
SERVIZI ALLE PAG.
ministrazione pubblica
in 120
LEONORI
CITROËN ZX Catalizzata
10.000.000 a tasso superagevolato
IN 48 MESI
Oggi gratis «La Storia d'Italia a fumetti» di Biagi
Il Messaggero
Mercoledì 31 Marzo 1993
LO SPORT
Coppa Italia: i giallorossi sono in finale
Il cuore della Roma più forte del Milan invincibile
Il Capo dello Stato già al lavoro per comporre il mosaico di una maggioranza più ampia
i referendum
bito dimesso
potere
Governo nuovo
Avviso di garanzia anche al
Rinviata la crisi, Amato res
Quelle riforme che la gente attende
di ANTONIO MACCANICO
byblos
la Repubblica
Anno 18 - Numero 75 - L. 1200
Direttore Eugenio Scalfari
martedì 30 marzo 1993
Il capo del governo: "Siamo all'8 settembre". La lira perde colpi. Scalfaro convoca Spadolini e Napolitano
Segni se n
Dc
mafiosi"
crisi
CORRIERE DELLA SERA
MERCOLEDÌ 31 MARZO 1993 - L. 1.200
Scalfaro: la Repubblica è salda, garantiremo la regolarità della consultazione del 18 aprile. Poi il via a un governo istituzionale
Reviglio lascia, si prepara il dopo Amato
Le dimissioni del ministro indagato per ricettazione. Lira a quota mille sul marco
L'ULTIMA OCCASIONE
di GIANFRANCO PIAZZESI
SEGNI
«E ora l'alternativa»
PADRE SORGE
«Mariotto bene, ma...»
I referendum
DICO NO AL NO
di GIOVANNI SARTORI

AMICA
MODA
MOSCHINO
A STILE LIBERO
L'EUROPEO
SPECIALE LIRE 2000
SETTIMANALE DI ATTUALITÀ E CULTURA
Andreotti sotto accusa
E' Belzebù
GRAZIA
moda
GENTE
29 MARZO 1993 • N. 14 • SETTIMANALE DI POLITICA, ATTUALITÀ E CULTURA • RUSCONI EDITORE
L. 2.700
Per l'orto sul vostro balcone
EPOCA
UN LIBRO IN REGALO
Come diventare saggi
INSERTO CASA
Trecento appartamenti da comprare selezionati «Epoca»
PSICANALISI E SESSO
Un carteggio inedito di Freud
L'Espresso
Roma
ARNOLDO MONDADORI EDITORE 28 MARZO 1993
L. 3500
TANGENTI/Sapevate che l'Eni e Gheddafi...
Panorama
INCHIESTA SUL PARLAMENTO
Ma che
OGGI
OGGI + OGGI TV
NUMERO DOPPIO 2000 LIRE
22 MARZO 1993 • SETTIMANALE DI POLITICA ATTUALITÀ E CULTURA
LA VENDETTA DI CARLO
AL POSTO DI DIANA
LA BELLA LADY ANTONIA
HO VISTO SAI BABA FARE MIRACOLI

Cinema italiano

1905 *La breccia di porta Pia*, di Filoteo ALBERINI (1865-1937)

1907 *Garibaldi*, di Mario CASERINI (1874-1920)

1908 *Giordano Bruno*, di Giovanni PASTRONE (1883-1959)
Gli ultimi giorni di Pompei, di Luigi MAGGI (1867-1946)

1909 *Ettore Fieramosca*, di Ernesto PASQUALI (1883-1919)
La maschera di ferro, di Giovanni PASTRONE
Marin Faliero doge di Venezia; di Giuseppe DE LIGUORO (1869-1944)
L'Inferno (di Dante), di Giuseppe DE LIGUORO

1910 *Il granatiere Orlando*, di Luigi MAGGI
La caduta di Troia, di Giovanni PASTRONE

1911 *Le nozze d'oro* (Storia del Risorgimento), di Luigi MAGGI
Santarellina («Mam'zelle Nitouche»), di Mario CASERINI

1912 *Quo vadis*, di Enrico GUAZZONI (1876-1949)
Satana, di Luigi MAGGI

1913 *I promessi sposi*, di Ernesto PASQUALI

1914 *L'ereditiera*, di Basdassare NEGRONI
Sperduti nel buio, di Nino MARTOGLIO (1870-1921)
Cabiria, di Giovanni PASTRONE

1915 *Christus*, di Giulio ANTAMORO
Teresa Raquin, di Nino MARTOGLIO

1916 *Cenere*, di Febo MARI (1884-1939) - con l'attrice Eleonora Duse - (v. fr. «Cendres»)

1917 *Tigre reale*, di Giovanni PASTRONE

1918 *I topi grigi*, di Emilio GHIONI (1879-1930)

1919 *I promessi sposi*, di Mario BONNARD (1889-1965)
Il padrone delle ferriere, di Giovanni PASTRONE

1920 *Borgia*, di Luigi CARAMBA (1865-1936)

1921 *Dante*, di Luigi CARAMBA

1926 *Gli ultimi giorni di Pompei*, di Carmine GALLONE (1886-1973)

1931 *Fra Diavolo*, di Mario BONNARD
Rubacuori, di Guido BRIGNONE

1934 *1860* (l'epopea garibaldina) di Alessandro BLASETTI (1900-1937)
Teresa Gonfalonieri, di Guido BRIGNONE

1937 *Scipione l'Africano*, di Carmine GALLONE

1938 *Luciano Serra pilota*, di Goffredo ALESSANDRINI (1904-1978)

1939 *Salvator Rosa*, di Alessandro BLASETTI

1940 *La corona di ferro*, di Alessandro BLASETTI
Il ponte dei sospiri, di Mario BONNARD
Capitan Fracassa, di Duilio COLETTI (nato nel1908)

1941 *Piccolo Mondo Antico*, di Mario SOLDATI (nato nel 1906)
La cena delle beffe, di Alessandro BLASETTI
Rossini, di Mario BONNARD
Uomini sul fondo, di Francesco DE ROBERTIS (1902-1959)
Racconto da un affresco (su Giotto), di Luciano EMMER (nato nel 1918)

1942 *Ossessione*, di Luchino VISCONTI (1906-1976)
Quattro passi fra le nuvole, di Alessandro BLASETTI
Malombra, di Mario SOLDATI
Gelosia, di Ferdinando Mario POGGIOLI (1897-1945)
Zaza, di Renato CASTELLANI (1919-1985)
La Fornarina, di Enrico GUAZZONI (1876-1949)

1943 *I bambini ci guardano*, di Vittorio DE SICA (1901-1974)

1945 *Roma città aperta*, di Roberto ROSSELLINI (1906-1977)

1946 *Sciuscià*, di Vittorio DE SICA (Oscar speciale 1947)

1948 *Ladri di biciclette*, di Vittorio DE SICA (Oscar speciale 1949)
La terra trema, di Luchino VISCONTI
Germania anno zero, di Roberto ROSSELLINI

1949 *Riso amaro*, di Giuseppe DE SANTIS (nato nel 1917)
Il lupo della Sila, di Duilio COLETTI
Il mulino del Po, di Alberto LATTUADA (nato nel 1914)
Il conte Ugolino, di Riccardo FREDA (nato nel 1909)

1949 *Toto le Moko*, di Totò (Antonio DE CURTIS GAGLIARDI, Duca COMNENO DI BISANZIO) (1898-1967) - parodia di «Pépé-le-Moko» di Julien DUVIVIER (1937) -
Totò cerca casa, di Mario MONICELLI (nato nel 1915)

1950 *Francesco giullare di Dio*, di Roberto ROSSELLINI
Napoli milionaria, di Eduardo DE FILIPPO (1900-1984)

1951 *Miracolo a Milano*, di Vittorio DE SICA
Luci del varietà, di Federico FELLINI (1920-1993) e Alberto LATTUADA
Il Cristo proibito, di Curzio MALAPARTE (1898-1957)

1952 *Il cappotto*, di Alberto LATTUADA
Lo sceicco bianco, di Federico FELLINI
Wanda la peccatrice, di Duilio COLETTI
Buon giorno elefante, di Gianni FRANCIOLINI (1910-1960)
Le ragazze di Piazza di Spagna, di Luciano EMMER
Leonardo da Vinci, di Luciano EMMER

1953 *Giuseppe Verdi*, di Raffaello MATARAZZO (1909-1966)
I vitelloni, di Federico FELLINI
Cinema d'altri tempi, di STENO (Stefano VANZINA, 1915-) - v. fr. «*Drôles de bobines*» -
Pane amore e fantasia, di Luigi COMENCINI (1916-)

1954 *L'oro di Napoli*, di Vittorio DE SICA
La strada, di Federico FELLINI (Oscar 1956)
Senso, di Luchino VISCONTI
Cronache di poveri amanti, di Carlo LIZZANI (1922-)

1955 *Il bidone*, di Federico FELLINI
Le amiche, di Michelangelo ANTONIONI (1912-)
Continente perduto, di Enrico GRAS (nato nel 1919)
Amici per la pelle, di Franco ROSSI (nato nel 1919)
Gli Sbandati, di Francesco MASELLI.(1930-)

1956 *Il ferroviere*, di Pietro GERMI (1914-1974)
Guerra e pace, di Mario SOLDATI
Poveri ma belli, di Dino RISI (1916-)

1957 *Le notti di Cabiria*, di Federico FELLINI (Oscar 1957)
Il grido, di Michelangelo ANTONIONI

1958 *I soliti ignoti*, di Mario MONICELLI (v. fr. «*Le pigeon*»)
Racconti d'estate, di Gianni FRANCIOLINI (1910-1960)

1959 *Il generale Della Rovere*, di Roberto ROSSELLINI
Gli ultimi giorni di Pompei, di Mario BONNARD e Sergio LEONE (1929-1989)

1960 *La dolce vita*, di Federico FELLINI (oscar 1961)
L'avventura, di Michelangelo ANTONIONI
I delfini, di Francesco MASELLI (nato nel 1930)
Rocco e i suoi fratelli, di Luchino VISCONTI
La ciociara, di Vittorio DE SICA
Il bell'Antonio, di Mauro BOLOGNINI (1922-)
Sotto dieci bandiere, di Duilio COLETTI

1961 *Divorzio all'italiana*, di Pietro GERMI (Oscar 1962)
Il posto, di Ermanno OLMI (nato nel 1931)
Mondo cane, di Paolo CAVARA (nato nel 1926) e Gualtiero JACOPETTI (nato nel 1919)
Banditi a Orgosolo, di Vittorio DE SETA (1923-)
Accattone, di Pier Paolo PASOLINI (1922-1975)
Salvatore Giuliano, di Francesco ROSI (1922-)
La viaccia, di Mauro BOLOGNINI
La ragazza in vetrina, di Luciano EMMER (v. fr. «*La fille dans la vitrine*»)

1962 *Il sorpasso*, di Dino RISI (v. fr. «*Le fanfaron*»)
L'eclisse, de Michelangelo ANTONIONI
Mamma Roma, di Pier Paolo PASOLINI
Senilità, di Mauro BOLOGNINI
Agostino, di Mauro BOLOGNINI
I nuovi angeli, di Ugo GREGORETTI (nato nel 1930)
Orazi e Curiazi, di Ferdinando BALDI

1963 *Il Gattopardo*, di Luchino VISCONTI (v. fr. «*Le Guépard*»)
Le mani sulla città, di Francesco ROSI (v. fr. «*Main basse sur la ville*»)
I mostri, di Dino RISI (v. fr. «*Les monstres*»)
Il diavolo, di Gian Luigi POLIDORO (nato nel 1928) - v. fr. «*Amour à la suédoise*» -
Il fornaretto di Venezia, Di Duccio TESSARI (1926-) - v. fr. «*Le procès des doges*» -
La ragazza di Bube, di Luigi COMENCINI
Otto e mezzo, di Federico FELLINI (Oscar 1963)
Sedotta e abbandonata, di Pietro GERMI
Zorro e i tre moschettieri, di Luigi CAPUANO
Riusciranno i nostri eroi a ritrovare l'amico misteriosamente scomparso in Africa ? di Ettore SCOLA (nato nel 1931)
Ieri, oggi e domani, di Vittorio DE SICA (Oscar 1964)

1964 *Deserto rosso*, di Michelangelo ANTONIONI
Il Vangelo secondo Matteo, di Pier Paolo PASOLINI
Per un pugno di dollari, di Sergio LEONE
Prima della rivoluzione, di Bernardo BERTOLUCCI (nato nel 1941)
Il terrorista, di Gianfranco DE BOSIO (nato nel 1924)
Le belle famiglie, di Ugo GREGORETTI
Maciste e la regina di Samar, di Giacomo GENTILOMO (nato nel 1909)

1965 *Giulietta degli spiriti*, di Federico FELLINI
Uccellacci uccellini, di Pier Paolo PASOLINI
Per qualche dollaro in più, di Sergio LEONE
Una bella grinta, di Giuliano MONTALDO (1930-)
Pugni in tasca, di Marco BELLOCCHIO (1939-)

1966 *Il buono il brutto il cattivo*, di Sergio LEONE (v. fr. «*Le bon, la brute et le truand*»)
La presa del potere di Luigi XIV, di Roberto ROSSELLINI
Le due orfanelle, di Riccardo FREDA
Yankee, di Tinto BRASS (1933-)

1967 *Incompreso*, di Luigi COMENCINI (v. fr. «*L'incompris*»)
Blow-up, di Michelangelo ANTONIONI

1968 *C'era una volta il West*, di Sergio LEONE (v. fr. «*Il était une fois dans l'Ouest*»)
Teorema, di Pier Paolo PASOLINI
Indagine su un cittadino al di sopra di ogni sospetto, di Elio PETRI (1929-1982 - Oscar 1970)
Fuoco !, di Gian Vittorio BALDI (1930-)
Romeo e Giuletta, di Franco ZEFFIRELLI (1923- Oscar 1968)
Il giorno della civetta, di Damiano DAMIANI (1922-)
Il grande silenzio, di Sergio CORBUCCI (1927-1991)
Straziami, ma di baci saziami, di Dino RISI

1969 *Satyricon*, di Federico FELLINI
Porcile, di Pier PASOLINI
Infanzia, vocazione e prime esperienze di Giacomo Casanova veneziano, di Luigi COMENCINI
La strategia del ragno, di Bernardo BERTOLUCCI

1970 *Metello*, di Mauro BOLOGNINI
Medea, di Pier Paolo PASOLINI
I clowns, di Federico FELLINI (Oscar 1971)
Il giardino dei Finzi-Contini, di Vittorio DE SICA
Zabriskie Point, di Michelangelo ANTONIONI
La moglie del prete, di Dino RISI
Il conformista, di Bernardo BERTOLUCCI

1971 *Roma*, di Federico FELLINI
Per grazia ricevuta, di Nino MANFREDI (1921-) - v. fr. «*Miracle à l'italienne*» -
Il Decameron, di Pier Paolo PASOLINI
Il caso Mattei, di Francesco ROSI (v. fr. «*L'affaire Mattei*»)
Morte a Venezia, di Luchino VISCONTI
Giù la testa !, di Sergio LEONE (v. fr. «*Il était une fois la Révolution*»)
Sacco e Vanzetti, di Giuliano MONTALDO
Il merlo maschio, di Pasquale FESTA CAMPANILE (1927-1986) - v. fr. «*Ma femme est un violon*» -
Addio fratello crudele, di Giuseppe PATRONI GRIFFI (nato nel 1921) - v. fr. «*Dommage qu'elle soit une p...*»)

1972 *Le avventure di Pinocchio*, di Luigi COMENCINI
Lo scopone scientifico, di Luigi COMENCINI (v. fr. «*L'argent de la vieille*»)

La più bella serata della mia vita, di Ettore SCOLA
L'ultimo tango a Parigi, di Bernardo BERTOLUCCI
Storie scellerate, di Sergio CITTI (1934-) e Pier Paolo PASOLINI
I racconti di Canterbury, di Pier Paolo PASOLINI

1973 *Amarcord*, di Federico FELLINI (Oscar 1974)
Portiere di notte, di Liliana CAVANI (nata nel 1937)
La grande abbuffata, di Marco FERRERI (v. fr. «*La grande bouffe*»)
Il mio nome è Nessuno, di Sergio LEONE
Giordano Bruno, di Giuliano MONTALDO
Lucky Luciano, di Francesco ROSI
Alfredo, Alfredo, di Pietro GERMI

1974 *C'eravamo tanto amati*, di Ettore SCOLA
Profumo di donna, di Dino RISI
Pane e cioccolata, di Franco BRUSATI (nato nel 1922)
Il fiore delle Mille e una notte, di Pier Paolo PASOLINI

1975 *Brutti, sporchi e cattivi*, di Ettore SCOLA (v. fr.«*Affreux, sales et méchants*»)
Cadaveri eccellenti, di Francesco ROSI (v. fr. «*Cadavres exquis*»)
Per le antiche scale, di Mauro BOLOGNINI
La donna della domenica, di Luigi COMENCINI

1976 *Novecento*, di Bernardo BERTOLUCCI (v. fr. «*1900*»)
Casanova, di Federico FELLINI (Oscar 1976)
L'innocente, di Luchino VISCONTI
L'eredità Ferramonti, di Mauro BOLOGNINI
Todo modo, di Elio PETRI
L'Agnese va a morire, di Giuliano MONTALDO

1977 *Padre padrone*, di Paolo (1931-) e Vittorio TAVIANI (1929-)
In nome del papa re, di Luigi MAGNI
I nuovi mostri, di Mario MONICELLI, Dino RISI, Ettore SCOLA, ecc.
L'ultima orgia del terzo Reich, di Cesare CANEVARI

1978 *L'albero degli zoccoli*, di Ermanno OLMI (v. fr. «*L'arbre aux sabots*»)
Prova d'orchestra, di Federico FELLINI
Il flauto magico, di Emanuele LUZZATI (1921-) - disegni animati -

1979 *Cristo si è fermato a Eboli*, di Francesco ROSI
L'ingorgo, di Luigi COMENCINI (v. fr. «*Le grand embouteillage*»)
Caro papà, di Dino RISI
La terrazza, di Ettore SCOLA
Dimenticare Venezia, di Franco BRUSATI

1980 *La città delle donne*, di Federico FELLINI

1981 *La pelle*, di Liliana CAVANI
Tre fratelli, di Francesco ROSI

1982 *La notte di san Lorenzo*, di Paolo e Vittorio TAVIANI
Il marchese Del Grillo, di Mario MONICELLI
La nuit de Varennes, di Ettore SCOLA

1983 *E la nave va*, di federico FELLINI (v. fr. «*Et vogue le navire*»)
Il était une fois l'Amérique, di Sergio LEONE
Le avventure di un fotografo, di Francesco MASELLI
La Traviata, di Franco ZEFFIRELLI

1984 *Ballando, ballando*, di Ettore SCOLA
Blues metropolitano, di Salvatore PISCICELLI
Casablanca Casablanca, di Francesco NUTI (1955-)
Claretta, di Pasquale SQUITIERI (1939-)
Le due vite di Mattia Pascal, di Mario MONICELLI
Impiegati, di Pupi AVATI (1938-)
Kaos, di Paolo e Vittorio TAVIANI
Maccheroni, di Ettore SCOLA
Noi tre, di Pupi AVATI
Non ci resta che piangere, di Massino TROISI (1953-) e Roberto BENIGNI (1952-)
Scemo di guerra, di Dino RISI
Tutti dentro, di Alberto SORDI (1920-)

1985 *Amici miei atto III*, di Nanni LOY (1925-)
Il camorrista, di Giuseppe TORNATORE (1956-)
Cronaca di una morte annunciata, di Francesco ROSI
Diavolo in corpo, di Marco BELLOCCHIO
Festa di laurea, di Pupi AVATI
Fracchia contro il conte Dracula, di Neri PARENTI (1950-)
Ginger e Fred, di Federico FELLINI
La messa è finita, di Nanni MORETTI (1953-)
Piccoli fuochi, di Peter DEL MONTE (1943-)
Segreti segreti, di Giuseppe BERTOLUCCI (1947-)
I soliti ignoti venti anni dopo, di Amanzio TODINI
Speriamo che sia femmina, di Mario MONICELLI
Tutta colpa del paradiso, di Francesco NUTI
La venexiana, di Mauro BOLOGNINI
Storia d'amore, di Francesco MASELLI

1986 *Capriccio*, di Tinto BRASS
Il caso Moro, di Giuseppe FERRARA (1932-)
La famiglia, di Ettore SCOLA
Good Morning Babilonia, di Paoloe Vittorio TAVIANI
I love you, di Marco FERRERI
L'inchiesta, di Damiano DAMIANI
Lunga vita alla signora, di Ermanno OLMI
Noi uomini duri, di Maurizio PONZI
Regalo di Natale, di Pupi AVATI
Sembra morto... ma è solo svenuto, di Felice FARINA
Superfantozzi, di Neri PARENTI
Tutto Benigni, di Giuseppe BERTOLUCCI (Oscar 1987)

1987 *L'attrazione*, di Mario GARIAZZO
Come sono buoni i bianchi, di Marco FERRERI
Da grande, di Franco AMURRI
Giulia e Giulia, di Peter DEL MONTE
Gli indifferenti, di Mauro BOLOGNINI
Intervista, di Federico FELLINI
Kamikazen-Ultima notte a Milano, di Gabriele SALVATORES (1951-)
Mignon è partita, di Francesca ARCHIBUGI (1961-)
Naso di cane, di Pasquale SQUITIERI
Opera, di Dario ARGENTO
Il piccolo diavolo, di Roberto BENIGNI
Soldati 365 all'alba, di Marco RISI (1951-)
Strana la vita, di Giuseppe BERTOLUCCI
Topo Galileo, di Francesco LAUDADIO
Ultimo minuto, di Pupi AVATI
Le vie del Signore sono finite, di Massimo TROISI
La visione del Sabba, di Marco BELLOCCHIO
Il volpone, di Maurizio PONZI

1988 *Caruso Pascoski di padre polacco*, di Francesco NUTI
Cavalli si nasce, di Sergio STAINO
Codice privato, di Francesco MASELLI

Domani accadrà, di Daniele LUCCHETTI (1960-)
Fantozzi va in pensione, di Neri PARENTI
Francesco, di Liliana CAVANI
Il frullo del passero, di Gianfranco MINGOZZI (1930-)
Il grande Blek, di Giuseppe PICCIONI
La leggenda del santo bevitore, di Ermanno OLMI
Mortacci, di Sergio CITTI
Nuovo Cinema Paradiso, di Giuseppe TORNATORE (Oscar 1989)
Qualcuno in ascolto, di Faliero ROSATI
I ragazzi di via Panisperna, di Gianni AMELIO (1945-)
Snack bar Budapest, di Tinto BRASS
Splendor, di Ettore SCOLA
Una botta di vita, di Enrico OLDOINI (1946-)
Lo zio indegno, di Franco BRUSATI

1989 *Ladri di saponette*, di Maurizio NICHETTI (1948-)
Compagni di scuola, di carlo VERDONE
I giorni del commissario Ambrosio, di Sergio CORBUCCI
Storia di ragazzi e ragazze, di Pupi AVATI
Mery per sempre - I ragazzi del Malaspina, di Marco RISI
Amori in corso, di Giuseppe BERTOLUCCI
Il bambino e il poliziotto, di Carlo VERDONE
Che ora è, di Ettore SCOLA
Dimenticare Palermo, di Francesco ROSI
Ho vinto la lotteria di Capodanno, di Neri PARENTI
Il male oscuro, di Mario MONICELLI
Marrakech express, di Gabriele SALVATORES
Ne parliamo lunedì, di Luciano ODORISIO (1942-)
Palombella rossa, di Nanni MORETTI
Piccoli equivoci, di Ricky TOGNAZZI (1945-)
Il prete bello, di Carlo MAZZACURATI
Stesso sangue, di Egidio ERONICO e Sandro CECCO
La voce della luna, di Federico FELLINI
Tre colonne in cronaca, di Carlo VANZINA (1951-)
Willy Signori e vengo da lontano, di Francesco NUTI
Verso sera, di Francesca ARCHIBUGI

1990 *Americano rosso*, di Alessandro d'ALATRI
Amleto, di Franco ZEFFIRELLI
Benvenuti in casa Gori, di Alessandro BENVENUTI
La condanna, di Marco BELLOCCHIO
L'aria serena dell'Ovest, di Silvio SOLDINI

I divertimenti della vita privata, di Cristina COMENCINI (1961-)
Fantozzi alla riscossa (Le comiche), di Neri PARENTI
Paprika, di Tinto BRASS
Il segreto, di Francesco MASELLI
Stanno tutti bene, di Giuseppe TORNATORE
La stazione, di Sergio RUBINI
Stasera a casa di Alice, di Carlo VERDONE
Il tè nel deserto, di Bernardo BERTOLUCCI
Ultrà, di Ricky TOGNAZZI
Verso sera, di Francesca ARCHIBUGI
Il viaggio di capitan Fracassa, di Ettore SCOLA

1991 *La settimana della Sfinge*, di Daniele LUCHETTI
Il sole anche di notte, di Paolo e Vittorio TAVIANI
Tolgo il disturbo, di Dino RISI
Turnè, di Gabriele SALVATORES
La casa del sorriso, di Marco FERRERI
Italia-Germania 4-3, di Andrea BARZINI
Mediterraneo, di Gabriele SALVATORES (Oscar 1991)
Luisa, Carla, Lorenza e le affettuose lontananze, di Sergio ROSSI
Volere volare, di Maurizio NICHETTI
Ragazzi fuori, di Marco RISI
Nostos - Il ritorno, di Franco PIAVOLI
Porte aperte, di Gianni AMELIO
Chiedi la luna, di Giuseppe PICCIONI
Johnny Stecchino, di Roberto BEGNINI

1992 *La carne*, di Marco FERRERI
L'alba, di Francesco MASELLI
Bix, di Pupi AVATI
Così fan tutte, di Tinto BRASS
La domenica specialmente, di Giuseppe TORNATORE, M.T. GIORDANA, Giuseppe BERTOLUCCI, F. BARILLI
Donne con le gonne, di Francesco NUTI
Maledetto il giorno che t'ho incontrato, di Carlo VERDONE
Parenti Serpenti, di Mario MONICELLI
Il muro di gomma, di Marco RISI
Pensavo fosse amore e invece era un calesse, di Massimo TROISI
Il portaborse, di Daniele LUCHETTI
Il ladro di bambini, di Gianni AMELIO
Americano rosso, di Alessandro D'ALATRI
Una storia semplice, di Emilio GRECO
Zitti e mosca, di Alessandro BENVENUTI

1993 *Un'altra vita*, di Carlo MAZZACURATI
Le amiche del cuore, di Michele PLACIDO
Diario di un vizio, di Marco FERRERI
La corsa dell'innocente, di Carlo CARLEI
Confortorio, di Carlo BENEVENUTI
Il grande cocomero, di Francesca ARCHIBUGI
Morte di un matematico napoletano, di Mario MARTONE
La discesa di Aclà a Floristella, di Aurelio GRIMALDI
Manila Paloma Blanca, di Daniele SEGRE
Nero, di Giancarlo SOLDI
Puerto escondido, di Gabriele SALVATORES
Stefano Quantestorie, di Maurizio NICHETTI
Trauma, di Dario ARGENTO
La valle di pietra, di Maurizio ZACCARO
Verso sud, di Pasquale POZZESSERE

1994 *Un'anima divisa in due*, di Silvio SOLDINI
Caro diario, di Nanni MORETTI
Jona che visse nella balena, di Roberto FAENZA
Libera, di Peppino CORSICATO
La Scorta, di Ricky TOGNAZZI
Dellamorte Dellamore, di Michele SOAVI
Fiorile, di Paolo e Vittorio TAVIANI
Il giudice ragazzino, di Alessandro di ROBILANT
Padre e figlio, di Pasquale POZZESSERE
Rasoi, di Mario MARTONE
Il segreto del bosco vecchio, di Ermanno OLMI
Sud, di Gabrile SALVATORES

1995 *Camerieri*, di Leone POMPUCCI
Lamerica, di Gianni AMELIO
Pasolini, un delitto italiano, di Marco Tullio GIORDANA
Il postino, di Michael RADFORD e Massimo TROISI
Una pura formalità, di Giuseppe TORNATORE
Senza pelle, di Alessandro D'ALATRI
Strane storie, di Sandro BADALONI
Il toro, di Carlo MAZZACURATI
La bella vita, di Paolo VARZI
Belle al bar, di Alessandro BENEVENUTI
Il banco, di Marco RISI
Colpo di luna, di Aleberto SIMONE
Cuore cattivo, di Umberto MARINO
Con gli occhi chiusi, di Francesca ARCHIBUGI
Un eroe borghese, di Michele PLACIDO
Il mostro, di Roberto BENIGNI
Occhio Pinocchio, di Francesco NUTI
Il sogno della farfalla, di Marco BELLOCCHIO

Lo sport

o sport più popolare in Italia è da sempre il calcio. In questa disciplina ha vinto ben tre Campionati del mondo (1934-1938-1982), un'Olimpiade (1936) e un Campionato europeo (1968). Diverse squadre di club sono di fama mondiale per essersi più volte affermate in competizioni internazionali, dalla Juventus di Torino, alle due milanesi, l'Internazionale e il Milan, che hanno vinto complessivamente 8 Coppe dei Campioni d'Europa, 6 Coppe Europa Sudamerica (Coppe Intercontinental), 5 Coppe delle Coppe, 5 Cupercoppe europee e 6 Coppe U.E.F.A. Diversi calciatori sono di fama mondiale : Paolo Rossi e Salvatore (Totò) Schillaci sono stati capocannonieri dei Mondiali, rispettivamente nel 1982 e nel 1990 ; Gianni Rivera (1969), lo stesso Paolo Rossi (1982) e Roberto Baggio (1993) hanno vinto il "Pallone d'oro". A testimoniare la grande popolarità del calcio in Italia è la presenza nel campionato nazionale di molti fuoriclasse stranieri: vi hanno giocato i migliori del mondo, da Zico a Maradona a Platini e continuano a militarvi i migliori di ogni Paese.

Popolare è anche il ciclismo, che, pur non vantando oggi dei grandissimi campioni, riesce ugualmente ad ottenere risultati di prestigio internazionale, come la vittoria ai Campionati del mondo su strada di Moreno Argentin ('86), Maurizio Fondriest ('88) e Gianni Bugno ('91). Tuttavia è nei decenni passati che il ciclismo italiano si è imposto nel mondo. Basta ricordare le imprese di famosi corridori, alcuni dei quali divenuti leggenda : Learco Guerra (Campione del mondo nel 1931), Alfredo Binda (Campione del mondo nel '27, '30 e '31), Fausto Coppi (Vincitore del Tour de France nel '49 e nel '52, nonché primatista dell'ora dal '42 al '56), Gino Bartali (Vincitore del Tour de France nel '38 e nel '48), Felice Gimondi (Vincitore del Tour de France nel '65 e Campione del mondo nel '73) e Francesco Moser (Campione del mondo nel '77 e primatista dell'ora sia in altura che sul livello del mare) fino al 1994.

Positivo è anche il bilancio di altri sport, come la pallacanestro, la pallanuoto, la scherma, il canottaggio e il pugilato, lo sci e la pallavolo, disciplina, quest'ultima, in cui l'Italia in questi ultimi anni ha occupato spesso la prima posizione nel mondo. Ma è lo sci che merita un particolare cenno. Le più grandi affermazioni risalgono agli Anni '70, quando gli sciatori italiani si guadagnarono la definizione di "Valanga azzurra" (Gustavo Thoeni vinse la medaglia d'oro nello slalom gigante alle Olimpiadi del '72 e la Coppa del Mondo di sci alpino nel '71, '72, '73 e '75, mentre Pierino Gros ottenne l'oro nello slalom speciale alle Olimpiadi del '76 e vinse la Coppa del Mondo nel '74).

Un risveglio in campo internazionale lo sci italiano lo ha avuto con Alberto Tomba, dall'88 pressoché imbattibile in slalom speciale e slalom gigante. Dopo venti anni ha riportato in Italia la Coppa del mondo vincendola alla grande nel '94-'95. Ma Tomba ha ottenuto grandi successi soprattutto alle Olimpiadi, le cui vittorie lo hanno reso popolare in tutto il mondo : ha conquistato due medaglie d'oro alle Olimpiadi invernali di Calgary nell'88 (nello speciale e nel gigante), la medaglia d'oro in slalom gigante e d'argento in slalom speciale a quelle di Albertville (nel '92) e la medaglia d'argento in slalom speciale a quelle di Lillehammer (nel '94).

Il quadro della pratica sportiva degli italiani è più completo se si considera il numero delle medaglie vinte nella storia delle Olimpiadi, dalle prime a cui l'Italia ha partecipato (Parigi 1900) alle ultime (Barcellona 1992).

Vedi p. 52.

Olimpiadi

Olimpiadi 1992 a Barcellona

MEDAGLIE D'ORO		MEDAGLIE D'ARGENTO		MEDAGLIE DI BRONZO	
Csi	45	Csi	38	Stati Uniti	37
Stati Uniti	37	Stati Uniti	34	Csi	29
Germania	33	Cina	22	Germania	28
Cina	16	Germania	21	Cina	16
Cuba	14	Ungheria	12	Francia	16
Spagna	13	Australia	9	Gran Bretagna	12
Corea del Sud	12	Giappone	8	Cuba	11
Ungheria	11	Svezia	7	Australia	11
Francia	8	Spagna	7	Giappone	11
Australia	7	Bulgaria	7	Polonia	10
ITALIA	6	Cuba	6	ITALIA	8
Canada	6	Romania	6	Romania	8
Gran Bretagna	5	Polonia	6	Olanda	7
Romania	4	Olanda	6	Canada	7
Cecoslovacchia	4	ITALIA	5	Ungheria	7
Corea del Nord	4	Canada	5	Bulgaria	6
		Francia	5		

Medaglie italiane

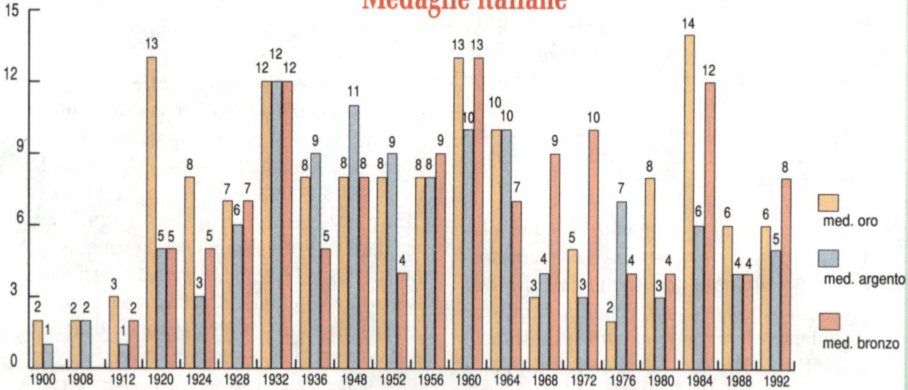

ANNO	CITTA'	ORO	ARGENTO	BRONZO
1900	Parigi	2	1	0
1908	Londra	2	2	0
1912	Stoccolma	3	1	2
1920	Anversa	13	5	5
1924	Parigi	8	3	5
1928	Amsterdam	7	6	7
1932	Los Angeles	12	12	12
1936	Berlino	8	9	5
1948	Londra	8	11	8
1952	Helsinki	8	9	4
1956	Melbourne	8	8	9
1960	Roma	13	10	13
1964	Tokyo	10	10	7
1968	C. Messico	3	4	9
1972	Monaco	5	3	10
1976	Montreal	2	7	4
1980	Mosca	8	3	4
1984	Los Angeles	14	6	12
1988	Seul	6	4	4
1992	Barcellona	6	5	3

Tradizioni popolari italiane

Feste e usanze del ciclo annuale

CAPODANNO

A **Roma** : col **lancio dei cocci** a mezzanotte, la gente si disfà della roba vecchia e inservibile (valore simbolico : rito di eliminazione del male accumulatosi durante l'anno precedente); ai cocci rotti si accompagnano gli **spari** (col duplice significato di esprimere allegrezza e di cacciare gli spiriti maligni).

EPIFANIA (6 GENNAIO)

A **Roma** : la **befana di Piazza Navona** (gazzarra di giovani, con scherzi arditi) con i biferari e le bancarelle.

Nel Veneto si accendono falò di pruni intorno a cui i fanciulli saltano gridando : **«brusa la vecia !»** (brucia la vecchia !).

In **Toscana** : le **befanate sacre** (adorazione dei Magi) e le **befanate profane** (auguri e richiesta di mance).

In Abruzzo e nelle Marche, queste «befanate» si chiamano **Pasquelle**, e sono seguite da un pranzo comune chiamato **satollaccia** o **crepaccione.**

SANT'ANTONIO ABATE (17 GENNAIO)

Benedizione degli animali domestici.

CANDELORA (2 FEBBRAIO)

Benedizione dei ceri (a Roma, offerta dei ceri al Papa).

SANT'ÀGATA (5 FEBBRAIO)

A **Catania** (Sicilia) : festa dei **ceri** o **candelore.**

CARNEVALE

(DAL 2 FEBBRAIO ALLA QUARESIMA) : **Sfilate di carri carnevaleschi** in varie città (San Remo, ecc…). e il famoso **carnevale di Venezia**.

5 APRILE (SAN VINCENZO)

A **Giaglione** (Torino) : la **danza degli spadonari.**

24 APRILE (SAN GIORGIO)

A **San Giorgio Canavese** (Torino) : la **danza degli spadonari.**

GIOVEDI SANTO

A **Barile del Vulture** (Potenza) : la **Processione dei Misteri.**

SABATO SANTO

A **Firenze** (in Piazza del Duomo) : lo **scoppio del carro**.

MAGGIO
In **Versilia**, in **Lucchesia** e in **Lunigiana** (Toscana) : i **maggi drammatici.**

1° - 4 MAGGIO
A **Cagliari** : la **Sagra di Sant'Efisio**.

PRIMO GIOVEDI DI MAGGIO
A **Lula** (Nuoro) : la **Sagra di San Francesco**.

GIOVEDI DELL'ASCENSIONE
A **Firenze** : la **Festa del grillo**, alle Cascine.

17 MAGGIO
A **Venalzio** (Torino) : la **danza degli spadonari.**

18 MAGGIO
A **Gubbio** (Perugia) : il **Palio della Balestra.**

ULTIMA DOMENICA DI MAGGIO
A **Sàssari** : la **Cavalcata Sarda.**

GIUGNO
A **Pisa** : il **Gioco del Ponte.**

2 GIUGNO
Festa garibaldina a Caprera (Sardegna), dove morì Garibaldi il 2 giugno 1882.

CORPUS DOMINI
(60 GIORNI DOPO PASQUA)
A **Genzano di Roma** : l'**infiorata**.

13 GIUGNO
A **Palestrina** (Roma) : la **Processione delle Zitelle.**

24 GIUGNO
A **Firenze** : gioco del **calcio in costume.**

2 LUGLIO
A Siena : il **Palio** (prima gara) - seconda gara il 15 agosto.

5 - 8 LUGLIO
A Sèdilo (Càgliari) : **Sagra di Santo Antine** (S. Costantino), con l'invito (raduno di cavalieri) e l'àrdia (cavalcata in costume).

AGOSTO
Ad Ascoli Piceno : il **Torneo della Quintana.**

14 AGOSTO
A Sàssari (Sardegna) : la **Processione dei Candelieri.**

15 AGOSTO
A Messina ; la **Cavalcata del Gigante e della Gigantessa.**
A Siena : il **Palio** (seconda gara).

17 AGOSTO
A Livorno : il **Palio marinaro.**

FINE AGOSTO
A Nuoro (Sardegna) : la **Sagra del Redentore.**

30 AGOSTO
A Livorno : la **Sagra della Madonna di Montenero**.

SETTEMBRE
A Venezia : la **Regata storica** sul Canal Grande.
A Marostica (Vicenza) : la biennale **Partita a scacchi** sul Campo Grande del Castello.

4 SETTEMBRE
A Viterbo : la **Festa di Santa Rosa**.
A Palermo : la **Festa di Santa Rosalia.**

7 SETTEMBRE
A Firenze : la **Fiaccolata delle Rificolone.**

8 SETTEMBRE
A Napoli : la **Festa di Piedigrotta.**

11 NOVEMBRE
A Marino (Roma) e a Bolzano : la **Festa dell'uva.**

25 DICEMBRE (NATALE)
Vari **presepi viventi** : in Piazza Navona, a Roma ; a Rivisondoli (L'Aquila), ecc...
In Sicilia, le nenie di Natale vengono suonate con cornamusa e piffero dai **cicaramiddari** ; in Sardegna, dai suonatori di **launeddas** (flauto di tre canne di varia lunghezza).

Gastronomia

LOMBARDIA : Il minestrone (con verdura, riso e cotenna di maiale), l'ossobuco (garetto di vitello in umido), la costoletta alla milanese, il risotto, il panettone, il formaggio gorgonzola. VINI : soave e valtellina.

PIEMONTE : La bagnacauda, le trotelle alla savoia, i gianduiotti torinesi (cioccolatini alla nocciola), i grissini torinesi ; col formaggio fontina si fa la fonduta. VINI : barbera, barolo, freisa, grignolino, Asti spumante e il famoso vermute.

LIGURIA : Lasagne al pesto. Il fritto misto di mare. L'insalata di funghi. La cima alla genovese. La fricassea di pollo. VINI : Coronata e Cinqueterre.

TOSCANA : La ribollita è una zuppa di pane, con verdure e legumi. Il prosciutto crudo mangiato con fichi verdini freschi. I crostini di fegato di pollo. La costata alla fiorentina, di manzo, cotta alla brace. Il pollo al mattone. I fagioli toscani col tonno. Il cacciucco livornese è una zuppa di pesce. Il panforte di Siena. Formaggio : pecorino. VINI : Il vin santo e il famoso Chianti.

SARDEGNA : Il prosciutto di cinghiale. Le salsicce affumicate. Il capretto allo spiedo. La porchetta allo spiedo e il cinghiale allo spiedo, aromatizzati col mirto. Le còrdulas : interiora d'agnello cotte sulla brace. Il pesce a cassola : lesso con soffritto di cipolla. I malloreddus : gnocchi di semolino. Il culixionis (si pronuncia «culigionis») : ravioli di ricotta o di patate. I pirichitus : paste di farina di grano. Gli arruvioli : frittelle con formaggio fresco, limone e zucchero. Le pàdrulas : paste fatte con farina, uova, limone, zucchero e ricotta. I biscotti di Fonni. Con le mandorle e il miele si fa il torrone sardo. Formaggi : pecorino, caprino e ricotta. VINI : Oliena, cannonau, vernaccia ; nasco di Cagliari, malvasia di Bosa, moscato del Campidano, vermentino di Gallura.

LAZIO : Carciofi alla giudia : I bucatini all'amatriciana. Porchetta : maialino cotto intero al forno o allo spiedo con ripieno di lardo, erbe aromatiche e droghe. Abbacchio : agnello macellato ancora lattante. Saltimbocca : fettine di vitella arrotolate con prosciutto e salvia, rosolate in tegame. Formaggi : ricotta, pecorino. VINI dei Castelli romani (Frascati) e il famoso Est est est di Montefiascone.

TRENTINO-ALTO ADIGE : VINI : Terlano e Termeno.

VENETO : La polenta con oseleti scampai, risi e bisi (riso con piselli), le triglie alla veneziana (con vino bianco, mentuccia, ecc.), gli spiedini di scampi, le anguille, il fegato alla veneziana. VINI : bardolino e valpolicella.

EMILIA-ROMAGNA : Le tagliatelle, i tortellini, i cappelletti (pasta all'uovo con ripieno di panna, ecc), il ragù bolognese, il prosciutto di Parma, il formaggio parmigiano, le pinoccate (dolce con pinocchi). VINI : albano, lambrusco, moscato di San Marino.

MARCHE : Il brodetto d'Ancona (zuppa di pesce). Il vincisgrassi (pasticcio di lasagne e fegatini). VINO : verdicchio.

UMBRIA : I famosi tartufi, la lingua di bue in salsa agrodolce. VINO : Orvieto.

ABRUZZO E MOLISE : I maccheroni alla chitarra, il torrone di fichi . Il vino cotto.

PUGLIA : Le cozze gratinate. I funghi ripieni. I peperoni con tonno e capperi. E le famose ostriche pugliesi. I vini del Capo e il moscato di Trani.

CALABRIA : Il tonno e il pescespada, i famosi fichi secchi di Cosenza. Il vino greco di Gerace e il cirò (vino rosso rubino asciutto).

BASILICATA : Il capretto ripieno al forno, i famosi mostaccioli (biscotti). Il vino aglianico.

CAMPANIA : La famosa pizza napoletana con le sue molteplici specialità (alla mozzarella, al prosciutto, ai frutti di mare, ecc...). Gli spaghetti alle vongole. Le melanzane alla parmigiana. La costata alla pizzaiola. Formaggio : mozzarella di bufala. VINI : Ischia, Capri, Gragnano, Falerno, Lacrima Christi.

SICILIA : La caponata palermitana è fatta con melanzane, cipolla, sedano, pomodoro, olive, capperi, aceto e olio d'oliva, uova sode e pinocchi. Il cuscusu trapanese (di origine araba). I cannoli (dolci). La cassata. VINI : moscato di Siracusa, vino di Lipari, marsala, passito, zucco e malvasia.

Una festa popolare italiana : il Palio di Siena

Il Palio di Siena si corre, oltre che il 2 luglio, ricorrenza della Visitazione, anche per la festa della Vergine Assunta (15 agosto), protettrice della città. Secondo un preciso cerimoniale si seguono l'offerta dei ceri alla Vergine, l'estrazione a sorte delle «contrade» (quartieri della città) ammesse alla gara (10 su 17) e dei «bàrberi» (cavalli assai veloci), nonché le varie prove fino alla corsa equestre in Piazza del Campo, preceduta dal corteo del Carroccio (carro da guerra degli antichi comuni italiani) recante il «drappellone» da consegnarsi alla contrada vincitrice. Il Carroccio è la riproduzione di quello che i senesi tolsero ai fiorentini nella battaglia di Montaperti (1260).

Un attraente spettacolo offre la «sbandierata», eseguita con pittoresca destrezza dagli «alfieri». Le contrade fanno brillare nelle bandiere i loro stemmi simbolici : Aquila, Bruco, Chiocciola, Civetta, Drago, Giraffa, Istrice, Liocorno, Lupa, Nicchio, Oca, Onda, Pantera, Selva, Tartuca (tartaruga), Torre, Val di Montone. Tutte le cariche di un tempo sono riesumate : i capitani, le potesterie, i vicari rappresentano i territori e i reggimenti dello Stato senese ; i «terzieri» rappresentano i tre terzi in cui è divisa Siena : «Città», «Camullia», «San Martino». Durante la gara, ogni fantino con un nerbo di bue eccita il proprio cavallo, ma può anche sferzare la schiena degli altri concorrenti : spesso succede che un fantino cada, ma per la vittoria basta che giunga alla meta il cavallo, poiché il Palio è vinto dal cavallo che, dopo tre giri di pista, tagli per primo il segnale di traguardo formato da un bandierino bianco-nero di fronte al palco dei giudici.

I carabinieri, in agguato dopo il traguardo, accolgono e proteggono il fantino vincitore per sottralo al furore dei vinti. Circa un'ora dopo la gara, nella contrada vincitrice tutta imbandierata, il fantino e il cavallo vengono accolti trionfalmente nella chiesa del quartiere, con abbracci e baci soffocanti, spruzzi d'acqua santa e di vino spumante, mentre si svolgono per le vie dimostrazioni di gioia pazzesca.

L'Italia è anche questo

Competitività e qualità della vita

Nella classifica mondiale sulla competitività per capacità di lavoro e qualità della vita, tra i 22 Paesi più industrializzati del mondo l'Italia, nel 1992, occupa il diciannovesimo posto. Perde due posizioni rispetto all'anno precedente, lasciandosi superare dalla Nuova Zelanda e dalla Spagna. In testa alla classifica è il Giappone, seguito da Germania, Svizzera, Danimarca e Stati Uniti.
La Francia è al quattordicesimo posto (nel '91 occupava il numero 15). I settori presi in considerazione dall'Imd (International institute for management development) e dal World economic forum, che hanno elaborato la classifica, sono l'economia interna, la situazione finanziaria e dell'impiego, la politica, la tecnologia, l'apertura al mondo e le caratteristiche della popolazione. I voti peggiori sono andati alla politica interna e alle risorse umane.

Ecco la classifica

1992		1991
1	Giappone	(1)
2	Germania	(3)
3	Svizzera	(4)
4	Danimarca	(8)
5	Stati Uniti	(2)
6	Olanda	(7)
7	Austria	(6)
8	Svezia	(12)
9	Irlanda	(13)
10	Finlandia	(9)
11	Canada	(5)
12	Belgio	(11)
13	Gran Bretagna	(10)
14	Francia	(15)
15	N. Zelanda	(18)
16	Australia	(16)
17	Norvegia	(14)
18	Spagna	(19)
19	Italia	(17)

(da Corsera 22-6-92)

Matrimoni e divorzi

Nel 1991 sono stati celebrati in Italia 309.116 matrimoni, 1,1 % in meno rispetto al '90 (312.585), una diminuzione che rientra nelle oscillazioni degli ultimi anni. Ad esempio, nell'87 erano stati 306.000.
In chiesa si sono sposate 253.769 coppie (l'anno precedente erano 259.415) e in Comune 55.347 (53.170 nel '90). I matrimoni civili sono cresciuti del 4,1 %, mentre quelli religiosi sono diminuiti del 2,2 %. Le punte maggiori di aumento si sono avute al Nord. In tutta Italia le richieste di separazione sono state 54.565, con un incremento dell'1,5 % (in percentuale l'aumento è stato maggiore al Sud rispetto al Nord). Le domande di divorzio sono state 22.656, con una crescita dello 0,5 %. Le coppie sembrano preferire la separazione alla rottura definitiva del divorzio.

(da il Giornale del 16 giugno 92)

Secondi in acqua minerale

Una singolare statistica europea pone l'Italia al secondo posto per consumo di acqua minerale. Ecco la classifica nel 1992 (litri pro capite all'anno) :

Francia	85
Italia	83
Germania	75
Belgio	65
Svizzera	55
Spagna	27
Olanda	11
Gran Bretagna	2

Secondi in pulizia personale

Un'altra interessante statistica, elaborata dal dipartimento di igiene dell'Università di Roma, pone l'Italia per "pulizia personale" subito dopo Usa e Germania e prima degli altri Paesi europei.

Andando nel dettaglio, la classifica delle parti del corpo più "curate" è la seguente : mani (lavate fino a 5 volte al giorno), viso, collo, orecchie, parti intime, unghie, ascelle, piedi, bocca, capelli. Soltanto il 45 % supera la soglia delle due docce o dei due bagni alla settimana.

Tutti in ufficio ?

In questi ultimi anni la tendenza degli italiani è stata prima quella di lasciare l'agricoltura per trovare un'occupazine nelle fabbriche, quindi quella di trovare un posto nel terziario, subendo il fascino di un lavoro in ufficio, magari in giacca e cravatta. Secondo l'ultimo censimento del 1991 nel terziario lavorano oltre 7 milioni e 255 mila persone. Nel decennio 1981-1991 il terziario ha registrato una crescita di occupati del 37 %, contro un 12,5% in più nel commercio e addirittura il 10,1% in meno nell'industria.

Tante case vuote

Le abitazioni degli italiani, al 20 ottobre 1991, erano 24.802.884. L'aumento registrato rispetto al 1981 è stato di 2.950.167 unità, pari al 13,5 per cento, più del doppio del tasso registrato dalle famiglie. Ma le abitazioni occupate erano soltanto 19.509.362 (11,4 % in più rispetto a dieci anni prima). La quantità di abitazioni vuote (5.293.522) è aumentata durante gli anni '80 del 21,9 %. Questo a seguito della particolare politica sulla casa, che ha portato a conclusione molti contratti di affitto, e quindi numerosi sfratti.

Italia bocciata da Moody's

L'agenzia statunitense specializzata in valutazioni sull'affidabilità finanziaria, nel 1992, ha retrocesso l'Italia dal livello AA1 a quello di AA3. I più affidabili Paesi del mondo a cui prestare il proprio denaro godono infatti della tripla A (AAA).
Qui ci sono gli altri sei soci dell'Italia nel club esclusivo dei "G7"; Poi c'è un secondo gruppo ad AA1, dove l'Italia si trovava dal 1° luglio del 1991, data della prima clamorosa bocciatura, poi AA2 e infine AA3. L'Italia è in compagnia di Singapore e Nuova Zelanda, e tra i Paesi occidentali è davanti soltanto a Portogallo e Grecia.

La Pagella

Aaa — Austria, Canada, Francia, Germania, Giappone, Lussemburgo, Paesi Bassi, Regno Unito, Stati Uniti, Svizzera.
Aa1 — Belgio, Danimarca, Irlanda, Norvegia, Svezia.
Aa2 — Australia, Finlandia, Spagna.
Aa3 — Italia, Nuova Zelanda, Singapore.
A1 — Corea, Portogallo.
Ultima classifica (maggio 1993) : A1 - Italia

A2 — Islanda, Thailandia.
A3 — Hong Kong, Malesia.
Baa1 — Cina, Grecia.
Ba1 — Cecoslovacchia, Ungheria, Venezuela.
Ba2 — India, Messico.
Ba3 — Turchia.
B1 — Argentina.
B2 — Brasile.

Più di mezza Italia non legge

Nel 1991 si sono venduti libri per tremila miliardi e duecento milioni di lire. In questi ultimi anni si è registrato un aumento nel fatturato del 4 - 5 %, ma nel 1991 il solo costo dei libri è aumentato del 10 %. Per circa metà si è trattato di vendite dirette (rateale - club degli editori - mailing) e per l'altra metà vendite attraverso librerie, edicole (per metà è stata editoria scolastica).

In un anno vengono pubblicati 50.000 titoli, con tirature mediamente basse (5.000 copie).

Il 55 % degli italiani non legge neppure un libro. Del 45 % che legge (circa 22.500.000 persone), il 20 % legge più di tre libri all'anno.

La diffusione avviene per un 50 % al Nord, un 30 % al Centro e il restante 20 % al Sud e nelle isole.

Musei - Arte

I maggiori musei italiani

TORINO

Galleria d'arte moderna. Inaugurata nel 1860. Raccolta di arte italiana dell'800 e del '900, con qualche rappresentanza di pittura straniera. Opere notevoli : il folto gruppo di quadri e disegni di Antonio Fontanesi.

Galleria Sabauda. Inaugurata nel 1832. Dipinti italiani e stranieri dal '200 al '700. Ampiamente rappresentata la scuola piemontese. Unica in Italia per la raccolta di pittori fiamminghi e olandesi. Notevoli : *Tobiolo e l'angelo* del Pollaiolo ; *"San Francesco riceve le stimmate"* di Jan Van Eyck e *"Storie della Passione"* di Hans Memling.

Museo Egizio. Inaugurato nel 1824. Importantissima raccolta dell'arte e della civiltà egiziana : statue, papiri, gioielli, oggetti vari, tombe ricostruite. E' secondo soltanto al museo del Cairo. Notevoli : le statue di Ramsesse II e di Thutmose III, il *"papiro regio"* e la *"maschera d'oro"* dei principi di Afroditopoli.

MILANO

Pinacoteca di Brera. Ampia raccolta, di pittori italiani dai Primitivi all'Ottocento. Presenti anche dipinti stranieri, in particolare Fiamminghi e Olandesi dei secc. XVI e XVII. Notevoli : *"Sposalizio della Vergine"* di Raffaello, *"Madonna"* di Piero della Francesca, *"Pietà"* di Giovanni Bellini.

Museo civico del Castello Sforzesco. Raccolte sulle civiltà pre-colombiane, di arte cinese e giapponese, ceramiche italiane e straniere. Inoltre un ricco medagliere, una collezione di strumenti musicali, numerosi oggetti di arte applicata. Notevole : *"Pietà Rondanini"* di Michelangelo Buonarroti.

Museo Poldi-Pezzoli. Inaugurato nel 1881. Una raffinata raccolta di mobili, oggetti, arazzi, ceramiche, armi. Scelti quadri di scuola italiana, numerosi marmi di Canova. Notevoli : *"Profilo femminile"* del Pollaiolo, *"San Nicola da Tolentino"* di Piero della Francesca.

Pinacoteca Ambrosiana. Raccolte iniziate nel sec. XVII. Numerosi dipinti di scuola italiana, soprattutto settentrionale. Ben rappresentata la cerchia di Leonardo da Vinci. Notevole : *"Codice Atlantico"* di Leonardo.

MANTOVA

Palazzo ducale. Vi sono raccolti i musei greco-romano e mediavale e la pinacoteca. Notevole : la *"Camera degli Sposi"* di Mantegna.

LA SPEZIA

Museo archeologico Lunense. Interessante raccolta del neolitico e del paleolitico, statue della Lunigiana e tutti i reperti degli scavi di Luni. Notevole : collana aurea bizantina del sec. V.

AQUILEIA

Museo Archeologico. Interessanti raccolte romane e paleocristiane.

VERCELLI

Museo Leone. Fondato verso la fine dell'800. Antichità romane, mosaici, ceramiche, armi e monete.

Museo Borgogna. Fondato verso la fine dell'800. Importante raccolta di quadri, seconda in Piemonte dopo la Galleria Sabauda : opere di Gaudenzio e Defendente Ferrari, del Borgognone, di Tiziano, del Lanino, di alcuni Fiamminghi. Notevole : l'*"Assunta"* di Defendente Ferrari e il *"Battesimo di S. Caterina"* del Lanino.

VENEZIA

Palazzo ducale. Ospita nelle sue splendide sale i capolavori pittorici dei grandi maestri veneziani : Tiziano, Veronese, Tintoretto, Palma il Giovane, Tiepolo. Notevoli : *"S. Cristoforo"* del Tiziano, *"Il paradiso" "Mercurio e le grazie"*, *"Bacco e Arianna"* del Tintoretto, *"Ratto d'Europa"* del Veronese. Vi si trovano inoltre preziosi affreschi dei più noti pittori dei secc. XV-XVI.

Galleria dell'accademia. Una magnifica raccolta della pittura veneta dal '300 al '700, da Paolo e Lorenzo Veneziano al Bellini, Vivarini, Giorgione, Tiziano, Tiepolo, Longhi, Piazzetta, ecc. Notevole : *"La Tempesta"* del Giorgione e *"La leggenda di Sant'Orsola"* del Carpaccio.

TRIESTE

Museo civico di storia e arte. Inaugurato nel 1843. Raccolte egizie, preistoriche della regione, sculture e vasi romani e greci, ceramiche, vetri. Dipinti di scuola veneta dal '300 al '700. Notevole : una raccolta di mirabili disegni del Tiepolo.

GENOVA

Galleria di Palazzo Bianco. Aperta al pubblico nel 1890. Ricca raccolta di dipinti, in particolare della scuola ligure. Inoltre statue di scuola pisana e ligure-lombarda, arazzi. Notevole : *"Madonna col bambino"* del Moretto, *"Crocifissione"* di David, *"La Maddalena"* del Canova.

Galleria di palazzo Rosso. Opere di Guercino, Durer, Veronese. Costumi e mobili genovesi del '700 e dell'800. Notevoli : *"Il ritratto virile"* di Pisanello, *"S. Caterina"* del Tintoretto, *"Filippo II di Spagna"* di Tiziano.

MODENA

Galleria Estense. Ricca pinacoteca con larga rappresentanza della scuola emiliana (Cosmè Tura, Correggio, Parmigianino). Molto interessante anche la sezione delle arti minori.

BOLOGNA

Pinacoteca nazionale. Aperta nei primi anni dell'800. Ben rappresentate le scuole di pittura bolognese e ferrarese. Non mancano i pittori rinascimentali e i Fiamminghi. Notevoli : *"Estasi di S. Cecilia"* di Raffaello, *"Strage degli innocenti"* di Guido Reni.

FIRENZE

Galleria degli Uffizi. Forse la più celebre pinacoteca non solo italiana ma mondiale. Nelle sue sale, i capolavori non si contano : la migliore pittura toscana, dai Primitivi al '700, vi è ampiamente rappresentata, ma non mancano splendide opere di Raffaello, Perugino, Tiziano, Veronese, Tintoretto, Caravaggio, ecc. E fra gli stranieri, Durer, Cranach, Holbein. Notevoli : *"Madonna in trono"* di Giotto, *"Annunciazione"* di Simone Martini, *"La primavera"* e *"La nascita di Venere"* del Botticelli, *"La Sacra Famiglia"* di Michelangelo, *"La Madonna del cardellino"* di Raffaello, *"La flora"* di Tiziano.

Galleria Palatina (Palazzo Pitti). Aperta al pubblico nel 1833. Ampia raccolta di dipinti italiani e stranieri soprattuto del '500 e del '600. Sono presenti in particolar modo, con una serie di quadri, Raffaello, Tiziano e Rubens. Notevoli : *"La Madonna del Granduca"*, *"La Madonna della seggiola"*, *"La Velata"* di Raffaello, *"I quattro filosofi"* di Rubens, *"La Maddalena"*, *"La Bella"*, *"Il Concerto"* di Tiziano, *"Madonna col bambino"* di Lippi.

PISA

Museo nazionale di San Matteo. Aperto nel 1892. Importante per le sculture di Giovanni e Niccolò Pisano. Una buona collezione di pittura toscana e in particolare pisana. Inoltre maioliche, vetri, ecc. di varie epoche. Notevole : *"Polittico della Madonna col Bambino e Santi"* di Simone Martini.

VOLTERRA

Museo etrusco. Raccoglie i numerosissimi oggetti ritrovati nelle tombe etrusche dei dintorni : vasi, suppellettili, statuette votive, ecc. Molte urne funerarie adorne di pregevoli sculture. Notevole : la statua a tutto tondo dei *"due coniugi"*.

SIENA

Pinacoteca nazionale. La bellissima pittura senese dalle origini al sec. XVI. Notevoli : *"Città sul mare"* e *"Castello"* e *"Castello sul lago"* di Ambrogio Lorenzetti, i primi paesaggi puri della pittura italiana.

CHIETI

Museo archeologico. Aperto nel 1959. Lapidi, sculture, monete, oggetti di scavo provenienti dalle varie province abruzzesi. Notevole : la statua del Guerriero di Capestrano.

URBINO

Galleria nazionale delle marche. Fondata nel 1912. Nelle sale del Palazzo Ducale sono raccolte le opere d'arte provenienti in buona parte da chiese e conventi della regione : dipinti di Paolo Uccello, Piero della Francesca, Raffaello ; arazzi fiamminghi e sculture. Notevole : *"La Flagellazione di Cristo"* di Piero della Francesca.

ANCONA

Museo nazionale delle marche. Raccolta di oggetti, statue, suppellettili, ecc. delle varie civiltà succedutesi nelle Marche dalla preistoria a Roma. Notevole : *"l'Ercole di Pantiere"* di Castelbellini e *"Couros"* di Corinaldo.

FAENZA

Museo internazionale della ceramica. Fondato nel 1908. Vastissima raccolta di ceramiche di tutte le scuole ed epoche europee. Inoltre anche esemplari cinesi, giapponesi, copti e persiani.

PERUGIA

Galleria nazionale dell'Umbria. Aperta nel 1863. Bella e organica raccolta di pittura e scultura toscana e umbra dal sec. XVI. Opere di Gentile da Fabriano, Beato Angelico, Piero della Francesca, Benozzo Gozzoli, Pinturicchio e Perugino. Notevoli : *"Polittico di S. Antonio"*, di Piero della Francesca, e *"Battesimo di Cristo"* di Pietro Perugino.

L'AQUILA

Museo nazionale d'Abruzzo. Oggetti di scavo, raccolte di maioliche e terrecotte, libri miniati ; inoltre quadri e statue provenienti da chiese e conventi abruzzesi. Notevole : *"Croce processionale"* di Nicola de Guardiagrele

TODI

Museo etrusco-romano. Pinacoteca. Sculture, monete, vasellame e suppellettili del periodo etrusco ; cimeli del periodo romano ; opere d'arte del Medioevo e del Rinascimento. Notevole : base di candelabro a tre facce di stile neoattico.

TARQUINIA (VITERBO)

Museo nazionale Tarquiniense. Aperto nel 1924. Raccoglie sculture e oggetti trovati nelle vicine, importantissime necropoli etrusche. Notevole : cavalli alati di terracotta dipinta.

ROMA

Musei Vaticani. Divisi in diverse sezioni, rappresentano una delle maggiori raccolte di arte antica esistenti. Statue, quadri, oggetti d'arte applicata (smalti, avori, arazzi, oreficerie, ecc.).

Impossibile visitarlo in una sola volta, è consigliabile orientarsi secondo i propri interessi limitandosi a una sola sezione per volta. Notevoli : la statua di Laocoonte, il famoso affresco *"Nozze Aldobrandine"*, gli affreschi della Cappella Sistina (Michelangelo) e le Stanze di Raffaello.

Galleria Borghese. Aperta nel 1902. Quadri principalmente del '400 e del '500 italiani. Statua, marmi antichi e opere del Bernini e del Canova.

Notevoli : *"La fornarina"* di Raffaello, *"Amor sacro e amor profano"* di Tiziano, *"Paolina Borghese"* di Canova.

NAPOLI

Museo archeologico nazionale. Aperto nel 1787. Una raccolta, quasi unica nel mondo, di antichità classiche provenienti, oltreché da Ercolano e Pompei, da scavi effettuati in tutta l'Italia meridionale : statue, pitture murali, mosaici, oreficeria, vasellame, ecc. Notevoli : La Psiche di Capua, il Fauno danzante, il mosaico *"Battaglia d'Alessandro ad Isso"*, la tazza farnese.

Museo nazionale di Capodimonte. Vasta e importante pinacoteca che comprende la pittura italiana dal sec. XIII al sec. XIX con particolare riguardo ai Veneti del Cinquecento. Inoltre Fiamminghi e Spagnoli. Belle raccolte di porcellane, di armi, di medaglie, ecc. Notevoli : *"Crocifissione"* di Masaccio, *"Ritratto di Paolo III coi nipoti"* di Tiziano, salottino di porcellana di Capodimonte.

PAESTUM (SALERNO)

Museo degli Scavi. Raccolte di grande pregio di oggetti trovati nei vicini scavi : frammenti architettonici scolpiti, statue, vasellame risalenti al VI sec. a.C. Notevole : Statua fittile di Zeus, 33 mètope del tempio di Hera.

ROSSANO (COSENZA)

Museo diocesano. Piccola ma importante raccolta di codici miniati, pergamene, oggetti di culto religioso. Notevole : *"Codex purpureus"*, codici contenenti i Vangeli di S. Marco e di S. Matteo illustrati da sedici pregevolissime miniature bizantine del sec. VI.

REGGIO CALABRIA

Museo nazionale. Ricche collezioni di materiale archeologico proveniente dagli scavi della Basilicata e della Calabria : vasi di diverse epoche, terrecotte ornamentali, statuette in bronzo, iscrizioni funerarie greche, romane e cristiane. Nella sezione medievale, plutei di arte arabo-normanna, dipinti di Antonello da Messina. Notevoli : Pinakes, tavolette votive dal delicato rilievo scultoreo, *"Tre angeli"* di Antonello da Messina.

POTENZA

Museo provinciale. Interessante raccolta di materiale di scavo, dal paleolitico al neolitico, all'età del bronzo e del ferro, fino all'epoca romana : armi, vasellame, statuette votive, ecc. Notevole : torso di *"Kouros"* arcaico.

MATERA

Museo nazionale Ridola. Vi è conservato soprattutto il materiale preistorico e archeologico trovato nella zona, in particolare nella necropoli di Timmari. Inoltre statue e quadri medievali. Notevole : ceramica a decorazione geometrica del VII sec. a. C.

BARI

Pinacoteca provinciale. Importanti dipinti veneti del '400 e del '500 : Vivarini, Bellini, Veronese, Tintoretto. Una buona scelta di pittori italiani dell'800 : Palizzi, Morelli, De Nittis, Boldini, Ciardo. Una divertente raccolta di figurine da Presepio del '700. Notevole : *"S. Pietro martire"* di Giovanni Bellini.

TARANTO

Museo nazionale. Importante raccolta archeologica di oggetti provenienti dagli scavi effettuati nelle Puglie, dal paleolitico all'età romana, con particolare riguardo all'età greca : vasi, terrecotte ornamentali, armi, oreficerie illustrano oltre un millennio di vita e di storia della regione. Notevoli : Ceramica attica a figure nere del sec. VI a.C., testa femminile di scuola di Prassitele, diadema di foglia d'oro e fiori di smalto.

PALERMO

Museo archeologico. Una delle più ricche raccolte di materiale archeologico che si trovino in Italia, particolarmente interessante il prezioso complesso di sculture siciliote provenienti dai templi di Selinunte. Inoltre, materiale etrusco proveniente da Chiusi, piccoli e grandi bronzi di origine ellenica e materiale preistorico trovato in Sicilia. Notevole : le tre mètope del tempio C e le quattro mètope del tempio E di Selinunte.

Galleria nazionale delle Sicilia. Quadri e sculture dal sec. XIII al sec. XVII in buona parte di scuola siciliana. Vi sono pure opere di Fiamminghi, di Palma il Vecchio, di Mattia Preti, e un'interesante raccolta di ceramiche ispano-moresche. Notevole : *"Annunciazione"* di Antonello da Messina.

SIRACUSA

Museo archeologico. Ricca documentazione della preistoria della Sicilia a partire dal III millennio a.C.. Abbondante materiale di scavo illustrante la prima presenza greca in Sicilia. Splendida collezione numismatica. Notevoli : *"Kouros"* (statua virile) del VI sec. a.C., statua fittile di Dea in trono (530-520 a.C.).

CAGLIARI

Museo archeologico. Materiale di scavo proveniente da tutta la Sardegna : di particolare interesse quello illustrante la civiltà nuragica. Seguono testimonianze fenicie, cartaginesi, romane. Piccola pinacoteca e una raccolta etnografica. Notevoli : le statuette in bronzo di guerrieri, sacerdoti, ecc., di età nuragica.

NUORO

Museo regionale del costume. Nel parco pubblico del Colle di S. Onofrio nei pressi di Nuoro sono ricostruiti gli edifici più tipici dell'architettura sarda nei quali sono raccolti esemplari di tutti i ricchi costumi della Sardegna. Notevoli : cassoni nuziali e mobili, tappeti, ceramiche, oreficerie.

Banconote e monete italiane

QUELQUES CHEFS D'ŒUVRE DE LA PEINTURE, DE LA SCULPTURE ET DE L'ARCHITECTURE ITALIENNES

Per commentare un quadro

In questo museo si può ammirare un quadro *(admirer un tableau)* **del secolo XV (o : del Quattrocento)... del secolo XIV (o : del Trecento)...**
È stato dipinto *(il a été peint)* **cinque (sei) secoli fa** *(il y a cinq -six - siècles) ...*
Lo dipinse cinque (sei) secoli fa il celebre pittore... *(C'est le célèbre peintre... qui le peignit il y a cinq - six - siècles)*
Il pittore ha rappresentato un vasto paesaggio *(un vaste paysage)...*
Si vedono (Si osservano) in primo piano *(au premier plan)* **erbe e fiori variopinti** *(multicolores)...* **in secondo piano** *(au second plan)* **diverse figure (= vari personaggi).**
Ogni personaggio ha un atteggiamento *(une attitude)* **diverso dall'altro, ma sono tutti in armonia... In terzo piano** *(Au troisième plan),* **sullo sfondo** *(à l'arrière-plan),* **si allarga il paesaggio con monti intorno a un lago** *(autour d'un lac)...*
Sull'orizzonte *(A l'horizon)* **i colori sono sfumati** *(les couleurs sont estompées)...* **invece** *(au contraire)* **nei primi piani spiccano tono su tono** *(elles se détachent nettement ton sur ton)...*
Un castello si staglia con le sue torri contro il cielo *(Un château découpe ses tours sur le ciel)...*
La luce contribuisce a mettere in risalto i colori *(La lumière contribue à mettre en évidence - à faire ressortir - les couleurs).*
L'atmosfera di questo dipinto (= di questo quadro) è calma... allegra... triste...
In complesso (Complessivamente, Nell'insieme) ne ricaviamo *(nous en tirons)* **un'impressione di quiete... di malinconia... di gioia... Questa scena è interessante per il suo valore documentario..., ci restituisce un aspetto della vita del Rinascimento.**

... Un'opera architettonica

Ora ci troviamo sul sagrato *(parvis)* **di una delle più grandi (più belle) chiese** *(églises)* **d'Italia. È stata costruita nel Medioevo** *(au Moyen-Age)* **... o : all'epoca del Barocco** *(du Baroque)* **...È una chiesa romanica** *(romane)* **... gotica** *(gothique)* **... barocca** *(baroque)* **... La facciata è alta... metri** *(La façade a... mètres de haut)* **e larga... metri** *(... et... mètres de large)* **... Comporta** *(Elle comprend)* **cinque portali** *(portails)* **che corrispondono a cinque navate** *(nefs)* **all'interno. Ogni portale è decorato con sculture di statue varie. Certe statue sono nelle nicchie** *(niches).* **Sopra i portali sono scolpiti** *(sculptés)* **bassi rilievi** *(des bas-reliefs)* **con storie di santi. Entriamo nella navata centrale** *(nef centrale)* **con una volta** *(voûte)* **romanica a tutto sesto** *(en plein cintre)* **... gotica a sesto acuto** *(en arc brisé)* **... Tra navata e navata gli archi poggiano** *(s'appuient, prennent appui)* **su colonne con capitelli** *(chapiteaux)* **... In fondo alla navata giungiamo (= arriviamo) al transetto** *(transept)* **dominato da una cùpola** *(coupole)* **decorata con affreschi** *(fresques)* **... Sotto la cupola sta l'altar maggiore** *(le maître-autel) ...***Scorgiamo** *(Nous apercevons)* **la tribuna** *(chœur)* **con gli stalli** *(les stalles)* **e in fondo l'àbside** *(l'abside).* **Sulla sinistra della navata centrale sorge il pùlpito** *(se dresse la chaire)* **di legno scolpito** *(en bois sculpté)* **... di marmo** *(en marbre)* **... per le prèdiche** *(pour les prêches).* **Lungo le navate secondarie a destra e a sinistra, si aprono** *(s'ouvrent)* **cappelle** *(des chapelles)* **decorate con dipinti, statue, rilievi... Il pavimento** *(Le pavement)* **presenta motivi geometrici fatti con marmi colorati, oppure è fatto più semplicemente di lastroni** *(de grandes dalles)* **di pietra bianca.**

PISE

La Cathédrale (XIe/XIIe siècle) et le campanile ou "Tour penchée" (XIIe/XIIIe siècle)

GIOTTO 1266/1337

St-François prêchant aux oiseaux

VENISE
Fondaco dei Turchi 1225

69

VENISE
Palais des Doges et Basilique San Marco

Ambrogio LORENZETTI connu entre 1319/1347

La Présentation du Temple

FLORENCE
Palazzo Vecchio

FLORENCE
Cortile di Palazzo Vecchio

SIENNE
Piazza del Campo (XIIIe-XVe siècle)

MASACCIO 1401/1429

La Trinité

Paolo UCCELLO 1397/1475

Saint-Georges et le dragon

FLORENCE

Campanile di Giotto (1334/1359)

Piero DELLA FRANCESCA
1416/1492
Visite de la reinede Saba
au roi Salomon

FRA ANGELICO 1400/1455
L'Annonciation

VENISE

Palais (XVe siècle) le long du Canal Grande

Naissance de Vénus

Pallas et le Centaure

FLORENCE

Piazza della Signoria Ratto delle Sabine

La Joconde (1503/1505)

Saint-Jérôme

La Vierge à l'œillet

ROME

Chapelle Sixtine
La création de l'homme

ROME

Basilique Saint-Pierre
Pietà

FLORENCE

Galerie des Offices

La Sainte Famille

Saint-Georges luttant avec le dragon

Autoportrait

La délivrance de Saint-Pierre

BRONZINO 1503/1572
"Portrait de jeune homme"

GIORGIONE 1477/1510
La Tempête

Portrait de Ranuccio Farnèse en chevalier de Malte

Autoportrait

Le Baptême du Christ

Saint-Marc délivrant un esclave

VENISE

Le pont du Rialto reconstruit au XVIe siècle

Narcisse

La Vocation de Saint-Matthieu

La Cène à Emmaüs

Annibal CARRACHE 1560/1609

Vénus et Adonis

CANALETTO 1697/1768
Le Grand Canal à Santa Maria della Carità

Francesco GUARDI 1712/1793
Le Départ du "Bucentauro"

Giacomo BALLÀ
1871/1958
Fillette courant sur un balcon

92

Giovanni FATTORI 1825/1908

La Rafale

LONDRES - Institute of Arts - *Nu assis* - **1912**

Gino SEVERINI 1883/1966

Le Train - hôpital

Giorgio MORANDI 1890/1964

Nature morte

Le Double Rêve du Printemps

GRAMMAIRE

La langue italienne

Sa naissance :

Issue principalement du latin, une langue dite «vulgaire», c'est-à-dire populaire, se différenciant de plus en plus du latin - et même du latin vulgaire -, a laissé en Italie, entre le IVe et le XIe siècle, quelques témoignages écrits dans des formules de serments ou sur des registres de banquiers florentins. Cette langue se présentait sous forme de nombreux dialectes. Grâce à d'illustres écrivains toscans (Dante, Boccace, Pétrarque) et au dynamisme des Florentins (artistes, artisans, commerçants, banquiers, diplomates), c'est le dialecte toscan qui s'imposa dès le XIVe siècle comme langue littéraire commune à toutes les régions de l'Italie. La langue italienne (qui fut longtemps appelée «langue toscane») resta donc essentiellement une langue écrite jusqu'au moment où, avec l'unité italienne enfin réalisée en 1870, son enseignement devint obligatoire dans toute l'Italie - ce qui n'empêche pas les divers dialectes italiens et la langue sarde de rester bien vivants -.

Ses différents éléments :

La plupart des mots sont issus du latin, soit du latin classique **(duomo, capo)**, soit du latin vulgaire **(casa, testa)**, et ont une origine soit savante **(causa, diurno, equitazione)**, soit populaire **(cosa, giorno, cavallo)**. L'apport de l'ancien lombard est aussi très important **(balcone, ghermire, graffiare, grinza, guancia, scherzo, schiena, zazzera, etc)**, tandis que l'apport des divers dialectes italiens reste assez limité :

termes siciliens : **cosca, intrallazzo, netturbino,...**
termes sardes : **nuraghi, orbace, tanca** (= terreno recintato),...
milanais : **risotto, panettone, balera, scocca, brughiera, guardina,...**
vénitiens : **ciao, felze, ghetto, gondola, bragozzo, baita, malga ,...**
napolitains : **mozzarella, pizza, vongole, guaglione, scugnizzo, camorra,...**
florentins : **mescita, sciacquone, scazzottare, bandone,...**
piémontais : **una grana, esser di ramazza,...**
romains : **abbacchio, pignolo, saltimbocca, scafare, pizzardone, spaghettata,...**

La langue italienne s'est enrichie de mots d'origine :

grecque : **ginnasta, guscio, tattica, angelo, cimitero, parrocchia, sfera,...**
germanique : **grattare, guardare, guardia, guerra, tasca, cobalto, valzer, borgo, ...**
anglaise : **ponce, quacchero, black-out, network, computer, replay, show,...**
française : **centralizzare, mangiare, morena, truppa, frangia, tatuaggio...**
provençale : **ghirlanda, grigio, giullare, noia, truffa, viaggio,...**
espagnole : **chicchera, flottiglia, gitano, sigaro, corrida, guerriglia, mantiglia,...**
arabe : **zero, dogana, tazza, sciroppo, giraffa, giubba, ragazzo, darsena,...**
hébraïque : **cabala, cherubino, serafino, manna,...**
scandinave : **(sci)**, slave **(zar)**, chinoise **(tè)**, japonaise **(jujitsu)**, turque **(caviale, divano)**
d'autres continents : **negus, giaguaro, zebra,...**
souvent par l'intermédiaire du portugais : **banana, bambù, mango,...**

Dialetti nell' Italia di oggi e in Corsica

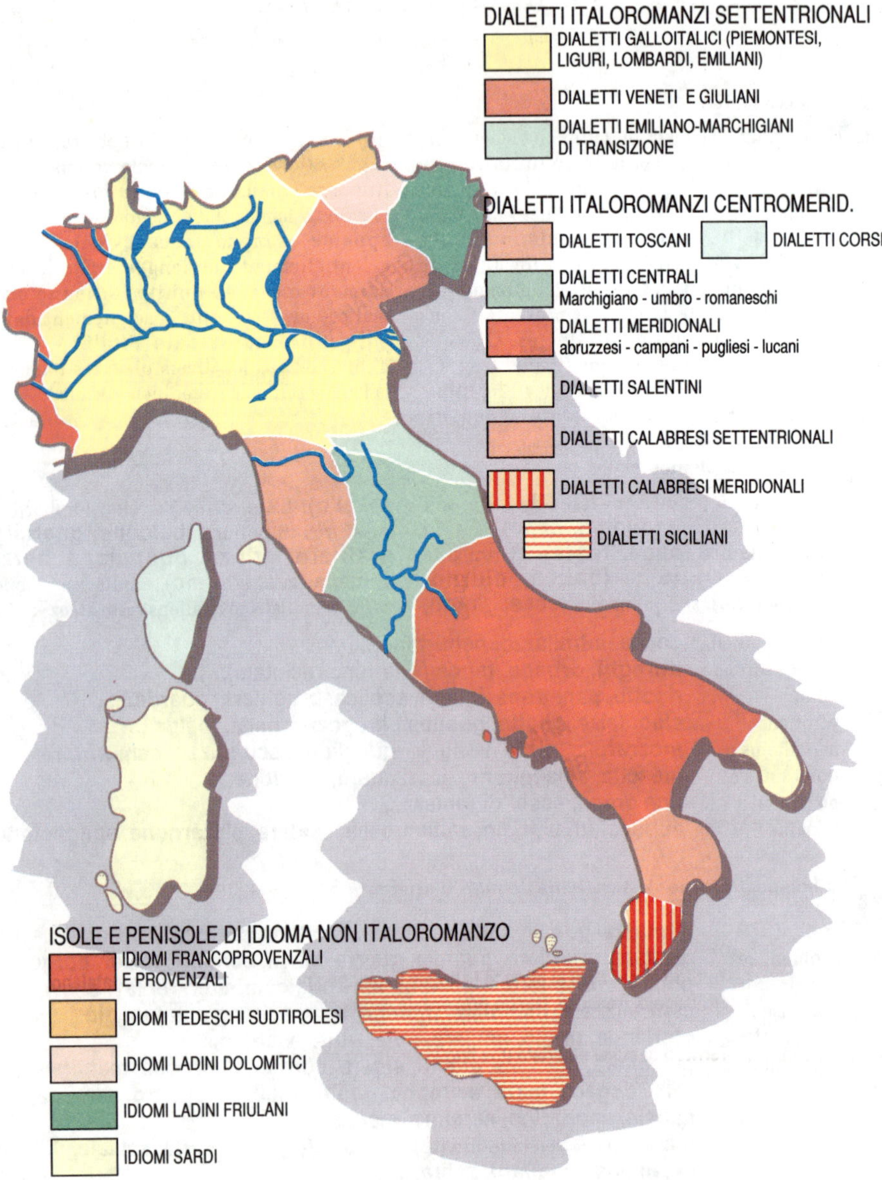

Le lingue neolatine oggi in Europa

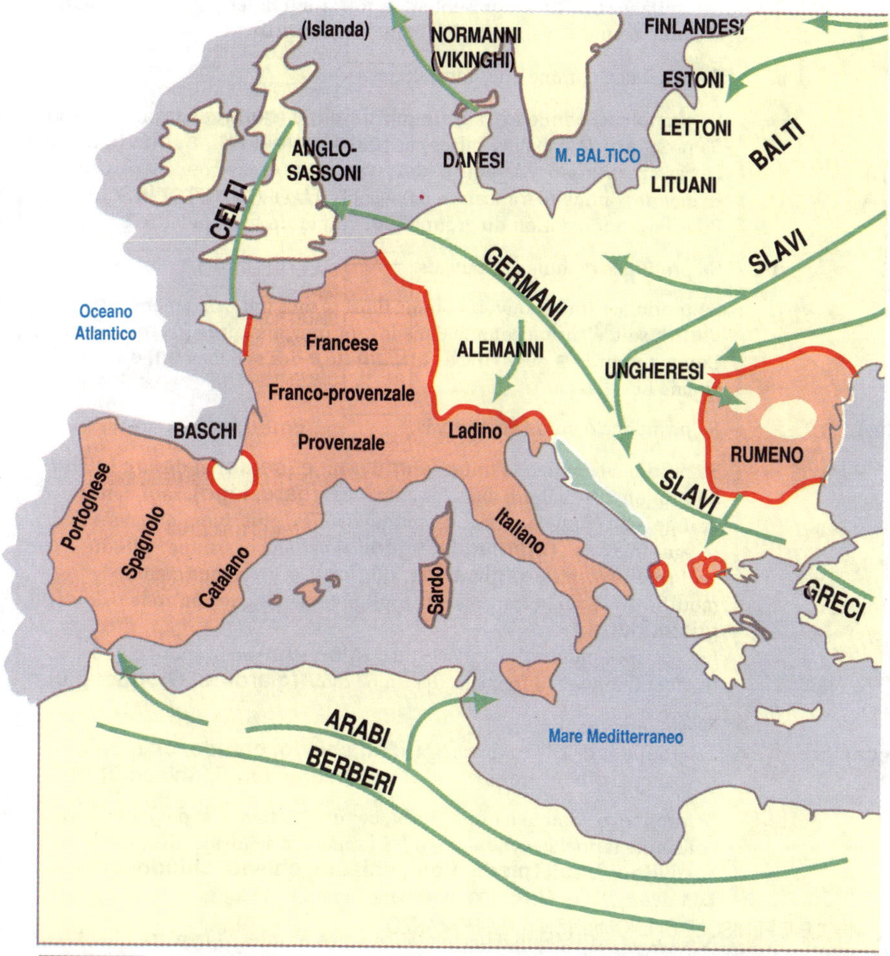

Territori in cui oggi si parlano le lingue neolatine : portoghese, spagnolo, catalano, provenzale, francese, franco-provenzale, ladino, italiano, sardo, rumeno.

Territori in cui si è parlata una lingua neolatina scomparsa un secolo fa : il dalmatico.

L'alphabet — Les sons

(a)	a	Se prononce comme dans le mot français «la» ; ne se prononce jamais comme le 'â' du français «mâle, pâle». Les syllabes **an, am** représentent le son 'a' suivi des consonnes **n** et **m**, et non pas une voyelle nasale comme en français.
(bi)	b	Se prononce comme en français.
(ci)	c	Se prononce comme le français 'tch' devant **e (cena)** et devant **i (Cina)**. Se prononce 'k' dans les autres cas **(caro, come, cui, schiavo, credo)**. Les groupes monosyllabiques **-cia, -cio, -ciu** se prononcent respectivement comme le français 'tcha', 'tcho', 'tchou' **(ciao, bacio, ciuffo)**. Pour la prononciation du groupe **-sc**, voir ci-dessous la lettre **s**.
(di)	d	Se prononce comme en français.
(è)	e	Se prononce soit 'è' ouvert comme dans le mot français «mer» **(verso, vieni)**, soit 'é' fermé comme dans le mot français «pré» **(cena, perché)**. Comme pour le **a** des syllabes **an, am**, le **e** des syllabes **en**, **em** n'est jamais nasalisé.
(èffe)	f	Se prononce comme en français.
(gi)	g	Se prononce comme le français 'dj' devant **e (genio)** et devant **i (Gina)**. Se prononce 'g' vélaire dans les autres cas **(gara, lago)**, sauf dans le groupe **-gn-** (qui se prononce, entre voyelles, plus énergiquement que le -gn- français : **(montagna, agnello)** et dans le groupe **-gli-** qui, sauf rares exceptions **(glicerina, glicine)**, se prononce comme le 'l' mouillé de l'ancien français, en appliquant la langue contre le palais **(gli, glielo, dargli)**. Les groupes monosyllabiques **-gia-, -gio-, -giu-** se prononcent respectivement comme le français 'dja', 'djo', djou' **(giardino, Giorgio, giù)**.
(acca)	h	N'est jamais aspiré. Le groupe **-ch-** se prononce 'k' **(fichi, chiedo, chiudo, che, chi)**. Le groupe **-gh-** se prononce 'g' vélaire **(leghe, leghi, ghiaccio)**.
(i)	i	Se prononce comme en français et, comme en français, devient une semi-consonne (appelée «yod») quand il forme une seule syllabe avec la voyelle qui le suit **(piede, fiore, chiamo, chiedo, chiudo, ghianda)**. Le **i** des syllabes **-in-, -im-** n'est jamais nasalisé.
(i lungo)	j	N'est plus utilisé que dans quelques noms propres, à la place d'un **i** semi-consonne **(Lido di Jesolo, Jugoslavia)**.
(cappa)	k	N'est utilisé que dans des mots étrangers **(kibbutz, khan, képi, kirsch)** et dans leurs dérivés **(kantiano, kuwaitiano)**
(èlle)	l	Se prononce comme dans les mots français «pile», «ville» (jamais comme dans les mots français «bille», «fille») : **villa, pila, ala, Clara.** Pour la prononciation du groupe **-gli-**, voir ci-dessous la lettre **g.**
(èmme)	m	Se prononce comme en français, sauf dans les syllabes **-am-, -em-, -im-, -om-, -um-**, où les voyelles gardent leur son normal, sans nasalisaltion.

L'alphabet — Les sons

(ènne)	n	Se prononce comme en français, sauf dans les syllabes **-an-, -en-, -in-,-on-,-un-,** où les voyelles gardent leur son normal, sans nasalisation. Se prononce 'm' devant les consonnes bilabiales 'm', 'b', 'p'. **(un modulo, un bicchiere, un pestaggio).**
(o)	o	Se prononce soit 'ò' ouvert comme dans le mot français «port» **(porti, cuore)**, soit 'ó' fermé comme dans le mot français «peau» **(come, dove)**.
(pi)	p	Se prononce comme en français.
(cou)	q	Se prononce 'k' comme en français, mais est toujours suivi d'un 'u' se prononçant 'w' (qui, qua, quando, quanti, questo, quello)
(èrre)	r	Se prononce habituellement en faisant vibrer la pointe de la langue contre les alvéoles du palais, derrière les incisives supérieures.
(èsse)	s	Comme en français, le **s** peut être sourd (non voisé) ou sonore (voisé) : non voisé **(sano, resto, ribes, risapere)** comme en français dans «sain» ; voisé **(rosa, uso, isola, bisogna)** comme en français dans «rose». Le groupe -sc- se prononce comme le groupe **-ch-** français devant un **e (scena, scemo, scendere)** et devant un **i (sci, sciare)** et **-sk-** dans les autres cas **(scade, scomodo, scudo, schifo, scheda, schiuma).** Les groupes monosyllabiques **-scia-, -scio-, -sciu-**, se prononcent respectivement comme le français 'cha', 'cho', 'chou' **(sciame, sciopero, sciupare).** Ce phonème palatal (correspondant au français 'ch') est long (géminé) entre voyelles : **lo sciopero, uscio, liscio, lasciare, ascia.**
(ti)	t	Se prononce comme en français.
(u)	u	Se prononce comme le français «ou» **(lupo, cui, rubare, chiudere, giù)** Se prononce 'w' (semi-consonne) quand il forme une seule syllabe avec la voyelle qui le suit : **qui, quando, guanti, guerra, buono, liquore.** Le 'u' des syllabes **-um-, -un-** n'est jamais nasalisé.
(vu)	v	Se prononce comme en français.
(vu doppio)	w	N'est utilisé que dans des mots étangers **(watt, whisky).** Se prononce comme W en anglais.
(ics)	x	N'est utilisé que dans quelques mots - où on le prononce 'ks' - **(uxoricidio, xenofobia, taxi, xeres).**
(ipsilon)	y	N'est utilisé que dans des mots étrangers **(yoga, yiddish).** Se prononce comme en français.
(zeta)	z	Est sourd - non voisé - **(lezione, ragazzo, zanna)** ou sonore - voisé - **(zero, razzo)** ; voisé, il se prononce 'dz' **(zero)** ou 'ddz' **(razzo)** ; non voisé, il prononce 'ts' **(zio, zucchero)** ou 'tts' **(lezione, ragazzo, pezzo)** ; cette consonne se prononce géminée quand elle est en position intervocalique : 'ddz' dans **lo zero, razzo, azzurro**, 'tts' dans **lezione, ragazzo, lo zio, lo zucchero.**

L'accentuation

(Les voyelles toniques sont en rouge)

I) Les mots dépourvus d'accent d'intensité sont appelés clitiques, parmi lesquels on distingue les **proclitiques** et les **enclitiques.** (voir aussi page 165).

Les proclitiques, dans la prononciation, sont pratiquement rattachés au mot accentué qui les suit **(mi dài, lo farò, ci vado)**, tandis que les enclitiques sont rattachés au mot accentué qui les précède (même, le plus souvent, dans la graphie) : **dàmmi, dàllo, dimmelo.**

II) L'accent écrit ne signale en général la syllabe tonique que lorsque celle-ci est en position finale. Ces mots sont appelés **oxytons** (en italien **ossìtoni** ou **parole tronche**) :

batté darò mangiò città caffè così virtù

Les monosyllabes accentués, ne comptant qu'une voyelle, sont donc des oxytons :

sé me te tè fu chi là lì

III) Le plus grand nombre de mots italiens est accentué sur l'avant-dernière (ou: pénultième) syllabe ou voyelle :

parola andare andrei miei tuoi spiaggia caccia

➤ Ces mots s'appellent paroxytons (en italien : **parossìtoni ou parole piane**).

IV) Les mots qui sont accentués sur une syllabe autre que la dernière ou que la pénultième sont appelés **proparoxytons** (en italien : **proparossìtoni**, parmi lesquels on distingue les **parole sdrùcciole** -mots accentués sur l'antépénultième syllabe -, et les **parole bisdrùcciole** - mots accentués sur la syllabe qui précède l'antépénultième - :

«parole sdrucciole» ◀ **epoca, tavola, musica, lugubre, mangiano abita, indica, interroga, farglieli**

«parole bisdrucciole» ◀ **abitano, interrogano, fabbricali, indicalo**

Certains proparoxytons, composé d'un verbe à l'impératif suivi de divers éléments enclitiques, sont accentués sur la première syllabe d'un mot de cinq syllabes :

indicaglielo *indique-le-lui* **pubblicameli** *publie-les-moi*

V) Sauf sur la voyelle finale des oxytons où son usage est systématique, l'accent écrit n'est utilisé que pour éviter les homonymies :

ancora, *encore* - **àncora**, *ancre*
vestiti, *vêtements* ou *vêtus* - **vèstiti**, *habille-toi*
dà, *il -elle- donne* - **da** (prép.) - **da'**, *donne* (impér.)
princìpi, *débuts* -**prìncipi**, *princes*
subìto, *subi* - **sùbito**, *tout de suite*
là, *là* - **la**, *la* (pronom compl. féminin singulier)
ché, *car, puisque* - **che**, *qui, que, quoi*

tè, *thé* - **te**, *toi*
dì, *jour* - **di** (préposition)
è, *c'est, il est, elle est* -**e**, *et*
lì, *là* - **li**, *les* (pronom compl. masculin pluriel)
né, *ni, et ne... pas* - **ne**, *en* (pronom)

L'article défini

	Masculin	Féminin
Singulier	il, lo, l'	la, l'
Pluriel	i, gli (gl')	le

FEMININ SINGULIER

⇨ avec élision devant les mots d'usage courant commençant par voyelle :
l'altalena, l'erba, l'isola, l'ultima volta, l'inverno, l'Istria

⇨ avec ou sans élision devant les mots d'usage moins courant (surtout les termes abstraits) commençant par voyelle :
l' (la) universalità, l' (la) effeminatezza, l' (la) ultrasuonoterapia

L'élision est plus fréquente que la non-élision

⇨ sans élision devant les mots commençant par consonne ou par la semi-consonne yod :
la tavola, la iena

FEMININ PLURIEL

⇨ **le** sans élision (sauf dans la langue littéraire ou dans l'usage populaire) :
le amiche, le erbe, le inchieste, le unghie

MASCULIN SINGULIER

il
- devant consonne occlusive (**il pane, il dottore, il ghiro**)
- devant consonne affriquée palatale (**il cielo, il giro**)
- devant consonne fricative dentale (**il vetro, il fuoco, il sasso**)
- devant consonne liquide alvéolaire (**il lotto, il rame**)
- devant consonne nasale bilabiale (**il marmo**)
- devant consonne nasale dentale-alvéolaire (**il nastro**)
- devant la lettre W, même quand elle correspond, dans la prononciation, à une semi-consonne (**il whisky, il western**)

lo
- devant S préconsonantique (**lo sbaglio, lo stomaco**)
- devant consonne affriquée dentale (**lo zaino, lo zio**)
- devant consonne fricative palatale (**lo sciame, lo scemo**)
- devant consonne nasale palatale (**lo gnomo**)
- devant certains groupes de consonnes (**lo psicologo, lo mnemonismo**)
- devant la lettre x, qui correspond, dans la prononciation, à la séquence de deux consonnes / KS / (**lo xenofobo**)
- devant la semi-consonne yod (**lo iogurt**) (1)

lo ou **l'** devant h "aspiré" des noms étrangers : **lo (l') Hegel**

l'
- devant voyelle (**l'albero, l'italiano, l'uso**)
- devant la lettre u correspondant, dans la prononciation, à la semi-consonne bilabiale / W / (**l'uomo, l'uovo**) (2)

(1) Rarement **l'** dans ce cas. (2) Elision facultative au féminin : **l'uosa** ou **la uosa**.

L'article défini (suite)

MASCULIN PLURIEL

- **i** quand on emploie la forme **il** au singulier :
  ➡ **i ghiri, i giri, i suoni, i re, i modi, i nastri, i western**
  Exception : **il dio, gli dei** *(le dieu, les dieux)*
- **gli** quand on emploie la forme **lo** au singulier :
  ➡ **gli sguardi, gli zoccoli, gli scioperi, gli gnocchi, gli psicologi, gli xenofobi, gli iogurt**
- **gli** quand on emploie la forme **l'** au singulier :
  ➡ **gli alberghi, gli uncini, gli italiani**

La forme élidée **gl'** devant **i** est d'usage littéraire ou toscan (**gl'italiani**)

PREPOSITION SUIVIE D'UN ARTICLE DEFINI

Contraction obligatoire :

parlo al professore — a il ➡ al
vado dal dentista — da il ➡ dal
la luce del sole — di il ➡ del
cerco nel dizionario — in il ➡ nel
il fiasco sul tavolo — su il ➡ sul
etc...

il fiasco sul tavolo

CONTRACTION OBLIGATOIRE (preposizioni articolate) :

	MASCULIN					FEMININ		
	il	l'	lo	i	gli	la	l'	le
a	al	all'	allo	ai	agli	alla	all'	alle
da	dal	dall'	dallo	dai	dagli	dalla	dall'	dalle
di	del	dell'	dello	dei	degli	della	dell'	delle
in	nel	nell'	nello	nei	negli	nella	nell'	nelle
su	sul	sull'	sullo	sui	sugli	sulla	sull'	sulle

CONTRACTION FACULTATIVE (formes contractées d'usage rare hors de Toscane)

Sparo con il fucile, sparo col fucile,... con i fucili,... coi fucili, con gli schioppi, cogli schioppi, conto con l'abaco, conto coll'abaco, ... con gli abachi, cogli abachi...

➤ N.B. Les formes contractées **collo, colla, colle, pei** (= **per i**) sont encore d'usage courant en toscan parlé. On ne les utilise plus dans la langue écrite.

Emploi de l'article défini

EMPLOI OBLIGATOIRE

il Signore è fuori	*Monsieur est sorti*
il Signor Neri è fuori	*Monsieur Neri est sorti*
il Signor Direttore è fuori	*Monsieur le Directeur est sorti*
la Signora Contessa verrà domani	*Madame la Comtesse viendra demain*
la Duse, la Callas, la Tebaldi	(femmes célèbres)
l'Ariosto e il Tasso	(certains grands écrivains)
Dante nacque nel 1265	*Dante naquit en 1265*
Sono le undici	*il est onze heures*
Alle dieci	*A dix heures*
È il mio taccuino	*C'est mon carnet*
Si avvia verso i vent'anni	*Il va sur ses vingt ans*
Occorre pesar le parole	*Il faut peser ses mots*

etc.

EMPLOI FACULTATIF

la Maria e l'Ersilia (devant les prénoms féminins dans le langage familier)
il Carducci è un gran poeta ; Carducci è un gran poeta
in tutta l'Italia ; in tutta Italia ; in tutta l'Europa ; in tutta Europa.

OMISSION DE L'ARTICLE DEFINI EN ITALIEN (article défini en français)

Ad ovest, ad est, a sud, a nord	*A l'ouest, à l'est, au sud, au nord*
A casa, a scuola, a caccia, a letto	*A la maison, à l'école, à la chasse, au lit*
A caso, a rigore, a tergo	*Au hasard, à la rigueur, au verso*
A spese di... ; a nome di...	*Aux dépens de... ; au nom de...*
Estrarre a sorte ; giocare a carte	*Tirer au sort ; jouer aux cartes*
Andare a rifugio sotto...	*Se mettre à l'abri sous...*
Esser di moda	*Etre à la mode*
Salvar capra e cavoli	*Ménager la chèvre et le chou*
A prova di fuoco	*A l'épreuve du feu*
A prova di proiettili	*A l'épreuve des balles*
A conforto di...	*A l'appui de...*
A livello regionale	*Sur le plan régional*
A peso d'oro	*Au poids de l'or*
A fil di spada	*Au fil de l'épée*
Siamo a pagina 51	*Nous sommes à la page 51*
Dipingere a guazzo	*Peindre à la gouache*
Verniciare a spruzzo	*Peindre au pistolet*
Pagare un tanto a riga	*Payer à la ligne*
La stufa funziona a carbone	*La poêle marche au charbon*
Da mano a mano	*De la main à la main*
Essere di competenza di...	*Etre de la compétence de...*

➤ Fréquente omission de l'article défini dans les proverbes :

Dove manca natura arte procura
Senno vince astuzia

L'article partitif

- **ON N'EMPLOIE JAMAIS, EN ITALIEN, L'ARTICLE PARTITIF DANS DES PHRASES NEGATIVES :**

Non voglio vino *Je ne veux pas de vin*

On peut **l'employer dans des phrases affirmatives (ou interrogatives** - sans négation -), lorsqu'on veut **insister, non pas sur la qualité, mais sur la quantité** :

Ti porto del pesce *Je t'apporte du poisson* (une certaine quantité de poisson)

➤ Mais on dit, sans partitif :

Vuoi carne o pesce ? *Veux-tu de la viande ou du poisson ?*

Parce que, dans ce dernier exemple, **il ne s'agit pas de quantité** (de viande ou de poisson), **mais d'un choix** entre deux sortes d'aliments.

L'article indéfini

SINGULIER

- On emploie la forme **un** quand on peut utiliser la forme **il** de l'article défini :
  un ghiro, un giro, un sasso, un **letto, un monte, un nastro, un western.**
- On emploie la forme **uno** quand on peut utiliser la forme **lo** de l'article défini :
  uno sbaglio, uno zero, uno sciame, uno gnomo, uno psicologo, uno xilofono, uno iogurt.
- On emploie la forme **un** au masculin devant un mot commençant par voyelle
  un albero, un italiano, un uso
  ou par un U correspondant, dans la prononciation, à la semi-consonne bilabiale
  un uomo, un uovo.
- On emploie la forme **una** quand on peut utiliser la forme **la** de l'article défini :
  una tavola, una iena, una indagine.
- On emploie la forme **un'** quand on peut utiliser la forme **l'** de l'article défini au féminin singulier (voir page 103).
  un' erba, un' amica, un' unghia, un' indagine.

PLURIEL

Habituellement on n'emploie pas l'article indéfini au pluriel. On dira donc tout simplement : **teatri, italiani, artisti, iogurt,** etc.

➤ On peut employer au pluriel les formes de l'article partitif (composées de la préposition **di** et de l'article défini) quand elles signifient «un certain nombre de»:

dei teatri, degli iogurt, degli usi,
delle donne, delle amiche, delle indagini.

Omission de l'article indéfini au singulier

- **Cette omission est fréquente en italien :**

Aspettai mezz'ora	*J'attendis une demi-heure*
Compra mezzo chilo di susine	*Achète un demi-kilo de prunes*
È questione di tempo	*C'est une question de temps*
Hai cattiva memoria	*Tu as une mauvaise mémoire*

Omission de l'article indéfini au singulier (suite)

Suscitare vasta eco	*Avoir un grand retentissement*
Avere casa propria	*Avoir un chez-soi*
Senza proferir motto	*Sans dire un mot*
Per felice caso	*Par un heureux hasard*
Andare in meta	*Transformer un essai (rugby)*
In larga misura	*Dans une large mesure*
In tale disposizione d'animo	*Dans une telle disposition d'esprit*
Correre a pazza velocità	*Rouler à une vitesse folle*
Palma a palma	*Une paume contre l'autre*
Fino a tarda ora	*Jusqu'à une heure tardive*
Contrapporre idea a idea	*Opposer une idée à une autre*
Con accento straniero	*Avec un accent étranger*
Di comune accordo	*D'un commun accord*
Operato di ulcera	*Opéré d'un ulcère*
Morire di cancro	*Mourir d'un cancer*
Veder di buon occhio	*Voir d'un bon œil - fig. -*
Pugno di ferro e guanto di velluto	*Une main de fer dans un gant de velours*
Una letteratura di singolare ricchezza	*Une littérature d'une singulière richesse*
Di interesse secondario	*D'un intérêt secondaire*
Invio di effetto insoluto	*Envoi d'un impayé*
Uscire in consonante o in vocale	*Se terminer par une consonne ou par une voyelle*
In stato interessante (= incinta)	*Dans un état intéressant (= enceinte)*
Ucciso da mano ignota	*Tué par une main inconnue*
Ciò ti reca scapito	*Cela te cause un préjudice*
Credersi qualche grande	*Se croire un personnage d'importance*
A quindici anni era già uomo	*A quinze ans il était déjà un homme*
Godono ottima salute	*Ils jouissent d'une excellente santé*
Mettere a repentaglio	*Exposer à un grave danger*
Una voce soave come canto d'uccelli	*Une voix douce comme un chant d'oiseau*
Non perdeva mai occasione per parlarne	*Il ne manquait jamais une occasion d'en parler*
Ne parlava come di cosa senza importanza	*Il en parlait comme d'une chose sans importance*

Inversement, article indéfini en italien

Prestare una mano	*Prêter la main (aider)*
Non osar muovere un dito	*Ne pas oser lever le petit doigt - fig. -*
Mettere una pulce nell'orecchio	*Mettre la puce à l'oreille - fig. -*
Una più che ignoranza	*Plus que de l'ignorance*
Per darmi un' importanza	*Pour me donner de l'importance*
Non ti ho voluto dare un dispiacere	*Je n'ai pas voulu te faire de la peine*

Genre et terminaison du nom au singulier

I) TERMINAISONS NON ACCENTUEES (atones)

a	féminin :	la donna, l'acqua, un'aria, un'artista
	masculin :	un dentista, il poeta, il panorama, un atleta
o	masculin :	un pezzo, un amico, l'uomo, lo specchio, lo zero
	féminin	(quelques exceptions) : la mano, la virago, la radio
i	féminin :	la crisi, la tesi, la sintassi, un'analisi, la prassi
	masculin	il brindisi, il lai, il Lei, il pari, il tredici, il kiwi
e	féminin :	la nipote, la madre, la nave, l'estate, la superficie
	masculin :	il nipote, il padre, il mare, l'allarme, lo stivale, il colore, il fiore, il sapore, un ardore, un odore, lo splendore

II) TERMINAISONS ACCENTUEES

à	féminin :	la libertà, la pietà, un'isbà
	masculin :	il papà, il pascià, il podestà, il la, il fa
è	masculin :	il caffè, il tè, il canapè, lo scimpanzé
	féminin :	la fè (= la fede), la mercè, la tse-tsè
ù	féminin :	la gioventù, la virtù, la schiavitù, la gru
	masculin :	il bambù, il grisù, il soprappiù
ò	masculin :	il comò, il dominò, il rondò, un oblò
ì	masculin :	il bisturì, lo sci, il si (le pronom «si»), il sì (l'adverbe «sì»)
	féminin :	la pipì

III) FORMATION DU FEMININ

o (masculin) →	**a** (féminin) :	il figlio, la figlia
e (masculin) →	**a** (féminin) :	il signore, la signora
tore (masculin) →	**tora** (féminin) :	il cacciatore, la cacciatora
tore (masculin) →	**trice** (féminin) :	un imperatore, un'imperatrice
e (masculin) →	**essa** (féminin) :	lo studente, la studentessa

➤ **e** (masculin ou féminin) : il nipote, la nipote ; il padre, la madre

Genre et terminaison du nom au singulier

IV) REMARQUES

- Les noms des mers sont masculins (comme : **il mare**) :
  il Mediterraneo, il Caspio

- Les noms des villes sont féminins (comme : **la città**) :
  La Roma antica, la vecchia Firenze, l'allegra Parigi, Londra nebbiosa, Nizza la bella, Genova la superba, etc.

➤ Font exception (genre masculin) : **Il Cairo, Il Pireo**.

- Les prénoms masculins peuvent être terminés
  par **- o** **(Carlo, Vittorio, Renzo, Giulio, Ernesto, Ugo)**,
  par **- e** **(Ettore, Leone, Daniele, Michele, Gastone, Cesare)**,
  par **- a** **(Andrea, Nicola, Luca, Battista, Geremia, Caifa)**,
  par **- i** **(Luigi, Ranieri)**.
  par une voyelle accentuée **(Bernabó, Giosuè, Gesù, Mosè)**

- Les prénoms féminins peuvent être terminés
  par **- a** **(Carla)**,
  par **- e** **(Agnese)**.

- Différence de genre, de terminaison et de sens :

la cera	*la cire*	**la tavola**	*la table ; la planche*
il cero	*le cierge*	**il tavolo**	*la table -d'opération, de jeu, de dessin, etc.*

- Différence de genre et de sens, mais même terminaison :

un asse	*un axe*	**un artista**	*un artiste*	**il pianeta**	*la planète*
un'asse	*une planche*	**un'artista**	*une artiste*	**la pianeta**	*la chasuble*

- Différence de genre et de terminaison, mais même sens :
  il tegolo, la tegola *la tuile* **il secchio, la secchia** *le seau*

- Différence de genre, mais même terminaison et même sens :

un eco, un'eco	*un écho*
un tronchese, una tronchese	*une pince coupante*
il radicale, la radicale	*la racine d'un mot*
il meteorite, la meteorite	*la météorite*

- Paronymes (mots de sens tout à fait différent, mais de forme relativement voisine) accompagnés d'une différence de genre (autres exemples pages 223-228) :

il moto	*le mouvement*	**il limo**	*le limon, la vase*	**il baleno**	*l'éclair*
la mota	*la boue*	**la lima**	*la lime*	**la balena**	*la baleine*
la moto	*la moto*				

il crocchio	*le cercle, le club, le groupe*	**il gotto**	*la chope, le bock*
la crocchia	*le chignon*	**la gotta**	*la goutte (maladie)*
il genio	*le génie*	**il greppo**	*le talus ; l'escarpement*
la genìa	*l'engeance*	**la greppia**	*le râtelier ; la mangeoire*

Le pluriel du nom

- genre masculin -

PLURIEL SANS CHANGEMENT DE GENRE

o, e, a → i	l'albero → gli alberi	il tetto → i tetti
	il nipote → i nipoti	il piede → i piedi
	il poeta → i poeti	il problema → i problemi
ca → chi	il gerarca → i gerarchi	il patriarca → i patriarchi
ga → ghi	il collega → i colleghi	lo stratega → gli strateghi
co → chi	(les paroxytons) (1) il fuoco → i fuochi	il ricco → i ricchi
	(quelques proparoxytons) (2) il carico → i carichi; il lastrico → i lastrichi	
co → ci	(la plupart des proparoxytons) il medico → i medici	
	(quelques paroxytons) l'amico → gli amici; il nemico → i nemici	il greco → i greci; il porco → i porci
go → ghi	(les paroxytons) il lago → i laghi; il chirurgo → i chirurghi	
	(quelques proparoxytons) il catalogo → i cataloghi; l'obbligo → gli obblighi	
go → gi	(la plupart des proparoxytons) il sociologo → i sociologi	
e → i (syllabe non accentuée)	il sorcio → i sorci	lo studio → gli studi
	➤ **Exceptions :** il tempio → i templi (ou) i tempî (ou) i tempii (3)	
	il principio → i princípi (accent sur le second i) (ou) i principî (ou) i principii (4)	
ío → ii (i accentué)	lo zio → gli zii	il pendio → i pendii
	➤ **Exception :** il dio → gli dei (cf. le singulier Iddio et l'ancien it. gl'iddei)	

(1) Les paroxytons sont les mots accentués sur la pénultième syllabe.
(2) Les proparoxytons sont les mots accentués sur l'antépénultième syllabe.
(3) Cf. **il tempo** **i tempi** (4) Cf. **il príncipe** **i príncipi** (accent sur l'initiale)

Le pluriel du nom
- genre féminin -

PLURIEL SANS CHANGEMENT DE GENRE

a → e	la donna ➡ le donne; la rosa ➡ le rose; l'ubbía ➡ le ubbíe
e → i	la lezione ➡ le lezioni; la rete ➡ le reti; l'ape ➡ le api
ca → che	la barca ➡ le barche; la buca ➡ le buche
ga → ghe	la strega ➡ le streghe; la riga ➡ le righe
voyelle + cia → cie (syllabe non accentuée)	l'acacia ➡ le acacie; la camicia ➡ le camicie; l'audacia ➡ le audacie; la fiducia ➡ le fiducie
consonne + cia → cie (ou) ce (syllabe non accentuée)	la lancia ➡ le lancie (ou) le lance; la provincia ➡ le provincie (ou) le province
ccia → cce (syllabe non accentuée)	la caccia ➡ le cacce; la freccia ➡ le frecce; la goccia ➡ le gocce; la buccia ➡ le bucce
ggia → gge (syllabe non accentuée)	la spiaggia ➡ le spiagge; la loggia ➡ le logge
gia → gie (ou) ge (syllabe non accentuée)	la valigia ➡ le valigie (ou) le valige; l'orgia ➡ le orgie (ou) le orge
scia → sce (syllabe non accentuée)	la striscia ➡ le strisce; la fascia ➡ le fasce
ie (syllabe non accentuée) → ie / ie (ou) i / i	la serie ➡ le serie; l'effigie ➡ le effigie (ou) le effigi; la superficie ➡ le superficie (ou) le superfici; ➤ **Exception :** la moglie ➡ le mogli

Le pluriel du nom

NOMS INVARIABLES

- Les **oxytons** (noms accentués sur la dernière voyelle) et les **monosyllabes** :

la città ➨ le città **la virtù ➨ le virtù** **il caffè ➨ i caffè**
la gru ➨ le gru **il re ➨ i re** **il tè ➨ i tè**

- Les noms **terminés en i** :

la crisi ➨ le crisi **l'analisi ➨ le analisi** **il brindisi ➨ i brindisi**

- La **plupart** des noms **féminins terminés en ie** :

la serie ➨ le serie **la congerie ➨ le congerie**
la sanie ➨ le sanie
(pour les exceptions, voir la page 111)

- **Quelques** noms masculins **terminés en a** :

il paria ➨ i paria **il sosia ➨ i sosia** **il boa ➨ i boa**
il boia ➨ i boia **il delta ➨ i delta** **il vaglia ➨ i vaglia**
il toboga ➨ i toboga **il lama ➨ i lama** **il cruciverba ➨ i cruciverba**

- **Quelques abréviations** :

la radio ➨ le radio **la moto ➨ le moto** **il cinema ➨ i cinema**

- Le terme **'consolle'** :

la consolle ➨ le consolle *la console, les consoles*

- Les noms **terminés par une consonne** :

il gas ➨ i gas **il tram ➨ i tram** **il film ➨ i film**
lo sport ➨ gli sport **la gag ➨ le gag** **la holding ➨ le holding**

- Les noms composés **formés d'un verbe et de son complément** :

il guardavia ➨ i guardavia *la glissière de sécurité, les glissières de sécurité*
il tosaerba ➨ i tosaerba *la tondeuse à gazon, les tondeuses à gazon*
il voltafaccia ➨ i voltafaccia *la volte-face, les volte-face*

- Les noms composés **formés de deux verbes** :

il dormiveglia ➨ i dormiveglia *le demi-sommeil, les demi-sommeils*
il parapiglia ➨ i parapiglia *la bousculade, les bousculades*

Le pluriel du nom (suite)

PLURIEL IRREGULIER SANS CHANGEMENT DE GENRE

il bue ➨ i buoi	**l'uomo ➨ gli uomini**	**la virago ➨ le viragini** (1)
l'ala ➨ le ali	**l'arma ➨ le armi**	**la mano ➨ le mani**
mille ➨ duemila, tremila...		**il silo ➨ i silos (o : i sili)**

MASCULIN AU SINGULIER, FEMININ OU MASCULIN AU PLURIEL

o → a

il centinaio ➨ le centinaia	**il riso** *(le rire)* **➨ le risa**
il migliaio ➨ le migliaia	**il paio ➨ le paia**
il miglio ➨ le miglia	**l'uovo ➨ le uova**

o → a (fém.) / **i** (masc.)

il membro	**➨ le membra**	(sens propre)
l'osso	**➨ le ossa**	(sens propre et sens collectif)
il membro	**➨ i membri**	(sens figuré)

o → a (fém.) / **e** (fém.) / **i** (masc.)

	➨ le frutta	(sens propre)
il frutto	**➨ le frutte**	(sens propre - usage rare -)
	➨ i frutti	(sens propre et sens figuré)

➤ N.B. Le féminin singulier **la frutta** peut désigner soit les fruits en général (**frutta fresca, frutta secca, frutta sciroppata, io mangio molta frutta**), soit le dessert (**essere alla frutta**) - et la locution employée au sens figuré **arrivare alla frutta** signifie *"arriver trop tard, quand tout est terminé"*.

FEMININ AU SINGULIER, MASCULIN AU PLURIEL

Cas particulier : **l'eco ➨ gli echi** *l'écho, les échos*

Le mot **eco** est parfois employé au masculin même au singulier.

«Le bugie hanno le gambe corte»

«I panni sporchi si lavano in famiglia».

«Dagli amici mi guardi Iddio, dai nemici mi guardo io».

(1) Cf. le singulier d'usage littéraire : **la viragine.**

Suffixes

I) AUGMENTATIFS

-one, -cione

una finestra grande ➧ un finestrone un bastone grosso ➧ un bastoncione

II) DIMINUTIFS

-ino, -cino, -icino, -iccio, -ello, -cello, -icello, -erello, -etto, -otto -acchiotto, -uolo, -olo, -ottolo

una spazzola piccola ➧ uno spazzolino
una porzione piccola ➧ una porzioncina
lumicino ; umidiccio ; asinello ; porzioncella ; navicella ; vecchierello ; noiosetto ; aquilotto ; orsacchiotto ; chiesuola ; bestiola, pallottola

III) DIMENSION MOYENNE

-òccio, -otto

piuttosto grasso ➧ grassoccio
un palazzo abbastanza grande ➧ un palazzotto.

IV) VALEUR AFFECTIVE

-àccio, -ello, -etto, -ino, -olo, -ozzo

poveraccio *pauvre diable* **; il Poverello d'Assisi (San Francesco) ; poveretto, poverino (infelice degno di compassione) ; è un bravo figliolo un predicozzo (un'ammonizione di tono amichevole).**

V) PARENTE

-ino, -òccio

madrina *marraine* **; padrino** *parrain* **; nipotino** *petit-fils* **; figlioccio** *filleul*

VI) NUANCES (COULEURS)

-astro, -iccio, -igno, -ino, -ògnolo, -òne

biancastro ; rossiccio ; sanguigno ; zolfino ; giallognolo ; verdone

VII) PEJORATIFS

-àccio, -àcchio, -àglia, -astro, -ónzolo, -ùcolo

robaccia ; sputacchio ; plebaglia ; giovinastro ; mediconzolo ; maestrucolo

VIII) AUGMENTATIFS PEJORATIFS

-acchione, -accione

furbacchione ; omaccione

Suffixes

IX) DIMINUTIFS PEJORATIFS

-iciàttolo, -ùccio

omiciattolo ; febbriciattola ; affaruccio ; cameruccia.

X) COLLECTIFS

-àglia, -ame, -anza, -ata, -atura, -èla, -ésca, -erìa, -ìa; -ièra, -ura

ramàglia ; legname ; figliolanza ; brigata ; muscolatura ; parentela ; scolaresca ; biancheria ; borghesia ; scogliera ; verdura.

XI) COLLECTIFS PEJORATIFS

-àglia, -ùglio, -ume

la nuvolaglia ; il rimasuglio ; il rancidume.

XII) LIEUX

-àio, -éto, -erìa, -ièra, -ile, -ina, óio, -òrio

mondezzaio ; abetaia ; canneto ; pineta ; portineria ; bagagliera ; porcile ; officina ; abbeveratoio ; mangiatoia ; dormitorio.

XIII) ATELIERS ET COMMERCES

-ìa, -erìa

farmacia ; tintoria ; cappelleria ; stireria.

XIV) METIERS ET PROFESSIONS

-àio, -aro, -aiòlo, -ano, -ino, -ante, -ènte, -ato, -atore, -itore, -ière, -ista, -óre, -oréssa

macellaio, benzinaro, boscaiolo, scrivano, postino, cantante, tenente, deputato, muratore, friggitore, doganiere, artista, professore, professoressa.

XV) HABITANTS

-ano, -etano, -itano, -èno, -ino, -òlo, -ése, -ésco, -ardo, -ita

romano ; napoletano ; palermitano ; cileno ; parigino ; spagnolo ; bolognese ; tedesco ; savoiardo ; nizzardo ; moscovita ; vietnamita.

Suffixes (suite)

XVI) OBJETS, OUTILS, MACHINES, VEHICULES

-ése, -ièra, -óio, -trice

il (o) la tronchese *la pince coupante* **; scacchiera ; corriera ; petroliera ; vassoio ; frantoio ; rasoio ; mietitrice ; trebbiatrice.**

XVII) ACTIONS

-àggine, -àggio, -ata, -énza, -ìo, -ito, -ìzia, -gione, -zione, -ménto, -tura

stupidaggine ; smontaggio ; pedata ; insistenza ; borbottio ; vagito ; pastorizia ; seminagione ; esportazione ; tradimento ; mungitura.

XVIII) QUALITES ET DEFAUTS

-àggine, -anza, -ènza, -ézza, -ìa, -ìgia, -ìzia, -ismo, -ésimo, -tà, -tù, -tùdine

testardaggine ; somiglianza ; pazienza ; agiatezza ; pazzia ; ingordigia ; avarizia ; eroismo ; urbanesimo ; bontà ; gioventù ; mansuetudine.

XIX) FORMATION D'ADVERBES

-ménte, -oni

affettuosamente ; facilmente, particolarmente ; bocconi ; tastoni. (cf. p. 128)

XX) FORMATION D'ADJECTIFS

➪ à partir de verbes :

-àbile, -évole, -ìbile, -ùbile , -ace, -ìccio, ivo, -óne, -óre, -òrio

desiderabile ; pieghevole ; leggibile ; solubile ; mordace ; attaccaticcio ; affermativo ; chiacchierone ; conservatore ; contraddittorio.

➪ à partir de noms :

-àceo, -ale, -ano, -are, -àrio, -àtico, -ato, -ito, -uto, -ésco, -ile, -ido, -igno, -ino, -ico, -ivo, -óso, -uóso

perlaceo ; centrale ; repubblicano ; polare ; ferroviario ; problematico ; stellato ; saporito ; panciuto ; burlesco ; primaverile ; lùcido ; ferrigno ; caprino ; artìstico ; sportivo ; coraggioso ; lussuoso.

➤ N.B. Combinaisons de suffixes :

-otto + -ello : grassottello	*grassouillet*
-olo + -ino : cagnolino	*petit chien*
-accio + -one : un omaccione	*un colosse à la mine rébarbative*
-ello + -ino + -accio : «porcellinaccio !»	*«petit cochon !» (enfant sale)*

etc.

Préfixes

I) PREFIXES DE NOMS ET D'ADJECTIFS

Voici les principaux préfixes groupés d'après leur sens :

- **acefalo, amorale, apolitico, aritmico ; anabbagliante, analcolico, anaerobio.**
- **sdentato, sgradevole, sleale** (préfixe s à sens privatif)
- **disamore, discontinuo, disabitato, disoccupato.**
- **anteguerra ; antipasto, anticamera ; avantielenco ; avanspettacolo ; preavviso, prebellico.**
- **postbellico, postclassico ; retrobottega, retromarcia.**
- **antifurto, antigelo, anticonformista, anticoagulante.**
- **archidiocesi ; arciduca, arcinoto ; extramorbido ; straricco, stracotto ; supercarcere ; ipertensione ; megacrescita ; maxiprocesso, maxi-accordo, maxinchiesta, maxigonna.**
- **multirazziale ; poliglotta, poliestere.**
- **omnisciente, onnipresente, onnìvoro ; panamericano.**
- **biscotto ; bisdrucciolo, bisnonno ; bistorto.**
- **bipolare, bilinguismo ; dicromatico.**
- **monocellulare, monocolore, monocolo.**
- **sovraffollamento ; soprattassa ; superuomo, superdose.**
- **sbarra, sberleffo, sbirro** (préfixe s de renforcement)
- **emiplegia, emisfero, emistichio ; seminterrato, semigratuito.**
- **pseudomembrana, pseudorivoluzionario ; criptocomunista.**
- **vicedirettore, viceré ; proconsole ; prozio, pronipote.**
- **ipodermico, iponutrizione, ipotensione ; minigonna, minigolf, minicomputer.**
- **sottoscala, sottopassaggio ; sottogruppo ; sottosviluppo ; subacqueo, subacuto, infrarosso, infrastruttura.**
- **parapsicologia, parastatale, paranormale.**
- **neoimpressionismo ; paleozoologia, paleomaschilismo.**
- **transalpino ; diacronia, diapositiva.**
- **extrauterino, extraterritoriale ; fuoribordo, fuoriserie.**
- **oltretomba ; ultrasuono ; metalinguaggio.**
- **interregno, interdipendenza, interplanetario.**
- **intramuscolare ; entroterra ; endovenoso.**
- **circumvesuviano ; anfiteatro ; periartrite.**
- **connazionale, comproprietà, cogestione, collaterale, coresponsabile ; sìncrono, sinfonia.**

Préfixes (suite)

- **controcorrente ; contraccolpo.**
- **insuccesso, inoccupato, immorale, illegittimo, irregolare ; nonsenso, noncurante, non-intervento.**
- **senzapatria, senzatetto.**
- **maldisposto, maleducato, malcorrisposto.**
- **benpensante, benparlante, benportante, benservito.**
- **cacofonia, cacografia, cacologia.**
- **euritmico.**

➤ N.B. Les préfixes sont très rarement accentués : **onnìvoro, sìncrono.**
Parfois la dernière voyelle du préfixe est assimilée par la voyelle initiale du deuxième élément : **maxinchiesta, monocolo.**

II) PREFIXES DE VERBES

⇨ Avec valeur intensive :

sbattere, sbeffeggiare, scancellare, strascinare.
stracuocere, straperdere, stravincere.
riempire, rassettare, rassicurare, raddolcire.

⇨ Avec valeur privative ou négative :

devitalizzare, decolorare, destabilizzare.
disfare, disubbidire, disarmare, disapprovare.
smontare, scaricare, scongelare.

⇨ Avec valeur d'opposition :

- **contraddire, contrapporre ; controbilanciare.**

⇨ Avec diverses valeurs modales :

accorrere ; asservire ; apporre ; interporre ; frapporre, frammischiare ; inframmettere ; intravedere ; traforare ; trasformare ; immettere, impiantare; scorrere, slanciare, sparlare ; coabitare, convivere, compiangere ; rifare, rinascere, raffreddare, reintegrare, reduplicare.

Adjectif : genre, nombre, apocope

➤ Voir : Genre et nombre du nom. Mêmes règles que pour le nom : (Exception : **belga, belgi**)

l'albero alto	➨	gli alberi alti
il prete giovane	➨	i preti giovani
la donna bella	➨	le donne belle
la lepre veloce	➨	le lepri veloci
un artista socialista	➨	degli artisti socialisti
un'artista socialista	➨	delle artiste socialiste
il collega belga	➨	i colleghi belgi
la turista belga	➨	le turiste belghe
la carlinga larga	➨	le carlinghe larghe
la barca carica	➨	le barche cariche
il fungo lungo	➨	i funghi lunghi
lo sceicco ricco	➨	gli sceicchi ricchi
l'amico greco	➨	gli amici greci
il medico simpatico	➨	i medici simpatici
lo zio pio	➨	gli zii pii
il privilegio regio	➨	i privilegi regi
l'uscio liscio	➨	gli usci lisci
la valigia grigia	➨	le valigie grigie
la spiaggia selvaggia	➨	le spiagge selvagge
la buccia umiduccia	➨	le bucce umiducce

APOCOPE (chute de la voyelle finale ou de la syllabe finale)

Un prosciutto buono	➨	un buon prosciutto
Una casa grande	➨	una gran casa

➪ Apocope facultative :

un grande ponte	➨	un gran ponte
grandi ponti	➨	gran ponti
una grande casa	➨	una gran casa
grandi case	➨	gran case
quale giorno ?	➨	qual giorno ?
quale erba	➨	qual erba
quale madre tale figlia	➨	qual madre tal figlia
tale umiliazione	➨	tal umiliazione

➪ Apocope obligatoire :

un buon allievo ; un buon formaggio ; un bel regalo ; San Pietro ; alcun oggetto ; alcun posto ; nessun oggetto ; nessun posto ; ventun migliaio...

«Qual ballata, tal sonata» - «Qual buco, tal cavicchio» - «Qual cervello, tal cappello»

Adjectif : l'élision

una bella edizione	➨	**una bell'edizione**
una buona abitudine	➨	**una buon'abitudine**
grande e grosso	➨	**grand'e grosso**
santa Elena	➨	**sant'Elena**

Une apostrophe remplace la voyelle finale de certains adjectifs placés devant un nom (ou devant une conjonction) commençant par une voyelle.

ELISION FACULTATIVE

una bella edizione (usage courant)	➨	**una bell'edizione** (usage assez courant)
una buona abitudine (usage courant)	➨	**una buon'abitudine** (usage assez rare)
un bravo uomo (usage assez rare)	➨	**un brav'uomo** (usage courant)
una grande uggia	➨	**una grand'uggia**
un grande uomo	➨	**un grand'uomo**
grande e grosso	➨	**grand'e grosso**
mezza età	➨	**mezz'età**
poca acqua, quanta acqua	➨	**poc'acqua, quant'acqua**
diciotto anni, venti anni	➨	**diciott'anni, vent'anni**
cinquanta anni, mille anni	➨	**cinquant'anni, mill'anni**

ELISION OBLIGATOIRE

un bell'albero ; è bell'e pronto (= è già pronto) ; Grand'Oriente ; a mezz'acqua ; mezz'ora ; di terz'ordine (= scadente) ; sant'Antonio ; Castel Sant'Angelo... (1)

➤ Hésitation entre l'apocope et l'élision devant les mots commençant par une semi-consonne :

santo Iacopo	➨	**San Iacopo, Sant'Iacopo**
povero uomo	➨	**pover uomo** (usage rare), **pover'uomo** (usage courant)

«Chi n'ha ne semina e chi non n'ha ne raccatta».
«Chi più n'ha, più ne vorrebbe».
«Chi più n'ha, più n'imbratta».
«Chi più n'ha, più n'adopri».

---

(1) Comme on le voit dans ce dernier exemple, l'apocope concerne aussi le nom :
castel (castello), val (valle) - Valdarno, Val d'Aosta-, fior d'arancio... ;
et le verbe :
andar via, portar su, portar giù, far venire, voler mangiare...

Comparatifs

I) EGALITE

(tanto)... quanto (così)... come	altrettanto... quanto verbo + altrettanto

Sono (tanto) larghi quanto alti	*Ils sont aussi larges que hauts*
È così vispa come furba	*Elle est aussi vive que rusée*
È (così) vispa come sua sorella	*Elle est aussi vive que sa sœur*
È (così) bella come immaginavo	*Elle est aussi belle que je l'imaginais*

Lavora { **tanto** / **così** } **presto** { **quanto** / **come** } **bene** — *Il (Elle) travaille aussi vite que bien*

(Tanto) spende quanto guadagna — *Il dépense autant qu'il gagne*

Io ho { **altrettanto** / **tanto** } **coraggio quanto ne mostra lui** — *Moi j'ai autant de courage qu'il en manifeste lui-même*

Lui ha ottenuto due giorni di riposo :
Io ne voglio altrettanti
Il a obtenu deux jours de repos :
Moi j'en veux autant

II) AUGMENTATION ou DIMINUTION

sempre { più / meno } + { aggettivo / nome / avverbio }	verbo + sempre { di più / meno }

Sei sempre più bella	*Tu es de plus en plus belle*
Sei sempre meno sincera	*Tu es de moins en moins sincère*
C'è sempre più acqua in cantina	*Il y a de plus en plus d'eau dans la cave*
Ingrassi sempre di più	*Tu grossis de plus en plus*
Studi sempre meno	*Tu étudies de moins en moins*

➤ Noter cette tournure :

Sei sempre il solito pigro	*Tu es toujours aussi paresseux*
Sei sempre la solita pigra	*Tu es toujours aussi paresseuse*

Solito est le participe passé du verbe **solere** *(«avoir coutume de...»)*

«Vale più un'ape che cento mosche»
«Sa più il papa e un contadino, che il papa solo».

Comparatifs et superlatifs

I) INEGALITE

una qualità / due	esseri / cose	➡ più (o : meno)... di

È più (meno) furba di lui — *Elle est plus (moins) rusée que lui*

due qualità o due quantità ➡ più (o : meno)... che

Sono più alti che larghi — *Ils sont plus hauts que larges*
C'è più acqua che vino — *Il y a plus d'eau que de vin*

più (o : meno) che + verbo o avverbio

È più (meno) facile che tu non creda — *C'est plus (moins) facile que tu ne crois*

quanto più (o) meno + verbo... tanto più (o) meno + verbo

Quanto meno sanno, tanto meno imparano — *Moins ils en savent, moins ils apprennent*

verbo + tanto più (o) meno... quanto più (o) meno + verbo

L'acqua era tanto più genuina, leggera e fresca quanto più si scendeva nelle profondità della terra.

II) SUPERLATIF

⇨ Relatif :

Questo è il più bel libro ➡ È il libro più bello — *C'est le livre le plus beau*
Voglio quello più bello — *Je veux le plus beau*

⇨ Absolu :

molto bello = assai bello = bellissimo — *Très beau*

III) FORMES PARTICULIERES DE COMPARATIFS ET DE SUPERLATIFS

buono ➡	migliore ➡	ottimo
cattivo ➡	peggiore ➡	pessimo
piccolo ➡	minore ➡	minimo
grande ➡	maggiore ➡	massimo
basso ➡	inferiore ➡	infimo
alto ➡	superiore ➡	sommo
acre ➡	acerrimo	
celebre ➡	celeberrimo	
salubre ➡	saluberrimo	
benefico ➡	beneficentissimo	

Adjectifs et pronoms démonstratifs

I) ADJECTIFS DEMONSTRATIFS

	Masculin	Feminin	Masculin	Feminin	Masculin	Féminin
Singulier	questo quest'	questa quest'	codesto codest'	codesta codest'	quel quell' quello	quella quell'
Pluriel	questi	queste	codesti	codeste	quei quegli (quegl')	quelle
Adverbes de lieu correspondants	qui qua quaggiù quassù		costì costà costaggiù costassù		lì là (colà) laggiù lassù	

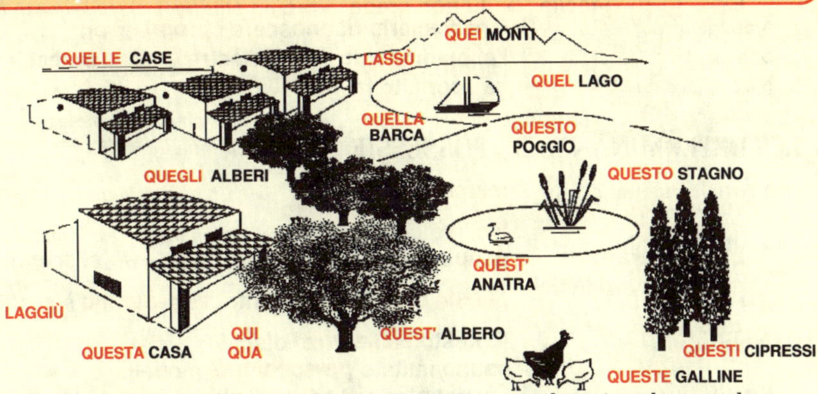

- Les formes **questo, questa,** etc. désignent ce qui est près de moi ou de nous, dans l'espace et/ou dans le temps.
- Les formes **codesto, codesta,** etc. (encore vivantes en Toscane) désignent ce qui est près de toi ou de vous, dans l'espace et/ou dans le temps.
- Les formes **quello, quella,** etc. désignent ce qui est loin de moi ou de nous, dans l'espace et/ou dans le temps.

II) PRONOMS DEMONSTRATIFS

	Choses et personnes		Personnes seulement		Choses seulement
	Masculin	Féminin	Masculin	Féminin	Sens neutre (invariable)
Singulier	questo codesto quello	questa codesta quella	questi costui colui quegli (quei)	costei colei	ciò
Pluriel	questi codesti quelli	queste codeste quelle	costoro coloro		

Adjectifs et pronoms possessifs

MEME FORME POUR L'ADJECTIF ET POUR LE PRONOM

Masculin singulier	Feminin singulier	Masculin pluriel	Féminin pluriel
(il) mio	(la) mia	(i) miei	(le) mie
(il) tuo	(la) tua	(i) tuoi	(le) tue
(il) suo	(la) sua	(i) suoi	(le) sue
(il) nostro	(la) nostra	(i) nostri	(le) nostre
(il) vostro	(la) vostra	(i) vostri	(le) vostre
(il) loro	(la) loro	(i) loro	(le) loro
(il) proprio	(la) propria	(i) propri	(le) proprie

Usage de **proprio** :

- ➩ obligatoire : **è necessario riconoscere i propri errori**
- ➩ facultatif : **l'abbiamo udito con le nostre proprie orecchie**
- ➩ à la place de **suo** : **ha scontato la propria colpa.**

LES DETERMINANTS DU POSSESSIF

- ➩ Article indéfini : **un mio amico** — *un de mes amis*
- ➩ Article défini : **il mio disco è intatto, il tuo è scalfito** — *mon disque est intact, le tien est rayé*
- ➩ Démonstratif : **questo mio disco è intatto, codesto tuo è scalfito**
- ➩ Autres déterminants :
  - **ti presto alcuni miei dischi**
  - **hanno imitato parecchi tuoi modelli**
  - **ha incontrato molti suoi allievi**
  - **ogni vostro consiglio sarà prezioso**
  - **certi suoi scritti sono stati pubblicati**

POSSESSIF SANS DETERMINANT

Questo disco è mio — *Ce disque est à moi*
Luigi, mio compagno di scuola, è mio amico
Sua Eccellenza... caro signor mio... mia moglie... tua sorella...
per colpa tua... a spese vostre... a parer loro... in casa mia... etc.

PRONOM PERSONNEL A LA PLACE DU POSSESSIF

mi si snebbiano gli occhi — *mes yeux se dessillent*
togliti la giacca — *ôte ta veste*

OMISSION DE POSSESSIFS ET DE DEMONSTRATIFS

Hai preso l'ombrello ? — *As-tu pris ton parapluie ?*
Son cose che capitano — *Ce sont des choses qui arrivent*

L'interrogation et l'exclamation

Chi bussa ? *Qui frappe à la porte ?*	**Dimmi chi ha vinto** *Dis-moi qui a gagné*	**Che (cosa) vuoi ? Cosa vuoi ?** *Que veux-tu ?*

Le pronom chi ne s'emploie que pour les êtres vivants.

Di chi è quest'ombrello ? *A qui est ce parapluie ?*	**A che pensi ?** *A quoi penses-tu ?*	**Che ora è ? Che ore sono ?** *Quelle heure est-il ?*

Expressions idiomatiques :

A che ? *A quoi bon ?* **A che siamo ?** *Où en sommes-nous ?*

CHE... !

Che fortuna ! *Quelle chance !*
Che belle ballerine ! *Quelles belles danseuses !*

ALTROCHÉ !

Ti piacciono i gelati italiani ? - Altroché, moltissimo !
Aimes-tu les glaces italiennes ? - Oh ! oui ! beaucoup !

MACCHÉ !

Ho visto un disco volante ! - Macché !
J'ai vu une soucoupe volante ! - Allons donc ! (ça ne se peut pas !)

QUALE

adjectif interrogatif est plus précis que **CHE** :
Che regalo vuoi ? - Un libro - Quale specie di libro ?
Quel cadeau veux-tu ? - Un livre - Quelle sorte de livre ?

QUALE

exclamatif est d'usage beaucoup plus rare que **CHE** :

Che pazienza ! *Quelle patience !*
Qual portento ! *Quel prodige !*

QUALE

pronom, est employé à tous les niveaux de langue :
Quali sono i romanzi più divertenti ?
Quels sont les romans les plus amusants ?

Quali preferisci ? *Lesquels préfères-tu ?*
Quali sceglieremo ? *Lesquels choisirons-nous ?*

QUANTO

Quanto costa ? *Ça vaut combien ?*
Quanto sono infelice ! *Que je suis malheureux (malheureuse) !*

COME

Come fai ? *Comment fais-tu ?*
Come è bello ! *Que c'est beau !*

ECCOME NO ? !

Lo credi proprio ? - Eccome no ? !
Tu le crois vraiment ? - Bien sûr ! Pourquoi pas ?

Adverbes et locutions adverbiales

I) ADVERBES DE LIEU

Qui, qua	*Ici* (près de nous)	≠	**lì, là**	*Là, là-bas* (assez loin de nous)
Quaggiù	*Ici-bas* (ici en bas)	≠	**laggiù**	*Là-bas (en bas)*
Quassù	*Ici en haut* (où nous sommes)	≠	**lassù**	*Là-haut* (loin de nous)
In cima	*Au sommet*	≠	**in fondo**	*Au fond ;*
sopra	*Dessus*	≠	**sotto**	*Dessous*
Davanti, dinanzi	*Devant,*	≠	**dietro**	*Derrière*
Di faccia, di fronte, dirimpetto	*En face*			
Avanti	*En avant*	≠	**indietro**	*En arrière*
Accanto, vicino	*A côté, près*	≠	**lontano**	*Loin*
Dentro	*Dedans*	≠	**fuori**	*Dehors*

Intorno, attorno *Autour,* **torno torno** *tout alentour*
Altrove *Ailleurs,* **tratto tratto** *de place en place*
Dovunque *N'importe où*
In nessun posto, da nessuna parte *Nulle part* ≠ **Dappertutto** *Partout*

II) ADVERBES DE TEMPS

Ieri	*Hier*	**Oggi**	*Aujourd'hui*	**Domani**	*Demain*
Ieri l'altro **L'altro ieri**	*Avant hier*	**Adesso** **Ora**	*Maintenant*	**Dopodomani** **Domani l'altro**	*Après-demain*
Avanti **Innanzi** **Prima**	*Auparavant*	**Tuttora**	*Encore à présent*	**Domattina**	*Demain matin*
Poco fa **Or ora** **Dianzi**	*Tout à l'heure (dans le passé)*	**Oggidì** **Oggigiorno**	*De nos jours*	**Domani sera**	*Demain soir*
Da allora in poi	*Depuis lors*	**Oramai** **Ormai** **Oggimai**	*Désormais*	**Fra poco** **Fra breve**	*Bientôt*
Fin d'allora	*Dès lors*	**D'ora in poi** **D'ora innanzi**	*Dorénavant*	**Più tardi**	*Plus tard*
Poco dopo	*Peu après*	**Stamani** **Stamattina**	*Ce matin*	**A momenti**	*D'un moment à l'autre, dans un instant*
Giorni fa	*Il y a quelques jours*	**Stasera**	*Ce soir*		
Tempo fa	*Naguère*	**Stanotte**	*Cette nuit*		
Una volta **Un tempo**	*Autrefois, jadis*	**Su due piedi** **Subito**	*Sur le champ* *Tout de suite*		

«Bisogna dar tempo al tempo» (= bisogna aspettare il momento opportuno)

Adverbes et locutions adverbiales

II) ADVERBES DE TEMPS (suite)

Spesso, sovente *souvent* ≠ **di rado** *rarement ;*
ogni tanto, di tanto in tanto *de temps en temps* ≠ **ogni poco, ad ogni momento** *à chaque instant ;* **talvolta, qualche volta, a volte** *parfois, quelquefois ;*
mai *jamais* ≠ **sempre** *toujours ;*
presto, per tempo *de bonne heure* ≠ **tardi** *tard ;*
lì per lì *sur le moment* ≠ **dopo, poi, quindi, in seguito** *ensuite ;*
di continuo, continuamente *continuellement ;*
per lo più *le plus souvent ;* **quando** *quand ;*
di repente, subitamente, improvvisamente *soudain, soudainement ;*
in un àttimo *en un instant ;*
intanto, frattanto *en attendant ;* **prima, dapprima, in un primo tempo** *d'abord ;*
anzitutto *avant tout ;* **in ogni tempo** *de tout temps ;* **a lungo** *longtemps ;*
molto tempo fa *il y a longtemps ;* **con l'andar del tempo, a lungo andare** *à la longue.*

III) ADVERBES DE MANIERE

Curiosa	(adj. fém. sing.)	➨	**curiosamente**	*curieusement*
Forte	(adj. fém. sing.)	➨	**fortemente**	*fortement*
Abile	(adj. fém. sing.	➨	**abilmente**	*habilement*
Particolare	(adj. fém. sing.)	➨	**particolarmente**	*particulièrement*

• Suppression de la voyelle devant le suffixe **-mente**, avec les adjectifs terminés par : «voyelle + **le**» ou par : «voyelle + **re**».

➤ Formes particulières : **altro**
- **altri** ➨ **altrimenti** *autrement*
- **pari** ➨ **parimenti** *pareillement*

lavora bene	*travaille bien*
un ragazzo ben fatto	*un garçon bien découplé*

➪ Construction : **vengo anch'io = vengo io pure** *moi aussi je viens*

➤ Attention au(x) sens de certains adverbes :

Era pur vero	*C'était bien vrai*
Parla pure !	*Parle donc !*
Io piansi e lei pure	*Moi je pleurai et elle aussi*
Reclamava perfino il danaro dei regali	*Il réclamait jusqu'à l'argent des cadeaux*
Così non mi aiuti, anzi	*De cette façon tu ne m'aides pas, au contraire*
Ci vuole un coltello, anzi un'accetta	*Il faut un couteau, ou plutôt une hachette.*

➪ Antonymes (contraires) :

bene	*bien*	≠	**male**	*mal*
meglio	*mieux*	≠	**peggio**	*pis*
presto	*vite*	≠	**adagio, piano**	*lentement*
in fretta	*en hâte*	≠	**lemme lemme**	*sans se presser, tout doucement*
volentieri	*volontiers*	≠	**malvolentieri**	*à contre cœur, de mauvais gré*

III) ADVERBES DE MANIERE (suite)

• Autres adverbes et locutions adverbiales :

come	*comment*	**a gara, a prova**	*à qui mieux mieux*
ancora	*encore*	**via via, a mano a mano**	*au fur et à mesure*
soprattutto	*surtout*	**a poco a poco**	*peu à peu*
piuttosto	*plutôt*	**a stento, a mala pena, a fatica**	*avec peine*
invece	*au contraire*	**a vicenda**	*réciproquement*
magari	*et même, peut être, à la rigueur, au moins*	**alla buona**	*sans façon*
quasi	*presque*	**alla rinfusa**	*pêle-mêle*
a caso	*au hasard*	**di nascosto, sotto sotto**	*en cachette*
per caso	*par hasard*	**e così via**	*et ainsi de suite...*

• Adverbes d'attitude :

bocconi	*à plat ventre*	**rovescioni**	*à la renverse*
carponi	*à quatre pattes*	**ciondoloni**	*ballant*
ginocchioni	*à genoux*	**penzoloni**	*pendant, ballant*
tastoni, tentennoni	*à tâtons*	**balzelloni**	*en sautillant, par petits bonds*
coccoloni	*à croupetons*	**ruzzoloni**	*les quatre fers en l'air...*

• Adjectifs employés comme adverbes :

⇨ Invariables :

guardavano storto — *ils regardaient de travers*
erano mezzo ubriache — *elles étaient à moitié soûles*

⇨ Avec accord : (conformément à l'usage toscan)

erano mezze ubriache — *elles étaient à moitié soûles*
erano mezzi morti — *ils étaient à moitié morts*

«Chi ben dorme non sente le pulci»
«Chi mal balla, ben sollazza»
«Chi va piano, va sano e va lontano»

Les prépositions

a

Mi rivolgo a te	*Je m'adresse à toi*
Torno a casa a mezzogiorno	*Je rentre à la maison à midi*
Vivono a Firenze	*Elles vivent à Florence*
Come fai a indovinare ?	*Comment fais-tu pour deviner ?*
Andavano a frotte...	*Ils allaient par bandes...*
Oggi a otto	*D'aujourd'hui en huit*
Al tempo dei nostri avi	*Du temps de nos aieux*
Ai nostri giorni...	*De nos jours*
Tre volte al giorno	*Trois fois par jour*
Cento lire al chilometro	*Cent lires le kilomètre*
Mille lire al chilo	*Mille lires le kilo*
Diapositiva a colori	*Diapositive en couleurs*
Vendita all'ingrosso	*Vente en gros*
Vendita al minuto	*Vente au détail*
Vivere alla giornata	*Vivre au jour le jour*
A sentir lui, tutto è possibile	*A l'en croire, tout est possible*

➤ Pas de préposition en français :

A capo scoperto	*Nu-tête*
Si fa presto a dire	*C'est vite dit*
Vieni a salutarci	*Viens nous dire bonjour* - ou : *nous dire au revoir*
Vi mandò a dire che era possibile	*Il vous envoya dire que c'était possible*
Giocare a carte scoperte	*Jouer cartes sur table*

etc.

in

In città, in Giappone, in casa	*En ville, au Japon, à la maison*
In riva al mare, in campagna	*Au bord de mer, à la campagne*
Entrare in punta di piedi	*Entrer sur la pointe des pieds*
In bicicletta, in motocicletta	*A bicyclette, à motocyclette*
In una notte stellata	*Par une nuit étoilée*
Vivere in due	*Vivre à deux*
In modo strano	*D'une étrange façon*
Carne in umido	*Viande en sauce*
Nel 1943, nel mese di luglio	*En 1943, au mois de juillet*
Nel sentire quel rumorio...	*En entendant ce bruit continu...* (Cf. p. 180)

➤ Pas de préposition en français :

In questi giorni...	*Ces jours-ci...*	**In nessuna parte**	*Nulle part*
Mani in alto!	*Haut les mains !*	**Pagare in contanti**	*Payer comptant*
Abita in via...	*Il habite rue...*		
Fece in tempo a...	*Il eut juste le temps de...*		
Amalia Matucci in Baroni	*Amalia Matucci, épouse Baroni*		

etc.

«A quattrino a quattrino si fa il fiorino»
«In casa loda e in mercato biasima»
«In gioventù bisogna acquistare quel che in vecchiezza può giovare»

Les prépositions

con

Vieni con me !	*Viens avec moi*
Fatto con la penna	*Fait à la plume*
Zuppa con cipolle	*Soupe à l'oignon*
Un uomo con la barba bianca	*Un homme à la barbe blanche*
Con un'aria astuta	*D'un air rusé*
Con la nebbia o la pioggia	*Par temps de brouillard ou de pluie*
Viaggia con il treno	*Il voyage par le train*
L'ha ottenuto con il ricatto	*Il l'a obtenu par un chantage*
Finì con lo stancarsi	*Il finit par se lasser*
Con il fare ciò	*En faisant cela…* (Cf. p. 180)

➤ Pas de préposition en français :

Uscì con l'ombrello in mano	*Il sortit, le parapluie à la main*
Mi congratulo con te	*Je te félicite*

etc.

per

Lo faccio per te	*Je le fais pour toi*
Uno per parte	*Un de chaque côté*
Il treno per Losanna	*Le train pour Lausanne*
Passeremo per la Svizzera	*Nous passerons par la Suisse*
Per le vie della città	*A travers les rues de la ville*
Per mare e per terra	*Sur mer et sur terre* *Par monts et par vaux*
Corse per diversi chilometri	*Il courut pendant des kilomètres*
Per la lontananza	*A cause de la distance*
Gli ho parlato per telefono	*Je lui ai parlé au téléphone*
Sta per decidersi	*Il est sur le point de se décider* (cf. p. 179)

➤ Pas de préposition en français :

Ci ho lavorato per anni	*J'y ai travaillé des années*
Andavamo per legna, per funghi	*Nous allions ramasser du bois,des champignons*
Va su per le scale	*Il monte l'escalier*
Scende per il pendio	*Il descend la pente*
Non fa per me	*Cela ne me convient pas*

etc.

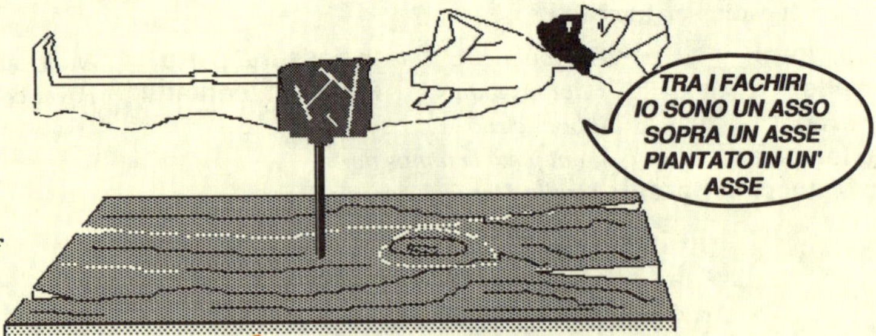

«Con l'amore sta il timore»

«Per tutto aprile, non ti scoprire»

Les prépositions

da

Da questa torre	*Du haut de cette tour*
Torno da Ginevra	*Je reviens de Genève*
È passato da Genova	*Il est passé par Gênes*
È andato da suo zio	*Il est allé chez son oncle*
Da quando ? Da molto tempo	*Depuis quand ? Depuis longtemps*
Fin (Sin) da domani	*Dès demain*
È diverso da...	*Il est différent de...*
È apprezzato da tutti	*Il est apprécié de tout le monde*
Una banconota da centomila lire	*Un billet de cent mille lires*
È sordo da un orecchio	*Il est sourd d'une oreille*
Piange dalla rabbia	*Il pleure de rage*
Ti parlo da amico	*Je te parle en ami*
L'uomo dagli occhi celesti	*L'homme aux yeux bleus*
Un villino da affittare	*Une villa à louer*
Niente da dire	*Rien à dire*
Non c'è da stupirsi	*Il n'y pas de quoi s'étonner*
Dipinge dal vero	*Il peint d'après nature*
Forbici da sarto	*Des ciseaux de tailleur*
Da giovane...	*Quand il (elle) était jeune...*
È così stanco da non riuscire a dormire	*Il est si fatigué qu'il n'arrive pas à dormir*
Schermirsi da domande inopportune	*Esquiver les questions gênantes*

➤ Pas de préposition en français :

L'ha fatto da sé	*Il l'a fait tout seul*
Pneumatici da neve	*Des pneus-neige*
Da bambino suonava già il violino	*Enfant, il jouait déjà du violon*

«Dal dire al fare c'è di mezzo il mare»
«Dai ladri di casa non ci si guarda»
«Date da bere al prete, ché il cherico ha sete»

Les prépositions

di

Un giorno d'inverno	*Un jour d'hiver*
D'inverno, d'estate	*En hiver, en été*
Escono di prigione	*Ils sortent de prison*
Una panca di legno	*Un banc en bois*
Di chi è questo fazzoletto ?	*A qui est ce mouchoir ?*
È di mia nonna	*Il est à ma grand-mère*
Esser di moda	*Etre à la mode*
Ricco di..., fecondo di...	*Riche en..., fécond en...*
Di fatto, di frodo	*En fait, en fraude*
Una richiesta di matrimonio	*Une demande en mariage*

➤ Pas de préposition en français :

Salsa di pomodoro	*Sauce tomate*
A tempo di primato	*En un temps record*
Domandano di te	*On te demande*
Speriamo di riuscire	*Nous espérons réussir*
Sa di bruciato	*Il -elle- sent le brûlé*
Mi piace di fare così	*J'aime faire comme ça*

AUTRES PREPOSITIONS SIMPLES

su	*sur*
tra, fra	*entre, parmi*
dentro	*dans, à l'intérieur de*
entro	*dans un délai de*
dietro	*derrière*
dopo	*après*
contro	*contre*
durante	*pendant*
senza	*sans*
presso	*chez*
verso	*vers*
secondo	*selon ; d'après*
sotto	*sous*
sopra	*au-dessus de*
lungo	*le long de*

PREPOSITIONS COMPOSEES

fuori di	*hors de*
prima di	*avant*
invece di	*au lieu de*
accanto a	*à côté de*
presso a, vicino a	*près de*
davanti a	*devant*
dietro a	*derrière*
di faccia a, di fronte a, dirimpetto a	*en face de*
intorno a	*autour de*
fino (sino) a	*jusqu'à*
incontro a	*à la rencontre de, au devant de, vers, à...*

Préposition + **di** + pronom

dopo di te	*après toi*
presso di te	*auprès de toi*
senza di te	*sans toi*
dietro di te	*derrière toi*

«Sopra l'albero caduto ognuno corre a fare legna»
«Senza suono non si balla»
«Senza moglie a lato l'uomo non è beato»
«L'amore si nasconde dietro una cruna d'ago»
«Bene fatto per paura non val niente e poco dura»

Les indéfinis

Uno, -a	*Un, quelqu'un*		
Qualcuno, -a, Qualcheduno, -a	*Quelqu'un*		
Altro, -a, -i, -e	*Autre*	**Altro**	*Autre chose*
Certo, -a, -i, -e	*Certain*	**Tale**	*Tel, Telle*
Qualche (invariable - singulier)	*Quelque*	**Tali**	*Tels, Telles*
Alcuni, -e	*Quelques*		
Qualcosa, Qualche cosa	*Quelque chose*		
Ogni	*Chaque*	**Ognuno, -a** **Ciascuno**	*Chacun*
Taluni, Certuni	*Certains*	**Altrui**	*D'autrui*
Talune, Certune	*Certaines*	**Tutto**	*Tout*
		Tutti	*Tous*
		Tutte	*Toutes*

La forme **ciascheduno** *(chacun)* est d'usage rare.

La forme archaïque **cadauno** survit dans la formule commerciale
«Il prezzo è di lire 25.500 cadauno» *(Le prix est de 25.500 lires pièce)*
où **cadauno** (fém. **cadauna**) est synonyme de **l'uno** (fém. **l'una**), **al pezzo.**

Chiunque, chicchessia	*Quiconque, n'importe qui*
Qualunque, qualsiasi	*Quelconque, n'importe quel (le), n'importe lequel (laquelle)*
Nessuno	*Personne*
Nessun, -a	*Aucun*
Niente, nulla	*Rien*
Solito, -a, -i, -e	*Habituel, même*
Stesso, -a, -i, -e **Medesimo, -a, -i, -e**	*Même*

Nessuno è venuto *Personne n'est venu* ➨ **Non c'è nessuno** *Il n'y a personne*
Indéfini + verbe ⟶ **Non** + verbe + **indéfini**

Niente lo diverte *Rien ne l'amuse* ➨ **Non c'è niente** *Il n'y a rien*
Ho altro da fare *J'ai autre chose à faire* ➨ **Non c'è altro** *Il n'y a rien d'autre*

Uno di loro, Una di loro	*L'un deux, Une d'entre elles*
È uno che sa il fatto suo	*C'est quelqu'un qui connaît son affaire*
Certi sono venuti, altri no	*Certains sont venus, d'autres non*
Tale il padre, tale il figlio	*Tel père, tel fils*
Ho parlato con un tale che ti conosce	*J'ai parlé avec quelqu'un qui te connaît*
C'è una tale che non conosco	*Il y a une dame que je ne connais pas*
Ho una tal voglia di rivederti...	*J'ai une telle envie de te revoir...*
In qualche posto c'erano alcune monete	*Quelque part il y avait quelques pièces de monnaie*
Qualche cosa buona da mangiare	*Quelque bonne chose à manger*
Qualcosa di buono da mangiare	*Quelque chose de bon à manger*

Qualcuno penserà che... Alcuni penseranno che... *Quelques-uns penseront que...*

Les indéfinis (suite)

C'è gente	*Il y a quelqu'un*
C'è gente nuova a scuola	*Il y a des nouveaux à l'école*
C'è gente che ha sempre qualche motivo per lamentarsi	
Torniamo a casa prima che venga gente	
Ho preparato ogni cosa	*J'ai tout préparé*
Ad ogni prezzo	*A tout prix*
Ogni giorno alla solita ora	*Chaque jour à la même heure*
Ognuno di noi fa la stessa cosa	*Chacun de nous fait la même chose*
Lo stesso direttore	*Le même directeur* ou *Le directeur lui-même*
Ecco un vero amico, il medesimo di cui ti ho parlato	*Voilà un vrai ami, celui-là même dont je t'ai parlé*
Chiunque può fare altrettanto	*N'importe qui peut en faire autant*
A qualsiasi prezzo	*A n'importe quel prix*
A qualunque ora	*A n'importe quelle heure*
Comprami un libro qualsiasi	*Achète-moi un livre, n'importe lequel*

Locutions :

Ne vuoi dell'altro (altra) ?	*En veux-tu encore ?*
Sì, un altro po'	*Oui, encore un peu*
C'è dell'altro	*Ce n'est pas tout, je ne vous ai pas tout dit*

Tutti i giorni = Ogni giorno
Tutta Roma = Tutti gli abitanti di Roma
È tutta una scusa = Sono tutte scuse — *Ce ne sont que des prétextes*

➤ Le pronon masculin singulier **altri** *(quelqu'un d'autre)* est d'usage littéraire.

Un tizio	*Un individu quelconque*
Il tal dei tali	*Un tel*

⇨ Emploi de **altro** sans article indéfini :

Le proibisco di entrare in altro ufficio che non sia il Suo — *Je vous interdis d'entrer dans **un** bureau **autre** que le vôtre* (cf. page 151)

⇨ Tournures d'insistance :

Tutti quanti	*Tous autant qu'ils sont, tous sans exception*
Tutte quante le mende	*Toutes les fautes sans exception*
Sono tali e tanti i processi che...	*Les procès sont si importants et si nombreux que...*

⇨ Emploi de la conjonction **e** :

Tutti e cinque	*Tous les cinq*
Tali e quali	*Tels quels*

⇨ L'adjectif indéfini **certo**, employé au pluriel, peut remplacer un article indéfini :

Erano dipinte certe figure strane... — *D'étranges personnages étaient peints...*

ou correspondre à la tournure populaire française ***"de ces "***:

Facevano certe boccacce ! — *Ils faisaient de ces grimaces !*

La quantité

I) ADJECTIFS

Restano poche balene	*Il reste peu de baleines*

Ils s'accordent en genre et en nombre avec le nom qu'ils accompagnent.

Poco, a, hi, e	**Hanno poca voglia di studiare**	*Ils n'ont guère envie de faire des études*
Alquanto, a i, e	**Trovarono alquanta droga**	*Ils trouvèrent une certaine quantité de drogue*
Parecchio, a, i, e	**C'è parecchio lavoro** **In parecchi casi**	*Il y a pas mal de travail* *Dans bien des cas*
Molto, a, i, e	**C'era molta gente**	*Il y avait beaucoup de monde*
Tanto, a, i, e	**Ha tanta pazienza**	*Il a beaucoup* (ou : *tellement*) *de patience*
Quanto, a, i, e	**Quanta acqua ?** **Quanta acqua !**	*Combien d'eau ?* *Que d'eau !*
Altrettanto, a, i, e	**Ne bevvero altrettante (bottiglie di vino)**	*Ils en burent encore autant (de bouteilles de vin)*
Troppo, a, i, e	**Troppo inquinamento**	*Trop de pollution*

II) ADVERBES (invariables)

Fumano troppo **Sono troppo influenzabili**	*Ils fument trop* *Ils sont trop influençables*

Poco	**Sono poco interessanti** **Lavorano poco**	*Ils sont peu intéressants* *Ils travaillent peu*
Alquanto	**Erano alquanto brille**	*Elles étaient quelque peu éméchées*
Parecchio	**È parecchio che ti aspetto**	*Il y a un bon moment que je t'attends*
Molto	**Hanno imparato molto** **Molto di più**	*Ils ont beaucoup appris* *Bien plus*
Tanto	**Mi piacciono tanto**	*Ils me plaisent beaucoup - ou : tellement*
Altrettanto	**Soffrono altrettanto di te**	*Ils souffrent tout autant que toi*
Troppo	**Mangiano troppo** **Sono troppo indulgenti** **Veramente troppo**	*Ils mangent trop* *Ils sont trop indulgents* *Beaucoup trop*
Abbastanza	**Hanno lavorato abbastanza**	*Ils ont assez travaillé*
Assai	**Assai meno** **Assai peggio**	*Bien moins* *Bien pire*

«Molti pochi fanno un assai»
«Les petits ruisseaux font les grandes rivières»

«Tanto»

I) ADJECTIF S'ACCORDANT AVEC LE NOM

Tanti auguri *Meilleurs vœux* **Tante grazie** *Merci beaucoup*

Potrebbe cambiarmi mille lire in tante monete da cento ?
Pourriez-vous me faire la monnaie de mille lires en pièces de cent lires ?

II) PRONOM

Tanti lo approvano *Beaucoup de gens l'approuvent*
Ho tanto da fare ! *J'ai tant à faire !*

(= tempo)	**È da tanto che mi aspetti ?**	*Y a-t-il longtemps que tu m'attends ?*
(= quattrini = denaro)	**Tanti ne ha, tanti ne spende**	*Tout ce qu'il a, il le dépense*
(= storie)	**Ne racconta tante !**	*Il raconte tant d'histoires !*
(= botte)	**Gliene diede tante**	*Il le roua de coups*

III) ADVERBE (donc invariable)

Ho letto tanto che mi dolgono gli occhi	*J'ai tant lu que j'en ai mal aux yeux*
Tanto va la gatta al lardo che ci lascia lo zampino	*Tant va la cruche à l'eau qu'à la fin elle (se) casse*
L'ho fatto tanto volentieri	*Je l'ai fait bien volontiers*
Sono tanto stanco	*Je suis très fatigué, je suis si (tellement) fatigué*

IV) SUBSTANTIF

Un tanto al mese *Tant par mois* ; **Un tanto per cento** *Tant pour cent*

Con tanto di baffi	*Avec d'énormes moustaches*
Si presentò con tanto di polizze	*Il se présenta avec tous les certificats requis*
Ci salutò con tanto di cappello	*Il nous salua à grands coups de chapeau*

V) COMPARAISON

(Voir les comparatifs et les superlatifs, pages 121- 122)

VI) LOCUTIONS

Studiato tanto o quanto l'argomento, richiuse il libro	*Ayant (Après avoir) plus ou moins étudié le sujet, il referma son livre*
Tanto meglio per te	*Tant mieux pour toi*
Tanto peggio per lei	*Tant pis pour elle*
A dir tanto	*Tout au plus*
E tanto basta	*Un point c'est tout*
Quel tanto che basta	*Juste ce qu'il faut*
Tanto per divertirsi un po'	*Histoire de s'amuser un peu*
Una volta tanto	*Pour une fois*
Non prendertela, tanto non serve	*Ne t'en fais pas, ça ne sert à rien*
Ogni tanto, Di tanto in tanto	*De temps en temps, de temps à autre*

La coordination

e

Io e lui — *lui et moi*
Mangiano e bevono — *Ils mangent et ils boivent*
Tutti e due — *Tous les deux*
Tutte e due — *Toutes les deux*
Tale e quale — *Tel quel, Telle quelle*
E muoviti ! — *Allons, remue-toi ! Dépêche-toi donc !*
Vuoi andare ? E vacci ! — *Tu veux y aller ? Eh bien, vas-y !*
Piove e non hai l'ombrello — *Il pleut et tu n'as pas de parapluie*
Non uscire perché sta piovendo e non hai l'ombrello
Ne sors pas car il pleut et tu n'as pas de parapluie

➤ N.B. On ne répète pas **perché** après la conjonction **e**

o

Presto o tardi — *Tôt ou tard*
Lo facciate o no... — *Que vous le fassiez ou non...*
Accettate subito o me ne vado — *Acceptez immédiatement, ou bien je m'en vais*

Oppure

Parti ora oppure più tardi ? *Est-ce que tu pars maintenant ou plus tard ?*

Ovvero

• La forme **ovvero** (synonyme de la conjonction **o**) peut avoir une fonction distinctive par rapport à la forme **o**, par exemple dans ce passage du ***Codice Penale*** : **«Il delitto è colposo, o contro l'intenzione, quando l'evento, anche se preveduto, non è voluto dall'agente e si verifica a causa di negligenza o imprudenza o imperizia, ovvero per inosservanza di leggi, regolamenti, ordini o discipline».**

• La conjonction **ovvero** peut avoir une valeur explicative :
«Per rimanere vigili e presenti a se stessi, ovvero per riuscire a distinguere la realtà esterna da quella interna».
(*La Repubblica*, 30.12.86, 11).

Ma

Mi guardò ma tacque — *Il me regarda mais ne dit rien*

Sennonché (Syn. de **Ma**)

Sarei venuto volentieri, sennonché all'ultimo momento m'è capitata gente
Je serais venu volontiers, mais au dernier moment j'ai eu des visites

Tuttavia

Gli ostacoli sono molti, tuttavia accetto
Les obstacles sont nombreux, toutefois j'accepte.

Nondimeno

La prova non è stata brillante, nondimeno è stato promosso
Son épreuve n'a pas été brillante, néanmoins il a été reçu à l'examen.
Ou bien : **è stato promosso lo stesso** — *Il a été quand même reçu.*

Peraltro

Le sue concessioni, limitate peraltro al terreno economico,...
Ses concessions, du reste limitées au domaine économique,...

Eppure

Eppure ti avevo avvertito ! — *Et pourtant je t'avais prévenu !*

Però

Fichi verdini però maturi
Des figues à peau verte mais (toutefois) mûres

La coordination (suite)

Perciò — **Non aveva le stampelle, perciò è caduto**
Il n'avait pas ses béquilles, c'est pourquoi il est tombé

Pertanto — est synonyme de **perciò.**

Poi — **Mangiamo uno spuntino, poi riprendiamo a lavorare**
Mangeons un casse-croûte, ensuite nous reprenons le travail

Quindi — **Mangiò in fretta, quindi uscì** — *Il mangea vite, puis il sortit*
L'hai rotto, quindi pagherai — *Tu l'as cassé, donc tu paieras*

Dunque — **È mezzanotte, dunque è ormai tardi**
Il est minuit, donc il est trop tard

Sicché — **«È andata a spigolare - ripeté - . Sicché prima di buio non torna».** **(Cassola)** *Elle est allée glaner, répéta-t-elle. Donc elle ne rentrera pas avant qu'il fasse nuit.*

Come... così — **Come aveva trattato noi, così fu trattato**
Il fut traité comme il nous avait traités

Cioè — **L'altro ieri, cioè venerdì** — *Avant-hier, c'est-à-dire vendredi*

Ossia — **Un enologo, ossia un esperto in vini**
Un œnologue, autrement dit un expert en vins
- Parfois **ossia** peut avoir le sens de **o piuttosto** *(ou plutôt)*

«Ti accompagnavo io a scuola... Ossia, è vero, ti seguivo dalla finestra» **(Vasco Pratolini).**

Sia... sia... — **Aperto sia di giorno sia di notte**
Sia... che... — **Aperto sia di giorno che di notte**
Ouvert de jour comme de nuit

Vuoi... Vuoi... — Synonyme de **sia... che...**

Sia... o... — **Sia oggi o domani** — *Soit aujourd'hui, soit demain*
O... o... — **O oggi o domani** — *(Ou aujourd'hui, ou demain)*

Sia che... o che... — **Sia che piova o che nevichi** — *Qu'il pleuve ou qu'il neige...*

Prima che... — **Prima che piova...** — *Avant qu'il pleuve...*

Dopo che... — **Seppi il nome del ladro dopo che fu arrestato**
Je sus le nom du voleur après qu'il fut arrêté.

Bensì — **Non bisogna indugiare, bensì agire**
Il ne faut pas lanterner mais au contraire agir

È difficile, bensì non impossibile
C'est difficile, mais ce n'est pas impossible

Allora — **Non accetti ? Allora non parliamone più**
Tu n'acceptes pas ? Alors n'en parlons plus

Infatti, Difatti — **Non è colpevole, infatti se lo fosse, non si comporterebbe così**
Il n'est pas coupable, en effet, s'il l'était, il ne se comporterait pas ainsi

Les pronoms personnels

I) PRONOMS SUJETS

1	**io**
2	**tu**
3	**egli, esso, lui** **essa, ella, lei** **Lei, Ella**
I	**noi**
II	**voi**
III	**essi, esse, elle** **loro** **Loro, Elle**

Io sono curiosa ; e tu ? *Moi, je suis curieuse ; et toi ?*
Comanda lui *C'est lui qui commande*
Comandano loro *Ce sont eux* (ou : *elles*) *qui commandent*

Ils sont exprimés pour insister, préciser, distinguer.
Le pronom **esso** ne peut remplacer qu'un nom d'animal ou de chose. Les pronoms **ella, Ella, elle, Elle** sont d'un usage très rare. Les pronoms **egli, essa, essi, esse** sont d'usage rare dans la langue parlée : on leur préfère les formes **lui, lei, loro**.
On emploie habituellement l'initiale majuscule pour les pronoms de politesse **Lei, Ella, Loro**.

O ragazzi (voi) fate troppo chiasso *Eh, les enfants, vous faites trop de bruit*
Signore, Lei è italiano ? *Monsieur, vous êtes italien ?*
Signori, Loro sono italiani ? *Messieurs, vous êtes italiens ?*

➤ N.B. La forme **voi** remplace souvent **Loro** dans le centre et le sud de l'Italie.
La forme **voi** remplace **Lei** et **Loro** dans la correspondance commerciale.
Comme les autres pronoms sujets, le pronom **Lei** peut être non exprimé :
Signore, vuole un sigaro ? *Monsieur, voulez-vous un cigare ?*

⇨ Tournures équivalentes :
Hanno cominciato loro ▶ **Sono stati loro a cominciare** *Ce sont eux qui ont commencé*
Sono state loro a cominciare *Ce sont elles qui ont commencé*

Le pronom **loro** peut avoir l'un ou l'autre genre : masculin ou féminin.

II) PRONOM COMPLEMENTS DIRECTS

	Formes «faibles»	Formes «fortes» (souvent placées après le verbe)
1	mi	me
2	ti	te
3	si lo, la, La	se lui, lei, Lei
I	ci	noi
II	vi	voi
III	si li, le	se loro, Loro

«Chi non s'innamora da giovane, s'innamora da vecchio»
«Se tu vuoi viver lieto, non ti guardare innanzi ma di dietro»
(= guarda quelli che sono in peggiore stato di te)

Les pronoms personnels

II) PRONOMS COMPLEMENTS DIRECTS (suite)

Mi vedete	*Vous me voyez*	➨ **Vedete me**	*C'est moi que vous voyez*
Ci seguite	*Vous nous suivez*	➨ **Seguite noi**	*C'est nous que vous suivez*
Vi vedo tutti e due	*Je vous vois tous les deux*	➨ **Vedo voi**	*C'est vous que je vois*
Signorina, La invito	*Mademoiselle, je vous invite*	➨ **Invito Lei**	*C'est vous que j'invite*
Si cura	*Il* (ou : *Elle*) *se soigne*	➨ **Cura se stesso**	*Il soigne sa propre personne*
Si curano	*Ils* (ou : *Elles*) *se soignent*	➨ **Curano se stesse**	*Elles soignent leur propre personne*

III) PRONOMS COMPLEMENTS INDIRECTS

	Formes «faibles» (atones)	Formes «fortes» (avec préposition)
1	mi	me
2	ti	te
3	si, gli, le, Le	sé, lui, lei, Lei
I	ci	noi
II	vi	voi
III	si	sé, loro, Loro

Mi parlate	*Vous me parlez*	➨ **Parlate a me**	*C'est à moi que vous parlez*
Le parlo, Signore	*Je vous parle, Monsieur*	➨ **Parlo a Lei**	*C'est à vous que je parle*

Signore e signori, parlo a Loro — *Mesdames et messieurs, je vous parle* (ou : *c'est à vous que je parle*)

Ho scritto loro una lettera — *Je leur ai écrit une lettre*
Appunto a loro ho scritto — *C'est justement à eux* (ou : *à elles*) *que j'ai écrit*

➤ **Loro** est parfois construit sans préposition et, pour être mis en relief, peut être placé entre la préposition et le verbe. Ce pronom complément indirect est souvent remplacé par la forme atone **gli**, surtout dans la langue parlée (voir ci-dessous le troisième proverbe) :

Gli dirai, a quei farabutti, che me la pagheranno !
Tu leur diras, à ces crapules, qu'elles me paieront ça !

Ci ◀ *nous* (complément)
y (pronom ou adverbe)

Ci penso io — *C'est moi qui m'en charge*

«Chi ti vuol male ti liscia il pelo»
«A chi Dio non dà figlioli, il diavolo gli dà dei nipoti»
«Ai cattivi vicini non gli prestar quattrini»

IV) REMARQUES SUR LES PRONOMS COMPLEMENTS

- Place des pronoms compléments :

➩ Avant deux verbes ou soudé à l'infinitif :

Lo devi fare = devi farlo — *Tu dois le faire*

➩ Soudé au gérondif :

Facendolo *En le faisant* — **Parlandoti** *En te parlant*

➤ N.B. **Loro** n'est jamais soudé au verbe : **Scrivendo (a) loro** *En leur écrivant*

➩ Soudé au participe absolu :

Ascoltatolo, uscì — *Après l'avoir écouté, il sortit*

➩ Soudé à un verbe à l'indicatif dans certaines locutions :

Affittasi villino — *Villa à louer*
Vendonsi appartamenti — *Appartements à vendre*

➤ Attention à la construction (ordre des pronoms) :

Gli parla *Il lui parle*
Si parla *On parle*
➨ **Gli si parla** *On lui parle*

- Pronom fort en italien, pronom faible en français :

Lascia fare a me — *Laisse-moi faire*

- Pronom fort remplacé en italien par un pronom faible :

Resti vicino a lei ➨ **Le resti vicino** — *Tu restes près d'elle*
Venne incontro a noi ➨ **Ci venne incontro** — *Il -elle- vint à notre rencontre*

- Pronom faible en italien, adjectif possessif en français :

Ti metti il cappello — *Tu mets ton chapeau*
Mi tolgo le calze — *J'enlève mes bas*

- Emploi facultatif d'un pronom complément direct en italien :

Lo ritenevo stupido, ma non (lo) è
Je le croyais sot, mais il ne l'est pas

Provo un piacere che non (lo) puoi immaginare
J'éprouve un plaisir que tu ne peux imaginer

- Pronom non répété en italien :

Lasciatemi divertire (au lieu de : **divertirmi**) — *Laissez-moi m'amuser*

Per guardare noi, non guardava gli altri
Pour nous regarder, nous, il ne regardait pas les autres

- Pronom omis en italien dans de nombreuses locutions :

Entri, prego — *Entrez, je **vous en** prie*
Preghiamo d'aspettare — *Nous **vous** prions d'attendre*
Si sa, Si vede — *On **le** sait, On **le** voit, On **la** voit*
Si vedono — *On **les** voit*
Ho fatto per dargli una lezione — *Je **l'**ai fait pour lui donner une leçon*
Dicevo per scherzo — *Je **le** disais par plaisanterie*

Les pronoms personnels

V) PRONOMS PERSONNELS GROUPES

Mi dice	*Il me dit*	➨	**Me lo dice**	*Il me le dit*
Ti dice	*Il te dit*	➨	**Te lo dice**	*Il te le dit*
Gli dice	*Il lui dit - à lui*	➨	**Glielo dice**	*Il le lui dit* / *Il vous le dit*
Le dice	*Il lui dit - à elle* / *Il vous dit*			
Ci dice	*Il nous dit*	➨	**Ce lo dice**	*Il nous le dit*
Vi dice	*Il vous dit*	➨	**Ve lo dice**	*Il vous le dit*
Si accorge	*Il s'aperçoit (que...)*	➨	**Se ne accorge**	*Il s'en aperçoit*

Les formes **mi, ti, ci, vi, si** deviennent **me, te, ce, ve, se** devant les pronoms **lo, la, li, le, ne** ; tandis que les pronoms **gli** et **le** convergent en une forme unique **glie**.

Ne fai	*Tu en fais*	➨	**Fanne**	*Fais-en*		**Lo fai**	*Tu le fais*	➨ **Fallo** *Fais-le*
Di'	*Dis*	➨	**Dimmi**	*Dis-moi*	➨	**Dimmelo**	*Dis-le-moi*	
Fa'	*Fais*	➨	**Facci**	*Fais-nous*	➨	**Faccelo**	*Fais-le-nous*	

➤ Redoublement de la consonne du premier pronom soudé à un impératif monosyllabique.

Ci serve / **Si serve**	*Il nous sert* / *Il se sert* / *On sert*	➨ **Ci si serve**	*On se sert*
Gli si parla / **Ne parla**	*On lui parle* / *Il en parle*	➨ **Gli se ne parla**	*On lui en parle - à lui ou à elle -*
Parliamogli / **Parliamole** / **Parliamone**	*Parlons-lui - à lui* / *Parlons-lui - à elle* / *Parlons-en*	➨ **Parliamogliene**	*Parlons-lui-en - à lui ou à elle -*

VI) PRONOMS EXPLETIFS

Non so cosa farmene	*Je ne sais qu'en faire*
Non sapevo dove mi fossi	*Je ne savais plus où j'étais*
Che gusto ci avrei se perdesse la scommessa !	*Quel plaisir j'aurais s'il perdait son pari !*

VII) POLYSEMIE (significations multiples)

Ci vede	*Il (ou : elle) nous voit* / *Il (ou : elle) y voit*	**Vi trova**	*Il (ou : elle) vous trouve* / *Il (ou : elle) y trouve*
Ci si trova	*On se trouve* / *On y trouve* / *Il (ou : elle) s'y trouve*	**Vi si trova**	*On vous trouve* / *On y trouve* / *Il (ou : elle) s'y trouve*

Les pronoms personnels

VIII) EQUIVALENTS ITALIENS DU PRONOM FRANÇAIS «ON»

❶ **«On»** = *«nous»* (Cf. p. 142)

La pizza si mangia ben calda *La pizza se mange bien chaude*	➡ **Si mangia la pizza...** *On mange la pizza...*	➡ **Si mangia** *On la mange*
Gli spaghetti si mangiano ben caldi *Les spaghettis se mangent bien chauds*	➡ **Si mangiano gli spaghetti** *On mange les spaghettis*	➡ **Si mangiano** *On les mange*
Si è parlato italiano	*On a parlé italien*	
Si sono imparate le lezioni	*On a appris les leçons*	

➤ Auxiliaire **essere** après **si** aux temps composés. Attention ! ne pas confondre :

⇨ La voix active (participe invariable) :

Abbiamo amato *Nous avons aimé* ➡ **Si è amato** *On a aimé*

⇨ La voix passive (avec accord du participe) :

Siamo amati *Nous sommes aimés* ➡ **Si è amati**
Siamo amate *Nous sommes aimées* ➡ **Si è amate** — *On est aimé*

⇨ De même, accord de l'adjectif attribut :

Siamo felici — *Nous sommes heureux* / *Nous sommes heureuses* ➡ **Si è felici** *On est heureux*

❷ **«On»** = *«Les autres»* 3e personne du pluriel :

Scrivono sui giornali che stanotte hanno rubato tanti gioielli da...
On écrit sur les journaux que, cette nuit, on a volé de nombreux bijoux chez...

❸ **«On»** = *«quelqu'un»* (un inconnu), ou *«n'importe qui»* **uno**

Uno mi ha insegnato la strada — *On m'a indiqué le chemin*
Uno è felice quando ha fatto il proprio dovere — *On est heureux quand on a fait son devoir*

❹ **«On»** = l'interlocuteur supposé 2e personne du singulier :

Se vuoi apprezzare la poesia di... — *Si l'on veut apprécier la poésie de...*

❺ **Mise en valeur de l'action elle-même ou de son résultat**

Il portone venne chiuso d'improvviso — *Soudain on ferma le portail*
Fu fatto venire il medico — *On fit venir le médecin*
Fu mandato a chiamare — *On l'envoya chercher*
Mi è stato detto che non era vero — *On m'a dit que ce n'était pas vrai*

❻ **Idée d'obligation**

La porta dell'ascensore va richiusa
On doit (toujours) refermer la porte de l'ascenseur

Relatifs

Chi vincerà la gara ?	*Qui gagnera la course ?*
Dimmi chi vincerà	*Dis-moi qui gagnera*
Non so chi vincerà	*J'ignore qui gagnera*
Chi cerca trova	*(Celui) qui cherche trouve*
Cerco chi mi comprenda	*Je cherche quelqu'un qui me comprenne* (Présent du subjonctif)
Cercavo chi mi comprendesse	*Je cherchais quelqu'un qui me comprît* (Imparfait du subjonctif)

chi ◀ **Interrogazione diretta o indiretta**
= «Colui che», «Uno (Qualcuno) che»

■ Locutions, dictons et proverbes :

Chi tocca si scotta (Littéralement : *Qui touche se brûle*) *Qui s'y frotte s'y pique*
Chi mal pensa mal abbia *Honni soit qui mal y pense*
Chi si marita in fretta stenta adagio
Chi va piano va sano e va lontano
etc.

La ragazza ◀ **che sorride** — *La (jeune) fille qui sourit*
che amo — *La (jeune) fille que j'aime*

Che = ◀ **Soggetto** / **Complemento** ▶ **+ Verbo**

■ Préposition + **che**

Grazie mille. - Non c'è di che	*Merci beaucoup - Il n'y a pas de quoi*
Non c'è di che ridere / **C'è poco da ridere** ▶	*Il n'y a pas de quoi rire*
A che pensi ?	*A quoi penses-tu ?*

➤ Mais :

A chi pensi ? *A qui penses-tu ?*

■ Pronom indéfini + **che**

Ecco ◀ **ciò che** / **quel che** / **quanto** ▶ **ho potuto comprare** *Voici (Voilà) ce que j'ai pu acheter*

➤ Le pronom **quanto** peut remplacer **ciò che** ou **quel che**, notamment après **tutto** :

Ecco tutto quanto ho potuto trovare *Voilà tout ce que j'ai pu trouver*

Relatifs (suite)

Ne pas confondre les emplois de **chi** et de **che** :

Chi riceve un invito del genere deve una risposta,positiva o negativa che sia
Celui qui reçoit une invitation de ce genre doit une réponse, qu'elle soit positive ou négative.

Visto che l'ebbe, lo salutó con un cenno del capo	*Comme il le vit, il le salua d'un signe de la tête*
Chi più chi meno, tutte erano brille	*Elles étaient toutes plus ou moins éméchées*

La locution **il che** reprend une idée qui vient d'être exprimée :

Ti hanno ricompensato, il che è giusto
On t'a récompensé, ce qui est juste (ce n'est que justice)

➤ Cependant on emploie parfois **ciò che** à la place de **il che**

Ha	**un che di strano**	*Il a quelque chose d'étrange*
	un non so che di strano	*Il a un je ne sais quoi d'étrange*

La forme **che** peut être remplacée par **il quale, la quale...** pour éviter un risque d'ambiguïté :

Ecco la segretaria dell'avvocato, la quale vi informerà di tutto.

➤ Il est clair que **la quale** représente **«la segretaria»** et non pas **«l'avvocato»** :

Pioverà domani, cosa alla quale non avevo pensato
Il pleuvra demain, ce à quoi je n'avais pas pensé

Le condizioni **nelle quali** / **in che** **si trova** *Les conditions dans lesquelles il se trouve*

Les constructions avec une préposition suivie de **il quale, la quale...** sont habituellement remplacées par une forme plus simple :

Taluni erano lì, fra cui tuo padre
Preposizione + cui

Quelques-uns étaient là, dont ton père

Il giovanotto *Le jeune homme*	**con cui corrispondo**	*avec lequel je corresponds*
	a cui piaccio	*auquel je plais*
	di cui sono innamorata	*dont je suis amoureuse*
	per cui mi struggo d'amore	*pour lequel je brûle d'amour*
	lontano da cui sono infelice	*loin duquel je suis malheureuse*
	in cui ho fiducia	*en qui j'ai confiance*
	su cui posso fare assegnamento	*sur lequel je peux compter*

«Chi assai ciarla, spesso falla» (= spesso sbaglia)

Ne pas confondre ces deux constructions :

L'errore di cui nessuno si era accorto
Preposizione + cui + (soggetto) + verbo

L'erreur dont personne ne s'était aperçu

Quel palazzo la cui facciata è bellissima
Nome + il, la, i, le + cui + nome

Ce palais dont la façade est très belle

➤ Attention ! Cette dernière construction n'est possible que parce qu'on peut dire :

La facciata del palazzo

⇨ De même avec **un, una** :

Il suo ritratto una cui riproduzione era sul tavolo
Son portrait, dont une reproduction était sur la table

En effet, on peut dire : **Una riproduzione del ritratto**

⇨ Voici d'autres exemples qui illustrent cette règle :

Il dolce sorriso della ragazza
▸ **La ragazza il cui dolce sorriso l'ha abbagliato**
La jeune fille dont le doux sourire l'a ébloui

La fine dell'anno
▸ **L'anno la cui fine è prossima** *L'année dont la fin est proche*

Ecco il film di cui lo zio ha fatto tanti elogi
Voilà le film dont notre oncle a fait tant d'éloges

ici : **di cui**, et non pas **il cui**, puisque **«film»** ne peut être le complément du nom **«zio»**

➤ Mais on dira :

Ecco il film i cui elogi sono meritati
Voilà le film dont les éloges sont mérités

du moment qu'on peut dire **gli elogi del film** -

Valeur temporelle :

L'anno in cui fece tanto freddo *L'année où il fit si froid*

➤ Mais on dit plus couramment :

L'anno che fece tanto freddo.

«A chi è affamato ogni cibo è grato»
«Spesso l'uomo ingannato si trova
Che piglia donna a vista e non a prova»

L'obligation et le besoin

I) L'OBLIGATION IMPERSONNELLE

Bisogna Occorre	proteggere la natura	*Il faut protéger la nature* Il faut + infinitif
Bisogna Occorre	+ infinito	

È occorso far presto	*Il a fallu faire vite*
Si deve proteggere la natura	*On doit protéger la nature*
La natura va protetta	*La nature doit être protégée*
Si protegge la natura : è necessario	*On protège la nature : il le faut*

II) L'OBLIGATION PERSONNELLE (voir aussi page 162, VI)

Bisogna Occorre	ch'egli mangi	*Il faut qu'il mange* Il faut que + subjonctif
Bisogna Occorre	che + congiuntivo	

Ho da scrivere due lettere urgenti	*J'ai deux lettres urgentes à écrire*
Avere da + infinito	
Ho a continuare così a lungo ?	*Dois-je continuer ainsi longtemps ?*
Hai a tacere	*Tu n'as qu'à te taire*
Avere a + infinito	

➤ Cette dernière construction exprime souvent l'ironie ou l'impatience.

Devo partire stasera	*Je dois partir ce soir*
Sono dovuto partire ieri sera	*J'ai dû partir hier soir*
Dovere + infinito	(voir page 166)

III) LE BESOIN

Occorre Ci vuole	un chiodo	*Il faut un clou*
Occorrono Ci vogliono	chiodi	*Il faut des clous*
Mi occorre Mi ci vuole Mi serve	un chiodo	*Il me faut un clou*

➤ Attention ! Ne pas confondre ces deux constructions :

C'è voluta molta pazienza	*Il a fallu beaucoup de patience*
Ci è occorsa molta pazienza	*Il nous a fallu beaucoup de patience*

Ordre — Défense

I) AVEC TUTOIEMENT

Ordre		Défense	
Canta !	*Chante !*	**Non cantare !**	*Ne chante pas !*
Imperativo		**Non + infinito**	
Vieni !	*Viens*	**Non venire**	*Ne viens pas*
Scrivi !	*Ecris*	**Non scrivere**	*N'écris pas*
Scrivimi	*Ecris-moi*	**Non scrivermi** / **Non mi scrivere**	*Ne m'écris pas*
Scrivimelo	*Ecris-le-moi*	**Non scrivermelo** / **Non me lo scrivere**	*Ne me l'écris pas*

➤ Enclise. Attention ! l'enclise n'entraîne jamais de déplacement d'accent :
Scrívi ➡ **Scrívimi** ➡ **Scrívimelo**

➤ Enclise ou proclise. (Voir p. 102).

II) A LA TROISIEME PERSONNE (subjonctif : voir p. 174 - 175 - 176)

Ordre		Défense	
Canti !	*Qu'il (elle) chante !*	**Non canti !**	*Qu'il (elle) ne chante pas !*

Il en est de même pour la troisième personne de politesse :

Ordre		Défense	
Canti, signora !	*Chantez, madame !*	**Non canti, signore !**	*Ne chantez pas, monsieur !*
Cantino, signore !	*Chantez, mesdames !*	**Non cantino, signori !**	*Ne chantez pas, messieurs !*
Terza persona del congiuntivo		**Non + Terza persona del congiuntivo**	

Venga qua, me lo dica
Venez ici, dites-le -moi
➤ Proclise.

Non venga, non me lo dica
Ne venez pas, ne me le dites pas
➤ Proclise.

III) A TOUT LE MONDE (à n'importe qui)

Ordre		Défense	
Attenzione ! Rallentare !	*Attention ! Ralentir !*	**Vietato fumare**	*Défense de fumer*
Infinito		**Vietato (Proibito) + infinito**	

IV) A PLUSIEURS PERSONNES QU'ON TUTOIE

Ordre		Défense	
Cantate !	*Chantez !*	**Non cantate !**	*Ne chantez pas !*
Imperativo		**Non + imperativo**	
Scriveteglielo	*Ecrivez-le-lui*	**Non scriveteglielo**	*Ne le lui écrivez pas*

➤ Quand le contexte est assez clair pour éviter toute confusion avec l'indicatif, on peut utiliser la proclise en italien : **Non me lo fate ridire !** *Ne me le faites pas répéter !*

IV) A NOUS-MEMES

Ordre		Défense	
Cantiamo !	*Chantons !*	**Non cantiamo !**	*Ne chantons pas !*
Imperativo		**Non + imperativo**	
Finiamola !	*Finissons-en !*	**Non leggiamolo !**	*Ne le lisons pas*

La cause

Perché non vieni a passeggiare con noi ?	*Pourquoi ne viens-tu pas te promener avec nous ?*
Perché oggi non mi sento bene	*Parce qu'aujourd'hui je suis patraque*
Perché... + Ind. ... ? ⇨ **Perché + Ind.**	

Perché mai ? *Pourquoi donc ?* **Per quale ragione ?** *Pour quelle raison ?*

Perciò sono rimasto a casa	*C'est pourquoi je suis resté à la maison*
Ha le sue **buone** ragioni	*Il a ses raisons*
A maggior ragione	*A plus forte raison*
Date le circostanze...	*En raison des circonstances.*
Chiuso **per** lutto	*Fermé pour cause de décès*
Per via del / **Per causa del** ▶ brutto tempo...	*A cause du mauvais temps...*
Per via di te / **Per colpa** tua ▶	*A cause de toi, par ta faute*
Per nessun motivo	*Sous aucun prétexte*
Poiché non sono venute... **Poiché + Indicativo**	*Puisqu'elles ne sont pas venues...*
Giacché lo sai, **perché** lo chiedi ? **Giacché + Indicativo**	*Du moment que tu le sais, pourquoi le demandes-tu ?*
Dal momento che vi conoscete, non vi presento **Dal momento che + Indicativo**	*Du moment que vous vous connaissez, je ne vous présente pas*
Gli daranno l'incarico **col pretesto che** sa il russo **Col pretesto che + Indicativo**	*On lui confiera cette mission, sous prétexte qu'il sait le russe*
Col pretesto di sapere il russo, esige... **Col pretesto di + Infinito**	*Sous prétexte qu'il sait le russe, il exige...*
Addusse come pretesto il / **Colse il pretesto de**l ▶ cattivo tempo per non...	*Il prit le prétexte du mauvais temps pour ne pas...*

La superbia è **causa** di molti mali
L'orgueil est la cause de bien des maux

I dispiaceri furono la **cagione** della sua morte
Les chagrins furent la cause de sa mort

La grandine **ha cagionato** ingenti danni
La grêle a causé d'immenses dégâts

(**In tanto**) l'uomo è superiore alla bestia **in quanto** controlla i propri istinti
L'homme est supérieur à l'animal dans la mesure où il contrôle ses instincts

«Il moto è **causa** d'ogni vita» (Leonardo da Vinci)

Le but

I) PREPOSITION OU CONJONCTION + INFINITIF

Provò a fare un altro mestiere	*Il essaya de faire un autre métier*
Mi provai a cominciare	*J'essayai de commencer (Je m'essayai à...)*
Tentarono di fuggire	*Ils tentèrent de s'enfuir*
Cerco di capire	*Je cherche à comprendre*
Fa' in modo di venire	*Arrange-toi pour venir*
Procurerò di arrivare in tempo	*Je tâcherai d'arriver à temps*
Si sforza / Si studia ▸ di essere buono	*Il s'efforce d'être bon*
Mi spolmono a ripetervi che...	*Je me tue à vous répéter que...*
S'ingegna di piacere	*Il s'emploie à plaire*
Si arrabatta per farsi ammettere...	*Il fait des pieds et des mains pour se faire admettre...*
Mi sto arrovellando per convincerti	*Je m'évertue à te convaincre*
Si sta accalorando per convincerli	*Il s'évertue à les convaincre*
Ti prego di venire	*Je te prie de venir*
Ti scrivo per chiederti un piacere	*Je t'écris pour te demander un service*
Scrivo a fine di ottenere il permesso	*J'écris afin d'obtenir la permission*
Ero uscito allo scopo di svagarmi un po'	*J'étais sorti dans le but de me distraire un peu*

II) CONJONCTION + SUBJONCTIF

Lo prego che venga a farci visita Ind. pres. + che + Cong. pres.	*Je le prie de venir nous rendre visite*
Lo pregavo / Lo pregai / L'ho pregato / L'avevo pregato ▸ che venisse...	*Je le priais / Je le priai / Je l'ai prié / Je l'avais prié ▸ de venir...*

Imperfetto / Passato remoto / Passato prossimo / Trapassato prossimo ▸ dell'indicativo + che + imperfetto del congiuntivo

➤ Cette règle de concordance des temps s'applique également aux exemples ci-dessous :

Gli telegrafo perché venga	*Je lui télégraphie pour qu'il vienne*
Gli telegrafai perché venisse	*Je lui télégraphiai pour qu'il vînt*
State attenti che studino bene	*Veillez à ce qu'ils étudient bien*
Lo licenziai affinché / acciocché / acciò non mi derubasse più	*Je le licenciai (Je le privai de son emploi) afin qu'il ne me volât plus*
Te lo dico onde ti serva di norma	*Je te le dis pour que cela te serve de règle.*

La condition

I) RISQUE OU EVENTUALITE

Chi / Quello che / Se uno ▸ toccasse quei fili rimarrebbe fulminato

Celui qui toucherait ces fils mourrait électrocuté

Chi / Quello che / Se uno ▸ + Imp. del cong. ➨ Pres. del cond.

Casomai ci fosse un impedimento, ti telefonerei
Casomai + imp. del cong. ➨ Pres. del cond.

Si par hasard il y avait un empêchement, je te téléphonerais

II) CONDITION REALISABLE

Se andrò a Roma, visiterò il Colosseo
Se + futuro ➨ futuro

Si je vais à Rome, je visiterai le Colisée

Futur après **se** en italien, présent de l'indicatif après **si** en français.

III) CONDITION POUR UN ECHANGE

(Tu) mi presti la moto e io ti presto la cinepresa

indicativo ➨ e + indicativo

Tu me prêtes ta moto et moi je te prête ma caméra

(Tu) mi presterai la moto e io ti presterò la cinepresa

Tu me prêteras ta moto et moi je te prêterai ma caméra

Ce «double présent» et ce «double futur» permettent, dans le langage courant, d'éviter l'emploi du subjonctif et du conditionnel **(Se tu mi prestassi la moto, io ti presterei la cinepresa).**

IV) CONDITION NECESSAIRE ET SUFFISANTE

A patto che tu sappia guidare
A patto che + congiuntivo

Pourvu que (A la seule condition que) tu saches conduire

Basta (che) tu sappia guidare
Basta (che) + congiuntivo

Il suffit que tu saches conduire

On peut aussi utiliser la construction du «double présent» ou du «double futur» (Cf. ci-dessus : III) :

Impari a guidare e io ti compro la macchina
Tu apprends à conduire et moi je t'achète une voiture

Imparerai a guidare e io ti comprerò la macchina
Tu apprendras à conduire et moi je t'achèterai une voiture

La condition (suite)

V) CONDITION EN TRAIN DE SE REALISER

Se non erro, mi sembra di scorgere il lido
Se + Ind. pres. ➨ Ind. pres.

Si je ne m'abuse, il me semble apercevoir le rivage

IV) CONDITION DEJA REALISEE

Se c'era il sole, mi prendevo la tintarella
Se + Imp. dell'ind. ➨ Imp. dell'ind.

S'il y avait (Quand il y avait) du soleil, je me bronzais

C'est l'équivalent de :

Ogni volta
Tutte le volte ▶ **che c'era il sole, ...**

Chaque fois qu'il y avait du soleil...

VII) CONDITION IRREALISABLE dans le présent, hypothèse, supposition

Se avessi abbastanza denaro, comprerei questa casa
Se + Imp. del cong. ➨ Pres. del cond.

Si j'avais assez d'argent, j'achèterais cette maison

Se fossi nei tuoi panni, non sarei affatto rassicurato
Si j'étais à ta place, je ne serais pas du tout rassuré

Supponiamo
Facciamo l'ipotesi ▶ **che sia vero**
Supporre (o : Far l'ipotesi) che + congiuntivo

Supposons que cela soit vrai (Subjonctif en italien et en français)

Il suo atteggiamento fa supporre che sia malato
Son attitude laisse supposer qu'il est malade (Indicatif en français)

VIII) CONDITION QUI NE S'EST PAS REALISEE

Se avessi avuto abbastanza denaro, avrei comprato quella casa
Se + Trapassato del cong. ➨ Cond. passato

Si j'avais eu assez d'argent, j'aurais acheté cette maison

Dans le langage familier on évite cette tournure compliquée en employant tout simplement le «double imparfait de l'indicadif» : **Se avevo abbastanza denaro, compravo...**
De même on dit couramment : **Se credevo non ci andavo** *Si j'avais su, je n'y serais pas allé.*
La tournure du «double imparfait de l'indicatif» existe aussi en français populaire :

Tu jouais ces numéros et le million était à toi :
Se giocavi quei numeri, vincevi il milione.

«Basta che la pecora non muoia, la lana rimette»
«Se diremo d'altri, altri dirà di noi» (dire = sparlare)

Le souhait et le regret

Ti **auguro** un buon viaggio	*Je te souhaite un bon voyage*
È augurabile / **È auspicabile** ▸ ch'esse vengano	*Il est souhaitable qu'elles viennent*
Vorrei poterti aiutare	*Je souhaiterais pouvoir t'aider*
Credi che guarirà ? - **Voglio sperare**	*Crois-tu qu'il guérira ? - Je l'espère*
Pensi che pioverà ? - **Spero di sì**	*Crois-tu qu'il va pleuvoir ? - J'espère que oui*
Dio voglia che ven**ga** ! **Piaccia al Cielo che** ven**ga** !	*Pourvu qu'il vienne !*
Potesse venire ! **Congiuntivo ottativo**	*Puisse-t-il venir !*
Più di quanto sperassi	*Plus que je n'en espérais*

■ Formules de politesse :

Per favore, per piacere	*S'il vous plaît, s'il te plaît*
Salute !	*A vos souhaits ! A tes souhaits !*

■ Souhait irréalisable :

Potere !	*Il faudrait pouvoir ! Ah ! Si l'on pouvait !*
Averne !	*Ah ! Si on pouvait en avoir (de l'argent) !*
Infinito assoluto	

Cet infinitif absolu n'est guère employé qu'avec les verbes **potere** et **avere**.

Fosse ancora vivo ! **Congiuntivo imperfetto**	*Ah ! S'il était encore vivant !*
Volesse mangiare !	*Ah ! S'il voulait manger !*

■ Expression du regret :

Mi dispiace di non poter viaggiare	*Je regrette de ne pouvoir voyager*
Mi spiace contraddirla, ma...	*Je regrette de vous contredire, mais...*
Spiace dover constatare che...	*il est bien regrettable de constater que...*
Sono molto spiacente dell'accaduto	*Je suis désolé de ce qui est arrivé*
Mi duole di non poterla aiutare	*Je regrette sincèrement de ne pouvoir vous aider*
Mi rammarico di avervi fatto aspettare	*Je regrette de vous avoir fait attendre*
Mi rammarico del mio gesto	*Je regrette mon geste*
Mi rincresce constatare che...	*J'ai le regret de constater que...*
Il nostro **compianto** presidente	*Notre regretté président*
Rimpiange il tempo perduto	*Il regrette le temps perdu*

■ Formules de politesse :

Scusa	*Pardon, Excuse-moi*
Scusi, Scusino, Scusate	*Pardon, Excusez-moi* (Cf. Ordre, p. 148)

La concession - la restriction

I) FAIT REEL

Benché / Sebbene ▸ mangi assai, non ingrasso

Benché (o : Sebbene) + congiuntivo

Bien que je mange beaucoup, je ne grossis pas

Per quanto mi sforzi, / Per quanti sforzi faccia, ▸ non mi riesce di smuovere quest'armadio

Per quanto + congiuntivo
Per quanto, -a, -i, -e + nome + congiuntivo

Quelque effort que je fasse, je n'arrive pas à déplacer cette armoire

Qualunque cosa accada... — *Quoi qu'il arrive...*
Comunque sia... — *Quoi qu'il en soit...*
Voglia o non voglia — *Qu'il le veuille ou non*

C'è parecchia nebbia : nonpertanto / nondimeno l'aereo partirà

Il y a pas mal de brouillard : néanmoins l'avion partira

Partirà lo stesso — *Il partira quand même*

Nonostante / Malgrado ▸ la nebbia, è partito — *Il est parti malgré le brouillard*

Per la sua età è alto — *Il est grand pour son âge*

II) FAIT EVENTUEL

Anche se mangio assai, non ingrasso
Anche se + indicativo

Même si je mange beaucoup, je ne grossis pas

Quand'anche mangiassi di più, non ingrasserei
Quand'anche + congiuntivo ➨ Condizionale

Quand bien même je mangerais davantage, je ne grossirais pas

III) RESTRICTION

A meno che (non) sia malato...
A meno che + congiuntivo

A moins qu'il (ne) soit malade...

Avrei dovuto finire ieri, se non che / sennonché un'improvvisa difficoltà me l'ha impedito

J'aurais dû terminer hier, mais une difficulté imprévue m'en a empêché (si une difficulté imprévue ne m'en avait empêché)

No, per quanto io sappia / Che io sappia, no ▸ *Pas que je sache*

Possibilité - probabilité - approximation

Probabilmente	*Probablement*
Eventualmente	*Eventuellement, le cas échéant*
All' occorrenza	*En cas de besoin*

Forse ha ragione	*Peut-être qu'il a raison*	**Forse verrebbe**	*Il viendrait peut-être*
Forse verrà	*Il viendra peut-être*	**Forse sarebbe venuto**	*Il serait peut-être venu*
Forse dormiva	*Peut-être dormait-il*		
Forse + Indicativo		**Forse + Condizionale**	

Può darsi che venga	*Il se peut qu'il vienne*	**Può darsi** *C'est possible*
Può darsi che + Congiuntivo		
Che ora sarà ?	*Quelle heure peut-il être ?*	**Saranno le undici** *Il doit être onze heures*
Futuro di probabilità		

Sarà sui cinquanta o giù di lì *Il doit avoir la cinquantaine ou un peu moins*

➤ Cf. **Un migliaio** *Un millier* ➜ **Un diecimila** *Environ dix mille*

Chi più chi meno, tutti erano eccitati *Ils étaient tous plus ou moins excités*
Circa, All'incirca, Press'a poco, Su per giù *A peu près, environ*

EMPLOI DE LA PREPOSITION SU (+ article défini)

Sull' imbrunire	*A la tombée du jour*
Sul far della notte	*A la tombée de la nuit*
Sul mezzogiorno	*Vers midi*
Sulle centomila lire	*Environ cent mille lires*

➤ N.B. Ne pas confondre avec la préposition **sopra** :

Sopra le centomila lire *Au-dessus de cent mille lires*

➤ Ne pas confondre **su per giù** *(environ, à peu près)* avec la locution adverbiale **su e giù**

È un continuo su e giù *C'est un va-et-vient incessant (dans ces escaliers)*

L'affirmation

L'hai visto ? - Sì	*L'as-tu vu ? - Oui*
Non l'hai visto ? - Sì	*Tu ne l'as pas vu ? - Mais si !*
Eh già ! dovevo immaginarlo !	*Naturellement, j'aurais dû l'imaginer !*
Ora sì che capisco !	*Maintenant, oui, je comprends !*
Farabutto che non sei altro !	*Une crapule, voilà ce que tu es !*
Mi piacciono sì ! / **Certo che mi piacciono !** ▶	*Bien sûr qu'ils me plaisent !*

L'affirmation (suite)

Verrà certo anche lei	*Certes, elle viendra aussi*
Verrà sicuramente	*Elle viendra sûrement*
Verrà certamente in ritardo	*Il arrivera certainement en retard*
È proprio vero ?	*C'est bien vrai ?*
Proprio così !	*C'est comme je vous le dis !*
Hai proprio ragione	*Tu as tout à fait raison*
Sono proprio loro !	*Ce sont bien eux !*
Proprio sul serio	*Pour tout de bon*
È proprio graziosa	*Elle est vraiment jolie*
«Allora avevo ragione io !» - «Proprio !»	*«Alors c'est moi qui avais raison !» - «Eh oui !»*
Stavo appunto parlando di te	*J'étais justement en train de parler de toi*
Appunto per ciò volevo vederti	*C'est précisément pour cela que je voulais te voir*
«È lei il nuovo impiegato ?» - «Per l'appunto»	*«C'est vous le nouvel employé ?» - «Précisément»*
«Quando viene ?» - «Oggi per l'appunto»	*«Quand arrivera-t-il ?» - «Aujourd'hui justement»*
«Ti sei divertito ?» - «Altroché !»	*«Tu t'es amusé ?» - «Et comment !»*
È indubbiamente il migliore	*C'est à n'en pas douter le meilleur*

➤ N.B. **Di sicuro** est synonyme de **sicuramente**
Di certo est synonyme de **certamente**

La négation

Vieni ? - No, non vengo. - Venite tutt'e due ? - No, né io, né lui.
Tu viens ? - Non, je ne viens pas. - Vous venez tous les deux ? - Non, ni lui, ni moi.

Neanche (o : Neppure) loro verranno
Eux non plus ne viendront pas ou *Elles non plus ne viendront pas*

Non vogliono, né io posso deciderli a venire
Ils ne veulent pas, et moi je ne peux pas les décider à venir

Non ho nemmeno (o : neanche, o : neppure) mille lire
Je n'ai même pas mille lires

Neanche per idea ! Neanche per sogno !
Jamais de la vie !

Non scherzo mica, parlo sul serio
Non, je ne plaisante pas, je parle sérieusement

Macché ! Non è mica vero !
Mais non ! Ce n'est pas vrai !

Disturbo ? - Per niente !
Je dérange ? - Pas du tout

➤ Ne pas confondre : **Più pane** — *Davantage de pain*
Non c'è più pane — *Il n'y a plus de pain*

La répétition

I) L'ALTERNATIVE

O lui o me : dovete scegliere !
Ou bien c'est lui, ou bien c'est moi : vous devez choisir !

II) L'UNE ET L'AUTRE CHOSE

Fu criticato sia dalla destra sia dalla sinistra
Il fut critiqué aussi bien par la droite que par la gauche

III) LA DISTRIBUTION, LA REPARTITION

Chi beveva, chi cantava, chi rideva
Les uns buvaient, les autres chantaient, d'autres riaient

IV) L'INSISTANCE

- Répétition d'adjectifs :

Sceglimene uno solo, ma bello bello *Choisis-m'en un seul, mais bien beau*

- Répétition de noms : **Un caffè caffè** *Un café qui soit vraiment un café*

- Répétition d'adverbes :

Piano piano *Tout doucement, très lentement*
Lemme lemme *Sans se presser ni s'énerver*
Sotto sotto *En cachette, en sous-main, sans en avoir l'air*
Su su nel cielo *Tout là-haut dans le ciel*
Giù giù per la china *(En descendant) tout au long de la pente*
Come va la faccenda ? - Così così *Comment va l'affaire ? Comme ci, comme ça*

- Répétition de verbes :

⇨ à l'impératif :
Vieni, vieni, non aver paura *Viens donc, n'aie pas peur*
Fai fai è riuscito *A force de se démener il a réussi*
Cerca cerca, finirono col trovarlo *Après de longues recherches, ils finirent par le trouver*

⇨ en fin de phrase :
Ci vorrebbe un altro ministro, ci vorrebbe *Il faudrait un autre ministre, voilà ce qu'il faudrait !*

⇨ autre locution : **Chi s'è visto s'è visto** *Ni vu ni connu*
⇨ en un seul mot : **Il pigiapigia** *La cohue, la bousculade*
⇨ en deux mots : **Il lecca lecca** *La sucette*

La fréquence

Sono solito / **Soglio** ▶ **alzarmi presto** *J'ai l'habitude de me lever tôt*

Esser solito (o : Solere) + infinito

La locution **Esser solito** est d'usage beaucoup plus courant que le verbe **Solere.**

Pensa e ripensa... *A force d'y penser* (Cf. ci-dessus : verbe répété)
Ad ogni piè sospinto *A tout bout de champ, à chaque instant*

Les nombres cardinaux - les siècles

0	zero						
1	uno	11	undici	21	ventuno	31	trentuno
2	due	12	dodici	22	ventidue	32	trentadue
3	tre	13	tredici	23	ventitré	...	....
4	quattro	14	quattordici	24	ventiquattro	40	quaranta
5	cinque	15	quindici	25	venticinque	50	cinquanta
6	sei	16	sedici	26	ventisei	60	sessanta
7	sette	17	diciassette	27	ventisette	70	settanta
8	otto	18	diciotto	28	ventotto	80	ottanta
9	nove	19	diciannove	29	ventinove	90	novanta
10	dieci	20	venti	30	trenta	100	cento

101	centouno	200	duecento
102	centodue	...	....
103	centotré	300	trecento
...	....	...	....
108	cento otto		
...	....	900	novecento
180	centottanta	...	....
....	....		
		1000	mille

(*en toscan :* **dugento**) - **cento** est invariable

Il Trecento — *Le XIVe siècle*
La lirica trecentesca — *La poésie lyrique du XIVe siècle*

Il Novecento — *Le XXe siècle*

Il Mille *L'an mille* **Nel Mille** *En l'an mille*
Nel 1985 (millenovecentottantacinque)
Le Mille e Una Notte *Les Mille et Une nuits*

1001	mille (e) uno	2000	duemila
1002	mille (e) due		
1100	millecento	2001	duemilauno
1101	millecentouno		....

Il 2000 *L'an 2000* **Nel 2000** *En l'an 2000*
Una 2000 *Une voiture de 2000 cm3 de cylindrée*

10 000	diecimila
100 000	centomila
1 000 000	un milione
2 000 000	due milioni
1 000 000 000	un miliardo
2 000 000 000	due miliardi

Uno stipendio di due milioni di lire al mese
Un salaire de deux millions de lires par mois

Ha vinto due milioni e mezzo di lire alla lotteria
Il a gagné deux millions et demi de lires à la loterie

Ha un patrimonio di due miliardi di lire.
Il a un patrimoine de deux milliards de lires

Ce quatrain toscan permet de connaître le nombre de jours de chaque mois :

Trenta dì conta Novembre **(dì = giorni)**
Con April Giugno e Settembre,
Di ventotto ce n'è uno,
Tutti gli altri n'han trentuno **(n'han = ne hanno)**

L'âge - les collectifs

Quanti anni hai ? **Che età hai ?**	*Quel âge as-tu ?*	**Ho diciassette anni** **Ho vent'anni compiuti** **Ho ventun anni**	*J'ai dix-sept ans* *J'ai 20 ans révolus* *J'ai 21 ans*
L'età matura	*L'âge mûr*	**La terza età**	*Le troisième âge*

➤ Ne pas confondre ces deux suffixes

Ventenne	*Agé de 20 ans, âgée de 20 ans*
Ventennio	*Période de 20 ans*
Trentenne	*Agé (âgée) de 30 ans*
Un trentennio	*Une période de 30 ans*

LES COLLECTIFS

Il paio	*La paire*	**Le paia**	*Les paires*
Il centinaio	*La centaine*	**Le centinaia**	*Les centaines*
Il migliaio	*Le millier*	**Le migliaia**	*Les milliers*
Una diecina **Una decina**	*Une dizaine*	**Una dozzina** **Una ventina**	*Une douzaine* *Une vingtaine*

➤ Ne pas confondre
le nombre cardinal — **mille** (pluriel **mila**)
la mesure de longueur — **il miglio** **le miglia**

Ero lontano le mille miglia dal credere questo
J'étais à cent lieues de croire cela

L'addizione : 591 + 348 + 20 = 959
«Comincio dalle unità : Uno più otto fanno nove, più zero, nove ; scrivo nove. Per le diecine : Nove più quattro fanno tredici, più due, fanno quindici ; scrivo cinque e riporto uno. Per le centinaia : Uno di riporto più cinque fanno sei, più tre fanno nove ; scrivo nove. Il risultato è : novecento cinquantanove».

La sottrazione : 769 - 183 = 586
«Comincio dalle unità : Nove meno tre, resta sei ; scrivo sei. Per le diecine : Sei meno otto non si può ; aggiungo una diecina e dico : Sedici meno otto resta otto ; scrivo otto. Per le centinaia : Uno di riporto più uno fanno due , sette meno due fanno cinque ; scrivo cinque. Il risultato è : cinquecento ottantasei».

La moltiplicazione : 49 x 2 = 98
«Due via nove fanno diciotto ; scrivo otto e riporto uno. Due via quattro fanno otto, e uno di riporto, nove ; scrivo nove. Il risultato è : novantotto».

La divisione : 74 : 2 = 37
«Due in sette sta tre volte ; scrivo tre, resta uno che scrivo sotto il sette. Abbasso il quattro. Due in quattordici sta sette volte ; scrivo sette, resta zero. Il risultato è : trentasette».

Les nombres ordinaux

1°	primo	11°	undicesimo, decimoprimo	21°	ventunesimo, ventesimo primo
2°	secondo	12°	dodicesimo, decimosecondo	22°	ventiduesimo, ventesimo secondo
3°	terzo	13°	tredicesimo, decimoterzo	23°	ventitreèsimo, ventesimo terzo
4°	quarto	14°	quattordicesimo, ...	...	....
5°	quinto	15°	quindicesimo, ...	30°	trentesimo, (trigesimo)
6°	sesto	16°	sedicesimo, ...	40°	quarantesimo, (quadragesimo)
7°	settimo	17°	diciassettesimo, ...	50°	cinquantesimo, (quinquagesimo)
8°	ottavo	18°	diciottesimo, ...	60°	sessantesimo, (sessagesimo)
9°	nono	19°	diciannovesimo, ...	70°	settantesimo, (settuagesimo)
10°	decimo	20°	ventesimo, (vigesimo)	80°	ottantesimo, (ottuagesimo)
				90°	novantesimo, (nonagesimo)
				...	....

100° centesimo	*centième*	101° centesimo primo	111° centoundicesimo
	centime	102° centesimo secondo	112° centododicesimo
		....	....
1000° millesimo	*millième*	1001° millesimo primo	1110° millecentesimo decimo
	millésime	2000° duemillesimo	1 000 000° milionesimo

Ultimo — *dernier, ultime*
Penultimo — *pénultième, avant-dernier*
Terzultimo, antipenultimo — *antépénultième*
Quartultimo — *placé avant l'antépénultième*

La quinta — *la cinquième (nombre ordinal)*; *la quinte (intervalle en solfège)*; *le cours moyen 2e année (école primaire)*

Le quinte — *les coulisses (théâtre), les cinquièmes (fém.)*

Luigi XVI (decimosesto)
Pio XI (decimoprimo, undecimo)
Capitolo III (terzo)
Atto I (primo), Scena IV (quarta)
Il secolo XVI (decimosesto, sedicesimo) = Il Cinquecento

➤ N.B. La terminaison des ordinaux porte la marque du genre et du nombre :

La quarta giornata — *La quatrième journée*
Le prime pagine — *Les premières pages*
I primi tre fondisti — *Les trois premiers coureurs de fond*
Scena III (prononcer : **terza**)
Capitolo II (prononcer : **secondo**)

La situation dans le temps

L'ORA

È l'una (en toscan : **È il tocco**) — *Il est une heure*
È l'una di notte — *Il est une heure du matin*
Le undici antimeridiane — *Onze heures du matin*
Il treno parte alle ore 23 e 45
Sono le nove e cinque — *Il est neuf heures cinq*
Le nove e mezzo — *Neuf heures et demie* (plus rarement : **... e mezza**)
Sono le due meno un quarto — *Il est deux heures moins le (ou : moins un) quart*
È mezzogiorno (mezzanotte) meno cinque — *Il est midi (minuit) moins cinq*

Alle (ore) 13 — *A 13 heures*
Alle (ore) 23 — *A 23 heures*
Alle 7 pomeridiane — *A 7 heures du soir*
... e un quarto... — *et quart*

➤ Locution : **Il cappello sulle ventitré** *Le chapeau (incliné) sur l'oreille (comme celui de quelqu'un qui rentre tard - vers 23 heures, éméché)*

LA DATA (voir *corrispondenza commerciale*, page 206) :

Quanti ne abbiamo ? - Ventuno.
Quel quantième (Le combien) sommes-nous ? - Le 21.

Il 1° (primo) gennaio — *Le 1er janvier*
Il 2 (due) luglio — *Le 2 juillet*

Capodanno — *Le Jour de l'An*

LA SETTIMANA

Lunedì, martedì, mercoledì, giovedì, venerdì, sabato, domenica.

I MESI

Gennaio, febbraio, marzo, aprile, maggio, giugno, luglio, agosto, settembre, ottobre, novembre, dicembre.

LE STAGIONI

La primavera, l'estate *(féminin),* **l'autunno, l'inverno.**

LOCUTIONS

Alle prime luci / Allo spuntar / Al far ▶ **dell'alba** — *Aux premières lueurs de l'aube*

Lo spuntar del giorno — *Le point du jour*
Allo spuntar del sole — *Au lever du soleil*

Al / Sul ▶ **tramontar del sole** — *Au soleil couchant*

Sul far della notte / **Sull'annottare** — *A la tombée de la nuit*

Adesso è buio pesto — *Maintenant il fait noir comme dans un four.*

Voir aussi la traduction de «Il y a» (valeur temporelle) - Page 163

«C'est», «ce sont»

I) **È così** *C'est comme ça* **È meglio** *C'est mieux* **Meglio così** *C'est mieux ainsi*

È bello, È una bella cosa *C'est beau* **È triste** *C'est triste*

C'è ancora molta strada ? *C'est encore loin d'ici ?*

➤ Attention ! Ne pas confondre **è** *(= c'est)* et **c'è** *(= il y a)* ! (Cf. p. 163)

II) **È un (una) tronchese** — *C'est une pince coupante*
Sono tronchesi — *Ce sont des pinces coupantes*

III)

Sono io	*C'est moi*
Sei tu	*C'est toi*
È lui	*C'est lui*
Siamo noi	*C'est nous*
Siete voi	*C'est vous (autres)*
Sono loro	*Ce sont eux* (ou : *elles*)

➤ Ne pas confondre : **È lei** *C'est elle* / **È Lei** *C'est vous*

Sono essi *Ce sont eux* / **Sono esse** *Ce sont elles*

IV)

L'ha detto il dottore	*C'est le docteur qui l'a dit*
L'ha detto lui	*C'est lui qui l'a dit*
L'hanno fatto loro	*Ce sont eux* (ou : *elles*) *qui l'ont fait*

- La construction normale (sujet + verbe) est inversée : **verbe + sujet**

Così mi piacciono — *C'est ainsi que je les aime*

- La construction normale (verbe + adverbe) est inversée : adverbe + verbe

Gran personaggio un re ! — *C'est un grand personnage qu'un roi !*

- La construction normale (**«Un re è un gran personaggio»**) est inversée. De même :

Solo per infastidirci sei venuto — *C'est seulement pour nous agacer que tu es venu*

V)

Proprio a me capitano sempre i guai	*C'est à moi qu'arrivent toujours des ennuis*
Appunto fra un mese dovremo partire	*C'est justement dans un mois que nous devrons partir*
Fin dalle tre di notte sono sveglio	*C'est depuis trois heures du matin que je suis réveillé*

VI) L'OBLIGATION (voir aussi page 147)

➩ Tour de rôle :

Tocca a lui andarci	*C'est à lui à y aller*
Toccherà a noi rigovernare	*Ce sera notre tour de faire la vaisselle*

➩ Devoir moral :

Spetta a te decidere	*C'est à toi de décider*
Non spetta a voi giudicarmi	*Ce n'est pas à vous de me juger*

«Il y a»

Che (cosa) / Cosa ▸ **c'è ?**	*Qu'y a-t-il ? / Qu'est-ce qu'il y a ?*	**Non c'è niente** *Il n'y a rien*
Cose da ridere	*Il y a de quoi rire*	
Roba da far perdere la testa		*Il y a de quoi perdre la tête*

C'è gente che domanda di te	*Il y a quelqu'un qui te demande*
C'è aria di temporale	*Il y a de l'orage dans l'air*
Vino, non ce n'è più	*Du vin, il n'y en a plus*
Ce n'è ancora	*Il y en a encore*
Ci sono tre taccuini nel cassetto	*Il y a trois carnets dans le tiroir*
C'è stato un incidente stradale / **È successo un incidente stradale** ▸	*Il y a eu un accident de la route*
Ci sono stati due incidenti / **Sono successi due incidenti** ▸	*Il y a eu deux accidents*
Ci fu uno sbaglio	*Il y eut une erreur*
Ci furono sommosse	*Il y eut des émeutes*
C'era mio zio	*Il y avait mon oncle*
C'erano le mie zie	*Il y avait mes tantes*
Ci sarà un agente delle tasse	*Il y aura un agent des contributions*
Ci saranno sommovimenti sociali	*Il y aura des remous sociaux*
Ci sarà stato un furto	*Il y a dû y avoir un vol* (*On a probablement volé quelque chose)*
Ci saranno state aggressioni	*Il y a dû y avoir des agressions* (*Il y a eu probablement des agressions)*
Ci sarebbe un rimedio	*Il y aurait un remède*
Ci sarebbero rimedi	*Il y aurait des remèdes*
Ci sarebbe stato un guasto al motore	*Il y aurait eu une panne de moteur*
Ci sarebbero state gravi avarie	*Il y aurait eu des graves avaries*
Bottiglie di gassosa, non ce ne sono più ?	*Des bouteilles de limonade, il n'y en a plus ?*
- Sì, ce ne sono dell'altre	*Si, il y en a encore (d'autres)*
Non c'è | **da / di che** | **rallegrarsi**	*Il n'y a pas de quoi se réjouir*

■ Valeur temporelle :

È arrivato una settimana fa	*Il est arrivé il y a huit jours*
È un bel pezzo che ho smesso di fumare	*Il y a belle lurette que j'ai cessé de fumer*
Già da un mese è qua	*Il y a déjà un mois qu'il (ou : elle) est ici*

• La construction normale («**È qua già da un mese**) a été inversée.

➤ Ne pas confondre :

È un chiodo	*C'est un clou*	**C'è un chiodo**	*Il y a un clou*
Erano forbici	*C'étaient des ciseaux*	**C'erano forbici**	*Il y avait des ciseaux*

Orthographe et ponctuation

I SEGNI DI INTERPUNZIONE (O : DI PUNTEGGIATURA)

la **virgola**,
il **punto e virgola**,
i **due punti**,
il **punto** (o: **punto fermo**),
il **punto esclamativo**,
il **punto interrogativo**,
i **puntini di sospensione**.

I SEGNI ORTOGRAFICI

l'**accento**, l'**apostrofo**, le **parentesi**,
le **virgolette**, *les guillemets,*
le **parentesi quadre**, *les crochets,*
l'**asterisco**,
la **lineetta**, *le tiret,*
il **trattino**. *le trait d'union.*

ESEMPI

➩ **virgolette** :
«Nessun maggior dolore» dice Dante «che ricordarsi del tempo felice nella miseria».

➩ **due punti** + **lineetta** :
Mi disse : — Ti attenderò domattina.

➩ **trattino** :
L'ex impero austro-ungarico.

➩ **asterischi** :
Era essa l'ultima figlia del principe***

L'asterisco ripetuto tre volte si mette al posto di un nome proprio, quando si ignori o si voglia tacere. I puntini di reticenza indicano le lettere omesse di una parola (Scrisse a M...)

➤ N.B. La virgule est employée plus souvent en français qu'en italien :

Di arte m'interesso un po'	*L'art, je m'y intéresse un peu*
Tu mangi e bevi	*Toi, tu manges et tu bois*
Questa sì che è nuova !	*Ça, vraiment, c'est inattendu !*
Soldi ne hanno fatti a palate	*De l'argent, ils en ont ramassé à la pelle*
Gli occhi per vedere non li hai ?	*Des yeux pour voir, tu n'en as pas ?*
Partiremo a cuor leggero	*Nous partirons, le cœur léger*

Afferrò carta penna calamaio e buttò ogni cosa sull'impiantito.
Il saisit le papier, le stylo, l'encrier, et jeta tout sur le plancher.

La proclise - l'enclise - «voici» - «voilà»

➤ Voir au début de la p. 102 la définition de «proclitique» et «enclitique»

EN ITALIEN, LA PROCLISE CONCERNE

⇨ Les articles :

La stazione, il binario, un treno, lo stantuffo, le rotaie, i direttissimi, gli accelerati...

⇨ Les prépositions monosyllabiques :

Per lei, in Italia, a Torino, con loro...

⇨ Les adjectifs monosyllabiques (Cf. «Apocope», p. 119) :

Buon giorno, bel fiore, gran piacere, San Pietro

⇨ Les adverbes monosyllabiques :

Era pur vero *C'était bien vrai* **Ci vado io** *C'est moi qui y vais*

⇨ Les verbes auxiliaires monosyllabiques :

Ho parlato *J'ai parlé* **Va fatto** *Il faut le faire*

⇨ Les conjonctions monosyllabiques :

Che entri *Qu'il entre*
O lui o me *Ou bien c'est lui, ou bien c'est moi*
E vacci tu ! *Eh bien, tu n'as qu'à y aller toi-même*

⇨ Les pronoms compléments monosyllabiques :

Lo credo *Je le crois* **Ti voglio bene** *Je t'aime*
Me li prendi *Tu me les prends* **Vi vedo** *Je vous vois*

L'ENCLISE CONCERNE

⇨ Les pronoms compléments soudés aux verbes :

Bisogna dirlo *Il faut le dire* ; **Dicendolo** *En le disant* ; **Dillo** *Dis-le* ;
Diglielo *Dis-le-lui* ; **Dammeli** *Donne-les-moi* ; **Dandoteli** *En te les donnant* ;
Prendine alcuni *Prends-en quelques-uns* ; **Dandotene** *En t'en donnant*

⇨ L'adverbe **ci** (ou **vi**) soudé au verbe :

Andandoci (ou) **andandovi** *En y allant* **Vacci** *Vas-y*

⇨ Les pronoms soudés à la forme unique **ecco** qui correspond en français aux deux formes *voici, voilà* :

Eccolo *le voici, le voilà* **Eccola** *La voici, la voilà*
Eccoci *Nous voici, nous voilà* **Eccotelo pronto** *Le voici tout prêt pour toi*

➤ N.B. Le français fait une distinction entre **voici** (ce dont il va être question) et **voilà** (ce dont il vient d'avoir été question). L'italien ne connaît pas cette distinction formelle, mais la construction des phrases est différente (de même qu'elle l'est en français) :

Ecco quel che abbiamo deciso : sarà condannato
Voici ce que nous avons décidé : il sera condamné

Sarà condannato : ecco quel che abbiamo deciso
Il sera condamné : voilà ce que nous avons décidé

Choix des auxiliaires

I) AVERE O ESSERE ?

È piovuto e è nevicato *il a plu et il a neigé* (plus rarement : **Ha** **piovuto** / **nevicato**)

- Durée : **Ho corso e ho saltato per due ore** — *J'ai couru et sauté pendant deux heures*
- Manière: **Ho corso a perdifiato** — *J'ai couru à perdre haleine*
- But : **Sono corso ad abbracciarlo - È saltato a cavallo per fuggir più presto**
- Verbe transitif (compl. direct) :
  Ho vissuto un brutto momento — *J'ai passé un mauvais quart d'heure*
- Verbe intransitif (sans compl. direct):
  È vissuta felice — *Elle a vécu heureuse*

Maintien du même auxiliaire :

Ho bevuto *J'ai bu* ⇨ **Ho** ◄ **dovuto / potuto / voluto** ► **bere** — *J'ai* ◄ *dû / pu / voulu* ► *boire*

Sono venuto *Je suis venu* ⇨ **Sono** ◄ **dovuto / potuto / voluto** ► **venire** — *J'ai* ◄ *dû / pu / voulu* ► *venir*

Verbes réfléchis :

Avresti dovuto vergognarti ⇨ **Ti saresti dovuto vergognare**
Tu aurais dû avoir honte

Ho voluto cambiarmi d'abito ⇨ **Mi sono voluta cambiar d'abito**
J'ai voulu changer de robe

Mais :
Avrei voluto aiutarti ⇨ **Ti avrei voluto aiutare**
J'aurais voulu t'aider

II) ESSERE O VENIRE ?

- Habitude ou durée :
  Le case vengono costruite in sei mesi — *Les maisons sont habituellement construites en six mois*
- Action achevée : **La casa è già costruita** — *La maison est déjà construite*

III) VENIRE O ANDARE ?

- Habitude : **Il portone viene chiuso ogni sera** — *On ferme le portail tous les soirs*
- Obligation : **Il portone va chiuso ogni sera** — *On doit fermer le portail tous les soirs*

IV) VENIR FATTO

Mi venne fatto di richiudere la mano — *Instinctivement je refermai ma main*

V) RESTARE, RIMANERE, RISULTARE

- Résultat d'une action :
  Restò (È rimasto) ferito in un incidente — *Il fut (Il a été) blessé dans un accident*
  Risultò eletto fra tanti candidati — *(Le résultat est qu') il fut élu parmi de nombreux candidats*

Présent de l'indicatif

(presente dell' indicativo)

1ère conjugaison		2e conjugaison		3e conjugaison Type 1		3e conjugaison Type 2
PARLARE *Parler*		**TEMERE** *Craindre*		**VESTIRE** *Habiller*		**SOSTITUIRE** *Remplacer*
parlo	=	**temo**	=	**vesto**		**sostituisco**
parli	=	**temi**	=	**vesti**		**sostituisci**
parla		**teme**	=	**veste**		**sostituisce**
parliamo	=	**temiamo**	=	**vestiamo**	=	**sostituiamo**
parlate		**temete**		**vestite**	=	**sostituite**
parlano		**temono**	=	**vestono**		**sostituiscono**

- Les 3es pers. plur. de plus de 2 syllabes sont accentuées sur l'antépénultième syllabe ou sur celle qui la précède : **parlano, abitano, temono, vestono, finiscono...** (1)
- Environ 850 verbes se conjuguent comme **sostituire** (**finire, agire, capire,** etc).
- Les verbes qui se conjuguent comme **vestire** sont peu nombreux
  abbonire, aprire, avvertire, divertire, bollire, cucire, dormire, fuggire, pentirsi, seguire, inseguire, conseguire, perseguire, proseguire, sentire, assentire, acconsentire, consentire, risentire, vestire, investire, rivestire etc.
- Certains verbes en **-ire** connaissent les deux types de conjugaison :
  assorbire (assorbo, assorbisco), aborrire, affloscire, applaudire, eseguire, languire, nutrire, tossire
- Variantes :

Apparire : **appaio** (ou **apparisco**), **appari** (ou **apparisci**), **appare** (ou **apparisce**), **appariamo**, **apparite**, **appaiono**, (ou **appariscono**).

Compire ou **Compiere :**
compio (ou : **compisco**) ...**compite, compiono** (ou : **compiscono**)

Empire ou **Empiere :**
empio (ou : **empisco**)... **empite, empiono** (ou : **empiscono**)

Dovere : **devo** ou **debbo, devi, deve, dobbiamo, dovete, devono** ou **debbono**

Soddisfare : **soddisfo** ou **soffisfò** ou **soddisfaccio, soddisfi, soddisfà, soddisfacciamo, soddisfacete, soddisfano** ou **soddisfanno**

(1) L'affixe **-isc-** est toujours accentué, ce qui explique son absence aux 1ère et 2ème personnes du pluriel, accentuées sur la désinence : **-iàmo, -íte.**

Présent de l'indicatif

NOMBREUSES IRREGULARITES :

Essere : sono, sei, è, siamo, siete, sono.
Dare : do, dai, dà, diamo, date, danno.
Avere : ho, hai, ha, abbiamo, avete, hanno.
Stare : sto, stai, sta, stiamo, state, stanno.
Parere : paio, pari, pare, paiamo, parete, paiono.
Potere : posso, puoi, può, possiamo, potete, possono.
Volere : voglio, vuoi, vuole, vogliamo, volete, vogliono.
Solere : soglio, suoli, suole, sogliamo, solete, sogliono.
Dolere : dolgo, duoli, duole, doliamo ou dogliamo, dolete, dolgono.
Morire : muoio, muori, muore, moriamo, morite, muoiono.
Andare : vado (plus rarement vo), vai, va, andiamo, andate, vanno.
Fare : faccio (plus rarement fo), fai, fa, facciamo, fate, fanno.
Bere (autrefois **Bevere**) **:** bevo, bevi, beve, beviamo, bevete, bevono.
Trarre (autrefois **Traggere, Traere**) **:** traggo, trai, trae, traiamo, traete, traggono.
Porre (autrefois **Ponere**) **:** pongo, poni, pone, poniamo, ponete, pongono.
Condurre (autrefois **Conducere**) **:** conduco, conduci, conduce, conduciamo, conducete, conducono.
Dire (autrefois **Dicere**) **:** dico, dici, dice, diciamo, dite, dicono.
Nuocere : noccio, nuoci, nuoce, nociamo, nocete, nocciono.

Giacere : giaccio, giacciono. De même pour : **Piacere** et **Tacere.**
Valere : valgo, valgono.
Rimanere : rimango, rimangono.
Salire : salgo, salgono.
Scegliere : scelgo, scelgono.
Togliere : tolgo, tolgono. De même : **Cogliere,** etc.
Spegnere ou **Spengere :** spengo, spegni, spegne, spegniamo, spegnete, spengono.
Cucire *Coudre* **:** cucio, cuci, cuce, cuciamo, cucite, cuciono. De même : **Sdrucire.**
Cuocere *Cuire* **:** cuocio, cuoci, cuoce, cuociamo ou cociamo, cuocete ou cocete, cuociono.
Mancare : manchi, manchiamo. De même : **Caricare, Arrecare, Coricarsi,** etc.
Negare : neghi, neghiamo. De même : **Annegare, Collegare, Fregare,** etc.

Baciare : bacio, baci, ...
Sbagliare : sbaglio, sbagli, ...
Cambiare : cambio, cambi, ... etc.
▶ avec un seul i

Avviare : avvio, avvìi, avvia, avviamo, avviate, avvìano.
De même : **Deviare, Forviare...**
Sedere *S'asseoir* **:** siedo, siedi, siede, sediamo, sedete, siedono.
Tenere : tengo, tieni, tiene, teniamo, tenete, tengono.
Venire : vengo, vieni, viene, veniamo, venite, vengono.
Udire *Entendre* **:** odo, odi, ode, udiamo, udite, odono.
Uscire *Sortir* - intransitif **:** esco, esci, esce, usciamo, uscite, escono.
Muovere *Mouvoir* **:** muovo, muovi, muove, moviamo, movete, muovono.

Les autres temps simples de l'indicatif

I) LE FUTUR (il futuro)

Conjugaisons régulières :

	PARLARE		TEMERE	VESTIRE
1	parlerò	=	temerò	vestirò
2	parlerai	=	temerai	vestirai
3	parlerà	=	temerà	vestirà
I	parleremo	=	temeremo	vestiremo
II	parlerete	=	temerete	vestirete
III	parleranno	=	temeranno	vestiranno

Les désinences du futur sont les mêmes :
- à la 1ère et à la 2e conjugaison ;
- aux deux types de la 3e conjugaison : **vestirò, sostituirò.**

Verbes irréguliers :

ESSERE

sarò
sarai
sarà
saremo
sarete
saranno

- Formes semi-contractées :

avrò, avrai... cadrò... dovrò... potrò... saprò...

- Formes contractées :

Dolere : dorrò...
Tenere : terrò...
Volere : vorrò...
Rimanere : rimarrò...
Valere : varrò...
Venire : verrò...

- Variantes :

Morire : morirò ou **morrò**
Sciogliere : scioglierò ou **sciorrò** (rare)
Udire : udirò ou **udrò** (d'usage rare)
Bere : beverò ou **berrò**

➤ L'infinitif contracté (voir page 168) entraîne un futur contracté : **Porre : porrò**, etc.

II) L'IMPARFAIT (l'imperfetto)

Conjugaisons régulières :

	PARLARE	TEMERE	VESTIRE
1	parlavo	temevo	vestivo
2	parlavi	temevi	vestivi
3	parlava	temeva	vestiva
I	parlavamo	temevamo	vestivamo
II	parlavate	temevate	vestivate
III	parlavano	temevano	vestivano

Les autres temps simples de l'indicatif

II) L'IMPARFAIT (l'imperfetto) (suite)

Même conjugaison pour le type 1 (**Vestire, Dormire, Avvertire,** etc.) et pour le type 2 :
Sostituivo, sostituivi, sostituiva, sostituivamo, sostituivate, sostituivano.

La 3e pers. plur. est toujours accentuée sur l'antépénultième syllabe :
parlavano, temevano, vestivano, sostituivano, erano, traevano, avevano...

Verbes irréguliers :

ESSERE	Verbes à l'infinitif contracté :		
ero	**Fare**	(autrefois **Facere**) :	**facevo, facevi...**
eri	**Trarre**	(autrefois **Traere**) :	**traevo,...**
era	**Bere**	(autrefois **Bevere**) :	**bevevo,...**
eravamo	**Porre**	(autrefois **Ponere**) :	**ponevo,...**
eravate	**Condurre**	(autrefois **Conducere**) :	**conducevo,...**
erano	**Dire**	(autrefois **Dicere**) :	**dicevo,...**

III) LE PASSE SIMPLE (ou : passé défini) (il passato remoto)

Conjugaisons régulières :

	PARLARE	TEMERE			VESTIRE
1	parlai	temei	ou	temetti	vestii
2	parlasti	temesti		temesti	vestisti
3	parlò	temé		temette	vestì
I	parlammo	tememmo		tememmo	vestimmo
II	parlaste	temeste		temeste	vestiste
III	parlarono	temerono		temettero	vestirono

Les désinences **-etti, -ette, -ettero** sont d'usage moins courant que les désinences **-ei, -é, -erono**.

Toutefois certains verbes sont habituellement conjugués soit avec les unes (**battei, mescei, mietei, ripetei**), soit avec les autres (**credetti, resistetti, cedetti**).

Verbes irréguliers :

	PRENDERE	
1	presi	
2		prendesti
3	prese	
I		prendemmo
II		prendeste
III	presero	

Presque tous les verbes irréguliers conservent au passé simple le radical de l'infinitif et les désinences régulières à la 2e pers. sing. et aux 1ère et 2e pers. plur., seules étant vraiment irrégulières la 1ère pers. sing., la 3e pers. sing. et la 3e pers. plur. Ainsi : **Persuadére : persuasi, persuadesti, persuase, persuademmo, persuadeste, persuasero.**

Régulière ou irrégulière, la 3e pers. plur. est toujours accentuée sur l'antépénultième syllabe :
parlarono, temerono, temettero, vestirono, sostituirono, presero...

(Voir p. 171, 172, 173, la conjugaison des verbes irréguliers au passé simple).

Verbes irréguliers au passé simple et/ou au participe passé

I) PASSE SIMPLE EN -SI, PARTICIPE PASSE EN -SO

Invadere	*Envahir*	**invasi**	**invaso**
Radere	*Raser*	**rasi**	**raso**
Ledere	*Léser*	**lesi**	**leso**
Decidere	*Décider*	**decisi**	**deciso**
Dividere	*Diviser*	**divisi**	**diviso**
Elidere	*Elider*	**elisi**	**eliso**
Incidere	*Graver*	**incisi**	**inciso**
Intridere	*Pétrir*	**intrisi**	**intriso**
Ridere	*Rire*	**risi**	**riso**
Uccidere	*Tuer*	**uccisi**	**ucciso**
Rodere	*Ronger*	**rosi**	**roso**
Esplodere	*Exploser*	**esplosi**	**esploso**
Alludere	*Faire allusion*	**allusi**	**alluso**
Chiudere	*Fermer*	**chiusi**	**chiuso**
Ardere	*Brûler*	**arsi**	**arso**
Mordere	*Mordre*	**morsi**	**morso**
Persuadere	*Persuader*	**persuasi**	**persuaso**

Accendere	*Allumer*	**accesi**	**acceso**
Difendere	*Défendre*	**difesi**	**difeso**
Pendere	*Pencher*	**pesi**	**peso**
Rendere	*Rendre*	**resi**	**reso**
Scendere	*Descendre*	**scesi**	**sceso**
Tendere	*Tendre*	**tesi**	**teso**
Spargere	*Répandre*	**sparsi**	**sparso**
Rifulgere	*Etinceler*	**rifulsi**	**rifulso**
Tergere	*Essuyer*	**tersi**	**terso**
Immergere	*Immerger*	**immersi**	**immerso**
Et de même : **Sommergere, Emergere**			
Correre	*Courir*	**corsi**	**corso**
Et de même : **Accorrere, Soccorrere, Incorrere, Occorre** *(= il faut)*			
Valere	*Valoir*	**valsi**	**valso**

Variantes :

Perdere *Perdre* **persi** (plus rarement **perdei** ou **perdetti**) **perso**
perduto

II) PASSE SIMPLE EN -SSI, PARTICIPE PASSE EN -SSO

Affiggere	*Afficher*	**affissi**	**affisso**
Annettere	*Annexer*	**annessi**	**annesso**
Discutere	*Discuter*	**discussi**	**discusso**
Incutere	*Inspirer*	**incussi**	**incusso**

Concedere	*Concéder*	**concessi**	**concesso**
Fendere	*Fendre*	**fessi**	**fesso**
Scindere	*Scinder*	**scissi**	**scisso**

(Voir aussi «Modification de voyelle», p. 173)

Avec monophtongaison en syllabe fermée (**-o** + consonne géminée, au lieu de **-uo**) :

Muovere	*Mouvoir*	**mossi**	**mosso**
Percuotere	*Frapper*	**percossi**	**percosso**
Scuotere	*Secouer*	**scossi**	**scosso**

Deux conjugaisons différentes pour deux acceptions différentes :

Riflettere *Réfléchir :* sens concret («réfléchir la lumière») : **riflessi** **riflesso**,
se conjugue régulièrement dans le sens abstrait («penser») : **riflettei** **riflettuto**.

N.B. Tous les infinitifs de cette page (sauf **persuadere** et **valere**) so[illegible] accentués sur l'antépénultième syllabe (proparoxytons).

Verbes irréguliers au passé simple et/ou au participe passé

III) PASSE SIMPLE EN -SI, PARTICIPE PASSE EN -TO

Svellere	*Arracher*	**svelsi**	**svelto**
Assolvere	*Absoudre*	**assolsi**	**assolto**
Torcere	*Tordre*	**torsi**	**torto**
Vincere	*Vaincre*	**vinsi**	**vinto**
Ergere	*Dresser*	**ersi**	**erto**
Volgere	*Tourner*	**volsi**	**volto**
Sorgere	*S'élever*	**sorsi**	**sorto**
Porgere	*Présenter*	**porsi**	**porto**
Scorgere	*Apercevoir*	**scorsi**	**scorto**
Accorgersi	*S'apercevoir*	**accorsi**	**accorto**
Distinguere	*Distinguer*	**distinsi**	**distinto**
Infrangere	*Briser*	**infransi**	**infranto**
Piangere	*Pleurer*	**piansi**	**pianto**
Cingere	*Ceindre*	**cinsi**	**cinto**
Dipingere	*Peindre*	**dipinsi**	**dipinto**
Fingere	*Feindre*	**finsi**	**finto**
Spingere	*Pousser*	**spinsi**	**spinto**
Tingere	*Teindre*	**tinsi**	**tinto**
Giungere	*Arriver*	**giunsi**	**giunto**
Mungere	*Traire*	**munsi**	**munto**
Pungere	*Piquer*	**punsi**	**punto**
Ungere	*Graisser*	**unsi**	**unto**

Variantes du participe passé :

Assorbire *Absorber* — **assorbito** (*absorbé* -sens concret) ; **assorto** (*absorbé, pensif*)

Seppellire *Ensevelir* — **seppellito** ; **sepolto**

IV) PASSE SIMPLE EN -SI, PARTICIPE PASSE EN -STO

Nascondere	*Cacher*	**nascosi**	**nascosto**
Rispondere	*Répondre*	**risposi**	**risposto**
Porre	*Placer*	**posi**	**posto**

Et de même : **Deporre, Comporre, Imporre, Supporre,** etc.

V) CONSONNE GEMINEE AU PASSE SIMPLE, PARTICIPE PASSE REGULIER

Bere	*Boire*	**bevvi**	**bevuto**
Cadere	*Tomber*	**caddi**	**caduto**
Piovere	*Pleuvoir*	**piovve** *il plut*	**piovuto**
Conoscere	*Connaître*	**conobbi**	**conosciuto**
Volere	*Vouloir*	**volli**	**voluto**
Tenere	*Tenir*	**tenni**	**tenuto**
Venire	*Venir*	**venni**	**venuto**
Crescere	*Croître*	**crebbi**	**cresciuto**

VI) PASSE SIMPLE EN -SSI; PARTICIPE PASSE EN -TTO

Affliggere	*Affliger*	**afflissi**	**afflitto**
Friggere	*Frire*	**frissi**	**fritto**
Reggere	*Tenir*	**ressi**	**retto**
Proteggere	*Protéger*	**protessi**	**protetto**
Leggere	*Lire*	**lessi**	**letto**
Figgere	*Enfoncer*	**fissi**	**fitto**
Scrivere	*Ecrire*	**scrissi**	**scritto**
Struggere	*Fondre*	**strussi**	**strutto**

Avec monophtongaison (**-o** au lieu de **-uo**) :

Cuocere	*Cuire*	**cossi**	**cotto**

Sconfiggere *Vaincre* se conjugue comme **Figgere : sconfissi sconfitto**

➤ Attention ! **Affiggere** *Afficher* fait au participe passé : **affisso** (Cf. p. 171)

VII) MODIFICATION DE CONSONNES (du radical)

Vivere	*Vivre*	**vissi**	**vissuto**
Spegnere	*Eteindre*	**spensi**	**spento**
Scegliere	*Choisir*	**scelsi**	**scelto**
Cogliere	*Cueillir*	**colsi**	**colto**
Sciogliere	*Délier*	**sciolsi**	**sciolto**
Togliere	*Oter*	**tolsi**	**tolto**

Verbes irréguliers au passé simple et/ou au participe passé

VIII) MODIFICATION DE VOYELLE (du radical) ET AUTRES IRREGULARITES

Avere	*Avoir*	**ebbi**	**avuto**
Sapere	*Savoir*	**seppi**	**saputo**
Dire	*Dire*	**dissi**	**detto**
Stringere	*Serrer*	**strinsi**	**stretto**
Negligere	*Négliger*	**neglessi**	**negletto**
Dirigere	*Diriger*	**diressi**	**diretto**

Mettere	*Mettre*	**misi**	**messo**
Vedere	*Voir*	**vidi**	**visto** ou **veduto**
Rompere	*Rompre, Casser*	**ruppi**	**rotto**
Fondere	*Fondre*	**fusi**	**fuso**
Condurre	*Conduire*	**condussi**	**condotto**

Et de même : **Dedurre, Indurre,** etc.

Dare	*Donner*	**diedi, desti, diede, demmo, deste, diedero**	**dato**
Stare	*Rester*	**stetti, stesti, stette, stemmo, steste, stettero**	**stato**

Redigere (Redarre est désuet**)**	*Rédiger*	**redigei** ou **redassi**	**redatto**
Comprimere	*Comprimer*	**compressi**	**compresso**
Esprimere	*Exprimer*	**espressi**	**espresso**

Parere	*Paraître*	**parvi**	**parso**
Apparire	*Apparaître*	**apparii** ou **apparvi**	**apparso**
Costruire	*Construire*	**costruii** ou **costrussi**	**costruito**
Convertire	*Convertir*	**convertii** ou **conversi**	**convertito** (rarement : **converso**)

Giacere	*Etre couché*	**giacqui**	**giaciuto**
Piacere	*Plaire*	**piacqui**	**piaciuto**
Nuocere	*Nuire*	**nocqui**	**nociuto** (Monophtongaison : **-o** au lieu de **-uo**)

Tacere	*Taire, Se taire*	**tacqui**	**taciuto**
Nascere	*Naître*	**nacqui**	**nato**

Aprire	*Ouvrir*	**aprii**	ou	**apersi**	(d'usage rare)	**aperto**
Coprire	*Couvrir*	**coprii**	ou	**copersi**	(d'usage rare)	**coperto**
Offrire	*Offrir*	**offrii**	ou	**offersi**		**offerto**
Soffrire	*Souffrir*	**soffrii**	ou	**soffersi**		**sofferto**
Spandere	*Répandre*	**spandei**	ou	**spandetti**		**spanto**

IX) PIEGES A EVITER

➤ **Cedere** *Céder* est régulier **(cedei** ou **cedetti, ceduto),**
mais : **Concedere** est irrégulier (voir p. 171, II)

➤ **Premere** *Presser* est régulier **(premei** ou **premetti, premuto),**
mais : **Comprimere** est irrégulier (Voir ci-dessus)

Accórsi	avec **ó** fermé	*J'accourus*
Mi accòrsi	avec **ò** ouvert	*Je m'aperçus*
Premétti	avec **é** fermé	*Tu places avant, tu dis d'abord*
Premètti	avec **è** ouvert	*Je pressai*

Présent du subjonctif

(presente del congiuntivo)

1ère conjugaison	2e conjugaison	3e conjugaison Type 1	3e conjugaison Type 2
PARLARE *Parler*	**TEMERE** *Craindre*	**VESTIRE** *Habiller*	**SOSTITUIRE** *Remplacer*
parli	**tema** =	**vesta**	**sostituisca**
parli	**tema** =	**vesta**	**sostituisca**
parli	**tema** =	**vesta**	**sostituisca**
parliamo =	**temiamo** =	**vestiamo** =	**sostituiamo**
parliate =	**temiate** =	**vestiate** =	**sostituiate**
parlino	**temano** =	**vestano**	**sostituiscano**

Comme au présent de l'indicatif, les **3es pers. plur.** de plus de 2 syllabes sont **accentuées** sur **l'antépénultième syllabe ou sur celle qui la précède :**
parlino, abitino, fabbrichino, temano, vestano, sostituiscano...

Variantes (Cf. «Présent de l'indicatif» p. 167, 168) :

Apparire ◀ **appaia, appaia, appaia, appaiamo, appaiate, appaiano**
apparisca, apparisca, apparisca, appariamo, appariate, appariscano

Compire ou **Compiere :** **compia** ou **compisca...**
Empire ou **Empiere :** **empia** ou **empisca...**

Sedere : sieda (segga)...
Vedere : veda (vegga)... ▶ Les formes **segga, vegga...** sont d'usage rare.

Soddisfare ◀ **soddisfi** ou **soddisfaccia,... soddisfacciamo, soddisfacciate, soddisfino** ou **soddisfacciano.**

Présent du subjonctif

(presente del congiuntivo)

NOMBREUSES IRREGULARITES

Essere : sia, sia, sia, siamo, siate, sìano.
Dare : dia, dia, dia, diamo, diate, dìano.
Stare : stia, stia, stia, stiamo, stiate, stìano.
Andare : vada, vada, vada, andiamo, andiate, vadano.
Fare : faccia, faccia, faccia, facciamo, facciate, facciano.
Avere : abbia, abbia, abbia, abbiamo, abbiate, abbiano.
Dovere : debba (deva), ... dobbiamo, dobbiate, debbano (devano).
Parere : paia, paia, paia, paiamo, paiate, paiano.
Morire : muoia, muoia, muoia, moriamo, moriate, muoiano.
Volere : voglia, voglia, voglia, vogliamo, vogliate, vogliano.
De même : **Solere :** soglia...
Dolere : dolga, dolga, dolga, doliamo ou dogliamo, doliate ou dogliate, dolgano.
Valere : valga, valga, valga, valiamo, valiate, valgano.
Tenere : tenga, tenga, tenga, teniamo, teniate, tengano.
De même : **Rimanere :** rimanga..., **Venire :** venga...
Scegliere *Choisir* **:** scelga, ... scegliamo, scegliate, scelgano.
De même : **Sciogliere :** sciolga..., ...
Spegnere ou **Spengere :** spenga, ...spegniamo, spegniate, spengano.
Bere : beva, ... beviamo, beviate, bevano.
Trarre : tragga, ... traiamo (tragghiamo) ; traiate (tragghiate), traggano.
Porre : ponga, ... poniamo, poniate, pongano.
Condurre : conduca, ... conduciamo, conduciate, conducano.
Dire : dica, ... diciamo, diciate, dicano.
Nuocere *Nuire* **:** noccia, ... nociamo, nociate, ,nocciano.
Giacere : giaccia,... giaciamo, giaciate, giacciano.
De même : **Piacere :** piaccia..., **Tacere :** taccia...
Cucire *Coudre* **:** cucia, ... cuciamo, cuciate, cuciano. De même : **Sdrucire** *Déchirer.*
Cuocere *Cuire* **:** cuocia, ... cuociamo ou cociamo, cuociate ou cociate, cuociano.
Mancare : manchi, ... manchiamo, manchiate, manchino.
De même : **Caricare : carichi,** etc.
Negare : neghi, ... neghiamo, neghiate, neghino.
De même : **Annegare : anneghi, Pregare : preghi...,...**

Baciare : baci, ...
Sbagliare *Se tromper* **:** sbagli, ...
Cambiare : cambi, ...
▶ avec un seul i

Avviare : avvii, ... avviamo, avviate, avviino. De même : **Deviare, Forviare, ...**
Sedere : sieda, ... sediamo, sediate; siedano. (Plus rarement : segga, ...).
Udire : oda, oda, oda, udiamo, udiate, odano.
Uscire : esca, esca, esca, usciamo, usciate, escano.

«Non v'è gallina né gallinaccia che di gennaio uova non faccia».

L'imparfait du subjonctif

(l'imperfetto del congiuntivo)

Verbes réguliers

PARLARE *Parler*	TEMERE *Craindre*	VESTIRE *habiller*
parlassi	temessi	vestissi
parlassi	temessi	vestissi
parlasse	temesse	vestisse
parlassimo	temessimo	vestissimo
parlaste	temeste	vestiste
parlassero	temessero	vestissero

Un seul type pour la 3e conjugaison : tous les verbes en **-IRE** se conjuguent de la même façon à l'imparfait du subjonctif : **vestissi, sostituissi...**

Toutes les 1ères et 3es pers. du plur. sont accentuées sur l'antépénultième syllabe : **temessimo, temessero, vestissimo, vestissero,** etc.

- Irrégularités à rapprocher de celles du présent de l'indicatif :

Fare : facessi..., **Bere : bevessi...,** **Trarre : traessi...,**
Porre : ponessi..., **Condurre : conducessi...,** **Dire : dicessi...**

- Monophtongaison (**-o** au lieu de **-uo**) en syllabe désaccentuée :

Cuocere *Cuire* : **cocessi... ;** **Nuocere** *Nuire* : **nocessi... ;**
Muovere *Mouvoir* : **movessi...**

- Verbes très irréguliers :

Essere *Etre* : **fossi, fossi, fosse, fossimo, foste, fossero.**
Dare *Donner* : **dessi, dessi, desse, dessimo, deste, dessero.**
Stare *Rester* : **stessi, stessi, stesse, stessimo, steste, stessero.**

➤ Attention aux homonymes ! Les formes **stessi, stesse** peuvent être aussi des pronoms ! La forme **deste** *(que vous donnassiez)* peut signifier aussi *réveillées* (du v. **destare**) ! Et il y a coïncidence entre les 2es pers. plur. du passé simple de l'indicatif et celles de l'imparfait du subjonctif. **cantaste, temeste, vestiste.**

Enfin, ne pas confondre dans la prononciation **corrésse** (avec **é** fermé) - *qu'il courût* (du v. **correre**) - et **corrèsse** (avec **è** ouvert) - *il corrigea* - (du v. **correggere**) ; **fossi, fosse** - formes du v. **essere** - (avec **ó** fermé) et les noms **fossi** (= *fossés*), **fosse** (= *fosses*), avec **ò** ouvert.

«Se il villano sapesse il sapore della gallina in gennaio,
non ne lascerebbe nessuna nel pollaio»
«Se non ci fosse il 'se' e il 'ma', si sarebbe ricchi»

L'impératif

(l'imperativo)

1ère conjugaison	2e conjugaison	3e conjugaison Type 1	3e conjugaison Type 2
PARLARE *Parler*	**RIPETERE** *Répéter*	**VESTIRE** *Habiller*	**SOSTITUIRE** *Remplacer*
2 parla non parlare	2 ripeti non ripetere	= 2 vesti non vestire	2 sostituisci non sostituire
3 (Lei) parli	3 (Lei) ripeta	= 3 (Lei) vesta	3 (Lei) sostituisca
I parliamo =	I ripetiamo =	I vestiamo =	I sostituiamo
II parlate	II ripete	II vestite =	II sostituite
III (Loro) parlino	III (Loro) ripetano =	III (Loro) vestano	III (Loro) sostituiscano

Voir Ordre, Défense, page 148.

3e conj. réfléchie

VESTIRSI
S'habiller

2 vèstiti
non vestirti / ti vestire
3 (Lei) si vesta
I vestiamoci
II vestitevi
III (Loro) si vestano

Conjugaisons irrégulières :

Dare :	da',	(Lei) dia,	diamo,	date,	(Loro) diano
Stare :	sta',	" stia,	stiamo,	state,	" stiano
Andare :	va',	" vada,	andiamo,	andate	" vadano
Fare :	fa'	" faccia,	facciamo,	fate	" facciano
Avere :	abbi,	" abbia,	abbiamo,	abbiate,	" abbiano
Essere :	sii,	" sia,	siamo,	siate,	" siano
Volere :	vogli,	" voglia,		vogliate,	" vogliano
Sapere :	sappi,	" sappia,	sappiamo,	sappiate,	" sappiano
Dire :	di',	" dica,	diciamo,	dite,	" dicano
Tenere :	tieni	" tenga,	teniamo,	tenete,	" tengano

etc. (Voir «Présent du Subjonctif» p. 174,175)

- La 1ère pers. plur. est empruntée au présent de l'indicatif (**siamo, diciamo...**).
- La 2e pers. plur. est empruntée le plus souvent à l'indic. prés. (**date, dite...**), plus rarement au subj. prés. (**abbiate, siate, possiate, sappiate, vogliate**).
- La 2e pers. sing. à la forme négative = **non** + **infinitif** (**Non fare, Non dire...**), à ne pas confondre avec l'impératif impersonnel (= **infinitif sans négation**) :

  Museo : prendere la strada a sinistra
  Musée : prendre la rue à gauche (voir p. 148, III)

- Les 3es pers. sing. et plur. sont empruntées au subjontif présent :
  parli, parlino, dia, diano, venga, scelga, conduca.
- Enclise à la place de la proclise, à l'impératif (Cf. p. 165) :

  Ci vestiamo e ce ne andiamo — *Nous nous habillons et nous nous en allons*
  Vestiamoci e andiamocene — *Habillons-nous et allons-nous-en*

Le présent du conditionnel

(Il presente del condizionale)

Verbes réguliers

PARLARE *Parler*		TEMERE *Craindre*	VESTIRE *Habiller*
parlerei	=	temerei	vestirei
parleresti	=	temeresti	vestiresti
parlerebbe	=	temerebbe	vestirebbe
parleremmo	=	temeremmo	vestiremmo
parlereste	=	temereste	vestireste
parlerebbero	=	temerebbero	vestirebbero

➤ Attention !

- un **-m** au futur : **parleremo**
- deux **-mm** au conditionnel : **parleremmo**

- Comme au futur de l'indicatif, même conjugaison pour les verbes en **-ARE** et les verbes en **-ERE**.
- Toutes les 3e pers. plur. sont accentuées sur l'antépénultième syllabe : **parlerebbero, vestirebbero, darebbero, dovrebbero, avrebbero**, etc.
- Un seul type pour la 3e conjugaison : **vestirei, sostituirei...** (voir ci-dessous les formes irrégulières).

Irrégularités analogues à celles du futur (voir p. 169, I) :

- Formes semi-contractées : **avrei**, **cadrei**, **dovrei**, **potrei**, **saprei**.
- Formes contractées :

Dolere :	**dorrei**	**Rimanere :**	**rimarrei**	**Tenere :**	**terrei**
Valere :	**varrei**	**Volere :**	**vorrei**	**Venire :**	**verrei**

- L'infinitif contracté entraîne un conditionnel contracté (comme pour le futur) : **Trarre : trarrei ; Porre : porrei**, etc.

Variantes :

Morire *Mourir* : **morirei** ou **morrei**
Bere *Boire* : **beverei** ou **berrei**

Modification du radical :

Essere *Etre* : **sarei, saresti, sarebbe, saremmo, sareste, sarebbero.**

«Se l'invidia fosse febbre, tutto il mondo morirebbe»

Le participe présent

(il participio presente)

1ère conjugaison :	-ante	➡	**Cascare**	*Tomber* :	**cascante**	*tombant, retombant*
2e conjugaison :	-ente	➡	**Correre**	*Courir* :	**corrente**	*courant, s'écoulant*
3e conjugaison :	-ente	➡	**Dormire**	*Dormir* :	**dormente**	*dormant*
ou	-iente			ou	**dormiente**	

- Le participe présent italien s'accorde avec le nom. Il peut être utilisé comme :

⇨ un verbe (avec son complément) - noter l'accord au pluriel - :

Le acque cascanti dall'alto — *Les eaux tombant de haut*
I ruscelletti correnti nei prati — *Les ruisselets s'écoulant dans les prés*

⇨ un adjectif :

Piante rampicanti — *Des plantes grimpantes*
Baffi spioventi — *Des moustaches à la gauloise («retombantes»)*
Un tetto spiovente — *Un toit en pente*
Una persona negligente — *Une personne négligente*

⇨ un substantif (nom) :

Svegliai i dormienti — *Je réveillai ceux qui dormaient*

- Substantifs formés sur des participes présents :

Tenere : il tenente *Le lieutenant* **Docere : il docente** *L'enseignant*
Servire : l'inserviente *Le garçon de salle* ou *le servant -de messe-*

- Latinisme :

Volente o nolente — *Bon gré mal gré, De gré ou de force*

Passé récent - futur proche

I) PASSE RECENT

Siamo appena arrivati — *Nous venons d'arriver*
Mi ha telefonato proprio ora — *Il vient juste de me téléphoner*
Şi sono decisi ora — *Ils viennent de se décider*
È uscito or ora (ou : **poco fa**) **- un minuto fa** — *Il vient de sortir - il y a une minute -*
Si era deciso proprio allora — *Il venait tout juste de se décider*
Era uscito poco prima (ou : **poc'anzi**) **quando arrivai** — *Il venait de sortir quand j'arrivai*

II) FUTUR PROCHE

Si comincia fra (ou **tra**) **due minuti** — *On va commencer dans deux minutes*
Si comincerà fra (ou **tra**) **un'ora** — *On commencera dans une heure*
Ora si comincia — *On va commencer*
Ora ti voglio dire una cosa — *Je vais te dire une chose*
Il meccanismo sta per scattare — *Le mécanisme est sur le point de se déclencher*
Il treno è lì lì per partire — *Le train va partir dans un instant*
Dovrebbe partire a momenti — *Il devrait partir d'un moment à l'autre*
Vuol piovere — *Il va pleuvoir*
Vuol nevicare — *Il va neiger*

«Tra due litiganti, il terzo gode»

Le gérondif

(il gerundio)

1ère conjugaison : **-ando**	➡	**Camminare**	*Marcher*	: **camminando**	*en marchant*
2e et 3e conjug. : **-endo**	➡	**Correre**	*Courir*	: **correndo**	*en courant*
		Dormire	*Dormir*	: **dormendo**	*en dormant*

- **Attention ! Fare ➡ facendo**

En principe le gérondif se rapporte au sujet (et non pas au complément) :

Lo vidi entrando *Je le vis en entrant (alors que j'entrais)*
Lo vidi che stava bevendo il caffè *Je le vis buvant son café (alors qu'il buvait...)*

Divers emplois du gérondif italien :

➩ Valeur temporelle :
Andando a casa, ho incontrato Gina (= Mentre andavo a casa...)
En rentrant chez moi, j'ai rencontré Gina

➩ Valeur modale (façon, manière) :
Partì facendo delle smorfie *Il partit en faisant des grimaces*

➩ Valeur causale :
Essendo malato non potei recarmi a scuola (= Siccome ero malato...)
Etant malade, je ne pus me rendre à l'école

➩ Valeur hypothétique :
Stando alla parola dei tecnici, la riparazione risulterà assai difficile (= Se ci si attiene alla parola...) *Si l'on s'en tient à ce que disent les techniciens (A en croire les techniciens), la réparation sera très difficle.*

➩ Valeur concessive :
Seguitò a camminare imperversando la pioggia (= ... benché imperversasse la pioggia)
Il poursuivit son chemin malgré la pluie qui redoublait de violence

TOURNURES EQUIVALENTES DU GERONDIF

❶ **STARE** + INFINITIF (= **ANDARE** + GERONDIF)
Stai sempre a ricordare il passato (= Vai sempre ricordando...)
Tu passes ton temps à rappeler le passé

❷ **AL(L')** + INFINITIF (Infinitif substantivé précédé de l'article)
All'avvicinarsi dei nemici... (Avvicinandosi i nemici)
A l'approche des ennemis...

❸ **NEL(L')** + INFINITIF
Nel leggere quel resoconto, si avvide che l'essenziale era stato dimenticato
En lisant ce compte rendu, il s'aperçut que l'essentiel avait été oublié

❹ **COL(L')** + INFINITIF
Col guardare troppo spesso la televisione, non hanno più abbastanza tempo per leggere
En regardant (Parce qu'ils regardent) trop souvent la télévision, ils n'ont plus assez de temps pour lire

Participe passé et temps composés de l'indicatif

I) PARTICIPE PASSE REGULIER (participio passato regolare)

Lodare : lodato   Temere : temuto   Vestire : vestito   Capire : capito

II) PASSE COMPOSE (passato prossimo)

Ho		*J'ai*		Sono	andato	(-a)	*Je suis allé(e)*
Hai	lodato	*Tu as*	*loué*	Sei	vissuto	(-a)	*Tu as vécu*
Ha	temuto	...	*craint*	È	sparito	(-a)	*Il (Elle) a disparu*
Abbiamo	capito	...	*compris*	Siamo	andati	(-e)	....
Avete				Siete	vissuti	(-e)	....
Hanno				Sono	spariti	(-e)	

Sono stato	(-a)	lodato	(-a)	*J'ai été*	*loué(e), exalté(e)*
Sei stato	(-a)	temuto	(-a)	*Tu as été*	*craint(e)*
È stato	(-a)	capito	(-a)	......	*compris(e)*
Siamo stati	(-e)	lodati	(-e)	......	*loués(-es)*
Siete stati	(-e)	temuti	(-e)	......	*craints(-es)*
Sono stati	(-e)	capiti	(-e)	......	*compris(es)*

III) PLUS-QUE-PARFAIT (trapassato prossimo)

Avevo		*J'avais*		Ero	andato	(-a)	*J'étais allé(e)*
Avevi	lodato	*Tu avais*	*loué*	Eri	vissuto	(-a)	*tu avais vécu*
Aveva	temuto	......	*craint*	Era	sparito	(-a)	*Il (Elle) avait dispau*
Avevamo	capito	......	*compris*	Eravamo	andati	(-e)	....
Avevate				Eravate	vissuti	(-e)	....
Avevano				Erano	spariti	(-e)	

Ero stato (-a) capito (-a)... Eravamo stati (-e) capiti (-e)...
J'avais été compris(e)... Nous avions été compris(es)...

IV) PASSE ANTERIEUR (trapassato remoto)

Ebbi		*J'eus*		Fui	andato	(-a)	*Je fus allé(e)*
Avesti	lodato	*Tu eus*	*loué*	Fosti	vissuto	(-a)	*Tu eus vécu*
Ebbe	temuto	......	*craint*	Fu	sparito	(-a)	*Il (Elle) eut disparu*
Avemmo	capito	......	*compris*	Fummo	andati	(-e)	....
Aveste				Foste	vissuti	(-e)	....
Ebbero				Furono	spariti	(-e)	

Fui stato (-a) temuto (-a)... Fummo stati (-e) temuti (-e)...
J'eus été craint(e)... Nous eûmes été craints(es)...

V) FUTUR ANTERIEUR (futuro anteriore)

Avrò		*J'aurai*		Sarò	andato	(-a)	*Je serai allé(e)*
Avrai	lodato	*Tu auras*	*loué*	Sarai	vissuto	(-a)	*Tu auras vécu*
Avrà	temuto	......	*craint*	Sarà	sparito	(-a)	*Il (Elle) aura disparu*
Avremo	capito	......	*compris*	Saremo	andati	(-e)	....
Avrete				Sarete	vissuti	(-e)	....
Avranno				Saranno	spariti	(-e)	

Sarò stato (-a) temuto (-a)... Saremo stati (-e) temuti (-e)...
J'aurai été craint(e)... Nous aurons été craints(-es)...

Temps composés de l'infinitif, du gérondif, du conditionnel et du subjonctif

I) INFINITIF PASSE (infinito passato)

❶ **Avere lodato**	*Avoir loué*	**Essere andato** (-a)	*Etre allé(e)*
❷ **Avere temuto**	*Avoir craint*	**Essere vissuto** (-a)	*Avoir vécu*
❸ **Avere capito**	*Avoir compris*	**Essere sparito** (-a)	*Avoir disparu*

❶ **Essere stato (-a, -i, -e) lodato (-a, -i, -e)**	*Avoir été loué (-ée, -és, -ées)*
❷ **Essere stato (-a, -i, -e) temuto (-a, -i, -e)**	*Avoir été craint (-te, -ts, -tes)*
❸ **Essere stato (-a, -i, -e) capito (-a, -i, -e)**	*Avoir été compris (-se, -s, -ses)*

II) GERONDIF PASSE (gerundio passato)

❶ **Avendo lodato**	*Ayant loué*	**Essendo andato** (-a)	*Etant allé(e)*
❷ **Avendo temuto**	*Ayant craint*	**Essendo vissuto** (-a)	*Ayant vécu*
❸ **Avendo capito**	*Ayant compris*	**Essendo sparito** (-a)	*Ayant disparu*

❶ **Essendo stato (-a, -i, -e) lodato (-a, -i, -e)**	*Ayant été loué (-ée, -és, -ées)*
❷ **Essendo stato (-a, -i, -e) temuto (-a, -i, -e)**	*Ayant été craint (-te, -ts, -tes)*
❸ **Essendo stato (-a, -i, -e) capito (-a, -i, -e)**	*Ayant été compris (-se, -s, -ses)*

III) CONDITIONNEL PASSE (condizionale passato)

Avrei		*J'aurais*		**Sarei stato** (-a)	**lodato** (-a)
Avresti	**lodato**	*Tu aurais*	*loué*	**Saresti stato** (-a)	**temuto** (-a)
Avrebbe	**temuto**	*Il aurait*	*craint*	**Sarebbe stato** (-a)	**capito** (-a)
Avremmo	**capito**	*Nous aurions*	*compris*	**Saremmo stati** (-e)	**lodati** (-e)
Avreste		*Vous auriez*		**Sareste stati** (-e)	**temuti** (-e)
Avrebbero		*Ils auraient*		**Sarebbero stati** (-e)	**capiti** (-e)
				J'aurais été loué(e)...	*craint(e)...*
				....	*compris(e)...*

Sarei andato (-a), vissuto (-a), etc.... *Je serais allé(e)... J'aurais vécu...,* etc.

IV) SUBJONCTIF PASSE (congiuntivo passato)

Abbia		*Que j'aie*	**Sia stato** (-a)	**lodato(-a), temuto (-a), capito (-a)**
......	**lodato**	......	....	
Abbiamo	**temuto**	*... loué*	**Siamo stati** (-e)	
Abbiate	**capito**	*... craint*	**Siate stati** (-e)	**lodati (-e), temuti (-e), capiti (-e)**
Abbiano		*... compris*	**Siano stati** (-e)	

Que j'aie été loué(e)... craint(e)... compris(e) etc.

Sia andato (-a), etc. *Que je sois allé(e),* etc.

V) SUBJONCTIF PLUS-QUE-PARFAIT (congiuntivo trapassato)

Avessi		*Que 'eusse*	**Fossi stato** (-a)	**lodato** (-a)	*Que j'eusse été loué(e)*
Avessi	**lodato**	......	**Fossi stato** (-a)	**temuto**(-a)	*Que tu eusses été craint(e)*
Avesse	**temuto**	*... loué*	**Fosse stato** (-a)	**capito** (-a)	*Qu'il (Elle) eût été compris(e)*
Avessimo	**capito**	*... craint*	**Fossimo stati**(-e)	**lodati** (-e)	*Que nous eussions été...*
Aveste		*... compris*	**Foste stati** (-e)	**temuti** (-e)	*Que vous eussiez été...*
Avessero			**Fossero stati** (-e)	**capiti** (-e)	*Qu'ils (Elles) eussent été...*

Fossi andato (-a), etc. *Que je fusse allé(e),* etc.

L'accord du participe passé

I) PARTICIPES PASSES construits avec les auxiliaires ESSERE, VENIRE, ANDARE

l'accord en genre et en nombre est obligatoire :

Gli uomini sono voluti restare, le donne sono volute partire.
Siamo amati. **Siamo amate.** **Si è amati, si è amate.** *On est aimé*

Participe passé invariable à la voix active avec le pronom **si** (fr. «on») :

Si è amato *On a aimé* **Si era parlato italiano** *On avait parlé italien*

II) VOIX PASSIVE SANS AUXILIAIRE : accord obligatoire

Phrases exclamatives :

Finite le vacanze ! Finito il benestare !

III) VOIX PRONOMINALE ET CONSTRUCTION REFLECHIE

Accord avec le sujet du verbe (usage courant) :

La ragazza si è lavata le mani. **Toltosi le scarpe, il nonno si coricò.**

Accord avec le complément direct :

- Participe passé absolu (on fait rarement l'accord avec le complément) :
  Toltesi le scarpe, il nonno si coricò
  Après avoir ôté ses chaussures, le grand-père se coucha
- Pronom explétif **(mi... ti... si...)** :
  I ragazzi si sono mangiata la torta *Les enfants ont mangé toute la tarte*

IV) ACCORD AVEC DES PRONOMS COMPLEMENTS

Accord obligatoire avec les pronoms **lo, li, la, le** :

Questo fungo, l'ho trovato io ; questi fiori, li hai trovati tu.
Quegli alberi, li ho visti abbattere.

Avec les pronoms **ci, vi, ne,** habituellement l'accord se fait en genre et en nombre :

Ci ha visti. **Vi ha viste.** **Soldi, ne hanno fatti a palate**

Assez rarement, le participe reste invariable :

Ci ha visto. **Vi ha visto.** **«Soldi... ne hanno fatto a palate»** (G. BERTO).

V) VOIX ACTIVE CONSTRUITE AVEC L'AUXILIAIRE AVERE : accord facultatif avec le substantif complément direct :

- Usage courant : **Ho ascoltato le cantanti.**
- Usage rare (accord) : **Ho ascoltate le cantanti.**
- Usage assez courant : **Le cantanti che ho ascoltato.**
- Usage assez rare (accord) : **Le cantanti che ho ascoltate.**

VI) PARTICIPE PASSE INVARIABLE

Abbiamo fatto presto. **Avete finito.** **Hanno lavorato bene.**
Si è amato *On a aimé* : voir ci-dessus le premier paragraphe.

I provvedimenti che hanno osato prendere
Les mesures qu'ils ont osé prendre

La concordance des temps

Chi bisbiglia ? - Non sono io
Indic. presente ➨ indic. presente

Qui chuchote ? - Ce n'est pas moi

Chi ha rotto il vetro ? - Non sono stato io
Passato prossimo ➨ passato prossimo

Qui a cassé la vitre ? - Ce n'est pas moi

Chi aveva chiuso l'uscio ? - Ero stato io
Trapassato prossimo ➨ trapassato prossimo

Qui avait fermé la porte ? - C'était moi

Sarò io quello che parlerà per tutti
Futuro ➨ futuro

C'est moi qui parlerai pour tout le monde

Voglio ch'egli torni
Ind. pres. ➨ congiuntivo presente

Je veux qu'il revienne

Volevo
Volli
Ho voluto ▶ **ch'egli tornasse**
Ind. passato ➨ cong. imperfetto

Je voulais
Je voulus
J'ai voulu ▶ *qu'il revînt*

Vorrei ch'egli tornasse
Cond. pres. ➨ cong. imperf.

Je voudrais qu'il revienne

Pensa che l'approverebbero
Ind. pres. ➨ cond. pres.

Il pense qu'on l'approuverait

Pensava
Pensò
Aveva pensato
Avrà pensato ▶ **che l'avrebbero approvato**
Ind. passato ➨ cond. passato

Il pensait
Il pensa
Il avait pensé
Il a dû penser ▶ *qu'on l'approuverait*

Non so se accetterebbe
Ind. pres. ➨ cond. pres.

Je ne sais pas s'il accepterait

Non sapevo se avrebbe accettato
Ind. imperf. ➨ cond. passato

Je ne savais pas s'il accepterait

L'Europa era in pace : e poche settimane più tardi sarebbe scoppiata la guerra

Ind. imperf. ➨ cond. passato

L'Europe était en paix : et quelques semaines plus tard la guerre allait éclater

La concordance des temps (suite)

Per un nonnula strilla come uno che soffra **Ind. pres. ➡ cong. pres.** (comparaison vraisemblable)	*Pour un rien il crie comme quelqu'un qui souffrirait*
Strilla come un dannato che fosse in inferno **Ind. pres. ➡ cong. imperf.** (image : supposition irréelle)	*Il crie comme un damné qui serait en enfer*
Puoi cantare finché vuoi **Ind. pres. ➡ ind. pres.**	*Tu peux chanter tant que tu veux*
Non la dimenticherò finché vivrò **Futuro ➡ futuro**	*Tant que je vivrai, je ne l'oublierai pas*
Aspetterai finché io non sia tornato **Futuro ➡ cong. passato**	*Tu attendras jusqu'à ce que je revienne*
Restò fuori finché non tramontò il sole **Passato remoto ➡ passato remoto**	*Il resta dehors jusqu'à ce que le soleil se couche*
Decise di restare finché non tramontasse il sole **Passato remoto ➡ cong. imperfetto**	*Il décida de rester jusqu'à ce que le soleil se couche*
Se viene, glielo dài **Ind. pres. ➡ ind. pres.**	*S'il vient, tu le lui donnes*
Se verrà, glielo darai **Futuro ➡ futuro**	*S'il vient, tu le lui donneras*
Se venisse, glielo daresti ? **Cong. imperf. ➡ cond. pres.**	*S'il venait, le lui donnerais-tu ?*
Se fosse venuto, glielo avresti dato ? **Cong. trapassato ➡ cond. passato**	*S'il était venu, le lui aurais-tu donné ?*

«Se un cieco guida l'altro, tutti e due cascano nella fossa»
«Se saranno rose, fioriranno ; e se saranno spine, pungeranno»
«Chi ha il lupo per compare, porti il cane sotto il mantello»
« Chi ha fretta, indugi»

Tournures affectives

I) «AIMER», «DETESTER», «DESIRER»

Mi piacciono i gelati italiani	*J'aime les glaces italiennes*
I gelati italiani mi piacciono sì !	*Les glaces italiennes, bien sûr (pour sûr) que*
I gelati italiani, certo che mi piacciono !	*je les aime !*
Piacciono a me i gelati italiani	*C'est moi qui aime les glaces italiennes*
(Sono) i gelati italiani (che) piacciono a me	*Ce sont les glaces italiennes que j'aime*
Vado matto (ou pazzo) per i gelati italiani	*Je raffole de glaces italiennes*
I nonni mi vogliono bene	*Mes grands-parents m'aiment bien*
Mio fratello mi vuole un bene dell'anima	*Mon frère m'aime de tout son cœur*
Amore mio, ti amo perdutamente, svisceratamente, alla follia	*Mon chéri (Ma chérie), je t'aime éperduement, passionnément, à la folie*
Mi fai schifo, ti odio	*Tu me dégoûtes, je te déteste*
Costei nutre invidia per tutte le sue amiche	*Cette femme jalouse toutes ses amies*
Agognano le nostre ricchezze	*Ils sont envieux de nos richesses*
Abbiamo voglia di far la doccia	*Nous avons envie de prendre une douche*
Hanno fretta di fare il bagno	*Ils ont hâte d'aller se baigner (de prendre un bain)*
Mi preme convincervi	*Je tiens à vous convaincre*
Lietissimo di conoscerla	*Enchanté de faire votre connaissance*
È molto affascinante	*Il (Elle) est très séduisant(e)*
La sua grazia m'incanta	*Sa grâce m'enchante*
Mi ha ammaliato	*Elle m'a ensorcelé*
È uno schianto di ragazza !	*C'est une fille du tonnerre ! (une fille splendide !)*

II) L'ETONNEMENT (Cf. «L'interrogation», p. 125), LA PEUR

Mi meraviglio (ou Mi stupisco) che la cena non sia ancora servita	*Je m'étonne que le dîner ne soit pas encore servi*
Con stupore di tutti si tuffò nel fiume	*Au grand étonnement de tous, il plongea dans la rivière* (ou : *dans le fleuve*)
È una cosa da fare sbalordire	*C'est une chose ahurissante*
Un massacro raccapricciante	*Un massacre effroyable*
Ha paura del buio	*Il a peur de l'obscurité*
Il buio lo impaurisce	*L'obscurité lui fait peur*
Atterrito da minacce di morte...	*Terrorisé par des menaces de mort...*
Rimasi esterrefatto (nell'apprendere...)	*Je restai interdit (en apprenant...)*
Sono strabiliato; ci ha fatto trasecolare	*Je suis éberlué ; il nous a ébahis.*

III) L'ENTHOUSIASME

Era entusiasta dei risultati ottenuti	*Il était ravi des résultats obtenus*
I patiti della partita di calcio	*Les fanatiques du match de foot-ball*
I tifosi si entusiasmarono rumorosamente	*Les supporters s'enthousiasmèrent bruyamment*
Lui fa il tifo per il calcio	*Il est un fanatique du foot-ball*

IV) «AVOIR MAL A...», «PLAINDRE», «SE PLAINDRE»

Mi duole un dente	*J'ai mal à une dent*
Gli dorrà la testa	*Il aura mal à la tête*
Ti dolgono i piedi	*Tu as mal aux pieds*
Le dolevano i polsi	*Elle avait mal aux poignets*
Ci dolsero i polpacci	*Nous eûmes mal aux mollets*
Vi dorrebbero le spalle	*Vous auriez mal aux épaules*
Sono dolute loro (ou plus familièrement : Gli sono dolute) le reni	*Ils (Elles) ont eu mal aux reins*
È da compiangere	*Il est à plaindre*
Non mi lamento	*Je ne me plains pas*
Gli piace farsi compatire	*Il aime se faire plaindre*

Verbes et syntagmes verbaux suivis de prépositions

A

s'abandonner **à** la douleur	**lasciarsi vincere dal dolore**
s'abandonner **entre** les mains de...	**rimettersi nelle mani di...**
s'abattre **sur** quelqu'un	**piombare addosso a uno**
s'abîmer les yeux **à** lire	**sciuparsi gli occhi per il troppo leggere**
aborder **dans** une île	**approdare a un'isola**
aborder le carrefour **par** la droite	**arrivare all'incrocio da destra**
abriter **de** la pluie	**riparare dalla pioggia**
accommoder **à** toutes les sauces (fig.)	**cucinare in tutte le salse**
s'accorder **à** reconnaître que...	**concordare nel riconoscere che...**
accourir **au** secours de...	**accorrere in aiuto di...**
ils sont accourus **pour** l'aider	**sono accorsi ad aiutarlo**
acheter **par** petites quantités	**comprare alla spicciolata**
acculer l'ennemi **à** la mer	**mettere il nemico con le spalle al mare**
s'acquitter **d'**un devoir	**adempiere a un dovere**
aérer un exposé **par** des exemples	**alleggerire con esempi una trattazione**
s'afficher **avec** une femme	**esibirsi in compagnia d'una donna**
agir **en** homme	**comportarsi da uomo**
s'aider **de** ses mains	**aiutarsi con le mani**
il aime **à** peindre	**si diletta di dipingere**
s'aligner **sur**... (fig.)	**allinearsi con..., adeguarsi a...**
aller **à** bicyclette	**andare in bicicletta**
aller **à** l'église	**andare in chiesa**
aller **aux** champignons	**andare a funghi, andare per funghi**
aller **chez** le notaire	**andare dal notaio**
j'irai **chez** toi	**andrò a casa tua**
il va **sur** ses vingt ans	**si avvia verso i vent'anni**
allier l'or **avec** l'argent	**fare una lega d'oro e argento**
amener quelqu'un **à** son point de vue	**trarre uno dalla propria parte**
amuser **par** de vaines promesses	**tenere a bada con promesse vane**
il apparaît, **à** la lecture du document, que...	**dalla lettura del documento risulta che...**
appeler **en** consultation	**chiamare a consulto**
appeler les choses **par** leur nom	**chiamare le cose col giusto nome**
appeler **sous** les drapeaux	**chiamare alle armi**
s'appliquer **à** bien faire	**studiarsi di (ingegnarsi di) far bene**
apprendre **par** cœur	**imparare a mente (ou a memoria)**
s'approcher **de**...	**avvicinarsi a..., accostarsi a...**
appuyer le doigt **sur** la gâchette	**premere il grilletto col dito**
appuyer le pied **sur** l'accélérateur	**premere l'acceleratore col piede**
armer **de** pied **en** cap	**armare da capo a piedi**
arracher quelqu'un **du** lit	**tirare uno fuori dal letto**
s'arracher **d'**un lieu	**staccarsi da un luogo**

s'arracher **au** sommeil	balzare **da**l sonno
s'arranger **pour**…	fare **in** modo **da**…, procurare **di**…
s'arranger **de** tout	adattarsi **a** tutto
s'arrêter **à** des bagatelles	indugiare **su** delle bazzecole (dei nonnulla)
s'arrêter **en** chemin	fermarsi **per** strada
arriver **à** bon port	giungere **in** porto
arriver **dans** un instant	arrivare **a** momenti
arriver **dans** une heure	arrivare **tra** (**fra**) un'ora
arriver **par** le train	arrivare **co**l treno
arriver **sous** peu	arrivare **tra** (**fra**) non molto
arriver **vers** la fin du jour	arrivare **su**l finir del giorno
j'en arrive **à** penser que…	finisco **co**l pensare che…
arroser **de** larmes	bagnare **con** le lacrime
attaquer quelqu'un **par** son point faible	attaccare uno **ne**l punto debole
s'attaquer **à** plus fort que soi	cimentarsi **con** più forte di sé
atteindre quelqu'un **d'**une pierre	cogliere uno **con** una sassata
attendre **de** pied ferme	aspettare **a** piè fermo
j'attendais mieux **de** toi	**da** te mi aspettavo **di** meglio
il s'attendait **à** te voir	si aspettava **di** vederti
avaler **des** yeux	divorare **con** gli occhi
avoir **à** écrire	avere **da** scrivere
avoir affaire **à**…	avere **a** che fare **con**…
il a **dans** la trentaine	è **su**i trenta
avoir de l'argent **sur** soi	avere del denaro **con** sé
avoir mal **à** la tête	avere mal **di** testa
il y a matière **à** procès	c'è materia **per** un processo
j'ai envie **de** pleurer	mi viene **da** piangere
j'ai le mot **sur** le bout de la langue	ho la parola **in** punta di lingua
avoir le pied **à** deux étriers	tenere il piede **in** due staffe
n'avoir rien **de** commun avec…	non avere niente **in** comune con…
j'ai eu le temps **de** répondre	ho fatto **in** tempo **a** rispondere
j'ai tout lieu **de** croire que…	ho le mie buone ragioni **per** credere che…
avoir voix **au** chapitre	avere voce **in** capitolo

B

baiser **sur** le front	baciare **in** fronte
battre froid **à** quelqu'un	mostrarsi freddo **con** uno
blanchir **sous** le harnais	invecchiare **in** un mestiere
boire **par** gorgées	bere **a** sorsi
bombarder **en** piqué	bombardare **a** tuffo
bondir **de** joie	saltare **da**lla gioia
broder **au** tambour	ricamare **co**l tombolo

C

camper son chapeau **sur** sa tête	calcarsi il cappello **in** testa
casser du sucre sur le dos **de** quelqu'un (fig.)	tagliare i panni addosso **a** uno

se casser les dents **sur** un obstacle	**rompersi le corna contro un ostacolo**
changer **pour** un autre	**cambiare con un altro**
ne changer **en** rien	**non mutar per nulla**
chanter **en** mesure	**cantare a tempo**
charger quelqu'un **dans** sa voiture	**prendere uno sulla macchina**
chercher **à** convaincre	**cercare di convincere**
ça va chercher **dans** les mille francs	**il prezzo si aggira sui mille franchi**
claquer la porte **au** nez **de**...	**sbattere la porta in faccia a...**
commencer **par** faire	**cominciare col fare...**
commencer **par** la fin	**cominciare dalla fine**
il commence **par** une voyelle	**comincia con vocale**
se complaire **à** contredire	**compiacersi di contraddire**
se complaire **dans** le luxe	**compiacersi del lusso**
ne comprendre rien **à** rien	**non capire niente di niente**
conclure **à** l'acquittement	**pronunziarsi per l'assoluzione**
concourir **pour** une chaire	**concorrere a una cattedra**
la rue conduit **à** la place	**la via porta in piazza**
s'y connaître **en** musique	**intendersela di musica**
conserver **dans** du vinaigre	**conservare sott'aceto**
consister **à** savoir...	**consistere nel sapere...**
nous avons construit **à** nous tous...	**tra tutti noi abbiamo costruito...**
coucher **à** l'hôtel	**pernottare in albergo**
se couper **de** la réalité	**perdere il contatto con la realtà**
courir **après**...	**correre dietro a...**
autant cracher **en** l'air	**è come parlare al vento**
crever **de** chaleur	**crepare dal caldo**
crever **d'**embonpoint	**essere grasso da crepare**
crever **de** rire	**sbellicarsi dalle risa**
croire **au** progrès	**credere nel progresso**

D

danser **en** mesure	**ballare a tempo**
à dater **de**...	**a decorrere da...**
notre amitié date **de**...	**la nostra amicizia risale a...**
déborder **de** la façade	**sporgere dalla facciata**
déboucher **sur** un boulevard	**sboccare in un viale**
déboucher **sur**... (fig.)	**risolversi in...**
débouler **dans** l'escalier	**ruzzolare per le scale**
débuter un discours **par**...	**iniziare un discorso con...**
se décharger **d'**un poids	**liberarsi da un peso**
se défendre **de**...	**difendersi da...**
se dégager **de**...	**liberarsi da...**
déguiser **en**...	**travestire (mascherare) da...**
déjeuner **au** restaurant	**desinare in trattoria**
déjeuner **d'**une omelette	**desinare a frittata**
déjeuner **en** plein air	**desinare all'aria aperta**
délivrer **de**...	**liberare da...**
demander **à** parler	**chiedere di parlare**

se démettre **de**…	dimettersi da…
dépendre **de**…	dipendere da…
déposer une plainte **en** diffamation	sporgere querela per diffamazione
descendre **au** jardin	scendere in giardino
descendre **dans** la rue	uscire sulla strada
descendre **de**…	scendere da…
dessiner **de** mémoire	disegnare a memoria
dessiner **en** couleur	disegnare a colori
détourner **de**…	deviare da…
se détourner **de**…	allontanarsi da…
la foule se déverse **sur** la place	la folla si riversa nella piazza
que veux-tu dire **par** là ?	cosa vuoi dire con questo ?
distraire **de** son travail	distrarre dal lavoro
ils divergent **sur** ce point	divergono in questo punto
donner **en** métayage	dare a mezzadria
donner **en** nourrice	dare a bàlia
se donner **en** spectacle	dare spettacolo di sé
cela donna lieu **à** de grandes réjouissances	fu occasione di grandi festeggiamenti
sa réponse nous donne lieu **de** penser que…	la sua risposta ci autorizza a pensare che…
se draper **dans** sa dignité	ammantarsi della propria dignità
se dresser **sur** la pointe des pieds	rizzarsi in punta di piedi

E

s'écarter **de**…	deviare da…, allontanarsi da…
échanger une chose **contre** une autre	barattare una cosa con un'altra
s'échapper **de**…	scappare da…
échouer **au** port (fig.)	naufragare in porto
éclater **de** rire	scoppiare a ridere
son visage éclate **de** joie	il viso gli risplende dalla gioia
écrire **au** tableau noir	scrivere sulla lavagna
ils nous écriront **à** l'approche **des** fêtes	ci scriveranno sotto le feste
le désappointement était écrit **sur** son visage	gli si leggeva la delusione in viso
effacer **de** sa mémoire	cancellare dalla propria memoria
l'avion s'élève **de** la piste	l'aereo si solleva dalla pista
éloigner **de**…	allontanare da…
embaucher **en** demi-service	assumere a mezzo servizio
émerger **de**…	emergere da…
s'émouvoir **de**	essere turbato da…
s'employer **à**…	studiarsi di…
empoigner quelqu'un **au** collet	agguantare uno per il colletto
se laisser emporter **par** la colère	lasciarsi sopraffare dall'ira
s'empresser **de**…	affrettarsi a…
enchérir **sur** les détails	eccedere nei particolari
enchérir **sur** la cruauté **de** son prédécesseur	superare in crudeltà il predecessore
enfoncer son chapeau **sur** sa tête	calcarsi il cappello in testa
s'enfuir **de**…	fuggire da…

entraîner quelqu'un **à** l'écart	tirare uno in disparte
entrer **en** fureur	andare su tutte le furie
entrer **dans** un arbre (heurter…)	andare a cozzare contro un albero
envelopper quelqu'un **d'**un regard tendre	avvolgere uno con un tenero sguardo
s'envelopper **de** sa cape	avvolgersi nella cappa
envoyer **dans** l'autre monde	mandare all'altro mondo
s'esquinter **au** travail	sfacchinarsi per il lavoro
être abondant (fécond, riche) **en**…	essere abbondante (fecondo, ricco) di…
être **à** l'affiche	essere in cartellone
être **à** la merci **de…**	essere in balía a…
être **à** la mode	essere di moda
être **à** l'avenant **de**…	essere in armonia con…
être **à** louer	essere da affittare
cela est **à** ma mère	è di mia madre
être ancré **dans** son idée	essere ancorato alla propria idea
être assez habile **pour**…	essere tanto abile da…
être **aux** écoutes	essere in orecchi
être **aux** mains de l'ennemi	essere in mani nemiche
être confondu **avec**…	essere scambiato per…
être connu **sous** le nom de…	essere conosciuto col nome di…
être **de** bonne foi	essere in buonafede
être doué **pour**…	essere portato a…
être **en** éveil	stare sull'avviso
être **entre** la vie et la mort	essere in punto di morte
être fait **en** bois, **en** fer…	essere fatto di legno, di ferro…
être fou **à** lier	essere pazzo da legare
être intéressé **par…**	essere interessato a…
c'est important **à** l'échelle nationale	è importante su scala nazionale
être logé **à** la même enseigne (fig.)	essere sulla stessa barca
être mêlé **à** l'insurrection	essere coinvolto nell'insurrezione
être l'objet **de** menaces	essere fatto segno a minacce
il n'est pas charitable **de** parler ainsi	non c'è carità a parlar così
il n'est pas près **de** se terminer	non accenna a terminare
être piqué **au** vif	essere punto sul vivo
être préjudiciable **à…**	essere pregiudizievole per…
être promu **à** l'ancienneté	essere promosso per anzianità
être propre **à**…	essere proprio di…
en être quitte **pour** la peur	cavarsela con la paura
être **sous** presse	essere in corso di stampa
être **sur** la place du village	essere in piazza
être **en** place	essere a posto
être **sur** lest	essere in zavorra
être **sur** son départ	essere di partenza
s'étudier **à** plaire	ingegnarsi di piacere
s'évertuer **à** resoudre	arrovellarsi per risolvere
expédier **sous** pli séparé	spedire in plico a parte
s'expliquer **de** quelque chose avec quelqu'un	spiegarsi su qualcosa con uno
s'exprimer **avec** une correction affectée	parlare per grammatica

F

faire une chose **en** dernier	**fare una cosa da ultimo**
faire une chose **en** temps voulu	**fare una cosa a tempo debito**
faire une chose **en** temps record	**fare una cosa a tempo di primato**
faire une chose **sous** contrainte	**fare una cosa per costrizione**
faire main basse **sur**...	**fare man bassa di...**
tu ferais mieux **de** ne pas venir	**faresti meglio a non venire**
tu as bien fait **de** me prévenir	**hai fatto bene ad avvisarmi**
je ferai **de** mon mieux	**mi adoprerò per il meglio**
n'en faire qu'**à** sa tête	**fare di testa propria**
se féliciter **de**...	**compiacersi per...**
fini **de** rire !	**basta con gli scherzi !**
finir **par** comprendre	**finire col capire**
cela finit **par** m'ennuyer	**mi viene a noia**
flâner **à travers** les rues de...	**andare a zonzo per le vie di...**
flanquer tout **en** l'air	**mandare tutto all'aria**
le malheur fond **sur** eux	**la disgrazia si abbatte su di loro**
il a forcé **sur** les frais de...	**ha esagerato nelle spese di...**
fouler **aux** pieds (fig.)	**mettere sotto i piedi**
se fourrer **au** lit	**ficcarsi nel letto**
frapper **du** poing sur la table	**battere col pugno sulla tavola**

G

gagner **de** vitesse	**superare in velocità**
garantir **par** hypothèque	**garantire con ipoteca**
se garder **de** faire...	**guardarsi dal fare...**
garder **sur** soi	**tenere (serbare) con sé**
garer sa voiture **dans** Paris	**parcheggiare a Parigi**
glisser comme une anguille **entre** les mains	**sguizzar di mano come un'anguilla**
il m'a glissé **des** mains	**mi è sfuggito (scappato) di mano**
gouverner **par** intérim	**governare ad interim**
se guérir **d'**une mauvaise habitude	**guarire da una brutta abitudine**
il s'est guéri **par** sa volonté	**è guarito per forza di volontà**

H

habiter **à** la campagne	**abitare in campagna**
habiter **chez** quelqu'un	**stare da qualcuno**
harceler **de** questions	**assillare con domande**
se hâter **de** venir	**affrettarsi a venire**
se heurter **à** mille difficultés	**intoppare in mille difficoltà**

I

s'identifier **à**…	immedesimarsi con…
imprimer ses pas **dans** la neige	imprimere le proprie orme sulla neve
imprimer un cachet **sur** la cire	imprimere un sigillo nella cera
imputer une dépense **sur** un crédit	imputare la spesa a un credito
imputer un vol **à** quelqu'un	imputare qualcuno di un furto
incliner **vers** quelque chose (fig.)	propendere per qualcosa
indiquer **du** doigt	indicare col dito
inquiéter l'ennemi **par** des escarmouches	molestare il nemico con scaramucce
s'inquiéter **de**…	preoccuparsi per…
s'inscrire **en** droit, **en** médecine…	iscriversi a legge, a medicina…
s'inscrire **en** faux **contre**…	inficiare di falso
s'inspirer **de**…	ispirarsi a…
s'intéresser **à** la politique	interessarsi di politica
s'introduire **de** force	penetrare a viva forza

J

jeter **à** l'eau	buttare nell'acqua
jeter **par** la fenêtre	buttare (gettare) dalla finestra
jouer **au** plus fin avec quelqu'un	giocare d'astuzia con qualcuno
jouer **des** coudes (fig.)	farsi largo a gomitate
jouer **des** jambes (fig.)	darsela a gambe
juger **en** connaissance de cause	giudicare con cognizione di causa
juger **sur** la mine	giudicare dall'aspetto

L

laisser **à** penser	dare da pensare
se laisser aller **au** désespoir	lasciarsi prendere dalla disperazione
languir **d'**ennui, **d'**impatience	struggersi dalla noia, dall'impazienza
se lever **de** table	alzarsi da tavola
se libérer **de**…	liberarsi da…, svincolarsi da…
se lier **par** un serment	legarsi con un giuramento
loucher **d'**un œil	essere strabico (guercio) da un occhio

M

manger **de** bon appétit	mangiare con buon appetito
manger **au** restaurant	mangiare in trattoria
marcher **à** l'ennemi	marciare sul nemico
marcher comme **sur** des roulettes	andare a gonfie vele
marier son fils **à**…	ammogliare il figlio con…
se mêler **des** affaires des autres	immischiarsi nelle faccende altrui.

j'en mettrais ma main **au** feu	ci metterei la mano sul fuoco
mettre **au** rebut	mettere tra i rifiuti
mettre **à** la mer une chaloupe	mettere in mare una lancia
mettre **à** l'étalage	mettere in vetrina
se mettre au travail **à** la veille des examens	mettersi a studiare sotto gli esami
mettre **dans** le bon chemin	mettere sulla strada buona
mettre **en** jachère	mettere a maggese
mettre **en** pâturage	mettere a pascolo
se mettre **en** contumace	darsi alla latitanza
mettre un pied **à** faux	mettere un piede in fallo
mettre la puce **à** l'oreille (fig.)	mettere una pulce nell'orecchio
mettre cartes **sur** table	mettere le carte in tavola
miser **sur** les deux tableaux	tenere il piede in due staffe
monter **à** bicyclette	montare in bicicletta
monter **en** chaire	salire sul pulpito
monter une bague **sur** platine	legare un anello in platino
mourir **à** la guerre	morire in guerra
c'est **à** mourir **de** rire	c'è da morire dalle risa

N

nager **dans** la joie, **dans** le bonheur	toccare il cielo con un dito
noter **d'**une croix	segnare con una croce
noter un rendez-vous **dans** l'agenda	segnare un appuntamento sull'agenda

O

on ne peut rien objecter **à** ce qu'il dit	non si può obiettare su quel che dice
s'obliger à rendre visite **à** un malade	farsi un dovere di visitare un malato
être obligé **de**…	essere costretto a…
s'observer **dans** un miroir	studiarsi allo specchio
s'occuper **des** invités	badare agli ospiti
il s'offrit **à** m'accompagner	si offrì di accompagnarmi
ôter son emploi **à** quelqu'un	rimuovere uno dall'impiego
s'ôter une idée **de** la tête	levarsi (togliersi) dalla testa un'idea

P

paraître **au** grand jour	apparire in piena luce
paraître **à** l'écran, **en** scène	apparire sullo schermo, sulla scena
parler **du** nez	parlare col (nel) naso
parler **d'**une voix puissante	parlare con voce potente
les faits parlent **d'**eux-mêmes	i fatti parlano da soli
il est parti **de** rien	è partito dal nulla
je vous le ferai parvenir **par** mandat	ve lo farò pervenire a mezzo vaglia

parler **en** l'air	parlare alla leggera
je te parle **en** vrai ami	ti parlo da vero amico
partir **au** petit jour	partire sul fare del giorno
partir **de** Rome **par** le train	partire da Roma col treno
partir **d'**un grand éclat de rire	scoppiare in una gran risata
partir **pour** la montagne	partire alla montagna
passer **devant** les yeux	sfilare sotto gli occhi
passer **par** Gênes	passare da (per) Genova
passer **par** une fente	passare attraverso una fessura
qu'est-ce qui te passe **par** la tête ?	cosa ti salta in mente ?
elle passe **pour** généreuse	ha nome d'essere generosa
payer quelqu'un **en** belles paroles	pagare uno a parole
payer quelqu'un **en** monnaie de singe	pagare uno a chiacchiere
pécher **contre** les convenances	venir meno alle regole della buona creanza
pécher **par** orgueil	peccare di superbia
pêcher **à** la ligne, **au** ver	pescare con la lenza, con i vermi
peindre un banc **en** vert	verniciare una panchina di verde
se pencher **à** la fenêtre	sporgersi dalla finestra
pendre **d'**un côté	pendere da un lato
être pendu **aux** lèvres de quelqu'un (fig.)	pendere dalle labbra di qualcuno
se pénétrer **d'**un rôle	immedesimarsi in un ruolo (una parte)
percer **d'**un coup d'épée	trafiggere con la spada
percer **du** regard	trapassare (trafiggere) con lo sguardo
se perdre **dans** la foule	perdersi tra la folla
périr **au** port (fig.)	naufragare in porto
persister **à** faire…	persistere nel fare…
persuader quelqu'un **de** se taire	persuadere uno a tacere
piquer quelqu'un **au** vif	pungere uno sul vivo
planter **en** pleine terre	piantare a piena terra
plonger quelqu'un **dans** le désespoir	ridurre uno alla disperazione
porter **à** la main…	recare (portare) in mano
porter la main **sur** quelqu'un	mettere le mani addosso a uno
porter **sur** les nerfs	dare ai nervi
se porter **au** secours de…	venire in soccorso di…
se poser **en** moraliste	posare a moralista
prêcher **dans** le désert	predicare al deserto
prêcher **d'**exemple	predicare col proprio esempio
préjuger **de** la décision de quelqu'un	far congetture sulla decisione di qualcuno
prendre **à** l'essai	prendere in prova
se prendre **au** jeu	esser preso dal proprio gioco
prendre **au** mot	prendere in parola
prendre **au** sérieux, **au** tragique	prendere sul serio, sul tragico
s'en prendre **à** quelqu'un	prendersela con qualcuno
prendre exemple **sur**…	prendere esempio da…
prendre **pour** femme	prendere in moglie
prendre fait et cause **pour** quelqu'un	difendere uno a spada tratta
presser quelqu'un **de** venir	sollecitare uno a venire
prêter de l'argent **à** intérêt	prestar denaro con interesse
prêter **à** rire	dar motivo di ridere

procéder **de**...	procedere (derivare) da...
se promener **dans** la rue	passeggiare per la strada
se protéger **de**...	proteggersi da...
provoquer **en** duel	sfidare a duello

R

racheter ses défauts **par** ses qualités	riscattare i difetti con le qualità
raconter **par** bribes et morceaux	raccontare a spìzzichi
ranger **par** ordre alphabétique	sistemare in ordine alfabetico
ranger sa voiture **au** garage	mettere la macchina in garage
se ranger **du** côté de...	schierarsi dalla parte di...
se rattraper (se corriger) **à** temps	correggersi in tempo
reconnaître quelqu'un **à** sa démarche	riconoscere uno dall'andatura
il ne reculerait pas **devant** un crime	non rifuggirebbe da un delitto
réfléchir **aux** moyens **de**...	riflettere sui mezzi per...
regarder **à** la dérobée	guardare di sottecchi
regarder **de** loin	guardare da lontano
regarder **de** plus près	guardare più da vicino
régler ses dépenses **sur** son revenu	commisurare le spese al reddito
relever **de** ses ruines	tirar su dalle rovine
relever quelqu'un **d'**un vœu	sciogliere uno da un voto
relever de maladie, **de** couches	rimettersi dalla malattia, dal parto
relever quelqu'un **de** ses fonctions	rimuovere uno dalle sue funzioni
ne relever **de** personne	non dipendere da nessuno
remercier **à** l'avance	ringraziare in anticipo
remettre **entre** les mains de...	consegnare nelle mani di...
remettre **à** huitaine	rimandare di otto giorni
se remettre **d'**une frayeur	rimettersi da uno spavento
remplir **d'**envie	muovere a invidia
remplir **d'**indignation	muovere a sdegno
rentrer **dans** le droit chemin	ritornare sulla retta via
repasser un plat **au** four	rimettere un piatto in forno
répondre **d'**une voix âpre	rispondere con voce aspra
répondre **du** tac au tac	rispondere a tono (per le rime)
répondre **par** monosyllabes	rispondere a monosìllabi
répondre **par** oui ou **par** non	rispondere con un sì o con un no
se retenir **de**...	trattenersi dal...
se retirer **d'**une course	ritirarsi da una gara
se réveiller **en** sursaut	svegliarsi di soprassalto
cela me revient **d'**après la loi	ciò mi spetta per legge
rire **aux** larmes	ridere fino alle lacrime
rire **du** bout des lèvres	ridere a fior di labbra
rire **dans** sa barbe, rire **sous** cape	ridere sotto i baffi
rire au nez **de**...	ridere sul naso di...
rivaliser **d'**efforts	fare a gara
rouler **sur** l'or (fig.)	sguazzare nell'oro

S

saisir la fortune **aux** cheveux	afferrare la fortuna per i capelli
saluer **par** des sifflets	accogliere con una bordata di fischi
sauter **à** la corde, **à** la perche	saltare con la corda, con l'asta
savoir sa leçon **par** cœur	sapere la lezione a memoria (a mente)
savoir sa leçon **sur** le bout des doigts	sapere la lezione a menadito
j'ai su **par** ton frère que…	da tuo fratello ho risaputo che…
se séparer **de** quelqu'un	separarsi da qualcuno
serrer **de** près	stringere da vicino (da presso)
serrer quelqu'un **dans** ses bras	stringere uno fra le braccia
serrer quelqu'un **contre** sa poitrine	stringere uno al petto
se serrer **contre** quelqu'un	stringersi a qualcuno
servir **d'**interprète	servire da interprete
siéger **au** Parlement	sedere in Parlamento
siffler **dans** la rue	fischiare per la strada
sortir **de** son lit	uscire dal letto
sortir quelqu'un **d'**embarras	trarre qualcuno d'impaccio
ne pas sortir **de** là (fig.)	non smuoversi dalla propria opinione
sortir **des** limites **de** la bienséance	venir meno alla decenza
sortir **de** maladie	uscir di malattia
sortir **de** la mémoire	uscir di mente
sortir les mains **de** ses poches	tirar fuori le mani dalle tasche
les pêchers ont souffert **de** la grêle	i peschi hanno patito per la grandine
souffrir **des** dents	soffrire di mal di denti

T

tailler **en** pointe	tagliare a punta
tenir **à** l'œil	tener d'occhio
se tenir **à** l'écart	tenersi in disparte
tenir lieu **de** mère	fare da madre, far le veci della madre
se tenir le ventre **de** rire	reggersi la pancia dalle risa
on tient à six **dans** cette voiture	ci si sta in sei in questa macchina
il tient **de** son père	tiene da suo padre
tenir **en** bride	tenere a freno
tenir **en** laisse	tenere a guinzaglio
tenir **en** lisière	guidare con le dande
tenir **en** quelques pages	constare di poche pagine
s'en tenir **à** des généralités	tenersi sulle generali
se tenir **au** garde-à-vous	star sull'attenti
se tenir **sur** ses gardes	essere (stare) in guardia
terminer **sous** huitaine	terminare entro otto giorni
terminé **par** une consonne	terminato in consonante
se terminer **par** une voyelle	uscire in vocale
terminer la journée **par** une promenade	concludere la giornata con una passeggiata
tirer **à** sec une barque	tirare in secco una barca

tirer **au** but	tirare in porta (a rete)
une couleur qui tire **sur** le jaune	un colore che tende al giallo
cette voiture tire **à** gauche	questa macchina tira verso sinistra
tirer son chapeau **à** quelqu'un	far tanto di cappello a qualcuno
tirer **en** longueur	tirare per le lunghe
tirer **sur** un oiseau	sparare a un uccello
tirer **à** la carabine	sparare con la carabina
tirer **dans** le dos, **dans** les jambes	sparare alle spalle, alle gambe
se tirer une balle **dans** la tête	spararsi alla testa
tomber **sur**... (rencontrer par hasard)	imbattersi in...
qu'il ne me tombe pas **sous** la patte !	non mi càpiti tra i piedi !
tomber **en** syncope	essere colpito da sincope
tomber **des** nues (fig.)	cascare dalle nuvole
toucher **de** pitié	muovere a compassione
toucher **du** doigt (fig.)	toccare con mano
tourner autour **de**... (sens propre)	girare attorno a...
tourner autour **du** pot (fig.)	menare il can per l'aia
tourner **au** détriment de...	ridondare in danno di...
cela tourne **à** son avantage	ciò ridonda a suo favore
traîner **en** longueur	andar per le lunghe
travailler **aux** heures creuses	lavorare nelle ore morte
travailler **à** la vigne du Seigneur (fig.)	operare nella vigna del Signore
trouver **à** qui parler	trovare con chi parlare
tuer **dans** l'œuf (fig.)	stroncare sul nascere
se tuer **à** la peine	ammazzarsi di fatica

U

s'unir **par** mariage	congiungersi in matrimonio
user **d'**un droit	valersi di un diritto
usurper **sur** les terres de...	sconfinare nelle terre di...

V

vendre une récolte **sur** pied	vendere una raccolta in piedi
venir **de** Paris	venire (arrivare) da Parigi
ils viendront **dans** une semaine	verranno fra (tra) una settimana
verser **dans** la facilité	inclinare alla facilità
être versé **dans** l'intendance	essere assegnato all'intendenza
vivre **aux** Etats-Unis	vivere negli Stati Uniti
vivre **dans** un cauchemar	vivere sotto un ìncubo
vivre **de** rien	vivere con niente
vivre **sur** sa réputation	vivere della propria fama
il vit **dans** la crainte qu'on ne le reconnaisse	vive col timore di essere riconosciuto
voler **au** secours de...	volare in soccorso di...
combien en voulez-vous **de** ce terrain ?	quanto vuole per questo terreno ?
en vouloir **à** quelqu'un	avercela con uno
il en veut **à** ton argent	ha delle mire sul tuo denaro
voyager **par** avion	viaggiare con l'aereo

PER REDIGERE UN TESTO

INTRODUIRE

Anzitutto *(avant tout, en premier lieu)*, **al principio** *(au début)*, **a tutta prima** *(tout d'abord)*, **prima** *(d'abord)*, **alla prima, a prima vista** *(de prime d'abord) ...*
Prendendo le mosse da.. *(en prenant comme point de départ..., en commençant par...)*
... Di che si tratta ? *(De quoi s'agit-il ? De quoi est-il question ?) ...*
... senza uscire dall'argomento *(... sans sortir de la question) ...*
... questo è il problema *(C'est là la question)*

DÉVELOPPER

Quindi, poi *(Puis, ensuite)*, **in seguito** *(Par la suite)*
Da una parte... dall'altra *(D'une part... d'autre part...) ...*
Anche, pure *(Aussi) ...* **Neanche, neppure** *(Non plus) ...*
In qualche modo *(En quelque sorte)*

APPROFONDIR

Non solo... ma anche (ma pure) ... *(Non seulement... mais aussi...)*
Inoltre *(En outre) ...* **Per di più, per giunta** *(De surcroît)*
Magari *(Voire, peut-être même) ...* **A maggior ragione** *(A plus forte raison...)*
Sommamente *(Extrêmement, plus que tout) ...* **Eccessivamente** *(Excessivement) ...*
Spropositatamente *(Démesurément) ...* **Infinitamente** *(Infiniment)*

OPPOSER

Però= Tuttavia= Ciò nonostante= Nondimeno *(Cependant, toutefois, néanmoins) ...* 199
Per converso ; in compenso *(En revanche) ...* **Per contro** *(Par contre) ...*
Invece ; anzi *(Au contraire) ...* **Ad onta di..., a dispetto di...** *(En dépit de...)*
Sebbene (+ subj.), **benché** (+ subj.) *(Bien que...)*

EXPRIMER LE TEMPS

Quando *(Quand, lorsque) ...* **Durante, per** *(Pendant...)*, **Mentre** *(Pendant que...)*
Ogni volta che...= Ogni qualvolta... *(Chaque fois que...)*
Man mano (che)..., via via (che)... *(Au fur et à mesure que...)*
(Non) appena... *(Dès que...)*
Prima che **(+ subj.)**... *(Avant que...)* ; **dopo che** **(+ ind.)**... *(Après que...)*
Finché, fintantoché *(Jusqu'à ce que...)*
In quel mentre *(Sur ces entrefaites)*, **nel frattempo** *(En attendant, entre temps)*,
in attesa che **(+ subj.)** ... *(En attendant que...)*

Le but : voir page 150 - La cause : voir page 149

LA CONSÉQUENCE

Allora *(Alors)*, **quindi** *(Donc, par conséquent)*, **perciò** *(C'est pourquoi)*.
E così *(Ainsi donc, C'est ainsi que...)*, **Tanto... che** *(Tellement... que...)*
In (Di) modo che **(+ ind.)** *(En - De - sorte que...)*

CONCLURE

Riassumendo, in poche parole *(En résumé)*
Forse **(+ ind. ou cond.)**, **chissà che non** **(+ subj.)** ... *(Peut-être -* **+ Ind. ou Cond.)**
Infine, alla fine, da ultimo, insomma, in conclusione...

PER PARLARE DI UNA FOTO...

Penso che (+ subj.)... *(Je pense que...)*, **Credo che** (+ subj.)... *(Je crois que...)*
Immagino che (+ subj.)... *(J'imagine que...)*, **Mi pare che** (+ subj.)... *(Il me semble que..., j'ai l'impression que...)* **Mi sembra di riconoscere...** *(Il me semble reconnaître...)*
A quanto pare... *(A ce qu'il semble...)* **Sono del parere che...** *(Je suis d'avis que...)*
A mio parere (A parer mio, A mio avviso)... *(A mon avis...)*

In primo piano ... sta - stanno - (si vede + sing. - **si vedono** + plur... -)...
In secondo piano si scorge (si scorgono + plur.) *(Au second plan on aperçoit...)*
Sì, anch'io l'ho avvistato *(Oui, moi aussi je l'ai repéré)*
Sullo sfondo si stende... (Si stendono + plur.) *(A l'arrière-plan s'étend(ent)...)*
In lontananza *(Au loin)*... **Da una parte, Su un lato** *(Sur un côté)*...
In cima *(En haut, au sommet)*, **A piè della foto** *(En bas de la photo)*...

Analizzando (= Nell'analizzare) il disegno *(En analysant le dessin...)*
Quando esamino minutamente... dettagliatamente... *(Quand j'examine minutieusement, en détail...)* **... appaiono parecchi particolari...** *(Apparaissent plusieurs détails...)*
Cosa degna di nota *(Chose digne de remarque)*... **Noto che...** *(Je remarque que...)* ...
Ciò che desta l'attenzione... *(Ce qui attire l'attention...)* ...
I colori armonizzano tra loro *(Les couleurs s'harmonisent)* ...
Il contrasto delle luci e delle ombre... Un contrasto di colori...

Sul limitare del bosco (della selva)... *(A l'orée du bois - de la forêt - ...)*
Terreni incolti circondano la casetta *(Des champs en friche entourent la maisonnette)*
Campi arati di fresco si alternano con frutteti *(Des champs récemment labourés alternent avec des vergers)*... **Il fiume scorre...** *(La rivière - le fleuve - s'écoule...)* ...
L'acqua appena increspata luccica... *(L'eau à peine ridée miroite...)* ...
Il cielo azzurro... *(bleu)* **grigio...** *(gris)* **nuvoloso** *(nuageux, couvert)* ...
La superficie del mare... del lago... dello stagno *(La surface de la mer... du lac... de l'étang...)* ...
Ciò mi ricorda... (mi rammenta...) *(Ceci me rappelle...)*
Un senso di tristezza... di malinconia... si sprigiona da... *(Un sentiment de tristesse, de mélancolie, se dégage de...)* ...**Il ritratto raffigura...** *(Le portrait représente...)* ...
Una donna dai capelli ricciuti *(Une femme aux cheveux frisés)*, **biondi** *(blonds)*...
... **con una crocchia** *(... avec un chignon)*, **con due trecce** *(avec deux tresses)*...
Un fanciullo dalla carnagione pallida *(Un enfant au teint pâle)* ...
Un bambino paffutello *(Un bébé potelé)* ... **in fasce** *(emmaillotté)*...
Un vecchio smunto (= sparuto) *(Un vieillard hâve)* .
Una vecchia grifagna *(Une vieille ressemblant à un oiseau de proie)* ...
Uno sguardo pieno di livore *(Un regard plein de haine jalouse)*...
Un sorriso angelico *(Un sourire angélique)*

E infine... *(Et pour terminer...)* ... **Ovviamente** *(Evidemment)* ...
È una cosa ovvia *(Cela va sans dire)* **... È ovvio che** (+ Ind.) *(Il est évident que...)*
Nel complesso *(Dans l'ensemble, somme toute)* ...
Visione complessiva *(Vision d'ensemble)*
Risulta chiaro che... *(Il est clair que...)*
Stimo (Ritengo) che sia meglio... *(J'estime qu'il vaut mieux...)*
Tu riesci bene nei ritratti *(Tu réussis bien les portraits)*
Hai un'ottima macchina fotografica *(Tu as un excellent appareil)*
Una foto riuscita male *(Une photo mal réussie, ratée)*, **troppo sbiadita** *(trop pâle)* ...
Una foto ben riuscita *(Une photo bien réussie)*
Scattare una foto *(Prendre une photo)*, **L'arte della fotografia** *(L'art de la photographie)*

... DI UN TESTO

Il testo s'intítola... *(Le texte s'intitule...)*
La pagina il cui titolo è... *(La page dont le titre est...)*

Questo brano consta di... *(Ce passage se compose de...)* **... paragrafi, parti.**
Il tema, l'argomento svolto dall'autore *(Le thème, le sujet, que développe l'auteur)*
In questo racconto (In questa novella), in questo aneddoto, si tratta di... *(Dans ce récit - dans cette nouvelle -, dans cette anecdote, il s'agit de...)* ...
L'interesse dei brani scelti consiste (sta) nel... *(L'intérêt des morceaux choisis réside dans...)* ...

Il testo suggerisce idee... pensieri... desta *(éveille)* **l'attenzione...**
Dobbiamo riflettere... *(réfléchir)*... **Bisogna sottolineare** *(souligner)* ...
La progressione, le peripezìe... si svolgono secondo... *(se déroulent selon...)*
Le diverse fasi... *(Les différentes phases...),* **le circostanze...**

C'era una volta... *(Il était une fois...)* **Succede che...** *(Il arrive que...)*
Notiamo che... *(Nous remarquons que...)* **L'autore allude a...** *(L'auteur fait allusion à...)*
Gli avvenimenti (eventi) narrati... *(Les événements exposés...)*
È un racconto ben impostato *(C'est un récit bien campé)*
Il personaggio che svolge una parte importante... *(... qui joue un grand rôle...),*
una parte secondaria *(un rôle secondaire),* **una parte modesta** *(un rôle effacé)* ...
Gli aspetti più *(les plus...)* **originali..., più pittoreschi...**
L'autore ha dipinto a larghi tratti... *(... a brossé à grands traits...)*
... ha descritto in ogni particolare... *(... a décrit d'une façon très détaillée...)*
... le fattezze... *(...les traits, les linéaments...)*

Proviamo un senso di... *(Nous ressentons, nous éprouvons un sentiment de...)*
Peccato che (+ subj.) *(Il est dommage que...)*
A quanto mi consta *(D'après ce que j'en sais, d'après ce que je constate)*
A quanto risulta *(A ce qu'il semble)* ; **Senza dubbio** *(Sans aucun doute)*
Senza possibilità di dubbio *(A n'en pas douter)* ; **Probabilmente** *(Sans doute)*
Sarà un... *(C'est peut-être un...)* ; **Sarà stato un...** *(Ce fut peut-être un...)*
Se è il caso... *(Si cela se trouve...)* ; **C'è di peggio** *(Il y a pire)*
Alla peggio *(Tant bien que mal)* ; **Per fortuna, meno male** *(Heureusement)*
Sfortunatamente, disgraziatamente, purtroppo *(Malheureusement)*

Il dialogo, il monologo, la conversazione, l'esposizione (la relazione) *(l'exposé)*
La precisione di ogni termine *(la justesse de chaque terme)*...
Le utili precisazioni *(les utiles précisions - éclaircissements...)* **apportate dall'autore**
... L'immagine, il simbolo...
Personifica *(Il personnifie),* **paragona** *(il compare),* **simboleggia** *(il symbolise)*...
Paragoni *(Des comparaisons),* **metafore...**
Somiglianze sorprendenti (stupefacenti) *(Des ressemblances frappantes)*
Imprevisti (Improvvisi) raffronti *(Des rapprochements inattendus)*
Batte e ribatte su... *(Il insiste sur...)*
Le vivaci battute del dialogo *(Les alertes répliques du dialogue)*
Le battute di spirito *(Les boutades)* ; **Le arguzie** *(Les mots d'esprit)*
I motti pungenti, i frizzi *(Les traits, les flèches, les pointes, les railleries)*
Un bisticcio *(Un calembour, un jeu de mots),* **una verità lapalissiana** *(une lapalissade)*
L'umorismo nero *(L'humour noir),* **il senso dell'umorismo** *(l'humour)*
In fin dei conti *(En fin de compte, bref)*
Finisco col *(... par...)* **pensare che..., Arrivo** *(J'en arrive...)* **alla conclusione**

CORRISPONDENZA

Redigere (o Stendere) *(Rédiger...)* **una lettera, un telegramma**
Scrivere una cartolina *(carte postale)* ; **mandare un biglietto da visita** *(envoyer une carte de visite)*, **un biglietto d'auguri** *(une carte de vœux)*...
Gli scriverò un biglietto *(je lui écrirai un petit mot)*...
Bisogna fare una raccomandata *(il faut faire une lettre recommandée)*, **fare un postagiro** *(faire un virement postal)*, **datare e firmare** *(dater et signer)*, **mettere in una busta** *(mettre sous enveloppe)*, **affrancare** *(affranchir)*, **incollare (o appiccicare) un francobollo** *(coller un timbre-poste)*, **sigillare la busta con la ceralacca** *(fermer l'enveloppe par un cachet de cire)*, **imbucare (o impostare) la lettera** *(poster la lettre)*, ... **Non dimenticare l'indirizzo del mittente** *(n'oublie pas l'adresse de l'expéditeur)*... **Indirizzare un pacco scrivendo a stampatello** *(rédiger l'adresse sur un colis en caractères d'imprimerie)*... **Il destinatario ha cambiato (o mutato) recapito** *(le destinataire a changé d'adresse)*... **Una lettera senza recapito è messa tra i rifiuti** *(une lettre sans adresse est mise au rebut)*...

L'INDIRIZZO *(l'adresse)*

Sull'indirizzo, dopo il nome e il cognome *(après le prénom et le nom)* **del destinatario, e dopo il nome della via col suo numero, il nome della località di recapito è preceduto dal numero di codice postale** *(code postal)* **e seguito, fra parentesi, dal nome del capoluogo** *(chef-lieu)* **della provincia** *(département)* :

Gentilissima Signora **(o : Gent. ma Sig. ra)**
Virginia Lara Mullanu
Via Amsicora 3
09040 VILLAPUTZU (Cagliari)

➤ **N.B.** Se si tratta di una vedova, il secondo cognome è quello del defunto marito.

L'indirizzo richiede di solito una formula di cortesia e, eventualmente, l'indicazione del titolo o della qualifica del destinatario : Chiar. mo Prof. (= Chiarissimo Professore)
Illustrissimo Comm. Prof. (= Commendatore Professore) ...
Egregio Ing. (= Ingegnere) ... All'Onorevole Signor Ambasciatore Z. e Signora...
Una donna sposata non adotta come per i Francesi il nome *(le prénom)* **di suo marito, ma soltanto il cognome** *(nom de famille)*. **È scorretto porre dapprima il cognome e poi il nome (il celebre poeta e professore Giosuè Carducci, dalla rabbia, strappava i compiti degli studenti quando il cognome precedeva il nome in testa al compito !)**

L'INTESTAZIONE *(L'en-tête)*

- **ai familiari : Caro Tonio, ... Cara Elvira, ... Carissimo Mario, ... Carissima Tosca, ... Carissimo amico, ... Carissimi amici, ... Carissimo nonno, ...Carissimi zii, ...**

- **secondo la posizione del destinatario : Distinta Signora, ... Gentilissima Signorina, ...Gentile Signora e cara amica, ... Egregio Signore, ... Pregiatissimo Signor Bianchi...**

- **secondo il grado di dimestichezza** *(familiarité)* **del mittente col destinatario : Caro Collega, ... Gentile Professore, ... Illustrissimo Professore, ...**

- **ecclesiastici e monache : Reverendo Sacerdote** *(Monsieur l'Abbé)*, **Reverendo Canonico** *(Monsieur le Chanoine)*, **Reverendo Padre** *(Mon Révérend Père)*, **Reverenda Suora** *(Ma Révérende Sœur)*, **Reverendissima Madre Superiora** *(Ma Très Révérende Mère)*...

CORRISPONDENZA

INVITI *(Invitations)*

Ho il piacere d'invitare... *(J'ai le plaisir d'inviter)*, **... Sarete tutti e tre i benvenuti** *(Vous serez tous les trois les bienvenus)*, **... Sarei molto lieto se tu accettassi...** *(Je serais très heureux si tu acceptais...)*, **... Sarà per me un immenso piacere conoscerLa** *(C'est avec un très grand plaisir que je ferai votre connaissance)*, **... Anna e Mario Neri ringraziano vivamente il Signore e la Signora Bianchi del loro cortese invito e avranno l'onore di intervenire** *(Anna et Mario Neri remercient vivement Monsieur et Madame Bianchi de leur aimable invitation et auront l'honneur de s'y rendre).*

AUGURI E CONGRATULAZIONI *(Vœux et félicitations)*

I miei migliori auguri di felicità *(Tous mes vœux - Mes meilleurs vœux - de bonheur)*
Auguriamo ogni felicità agli sposi novelli *(Nous souhaitons beaucoup de bonheur aux nouveaux mariés)*
Le esprimo le mie più sentite congratulazioni *(Je vous présente mes bien sincères félicitations)*
Le porgo i miei più sinceri complimenti *(Je vous présente mes vifs compliments)*
Le (Vi) auguro un felice anno nuovo *(Je vous souhaite une bonne et heureuse année)*
Buon Natale ! *(Joyeux Noël !)* **Buon anno !** *(Bonne année !)*

CONDOGLIANZE *(Condoléances)*

Prendiamo viva parte al Suo grande dolore *(Nous partageons votre immense douleur)*
La prego di credere al nostro cordoglio e alla nostra commossa simpatia *(Veuillez croire à notre sympathie douloureusement émue)*
Profondamente afflitti per la triste notizia, Le esprimiamo le nostre più commosse condoglianze *(Profondément affligés par la triste nouvelle, nous vous exprimons nos condoléances émues).*

LA CHIUSA *(La conclusion, la fin de la lettre)*

In attesa di una tua risposta... *(Dans l'attente de ta réponse)*
Tanti baci affettuosi *(Bons baisers, mille baisers)*
Un affettuoso abbraccio *(En t'embrassant affectueusement* - avec le sens de *accolade)*
Ti abbraccio di cuore, ... Vi saluto affettuosamente, ... Affettuosi saluti, ...
Voglia gradire i miei più distinti saluti *(Veuillez agréer mes salutations distinguées)*
Voglia gradire i sensi della mia viva stima *(Veuillez agréer l'expression de ma parfaite considération)*
Voglia gradire i miei più distinti ossequi *(Veuillez agréer l'expression de mes sentiments respectueux)* **- Con profonda osservanza** *(Avec ma profonde considération)*
Devoti ossequi *(Respectueuses salutations et sentiments dévoués)*
Suo devotissimo *(Votre très dévoué...)*
Tuo affezionatissimo nipote *(Ton neveu qui t'aime, ton neveu affectionné...)*
Mi abbia cordialmente Suo *(Bien cordialement à vous)*
Mi saluti l'amico Gino *(Veuillez transmettre mes salutations à notre ami Gino)*
Mi ricordi ai Suoi genitori *(Rappelez-moi au bon souvenir de vos parents).*

CORRISPONDENZA COMMERCIALE

QUALITA' FONDAMENTALI DI UNA LETTERA COMMERCIALE

❶ **Lingua corretta e di uso corrente** (eliminare il frasario arcaico e stereotipato, come pure le parole o locuzioni di uso regionale o popolare).

❷ **Cortesia** (per favorire quei sentimenti di reciproca stima, rispetto e fiducia che stanno alla base del commercio)

❸ **Ordine e chiarezza, concisione e precisione :** a scanso di equivoci *(= pour éviter tout malentendu)* in caso di vertenza *(= en cas de litige, de différend)* ogni parola scritta ha un suo peso legale.

Insomma occorre scrivere in modo comprensibile, usare le parole nel loro significato esatto, dare al discorso uno sviluppo chiaro, lineare, evitare sia gli svolazzi letterari che le sgrammaticature ed i neologismi (anche se di moda), curare con particolare attenzione la punteggiatura (lo spostamento di una virgola può cambiare il significato di una frase, quindi esser causa di penose controversie). Va esclusa *(= il faut exclure)* ogni parola inutile, va evitato *(= il faut éviter)* ogni argomento *(= tout sujet)* non strettamente attinente *(= qui ne concerne pas strictement)* all'oggetto dello scritto.

ECCO ALCUNI ESEMPI

- **di parole troppo perentorie :**
  invece di voglio sapere, è meglio dire : **gradirei sapere**
  invece di siamo certi che accetterete, è meglio dire : **speriamo che accetterete**

- **di parole inutili :**
  invece di è per questi motivi che abbiamo..., è meglio dire : **per questi motivi abbiamo...**
  invece di le condizioni che vi abbiamo praticato, è meglio dire : **le condizioni praticatevi**
  invece di vogliamo proprio augurarci che inconvenienti del tipo di quello che ora si è verificato non abbiano più a registrarsi, è di gran lunga *(= il est de beaucoup)* preferibile dire : **speriamo che inconvenienti del genere non si ripetano più**

- **di frasario arcaico :**
  invece di Torino, addì 2 ottobre 1989, occorre scrivere : **Torino, 2 ottobre 1989**

- **di frasario stereotipato :**
  invece di facendo seguito alla stimatissima Vostra del..., è molto meglio dire : **in riferimento alla Vostra del...**

- **di parole o locuzioni di uso regionale o popolare :**
  invece di popone, è preferibile dire : **melone**
  invece di fare la figura da cioccolataio, occorre dire : **fare una pessima figura**
  invece di un sacco (o un monte) di quattrini, è meglio dire : **molto denaro**

CORRISPONDENZA COMMERCIALE (suite)

- **di francesismi da evitare :**

invece di dare un colpo di telefono, è meglio dire : **fare una telefonata**
invece di accusare ricevuta, è meglio dire : **dichiarare ricevuta**
invece di basarsi, è meglio dire : **fondarsi**
Invece di troviamo giusto, è meglio dire : **stimiamo giusto, reputiamo giusto** oppure **riteniamo giusto**
invece di una firma molto quotata, occorre dire : **una ditta molto stimata**
invece di siamo in obbligazione di..., occorre dire : **siamo costretti a...** oppure **ci sentiamo in obbligo di...**
invece di a seguito di..., occorre dire : **in seguito a...**
invece di a mezzo di... ; occorre dire : **per mezzo di...**
invece di sotto questo aspetto, occorre dire : **in questo aspetto**
invece di sotto tutti i rapporti, occorre dire : **in tutti gli aspetti**
invece di quitanza, quitanzare, occorre dire : **quietanza, quietanzare**
invece di al piacere di leggerVi, occorre dire : **gradiremmo una Vostra lettera**
invece di poco a poco, passo a passo, occorre dire : **a poco a poco, a passo a passo**
invece di merce a spedire, occorre dire : **merce da spedire**
invece di totale a riportare, occorre dire : **totale da riportare**
invece di teniamo a dirVi, occorre dire : **ci preme comunicarVi**
invece di ciò mi porta a credere che..., occorre dire : **ciò mi induce a credere che...**
invece di portare a cognizione, occorre dire : **rendere noto**
invece di ritornare (merce) e rimpiazzare, occorre dire : **restituire (merce) e sostituire**
invece di praticare uno sconto di 5 %, occorre dire : **fare uno sconto del 5 %**

- **di anglicismi (o anglismi) e parole inglesi da evitare :**

invece di yacht, è meglio dire : **panfilo**
invece di yachting, è meglio dire : **navigazione da diporto** *(= navigation de plaisance)*
invece di after-shave, occorre dire : **lozione dopo-barba**
invece di background, occorre dire : **sfondo, sottofondo**
invece di body building, occorre dire : **culturismo**
invece di body painting, occorre dire : **pittura sul corpo delle modelle**
invece di bookmaker, occorre dire : **allibratore**
invece di deregulation, occorre dire : **liberalizzazione**
invece di hold-up, occorre dire : **rapina a mano armata**
invece di supportare, occorre dire : **sostenere, essere solidale di...**
invece di swap, occorre dire : **baratto** *(= troc)*
invece di warrant, occorre dire : **fede di deposito** *(= récépissé d'entrepôt)*
invece di week-end, occorre dire : **fine settimana**
invece di weight, occorre dire : **peso**
invece di window-dressing, occorre dire : **allestimento vetrina**
invece di writ, occorre dire : **sequestro, ingiunzione**

CORRISPONDENZA COMMERCIALE (suite)

FORMA DI UNA LETTERA COMMERCIALE

In testa alla lettera, l'intestazione è la presentazione di chi scrive (mittente).
L'intestazione comprende :

- il **nome della ditta**
- l'**indirizzo** (e anche l'indirizzo telegrafico)
- il **numero d'iscrizione alla Camera di Commercio**
- il **numero del conto corrente bancario** (C.C.B.) **o postale** (C.C.P.)

Sotto l'intestazione, a sinistra, l'indirizzo interno, cioè quello del destinatario. Quest'indirizzo va scritto su più righe allineate a sinistra.

In alto a destra, località e data. Sotto la data, la classificazione, cioè le indicazioni che aiutano chi riceve la lettera a classificarla più facilmente :

- il numero di protocollo *(= la référence)* dato alla lettera
- la sigla *(= le sigle)* dell'ufficio da cui proviene
- le iniziali (in maiuscole) di chi ha stilato *(= rédigé)* o dettato la lettera
- le iniziali (in minuscole) di chi l'ha battuta a macchina *(= dactylographiée)*
- la data della lettera a cui si risponde
- il numero di protocollo della lettera a cui si risponde

Alcune precisazioni utili :

- **La data :** il nome del mese si scrive senza iniziale maiuscola (Bergamo, 4 settembre 1989) e ci vuole la virgola dopo il nome della località.
- Se si deve spedire la lettera **a una donna sposata**, si scrive prima il nome della donna, poi il cognome del marito, infine il cognome che la signora aveva da ragazza (Gentile Signora Giovanna ROSSI MATUCCI).
- Se si deve spedire la lettera **a una vedova**, si userà la procedura inversa : prima il cognome di casato, poi quello del defunto marito (Gentile Signora Giovanna MATUCCI ROSSI).
- Se si deve spedire la lettera **a una coppia di sposi**, l'indirizzo sarà compilato mettendo nome e cognome del marito e di seguito la formula "e Signora" (Egregio Signore Giuseppe BIANCHI e Signora).
- E' utile scrivere **il cognome in maiuscole**, per non confonderlo col nome (Raymond JEAN - Jean RAYMOND ; Luca GIANNI - Gianni LUCA, LUCA Gianni).
- **L'indirizzo interno** : il C.A.P. (codice di avviamento postale) è seguito dal nome della località (in maiuscole) e, tra parentesi, (se la località di destinazione non è capoluogo di provincia) dall'indicazione della provincia di appartenenza :

  Piazza Felice Cavallotti
  50058 SIGNA (Firenze)

- **L'abbreviazione** Spett. (= Spettabile) deve precedere il nome della ditta

  Spett. Editcolor
  Via Emilia, 255
  47020 CIOLA (Forlì)

- **Titoli abbreviati :**
  Arch. (architetto) - Avv. (avvocato) - Dott. (dottore) - Prof. (professore) - Rag. (ragioniere) - Ing. (ingegnere) - Rev. (reverendo) - Mons. (monsignore) - On.le (onorevole) - Chiar.mo (chiarissimo) - Cav. (cavaliere) - Com. (commendatore).

Le lettere commerciali sono generalmente scritte in prima persona plurale. Ci si rivolge al destinatario adoperando il Voi (se si scrive a una ditta, un ente, una società) o il Lei (se si scrive a una persona fisica); il **pronome (o l'aggettivo possessivo)** ha **l'iniziale maiuscola :**

Ci pregiamo annunciarVi... *(= Nous avons l'honneur de vous annoncer...)*
Certi di farVi piacere Vi comunichiamo che...
In risposta alla Vs (= Vostra) cortese lettera del...
Ci siamo trovati d'accordo con Voi (o : con Lei) per...
Nella speranza di farLe cosa gradita Le comunichiamo che ...

Nella corrispondenza commerciale le **formule di commiato** sono di solito molto brevi :
Con stima - Con viva stima - Distinti saluti - Distintamente salutiamo

CORRISPONDENZA COMMERCIALE (suite)

ABBREVIAZIONI COMMERCIALI

a/b oppure **a.b.**	assegno bancario *(= chèque bancaire)*
abb.	abbuono *(= rabais, remise, ristourne)*
a/c oppure **a.c.**	assegno circolare *(= chèque circulaire)*
acc.	acconto *(= acompte, avance)*
a f. di	a favore di *(= en faveur de, au bénéfice de, au profit de)*
all.	allegato, allegati *(= pièce jointe, pièces jointes)*
art.	articolo *(=article)*
a/v oppure **a.v.**	a vista *(= à vue)*
B.ca	banca *(= banque)*
boll.	bolletta *(= bulletin, récépissé, acquit, quittance, bordereau)*
B.O.T.	Buoni Ordinari del Tesoro *(= Bons du Trésor)*
c.	conto *(= compte)*
cad.	cadauno *(= chacun)*
C.A.P.	Codice di Avviamento Postale *(= code postal)*
c/ass.	contro assegno *(= contre remboursement)*
c/c oppure **c.c.**	conto corrente *(= compte courant)*
C.c.p.	conto corrente postale *(= compte courant postal)*
C.ia	Compagnia *(= Compagnie)*
c.m.	corrente mese *(= mois courant)*
C.P.	casella postale *(= boîte postale)*
c.s.	come sopra *(= comme ci-dessus)*
d.f.	data fattura *(= date de la facture)*
dz	dozzina *(= douzaine)*
eff.	effetto *(= effet)*
es.	esempio *(= exemple)*
fatt.	fattura *(= facture)*
F.B. oppure **FB**	Franchi Belgi *(Francs belges)*
f.co	franco *(= franco)*
F.F. oppure **FF**	Franchi Francesi *(= Francs français)*
F.gli ; F.lli	Figli *(= fils)* ; Fratelli *(= Frères)*
F.G.V.	Ferrovia Grande Velocità *(= chemin de fer à grande vitesse)*
F.P.V.	Ferrovia Piccola Velocità *(= chemin de fer à petite vitesse)*
F.S. oppure **FS**	Franchi Svizzeri *(= Francs suisses)*
f.to	firmato *(= signé)*
G/C	giroconto *(= virement)*
gg.	giorni *(= jours)*
I.V.A.	Imposta sul valore aggiunto *(= T.V.A.)*
Lit.	Lire italiane *(= Lires italiennes)*
l.p.n. oppure **L.p/n.**	lordo per netto *(= brut pour net)*
m.s.	mese scorso *(= mois dernier)*
m.v.	mese venturo *(= mois prochain)*
n/c	nostro conto *(= notre compte)*
n.d.	non datato *(= non daté, sans date)*
n/o	nostro ordine *(= notre commande)*
n/t	nostra tratta *(= notre traite)*
o.	ordine *(= ordre ; commande)*
pag. ; pagg.	pagina *(= page)* pagine *(= pages)*
p/c/ oppure **cont.**	a pronta cassa, contanti *(= au comptant)*
p.c.	per conoscenza *(= pour information)*

p.c.c.	per copia conforme *(= pour copie conforme)*
p.e. oppure **p.es.**	per esempio *(= par exemple)*
P.le	Piazzale *(= Place - esplanade -)*
p.lo.	peso lordo *(= poids brut)*
p.m.	prossimo mese *(= mois prochain)*
p.n.	peso netto *(= poids net)*
p.o. di	per ordine di *(= par ordre de)*
pol. d'ass.	polizza d'assicurazione *(= police d'assurance)*
p/p	per procura *(= par procuration)*
p.p.	pacco postale *(= colis postal, paquet-poste)*
P.P.	porto pagato *(= port payé)* ; profitti e perdite *(= pertes et profits)*
prot.	protocollo *(= protocole, registre, référence, enregistrement)*
P.S.	poscritto *(= post scriptum)*
p.to. ass.	porto assegnato *(= port dû)*
p.to f.co	porto franco *(= port payé, franco de port)*
p.v.	prossimo venturo *(= prochain* - Voir m.v. *-)*
racc.	raccomandata *(= lettre recommandée)*
R.r.r.	raccomandata con ricevuta di ritorno *(= lettre recommandée avec accusé de réception)*
S.A.	Società anonima *(= Société anonyme)*
S. acc. p.a.	Società in accomandita per azioni *(= Société en commandite par actions)*
S.a.s.	Società in accomandita semplice *(= Société en commandite simple)*
s.b.f.	salvo buon fine *(= sauf bonne fin)*
s.d.	senza data *(= sans date)*
s.e. od o.	salvo errore od omissione *(= sauf erreur ou omission)*
seg. ; segg.	seguente *(= suivant)* ; seguenti *(= suivants)*
S.p.A.	Società per azioni *(= Societé par actions)*
Spett.	Spettabile (cet adj. précède le nom de la firme)
S.P.M.	Sue proprie mani *(= en mains propres)*
S.r.l.	Società a responsabilità limitata *(= Société à responsabilité limitée)*
succ.	successore, successori *(= successeur, successeurs)*
succ.le	succursale *(= succursale)*
su o. di	su ordine di *(= sur commande de)*
T.	tara *(= tare)*
tel.	numero telefonico *(= numéro de téléphone)*
tr.	tratta *(= traite)*
u.avv.	ultimo avviso *(= dernier avertissement)*
u.g.	ultimo giorno *(= dernier jour)*
ult.	ultimo *(= dernier, ultime)*
urg.	urgente *(= urgent)*
u.s.	ultimo scorso *(= dernier, passé* - Voir m.s. *-)*
v.	vedi *(= voir)*
val.	valuta *(= valeur, devise, monnaie, espèces)*
V/c	Vostro conto *(= votre compte)*
V. le	Viale *(= avenue, boulevard)*
V.o.	Vostro ordine *(= votre commande)*
V.P.	vaglia postale *(= mandat postal)*
V.P.T.	vaglia postale telegrafico *(= mandat postal télégraphique)*
v.r.	vedi retro *(= voir au verso, tournez s'il vous plaît)*
v.s.	vedi sopra *(= voir ci-dessus)*
V/tr.	Vostra tratta *(= votre traite)*

CORRISPONDENZA COMMERCIALE (suite)

ESEMPI DI LETTERE COMMERCIALI

CONFEZIONI MARISA
Via livornese, 272
55055 LASTRA A SIGNA (Firenze)

Lastra a Signa, 7 settembre 1989.

Spett. Ditta FABIANI
Via Mario Pagano, 54
85032 CHIAROMONTE (Potenza)

Riferendoci al Vostro ordine del 2 c.m., del quale vivamente ringraziamo, siamo lieti di informarVi che la merce è stata spedita, in data odierna, tramite FF.SS.

Speriamo che sarete soddisfatti di questa consegna. Dobbiamo però segnalarVi che troverete soltanto 50 maglioni invece dei 90 ordinati perché le nostre scorte sono esaurite. Saremo in grado di inviarVi i 40 maglioni mancanti circa entro otto giorni.

Troverete qui acclusa la fattura n° 953 il cui importo è di L. 2.674.000.

Distintamente salutiamo.

Antonio BARONI

- in data odierna = *aujourd'hui même*
- tramite FF.SS = *par chemin de fer*
- le nostre scorte sono esaurite = *nos stocks sont épuisés*
- saremo in grado di = *nous serons en mesure de*
- entro otto giorni = *sous huitaine*
- il cui importo = *dont le montant*

Maglieria FABIANI
Via Mario Pagano, 54
85032 CHIAROMONTE (Potenza)

Chiaromonte, 14 settembre 1989.

Spett. CONFEZIONI MARISA
Via Livornese, 272
50055 LASTRA A SIGNA (Firenze)

Ci riferiamo alla Vs. del 7 c.m. per comunicarVi che la merce annunciataci ci è stata regolarmente consegnata oggi.

Vi saremo grati se spedirete la rimanenza nel termine indicato nella Vs. lettera suddetta, altrimenti ci troveremo in difficoltà con vari clienti.

Come di solito, pagheremo con tratta a 30 gg. domiciliata presso la Banca Nazionale del Commercio a Taranto.

Certi di poter contare sul Vs. impegno, ringraziamo e distintamente salutiamo.

Adriano FABIANI

- annunciataci : *qui nous a été annoncée*
- consegnata = *livrée*
- nel termine indicato nella Vs. lettera = *dans les délais indiqués dans votre lettre*
- di solito = *d'habitude*
- a 30 gg. = *à 30 jours*

Vs. impegno : *votre engagement*

Proverbi

BUONI CONSIGLI

Chi va piano, va sano e va lontano
Qui veut aller loin, ménage sa monture
Chi tardi arriva male alloggia
Fidarsi è bene, non fidarsi è meglio
La notte porta consigli
La nuit porte conseil
Il ferro va battuto quando è caldo
Non fare il passo più lungo della gamba
Il ne faut pas avoir les yeux plus gros que le ventre
Meglio soli che male accompagnati
Uomo avvisato mezzo salvato
Un homme averti en vaut deux
Chi fa da sé fa per tre
On n'est jamais si bien servi que par soi-même
L'esempio trascina
Chi vuol vivere e star bene prenda il mondo come viene
Si pigliano più mosche con una goccia di miele che con un barile di aceto
Chi dorme non piglia pesci
Chi ha tempo non aspetti tempo

APPARENZA, REALTÀ, RELATIVITÀ

Non è tutto oro quel che luce
Nel regno dei ciechi anche un guercio è re
L'apparenza inganna
Acqua passata non macina più
L'abito non fa il monaco

FATALITÀ, NECESSITÀ

Necessità è legge
Cosa fatta capo ha
Cosa fatta per forza non vale une scorza

GENERALIZZAZIONI, ECCEZIONI

Una rondine non fa primavera
Un fiore non fa ghirlanda
Ogni regola ha la sua eccezione
L'eccezione conferma la regola

GIUSTA MISURA

Ogni soverchio rompe il coperchio
La virtù sta in mezzo
«La parfaite raison fuit toute extrêmité» (Molière)

Per fare l'insalata buona ci vogliono cinque P : un prodigo per l'olio, un parco per l'aceto, un prudente per il sale, un povero per il pepe e un pazzo per girarla.
Pour réussir une bonne salade il faut cinq P : il faut être prodigue pour l'huile, parcimonieux pour le vinaigre, prudent pour le sel, pauvre pour le poivre et un peu piqué pour la remuer.

NOTIZIE E NOVITÀ

Nessuna nuova, buona nuova
Point de nouvelles, bonnes nouvelles.
Di novello, tutto è bello
Tout nouveau, tout beau

UTILITÀ E INUTILITÀ

Anche la legna storta dà fuoco dritto
Meglio un asino vivo che un dottore morto
Del senno di poi ne son piene le fosse

AMICIZIA, FRATELLANZA

Se vuoi che l'amicizia si mantenga, fa' che un paniere vada e l'altro venga.
Les petits cadeaux entretiennent l'amitié.
Chi trova un amico trova un tesoro
L'amico si conosce nel bisogno
Tra due litiganti il terzo gode
L'unione fa la forza
Lupo non mangia lupo
Patti chiari amici cari
Les bons comptes font les bons amis

USANZE

Paese che vai usanze che trovi
La rana avvezza nel pantano, se è al monte torna al piano

FORTUNA E SFORTUNA

La fortuna è cieca
Oggi a me domani a te
A chi manca ventura arte procura
Quand le vent tombe, on prend les rames

Proverbi

CORTESIA

Salutare è cortesia, rispondere al saluto è obbligo

NATURALEZZA, INTUIZIONE

Il sangue non è acqua
Bon sang ne peut mentir
Al cuore non si comanda
Ciò che si ha per natura sino alla fossa dura
«Chassez le naturel, il revient au galop» (Destouches*)*

ESPERIENZA, PRATICA, PRUDENZA

La pratica vale più della grammatica
C'est en forgeant qu'on devient forgeron
Nessuno nasce maestro
A buon intenditor poche parole
Chi lascia la via vecchia per la nuova sa quel che nasce e non sa quel che trova

VERITÀ, BUGIE

La verità è come l'olio : finisce sempre col tornare a galla
Le bugie hanno le gambe corte

PROMESSE

Tra il dire e il fare c'è di mezzo il mare
Di promesse non godere, di minacce non temere
Ogni promessa è debito

GRATITUDINE E INGRATITUDINE

Nutri la serpe in seno, ti renderà veleno
Passata la festa, gabbato lo santo (1)
Adieu la fête, adieu le saint
Adieu paniers, vendanges sont faites

ADULAZIONI, LODI, LUSINGHE

Il diavolo che ti accarezza vuole l'anima
Chi t'accarezza più di quel che suole, o t'ha ingannato o ingannar ti vuole.

DESIDERI

Chi si contenta gode
Contentement passe richesse
Chi troppo vuole, nulla stringe
Qui trop embrasse, mal étreint
Frutto proibito, più saporito.

SBAGLI

Sbagliando si impara
Non tutte le ciambelle riescono col buco
Peccato confessato è mezzo perdonato

PAZIENZA, COSTANZA, VOLONTÀ, RISCHIO

Chi non risica non rosica (2)
Qui ne risque rien n'a rien
La corda troppo tesa si spezza
Tanto va la gatta al lardo che ci lascia lo zampino
Chi la dura la vince
A goccia a goccia si scava la pietra

FEDE, SPERANZA E RASSEGNAZIONE

Campa, cavallo, che l'erba cresce
Chi di speranza vive disperato muore
Finché c'è vita c'è speranza
Tant qu'il y a de la vie, il y a de l'espoir
Tutte le strade portano a Roma

(1) Gabbato lo santo = ingannato è il santo
(2) risica = rischia

Proverbi

RELIGIONE

L'uomo propone e Dio dispone
Scherza coi fanti e lascia stare i santi
Aiutati che il Ciel t'aiuta
Aide-toi, le Ciel t'aidera
Non si muove foglia che Dio non voglia
Dio manda il freddo secondo i panni
A brebis tondue, Dieu mesúre le vent

EDUCAZIONE

A lavar la testa all'asino si perde tempo e sapone
Chi va con lo zoppo impara a zoppicare
La pianta va drizzata finché è tenera

PAROLA

Gli uomini si conoscono al parlare, le campane al suonare
Chi tace acconsente
Il silenzio è d'oro, le parole sono d'argento
La parole est d'argent, le silence est d'or
Pecora che bela perde il boccone
Le chiacchiere non fanno farina

LA MENTE E GLI AFFETTI

Chi più arde più splende
Les grandes pensées viennent du cœur
La lingua batte dove il dente duole
On ne peut s'empêcher de parler de ses propres soucis

POTERE, AUTORITÀ

Dalla testa viene la tigna
In casa propria ognuno è re
Charbonnier est maître chez soi
Chi servito non ha comandar non sa

IL POPOLO

Voce di popolo, voce di Dio
Latin : *Vox populi, vox Dei*
Pane e feste tengono il popolo quieto
Latin : *Panem et circenses*

LA CASA

A ogni uccello il suo nido è bello
Casa mia, per piccina che tu sia, tu mi sembri una badia
Ma maison est mon château, mon Louvre et mon Fontainebleau
Chi ha casa e podere può tremare e non cadere

LA FAMIGLIA

Un padre campa cento figli e cento figli non campano un padre
Buon sangue non mente
Tale il padre tale il figlio
A padre avaro figliuol prodigo

DENARO, ECONOMIA, EREDITÀ, CORRUZIONE

Con niente non si fa niente
Senza denari non si canta messa
Il denaro è un buon servo e un cattivo padrone
Denaro risparmiato, due volte guadagnato
A pagare e morir c'è sempre tempo
Meglio l'uovo oggi che la gallina domani
Non si può avere la botte piena e la moglie ubriaca
On ne peut pas avoir le beurre et l'argent du beurre
I poveri s'ammazzano e i signori (= i ricchi, i potenti) **s'abbracciano**
E' meglio dar la lana che la pecora
La carrucola non frulla se non è unta.
«On n'entrait point chez nous sans graisser le marteau» (Racine, *Les Plaideurs*, I, 1)

Proverbi

COMMERCIO, CONTI, CONTRATTI

A caval donato non si guarda in bocca
La roba buona non fu mai cara
Les commerçants florentins disent :
«Caro vuol dir bello !»
Chi disprezza compra
Celui qui marchande en disant du mal de la marchandise, a envie d'acheter.
Non dir quattro se non l'hai nel sacco
Chi fa il conto prima dell'oste, gli conviene farlo due volte
Il buon vino non vuole frasca
A bon vin, point d'enseigne
Chi paga debito acquista credito
Qui paie ses dettes s'enrichit

EGOISMO, ALTRUISMO E COLLABORAZIONE

Ognuno per sé e Dio per tutti
Una mano lava l'altra e tutte e due lavano il viso
La prima carità comincia da sé
Charité bien ordonnée commence par soi-même
Piacere fatto non va perduto
Un bienfait n'est jamais perdu

GIUSTIZIA, RICOMPENSE, IMPARZIALITÀ

Fatta la legge trovato l'inganno
Il tempo è galantuomo
Tutti i nodi vengono al pettine
Chi semina vento raccoglie tempesta
Chi non semina non raccoglie
Non giudicar per legge né per carte se non ascolti l'una e l'altra parte
Qui n'entend qu'une cloche n'entend rien
Chi perdona ai tristi nuoce ai buoni
Qui épargne le vice, fait tort à la vertu
Quel che è fatto è reso
Chi le fa le rià
Una volta per uno non fa male a nessuno

GIUDIZI

E' meglio essere invidiati che compianti
Mieux vaut faire envie que pitié
Nessuno è profeta in patria
Fammi indovino ti farò ricco

AMORE, DONNA, MATRIMONIO

Morto un papa se ne fa un altro
Tra moglie e marito non mettere il dito
Chi ha buon marito lo porta in viso
Moglie e buoi dei paesi tuoi
Chi dice donna dice danno
La donna ne sa una più del diavolo
La femme sait un art avant le diable
Quando è alta la passione, è bassa la ragione
Quando il pagliaio vecchio piglia fuoco, si spegne male
Chi vuole la figlia, accarezzi la madre
Non c'è amore senza gelosia
Nella guerra d'amore vince chi fugge
Come chiodo scaccia chiodo, amore scaccia amore
Chi si somiglia si piglia
Qui se ressemble s'assemble

GIOVENTÙ, VECCHIAIA

Si muore giovani per disgrazia e vecchi per dovere
Più che vecchi non si campa

Se il giovane sapesse e se il vecchio potesse, non c'è cosa che non si facesse
Ah ! Si jeunesse savait, si vieillesse pouvait !

Proverbi

APPETITO, FAME

Chi va a letto senza cena tutta la notte si dimena
La fame è cattiva consigliera
Pancia vuota non sente ragioni
«Ventre affamé n'a point d'oreilles» (La Fontaine)
Chi non mangia ha già mangiato
Pancia piena non crede a digiuno
L'appetito vien mangiando

SALUTE, MEDICI

Il riso fa buon sangue
Bacco, tabacco e Venere riducono l'uomo in cenere
Chi ha sanità è ricco e non lo sa
Mente sana in corpo sano
Presto a letto e presto alzato fa l'uomo sano, ricco e fortunato
Ne ammazza più la gola che la spada
Il male viene a cavallo e se ne va a piedi
Il vecchio che si cura cent'anni dura
Chi ha anni ha malanni
Il medico pietoso fa la piaga verminosa

MORTE

A tutto c'è rimedio fuorché alla morte
Chi muore giace e chi vive si dà pace
La morte viene quando meno si aspetta
Morte tua vita mia
Doglia di moglie morta dura fino alla porta
Doglia di = dolore per la...

FESTE E GIOCHI

Di carnevale ogni scherzo vale
Ogni bel gioco dura poco
Chi ha fortuna in amore non giochi a carte
Heureux au jeu, malheureux en amour

MESTIERI, LAVORO E OZIO

Al villano la zappa in mano
A chacun son métier et les vaches seront bien gardées
Chi ben comincia è a metà dell'opera
Contadino, scarpe grosse e cervello fino
Giovane ozioso, vecchio bisognoso
Il buon giorno si conosce dal mattino
Impara l'arte e mettila da parte
Le ore del mattino hanno l'oro in bocca
Chi dorme non piglia pesci
L'ozio è il padre dei vizi

TENTAZIONI E CATTIVO ESEMPIO

L'occasione fa l'uomo ladro
L'occasion fait le larron
Dimmi con chi vai e ti dirò chi sei
Dis-moi qui tu hantes, je te dirai qui tu es

NEMICI, GUERRA

Nemico diviso, mezzo vinto
Latin : *Divide et impera*
(Diviser pour régner)
Dagli amici mi guardi Dio, dai nemici mi guardo io
Chi vuole la pace prepari la guerra
Latin : *Si vis pacem para bellum*
(Qui veut la paix, se prépare à la guerre)

OSPITALITÀ

L'ospite è come il pesce, dopo tre giorni puzza
Ospite raro, ospite caro

RESPONSABILITÀ

Ambasciator non porta pene
Chi si scusa si accusa
Onori e oneri si bilanciano
Latin : *Onus est honos*

Proverbi

DOLORE

Chiodo scaccia chiodo
Le disgrazie non vengono mai sole
Ad ognuno la sua croce
Ogni medaglia ha il suo rovescio

FELICITÀ E INFELICITÀ

Un'ora di contento sconta cent'anni di tormento
Gallina che canta ha fatto l'uovo
Cuor contento il Ciel l'aiuta

LE MISERIE DELLA VITA

Non v'è gioia senza noia
Le rose cascano e le spine rimangono
Il bel tempo non dura sempre
Les meilleures choses ont une fin

DIFETTI E VIZI

La mala erba non muore mai
Chi va con lo zoppo impara a zoppicare
Troppi cuochi guastano la cucina
Acqua cheta rompe i ponti
Il n'est pire eau que l'eau qui dort
Non c'è peggior sordo di chi non vuole sentire
Errare è umano, perseverare è diabolico
Il lupo perde il pelo ma non il vizio

MALE E BENE

Fa il bene e scordati, fa il male e pensaci
A mali estremi, estremi rimedi
La farina del diavolo va tutta in crusca
Bien mal acquis ne profite jamais
Il diavolo fa le pentole ma non i coperchi
Il diavolo non è così brutto come si dipinge
Il meglio è nemico del bene
Mal comune mezzo gaudio
Non tutto il male vien per nuocere
A quelque chose malheur est bon

MINACCE

Can che abbaia non morde
On dit d'un rouspéteur timide ou peureux :
«È come il can dell'ortolano : abbaia da lontano»

METEOROLOGIA, AGRICOLTURA

Cielo a pecorelle, acqua a catinelle
Se rannuvola sulla brina, aspetta l'acqua domattina
Vento fresco mare crespo
Anno nevoso, anno fruttuoso
Sotto la neve pane, sotto l'acqua fame
Rosso di sera bel tempo si spera, rosso di mattina la pioggia si avvicina
Terreno grasso, villano a spasso
Chi ha carro e buoi fa bene i fatti suoi
Il letame troppo forte alla pianta dà la morte
Gennaio secco, massaio ricco
Febbraio, febbraietto, mese corto e maledetto
Pioggia di febbraio riempie il granaio
Marzo è pazzo
Marzo asciutto e april bagnato, beato il villan che ha seminato
Marzo molle, grano per le zolle
Maggio ortolano, molta paglia e poco grano
Giugno, la falce in pugno
Luglio dal gran caldo, bevi bene e batti saldo
Agosto, moglie mia non ti conosco
Alla prima acqua d'agosto, il caldo s'è riposto
Agosto ci matura il grano e il mosto
Di settembre e d'agosto, bevi il vino vecchio e lascia stare il mosto
Settembre, l'uva è fatta e il fico pende
Ottobre mostaio, Novembre vinaio, Dicembre favaio
A San Martino ogni mosto è vino
Vigna piantata da me, moro da mio padre, olivo da mio nonno

Locuzioni

Acqua in bocca ! Invito a tacere. *(Motus, bouche cousue !)*
Alzare il gomito. Bere un po' troppo. *(Lever le coude)*
Andare coi piedi di piombo. Procere con prudenza.
Andar per la maggiore. Essere in voga. *(Être en vogue)*
Aspettare la manna dal cielo. Restare inoperoso aspettando la buona fortuna.
A tutta birra. **A tutto gas**. A grande velocità. *(A toute pompe)*
Bruciar le tappe. Raggiungere rapidamente degli obiettivi. *(Brûler les étapes)*
Cadere dalla padella nella brace. Peggiorare la propria situazione. *(Tomber de Charybde en Scylla)*
Cavallo di battaglia. Materia o argomento in cui uno è particolarmente abile.
Ciurlare nel manico. Trovare scuse e pretesti per non rispettare un impegno.
Colpo di grazia. Ciò che rovina definitivamente. *(Coup de grâce)*
Dare un colpo al cerchio e uno alla botte. Alternare lodi e biasimi, o cercare di accontentare ora uno ora l'altro. *(Ménager la chèvre et le chou)*
Darsi la zappa sui piedi. Portare prove contro la propria tesi.
Di punto in bianco. Inaspettatamente. *(De but en blanc)*
Dormire, riposare sugli allori. Accontentarsi delle glorie o dei sucessi passati.
Eminenza grigia. Chi esercita un forte potere o controlla una situazione lavorando dietro le quinte. *(Eminence grise)*
Essere al verde. **Essere in bolletta** . Non avere più soldi. *(Etre fauché)*
Essere in vena. Essere nella condizione ottimale per fare qualcosa. *(Être dans une bonne veine)*
Fare il diavolo a quattro. Agitarsi, fare grande strepito pur di raggiungere il proprio obiettivo.
Fare qualcosa alla carlona. Fare qualcosa con sciatteria. *(Faire quelque chose à la six-quatre-deux)*
Furbo di tre cotte. Molto astuto. *(Fin renard, roublard)*
Lasciare, piantare in asso. Abbandonare uno nel momento in cui meno se lo aspetta.
Menare il can per l'aia. Portare le cose per le lunghe, con l'intento di non voler concludere.
Menar per il naso. Raggirare, ingannare senza farsene accorgere. *(Mener par le bout du nez)*
Mettere i puntini sugli i. Precisare, far cadere dubbi e incertezze. *(Mettre les points sur les i)*
Nascere con la camicia. Avere sempre fortuna. *(Naître coiffé)*
Partire in quarta. Affrontare un lavoro o una situazione con la massima energia.
Passare una notte in bianco. Trascorrere una notte insonne.
Perdere la tramontana (**o le staffe o la bussola**). Perdere la pazienza, l'orientamento e in sostanza non avere più una logica. *(Perdre le nord)*
Pescare nel torbido. Trarre vantaggio da una situazione confusa esistente o creata a bella posta. *(Pêcher en eau trouble)*
Prendere, cogliere in contropiede. Prendere alla sprovvista l'avversario con una rapida azione.
Prendere due piccioni con una fava. Ottenere doppio risultato con un solo lavoro o una sola spesa. *(Faire d'une pierre deux coups)*
Questioni di lana caprina. Discussioni senza fondamento, campate in aria.
Rispondere per le rime. Rispondere colpo su colpo. *(Répondre du tac au tac)*
Rompere il ghiaccio. Superare una difficoltà iniziale.
Salvar capra e cavoli. Riuscire con destrezza ad evitare due pericoli, in una situazione in cui sfuggendone uno si cadrebbe logicamente nell'altro.
Salvarsi in corner. Salvarsi all'ultimo momento.
Sentirsi fischiare gli orecchi. Avere il sospetto che qualcuno stia parlando di noi.
Tagliare la testa al toro. Risolvere in maniera risoluta una questione o un problema, senza lasciare incertezze. *(Prendre le taureau par les cornes)*
Tirare i remi in barca. Sospendere un'attività, o perché giunti alla conclusione o per deliberata volontà di lasciare che altri lo facciano.
Tornare a bomba. Ritornare all'argomento in discussione dopo una digressione.
Uccello del malaugurio. Persona che ha un influsso malefico o ama fare sempre previsioni sinistre. *(Oiseau de malheur)*
Uscire dai gangheri. Arrabbiarsi, perdere il controllo di sé. *(Sortir de ses gonds)*

Ressemblances trompeuses

entre mots italiens et mots français

Chaque faux-ami est suivi de sa (ses) traduction(s) en français, puis du mot-sosie français avec son(ses) équivalent(s) correct(s) en italien.

abati	= *abbés* ➡	**abatis**	= **rigaglie** (subst. fém. plur.)
abitato	= *lieux habités, agglomération*	**habitat**	= **ambiente, insediamento**
accattare	= *mendier*	**acheter**	= **comperare, comprare**
accidentato	= *perclus, paralysé*	**accidenté**	= **infortunato ; disuguale**
accidente	= *attaque d'apoplexie*	**accident**	= **incidente, infortunio**
accollato	= *montant* - vêtement	**accolé**	= **accozzato**
accorato	= *affligé*	**écœuré**	= **nauseato ; scoraggiato**
accucciarsi	= *s'accroupir*	**accoucher**	= **partorire**
addirizzare	= *redresser*	**adresser**	= **indirizzare**
affermare	= *affirmer*	**affermer**	= **affittare**
affollarsi	= *se presser en foule*	**s'affoler**	= **perdere la testa, confondersi**
affrettare	= *hâter, anticiper*	**affréter**	= **noleggiare**
albergo	= *hôtel*	**auberge**	= **locanda, osteria**
allettare	= *allécher ; aliter*	**allaiter**	= **allattare**
allignare	= *prendre racine*	**aligner**	= **allineare**
alzamento	= *élévation*	**haussement**	= **alzata** (subst. fém.)
ammorzare	= *atténuer*	**amorcer**	= **adescare ; avviare**
anziché	= *au lieu de...*	**ainsi que**	= **così come**
apparecchiare	= *apprêter ; dresser la table*	**appareiller**	= **approntare ; salpare**
appastare	= *pétrir*	**appâter**	= **adescare**
appuntamento	= *rendez-vous* - nom -	**appointements**	= **stipendio, salario**
appunto	= *annotation ; précisément*	**appoint**	= **complemento, contributo**
arborare	= *planter d'arbres*	**arborer**	= **inalberare**
arcade	= *arcadien*	**arcade**	= **arcata**
arguzia	= *esprit ; malice ; boutade*	**argutie**	= **sottigliezza, cavillo**
aringa - fém.	= *hareng*	**harangue**	= **arringa**
ascoltatori	= *auditeurs*	**écouteurs**	= **auricolari**
assai	= *très ; beaucoup*	**assez**	= **abbastanza ; alquanto**
assolato	= *ensoleillé*	**esseulé**	= **solo soletto**
assommare	= *additionner*	**assommer**	= **accoppare ; intontire**
assuefare	= *accoutumer*	**assoiffer**	= **assetare**
asta	= *hampe, barre, perche ; encan*	**hâte**	= **fretta, furia**
attenta	= *attentive*	**attente**	= **attesa, aspettazione**
atterrire	= *atterrer*	**atterrir**	= **atterrare**
autista	= *chauffeur*	**autiste**	= **autístico**
autocarro	= *camion, poids lourd*	**autocar**	= **pullman, corriera**
avanzare denaro	= *être créancier*	**avancer** (de l'argent)	= **anticipare (danaro)**
avvallare	= *avaliser ; s'affaisser*	**avaler**	= **ingoiare, inghiottire, trangugiare**
avversa	= *adverse* - (adj. fém.)	**averse**	= **acquazzone, piovasco, scroscio**
avvicinare	= *approcher*	**avoisiner**	= **confinare con, star vicino a**
bagnarsi	= *se mouiller*	**se baigner**	= **fare il bagno**
bancale	= *banc ; bâti* - (s.m.)	**bancal**	= **sbilenco ; con le gambe storte**
banderuola	= *girouette*	**banderole**	= **striscione** (subst. masc.)
baratta	= *il - elle - échange*	**baratte**	= **zangola**
barbone	= *barbet ; grande barbe; clochard*	**barbon**	= **barbogio**
barbugliare	= *bredouiller, bafouiller*	**barbouiller**	= **imbrattare, scarabocchiare**
bastonata	= *coup de bâton*	**bastonnade**	= **bastonatura**
benèvolo	= *bienveillant*	**bénévole**	= **non retribuito**
berciare	= *brailler*	**bercer**	= **cullare**
bica	= *gerbier*	**bique**	= **capra**
bidello	= *appariteur ; concierge*	**bedeau**	= **scaccino**
bisbiglio	= *chuchotement*	**bisbille**	= **bega**
biscia	= *couleuvre*	**biche**	= **cerva**
bisogna	= *il faut*	**besogne**	= **compito**
borraccia	= *gourde ; bidon*	**bourrache**	= **borrana**
botte	= *tonneau*	**botte** (chaussure)	= **stivale** (subst. masc.)
braccare	= *traquer*	**braquer**	= **puntare ; sterzare**
branda - fém.	= *lit de sangle*	**brande**	= **scopeto** (subst. masc.)

bricchetto = *petite bouilloire* ➡
bricco - masc. = *verseuse - pot -*
brindello = *lambeau*
brullo = *dénudé, aride, pelé*
bruttare = *souiller*
buccia = *pelure, cosse, écorce*
buccione (masc.) = *pelure épaisse*
budino = *flan, crème renversée*
buffa = *drôle* (adj. fém.)
buffetto = *chiquenaude* (subst. fém.)
bugia (fém.) = *mensonge ; bougeoir*
buttare = *jeter*
cacciare = *chasser ; fourrer - mettre -*
cala = *petite baie - géogr. -*
calare = *faire descendre; baisser*
calosce (fém. plur.) = *caoutchoucs -pour chaussures-*
calzoni = *pantalons*
camera = *chambre*
campare = *vivre, subsister*
cancro = *cancer*
cane = *chien*
cannonata = *coup de canon*
canone = *gros chien*
cantina = *cave*
carme = *poème*
carnagione = *teint* - de la peau -
casa = *maison*
cassa = *caisse*
catenaccio = *verrou*
catenaria = *chaîne de géomètre*
cattivo = *mauvais, méchant*
cava = *carrière de pierre*
cavo = *creux ; câble*
ceci = *pois chiches*
cela = *il (elle) cache*
cembalo = *clavecin*
cernere = *discerner*
chiamare = *appeler*
chiarina (fém.) = *clairon*
china = *pente ; quinquina*
cignone (masc.) = *grosse sangle*
cimento (masc.) = *épreuve -morale-*
civetta = *chouette ; coquette*
coccio = *pot de terre*
cocomero (masc.) = *pastèque*
cofano = *capot* - de voiture -
colpire = *frapper*
comodino (masc.) = *table de nuit*
compressa (subst. f.) = *comprimé* (s. masc.)
confetto (masc.) = *dragée*
conforto = *réconfort ; appui*
congiunti = *parents et alliés*
conte = *comte*
convivio = *banquet, festin*
cornicione (masc.) = *corniche* -architecture-
corridore = *coureur*
cozza = *moule* (fém.)
creanza = *civilité, bonnes manières*
crepa = *fissure*
cruccio = *souci, inquiétude*
da giovane = *quand il était jeune*
dàlla = *donne-la*
dalla parte di = *du côté de*
dallato (da lato) (adv) = *de côté, sur un côté*
decoro = *décence ; dignité, décorum*
delitto = *crime*

briquet = **accendino**
brique = **mattone** (subst. masc.)
brindille = **fuscello** (subst. masc.)
brûle (impératif) = **brucia**
brouter = **brucare**
bouche = **bocca**
bouchon = **tappo, turacciolo**
boudin (charcuterie) = **sanguinaccio**
bouffe (subst. fém.) = **abbuffata**
buffet = **credenza** (subst. fém.)
bougie = **candela**
buter = **urtare, inciampare**
cacher = **nascondere, celare**
cale = **bietta ; stiva ; scalo ; calata**
caler = **inzeppare, rincalzare**
galoches = **zoccoli** (masc.)
caleçons = **mutande** (s. fém. plur.)
caméra = **cinepresa**
camper = **campeggiare, accampare**
cancre = **scaldabanchi**
cane = **anatra femmina**
canonnade = **cannoneggiamento** (s. masc.)
canon = **cannone**
cantine = **mensa ; cassetta d'ordinanza**
charme = **fascino, incanto ; càrpine** (bot.)
carnage = **carneficina, strage, massacro**
case = **casella, scomparto ; capanna**
casse (fém. sing.) = **demolizione; danni**
cadenas = **lucchetto**
caténaire = **linea di contatto**
captif = **prigioniero, captivo, schiavo**
cave = **cantina**
caveau = **piccola cantina ; tomba**
ceci = **questo, ció**
cela = **quello, ció**
cymbales = **piatti** (s. masc. plur.)
cerner = **accerchiare, circoscrivere, delineare**
clamer = **proclamare, gridare**
clarine = **campanaccio** (s. masc.)
quine = **cinquina**
chignon = **crocchia** (s. fém.)
ciment = **cemento**
civette = **zibetto** (zool.)
coche = **diligenza** (s. fém.)
concombre = **cetriolino**
coffre (à bagages) = **bagagliera** (s. fém.)
couper = **tagliare**
commode (subst.) = **cassettone** (s. masc.)
compresse = **impacco** (s. masc.)
confettis = **coriandoli**
confort = **comodità** (fém. pluriel)
les conjoints = **i coniugi**
conte = **racconto, favola**
convive = **convitato ; commensale**
cornichon = **cetriolo ; citrullo** (fig.)
corridor = **andito**
cosse = **baccello** (s. masc.)
créance = **credito ; credenza**
crèpe (fém.) = **frittella**
cruche = **brocca**
depuis sa jeunesse = **fin da giovane**
dalle = **lastra, làpide**
de la part de = **da parte di**
dallé = **lastricato**
décor = **decorazione; scenario; sfondo**
délit = **reato**

deridere	= *railler, berner* ➡	**dérider**	= **spianare; rasserenare**
digiunare	= *jeûner*	**déjeuner** (verbe)	= **pranzare, far colazione**
digiuno	= *jeûne*	**déjeuner** (subst.)	= **pranzo, colazione, desinare**
dindon	= *ding ! dong !*	**dindon**	= **tacchino**
dintorni	= *alentours*	**détours**	= **meandri, giri, sotterfugi**
diplomato	= *diplômé*	**diplomate**	= **diplomatico**
dislocare	= *déployer, affecter, déplacer*	**disloquer**	= **slogare, sfasciare, sconnettere**
donna	= *femme*	**il (elle) donna**	= **diede**
drappello	= *détachement* -milit.-	**drapeau**	= **bandiera**
drogheria	= *épicerie*	**droguerie**	= **mesticheria**
eclissi	= *éclipse*	**éclisse**	= **assicella, stecca**
edredone	= *eider*	**édredon**	= **piumino**
elargire	= *octroyer, prodiguer*	**élargir**	= **allargare**
empire	= *remplir*	**empire**	= **impero**
entro	= *d'ici à, dans un délai de*	**entre** (prép.)	= **tra, fra**
eppure	= *et pourtant*	**épure** (subst.)	= **assonometria**
esperto	= *expérimenté*	**expert**	= **perito**
età (fém.)	= *âge*	**état**	= **stato**
fagotto	= *paquet; basson*	**fagot**	= **fascina** (s. fém.)
farfugliare	= *bafouiller*	**farfouiller**	= **frugare, rovistare**
fattore	= *régisseur de ferme*	**facteur** - des Postes -	= **postino**
feriale	= *ouvrable, de semaine*	**férié**	= **feriato, festivo**
ferma (subst. fém.)	= *service militaire*	**ferme** (subst.)	= **fattoria, cascina**
fermare	= *arrêter*	**fermer**	= **chiudere**
fessa	= *fêlée ; idiote ; fatiguée* (poét.)	**fesse**	= **natica, chiappa**
fiaccola	= *flambeau*	**flaque**	= **pozza, pozzanghera**
figliolo	= *enfant, fils, garçon*	**filleul**	= **figlioccio**
firma	= *signature*	**firme**	= **ditta**
fiscella	= *faisselle*	**ficelle**	= **spago, funicella ; trucco**
flemma (fém.)	= *flegme*	**flemme**	= **fiaccona**
foraggio	= *fourrage*	**forage**	= **foratura** (s. fém.)
forestiere	= *étranger* -personne-	**forestier**	= **forestale**
frappare	= *festonner ; embobiner*	**frapper**	= **picchiare ; bussare**
frasca	= *rameau ; enseigne d'auberge ; femme volage ; fanfreluche*	**frasque**	= **scappatella ; scapestrataggine**
fucilata	= *coup de fusil*	**fusillade**	= **sparatoria**
furbo	= *rusé, malin*	**fourbe**	= **(adj.) subdolo ; (subst.) furfante**
galleggiare	= *flotter* -à la surface-	**galéjer**	= **raccontar frottole, fandonie**
gara	= *compétition, épreuve, course*	**gare**	= **stazione**
gattone	= *gros chat*	**chaton**	= **gattino, micino**
gita	= *excursion, voyage d'agrément*	**gîte**	= **alloggio ; covile ; giacimento**
giubba	= *veste, tunique ; pourpoint*	**jupe**	= **gonna, gonnella, sottana**
granatiere	= *grenadier* - milit. -	**grainetier**	= **granaiolo**
grappa	= *eau de vie de marc ; crampon*	**grappe**	= **grappolo** (s. masc.)
greve (adj.)	= *lourd, pénible*	**grève**	= **greto, spiaggia ; sciopero**
grondare	= *ruisseler*	**gronder**	= **brontolare ; rombare ; sgridare**
grossezza	= *grosseur*	**grossesse**	= **gravidanza**
guardone	= *voyeur*	**gardon**	= **lasca** (s. fém.)
imbianchino	= *peintre-plâtrier*	**blanchisseur**	= **lavandaio**
imbuto	= *entonnoir*	**imbu**	= **imbevuto**
s'ímpara	= *on apprend*	**il s'empare de...**	= **s'impadronisce di...**
impeciare	= *poisser, empoisser*	**empêcher**	= **impedire**
impronto	= *importun, impertinent*	**impromptu**	= **improvvisato**
incartare	= *envelopper dans du papier*	**encarter**	= **inserire**
incartata	= *enveloppée dans du papier*	**incartade**	= **scarto, stravaganza**
indagare	= *enquêter*	**endiguer**	= **arginare**
indettare	= *endoctriner*	**endetter**	= **indebitare**
indurare, indurire	= *durcir*	**endurer**	= **sopportare, patire**
infermare	= *tomber malade*	**enfermer**	= **rinchiudere**
infisso (subst.)	= *chassis*	**infixe**	= **interfisso**
infortunio	= *accident (du travail)*	**infortune**	= **sventura**
ingrossare	= *grossir*	**engrosser**	= **ingravidare**
insepolto	= *sans sépulture*	**enseveli**	= **sepolto, seppellito**
insisté	= *il -elle- insista*	**insisté**	= **insistito** (part. passé)
ladro	= *voleur*	**ladre**	= **spilorcio, taccagno**
lampione	= *lanterne ; réverbère*	**lampion**	= **lampioncino**

lampo	= *éclair*	➡ **lampe**	= **lampada**
langue	= *il -elle- est languissant(e)*	**langue**	= **lingua**
laniera (adj. fém.)	= *lainière*	**lanière**	= **striscia, cinghia, correggia**
larghezza	= *largeur*	**largesse**	= **liberalità**
latrocinio / ladrocinio	= *vol, escroquerie*	**larcin**	= **furterello**
latta	= *fer-blanc ; bidon*	**latte**	= **listello ; sciabola**
laureato	= *licencié*	**lauréat**	= **premiato**
latte	= *lait*	**lattes** (fém. plur.)	= **listelli; sciabole**
lega	= *ligue ; lieue ; alliage*	**legs**	= **lascito**
lebbra	= *lèpre*	**lèvre**	= **labbro** (s. masc.)
lenzuolo	= *drap* - de lit -	**linceul**	= **lenzuolo mortuario**
lepre	= *lièvre*	**lèpre**	= **lebbra**
lessare	= *faire bouillir, cuire à l'eau*	**laisser**	= **lasciare**
levatura	= *élévation d'esprit*	**levure**	= **lievito** (s. masc.)
limonata	= *citronnade*	**limonade**	= **gassosa**
lordo	= *souillé ; brut* - poids -	**lourd**	= **pesante**
lumiera	= *lustre, candélabre*	**lumière**	= **luce, lume**
lupa	= *louve*	**loupe**	= **lente ; natta**
lustro	= *brillant*	**lustre**	= **lampadario, lumiera ; lustro**
lutto	= *deuil*	**lutte**	= **lotta**
magazzino	= *entrepôt*	**magasin**	= **negozio, bottega**
mai	= *jamais*	**mai**	= **maggio**
magnano	= *serrurier*	**magnanier**	= **bigattiere**
mali	= *maux*	**mâles**	= **maschi**
malore	= *malaise, indisposition*	**malheur**	= **sfortuna ; disgrazia ; infelicità**
mancia	= *pourboire*	**manche**	= **manica**
manette	= *menottes* -instr.-	**manette**	= **maniglia**
mandare	= *envoyer*	**mander**	= **mandare a chiamare ; far sapere**
marciapiede	= *trottoir*	**marchepied**	= **montatoio, pedana, predellino**
mare (masc.)	= *mer*	**mare** (fém.)	= **piccolo stagno ; pozza**
marmo	= *marbre*	**marmot**	= **marmocchio**
mecenate	= *mécène*	**mécénat**	= **mecenatismo**
mencio	= *mou* (adj.)	**mince**	= **fine, sottile**
merci	= *marchandises*	**merci**	= **grazie**
miche	= *miettes*	**miche**	= **pagnotta, panino**
mite	= *doux*	**mite**	= **tarma, tignola**
moine (fém. plur.)	= *cajoleries, mamours*	**moine**	= **frate**
mollare	= *lâcher, céder*	**mouiller**	= **bagnare, infradiciare, immolare**
montura	= *uniforme* -milit.-	**monture**	= **cavalcatura ; montatura**
morbido	= *moëlleux, souple, doux*	**morbide**	= **morboso**
morosità	= *retard dans le paiement*	**morosité**	= **tetraggine, cupezza**
mutino	= *enfant muet*	**mutin** (subst.)	= **ammutinato**
nacchere	= *castagnettes*	**nacre**	= **madreperla**
nappa (fém.)	= *pompon*	**nappe**	= **tovaglia ; coltre ; falda**
natta	= *loupe - excroissance -*	**natte**	= **stuoia, stoia, stoino ; treccia**
negozio	= *magasin, boutique, commerce*	**négoce**	= **commercio**
neve	= *neige*	**névé**	= **nevaio, nevato**
noce	= *noix*	**noce** (s. fém.)	= **sposalizio** (s. masc.); **baldoria** (s. fém.)
non del tutto	= *pas tout à fait*	**pas du tout**	= **nient'affatto**
nonna	= *grand-mère*	**nonne**	= **monaca**
notizia	= *nouvelle* (subst.)	**notice**	= **cenno, avvertenza ; ragguaglio**
obice	= *obusier*	**obus**	= **proietto, proiettile**
ondata	= *vague* (fig.) (subst.)	**ondée**	= **acquazzone**
orsino (adj.)	= *d'ours*	**oursin**	= **riccio di mare**
ossequi	= *respects, hommages*	**obsèques**	= **esequie**
paresse	= *qu'il parût, qu'elle parût*	**paresse**	= **pigrizia, svogliatezza**
pari	= *pair*	**pari** (s. masc.)	= **scommessa** (fém.)
parteggiare	= *prendre parti*	**partager**	= **spartire, dividere, condividere**
partícola	= *hostie*	**particule**	= **particella**
pastecca	= *galoche* (marine)	**pastèque**	= **anguria** (s. fém.), **cocomero** (s. masc.)
pasticca	= *pastille*	**pastiche**	= **contraffazione** (s. fém.)
paternale (s. fém.)	= *semonce, savon* (fig.)	**paternel**	= **paterno**
pècora	= *brebis*	**pécore**	= **oca** (fig.)
pegno	= *gage*	**peigne**	= **pettine**
pelle	= *peau*	**pelle**	= **pala**
pentade	= *série de cinq*	**pintade**	= **gallina faraona**

pepe	= *poivre* ➡	**pépé** (masc.)	= **nonnino**
perché	= *pourquoi; pour que; parce que*	**perché**	= **appollaiato**
perocché	= *puisque*	**perroquet**	= **pappagallo**
pertanto	= *c'est pourquoi*	**pourtant**	= **non pertanto, tuttavia, pure**
pestare	= *broyer, piler ; marcher sur*	**pester**	= **imprecare (contro) ; brontolare**
in piazza	= *sur la grand'place*	**en place**	= **a posto**
picchiare	= *frapper*	**piquer**	= **pungere**
pigione (fém.)	= *loyer*	**pigeon**	= **piccione**
pigliare	= *prendre*	**piller**	= **saccheggiare, depredare**
platea (fém.)	= *parterre* -théâtre- (masc.)	**platée**	= **piatto pieno zeppo**
poche	= *peu nombreuses*	**poche**	= **tasca**
polla	= *source, veine d'eau*	**poule**	= **gallina**
poltrone	= *fainéant*	**poltron**	= **vigliacco**
poltrona	= *fainéante ; fauteuil*	**poltronne**	= **vigliacca**
pontile	= *débarcadère*	**pontil**	= **sostegno del vetro fuso**
poponaia (fém.)	= *champ de melons*	**pouponnière**	= **asilo nido**
porcheria	= *saleté ; saloperie*	**porcherie**	= **porcile** (s. masc.)
portapenne (masc.)	= *trousse d'écolier*	**porte-plume**	= **penna** (s. fém.)
potenza	= *puissance*	**potence**	= **forca, patibolo**
prete	= *prêtre*	**prête** (adj.)	= **pronta**
pretta	= *pure*	**prête** (adj.)	= **pronta**
primavera (fém.)	= *printemps*	**primevère**	= **primula**
prudore (masc.)	= *prurit, démangeaison*	**pruderie**	= **pudibonderia**
pruno (masc.)	= *ronce ; épine*	**pruneau**	= **prugna secca**
pula	= *balle de l'épi*	**poule**	= **gallina**
pulire	= *nettoyer*	**polir**	= **levigare, lisciare ; ingentilire**
puntiglioso	= *susceptible ; obstiné*	**pointilleux**	= **meticoloso, minuzioso**
quadrigliati	= *quadrille* -jeu-	**quadrillé**	= **quadrettato**
quadro	= *carré ; tableau ; cadrage*	**cadre**	= **corniche ; ambiente ; telaio**
querela	= *plainte en justice*	**querelle**	= **lite, alterco, contesa**
querelarsi	= *se plaindre* -en justice-	**se quereller**	= **litigare, bisticciarsi**
questionare	= *discuter ; se disputer*	**questionner**	= **interrogare**
qui	= *ici*	**qui**	= **che, chi**
radice	= *racine*	**radis**	= **ravanello**
rado	= *clairsemé, rare*	**radeau**	= **zattera** (s. fém.)
ragia	= *térébenthine*	**rage**	= **rabbia**
ragliare	= *braire*	**railler**	= **schernire, canzonare ; celiare**
ramare	= *sulfater*	**ramer**	= **remare**
ramazzare	= *balayer*	**ramasser**	= **raccogliere, raccattare**
rame	= *cuivre*	**rame**	= **remo ; risma (di carta) ; convoglio**
ramo (masc.)	= *branche*	**rameau**	= **ramoscello**
rancio (masc.)	= *soupe du soldat, ordinaire*	**rance**	= **rancido**
rapa	= *rave*	**râpe**	= **raspa, grattugia**
rassodare	= *raffermir*	**ressouder**	= **risaldare**
rata (fém.)	= *versement échelonné ; mensualité*	**rate** (subst.)	= **milza**
rattrappire	= *engourdir ; contracter*	**rattraper**	= **riacciuffare ; raggiungere**
reclamo (masc.)	= *réclamation*	**réclame**	= **pubblicità**
redire, rièdere	= *revenir sur ses pas*	**redire**	= **ridire**
refuso (masc.)	= *coquille* -en typographie-	**refus**	= **rifiuto**
regalare	= *faire cadeau de, offrir*	**régaler**	= **convitare, offrire un banchetto a**
regalo	= *cadeau*	**régal**	= **delizia, leccornía**
resisté	= *il -elle- résista*	**résisté**	= **resistito** (part. passé)
ricoverare	= *hospitaliser*	**recouvrer**	= **ricuperare ; riscuotere**
riesumare	= *exhumer*	**résumer**	= **riassumere, compendiare**
riguardo	= *égard*	**regard**	= **sguardo, occhiata ; spia ;pozzetto**
rimportare	= *importer à nouveau*	**remporter**	= **riprendere ; riportare**
ringorgarsi	= *se boucher de nouveau*	**se rengorger**	= **ringalluzzirsi**
rinnovo	= *renouvellement*	**renouveau**	= **rinnovamento**
riposta	= *rangée, placée* (part. passé)	**riposte**	= **risposta pronta, rimbecco**
risció	= *pousse-pousse*	**réchaud**	= **fornello**
risguardo (s. masc.)	= *page de garde*	**regard**	= **sguardo**
riverbero (masc.)	= *réverbération*	**réverbère**	= **lampione**
riviera	= *rive, rivage, côte*	**rivière**	= **fiume** (s. masc.)
roba (fém. sing.)	= *affaires, objets, biens, choses*	**robe**	= **abito, veste, vestito ; toga ; mantello**
romanesco	= *dialecte du Latium*	**romanesque**	= **romanzesco**
rutto	= *rot*	**rut**	= **fregola** (s. fém.)

ruzza	= *il -elle- s'ébat, folâtre*	➡ **ruse** (subst.)	= **astuzia, scaltrezza, furberia**
sale	= *sel*	**sale**	= **sporco, sudicio ; turpe, sconcio**
salire	= *monter ; s'élever ; augmenter*	**salir**	= **sporcare, insudiciare, imbrattare**
sarai	= *tu seras*	**je serai**	= **sarò**
scalone	= *grand escalier*	**échelon**	= **gradino ; scatto ; scaglione**
scenario	= *décor*	**scénario**	= **sceneggiatura** (s. fém.)
scevra	= *séparée, privée (de)*	**chèvre**	= **capra**
scopare	= *balayer*	**écoper**	= **aggottare, sgottare ; buscarsi**
scrivano	= *copiste ; employé de bureau*	**écrivain**	= **scrittore**
scroccone	= *pique-assiette, écornifleur*	**escroc**	= **truffatore, imbroglione, lestofante**
scrollare	= *secouer*	**s'écrouler**	= **crollare ; stramazzare**
seccatore	= *casse-pieds, importun*	**sécateur**	= **forbici da potatore, cesole**
seppia	= *seiche*	**sépia** (fém.)	= **nero di seppia**
serpe (fém.)	= *serpent ; vipère* (fig.)	**serpe**	= **roncola**
síndaco	= *maire*	**syndic**	= **curatore,procuratore,amministratore**
slabbrare	= *ébrêcher*	**délabrer**	= **guastare, sciupare, rovinare**
sognare	= *rêver*	**songer**	= **pensare, ripensare ; fantasticare**
sole (subst.)	= *soleil*	**sole**	= **sogliola ; appezzamento ; suola,**
soliva	= *ensoleillée*	**solive**	= **travicello** (s. masc.)
somigliare	= *ressembler*	**sommeiller**	= **sonnecchiare, dormicchiare**
sopraffare	= *accabler, écraser*	**surfaire**	= **sopravvalutare ; chiedere un prezzo eccessivo**
sostenitore	= *partisan, défenseur*	**souteneur**	= **protettore, ruffiano**
sottilizzare	= *ergoter*	**subtiliser**	= **sgraffignare**
sperduto, sperso	= *égaré ; dépaysé*	**éperdu**	= **sgomento ; ebbro ; appassionato**
spigo (masc.)	= *lavande*	**épi**	= **spiga** (s. fém.)
stonato	= *discordant, faux, déplacé*	**étonné**	= **stupito, maravigliato**
su	= *sur ; dessus ; en haut*	**sous** (prép.)	= **sotto**
suggere	= *sucer*	**suggérer**	= **suggerire**
svelto	= *agile, rapide*	**svelte**	= **snello, slanciato**
tacchina	= *dinde*	**taquinerie**	= **dispetto ; carattere dispettoso**
tacchino	= *dindon*	**taquin**	= **dispettoso, stuzzichino**
tante	= *nombreuses*	**tante**	= **zia**
tanto che	= *tellement que*	**tant que**	= **fin tanto**
tappare	= *boucher* -verbe-	**taper**	= **picchiare, battere, sbattere**
tartufo (s. masc.)	= *truffe*	**tartufe**	= **ipocrita**
tergale	= *dossier (de siège)*	**tergal**	= **terital**
testardo	= *têtu*	**têtard**	= **girino** - zool. - ; **capitozza** - bot. -
tonno	= *thon*	**tonneau**	= **botte** (s. fém.)
tornare	= *revenir*	**tourner**	= **girare, voltare, volgere**
trarre	= *extraire*	**traire**	= **mungere**
travagliare	= *tourmenter*	**travailler**	= **lavorare**
trave	= *poutre*	**travée**	= **portata ; campata ; settore ; sezione**
traversia	= *contrariété*	**travers** (subst.)	= **difetto, difettuccio**
traversino (masc.)	= *traverse de voie ferrée*	**traversin**	= **capezzale**
trepidante	= *anxieux, palpitant*	**trépidant**	= **frenetico, agitato**
truffa	= *escroquerie, carambouillage*	**truffe**	= **tartufo** (s. masc.)
truffare	= *escroquer*	**truffer**	= **guarnire di tartufi**
turba	= *foule; ramassis ; trouble* -méd.-	**tourbe** (charbon)	= **torba**
tutto il mondo	= *le monde entier*	**tout le monde**	= **tutti, tutta la gente**
uno per uno	= *un pour chacun*	**un par un**	= **a uno a uno**
urbanismo, -esimo	= *urbanisation*	**urbanisme**	= **urbanistica** (s. fém.)
vacare	= *être vacant*	**vaquer à...**	= **attendere a...**
valse	= *il (elle) valut*	**valse**	= **valzer** (subst. masc.)
varechina	= *eau de Javel*	**varech**	= **goemone**
verrà	= *il (elle) viendra*	**verrat**	= **verro**
verro	= *verrat*	**verre**	= **vetro ; bicchiere ; lente** (s. fém.)
verrò	= *je viendrai*	**je verrai**	= **vedrò**
versatile	= *éclectique*	**versatile**	= **volubile, incostante**
vessare	= *brimer*	**vexer**	= **offendere, mortificare**
veste (s. fém.)	= *vêtement ; robe ; tunique*	**veste**	= **giacca ; gabbana**
viaggiare	= *voyager*	**viager**	= **vitalizio** (adj.)
villano	= *rustre, malotru*	**vilain** (adj.)	= **brutto**
vite (subst. fém. sing.)	= *vis* (s. fém.) *; vigne*	**vite** (adv.)	= **presto**
vivanda (s. fém.)	= *mets* (s. masc.)	**viande**	= **carne**

Ressemblances trompeuses
entre des mots italiens

acanto : *acanthe*
accanto : *à côté*

accapezzare : *achever ; égaliser*
raccapezzare : *rassembler ; retrouver*

accasciarsi : *s'affaisser*
accosciarsi : *s'accroupir*

accatare : *mendier*
raccattare : *ramasser*

accentare : *mettre les accents*
accentuare : *accentuer, appuyer*

accesso : *accès*
ascesso : *abcès*

accorgersi : *s'apercevoir (de)*
scorgere : *apercevoir*

àcero : *érable*
làrice : *mélèze*

acquaio : *évier*
acquario : *aquarium*

acquerello (masc.) **:** *aquarelle*
acquerella (fém.) **:** *pluie fine*

acre : *âcre* (adj.)
acro : *acre* (subst. fém.)

affiancare : *flanquer, adjoindre ; appuyer, soutenir*
sfiancare : *épuiser, éreinter*

affina : *il affine, il aiguise*
affine : *similaire*

aitante : *robuste, bien découplé*
aiutante : *aide* (subst. masc.)

alberella : (fém.) *tremble, peuplier blanc*
alberello : *arbrisseau*

algerese : *algérois*
algerino : *algérien*

alienare : *aliéner*
allenare : *entraîner* -sport-

allevare : *élever, cultiver*
alleviare : *alléger, soulager*

allora : *alors*
alloro : *laurier*

altezza : *hauteur, altitude*
altura : *hauteur, butte élévation, éminence*
alterigia : *hauteur, arrogance fierté*

amarrare : *amarrer*
ammarare : *amerrir*

ammainare : *amener le pavillon, carguer les voiles*
ammannare : *mettre en javelles*
ammannire : *apprêter, préparer*

ammalare : *tomber malade rendre malade*
ammaliare : *ensorceler, envoûter, fasciner*

ammassare : *amasser*
ammazzare : *tuer*

annullare : *annuler*
anulare : *anulaire*

apostrofe : *apostrophe interpellation*
apostrofo : *apostrophe* (signe orthogr.)

approfondare : *approfondir* (sens prop.)
approfondire : *approfondir* (sens fig.)

arca : (fém.) *coffre ; tombeau arche* -de Noé- *puits* -de science-
arco : (masc.) *arc ; arche, archet arcade*

aringa : (fém.) *hareng*
arringa : *harangue*

arroccare : *garnir la quenouille roquer* -au jeu d'echecs-
arrochire : *enrouer ; s'enrouer*

aspettare : *attendre*
spettare : *concerner*

asse (masc.) **:** *axe ; as* -monnaie-
asse (fém.) **:** *planche, ais*
asso : *as*

assestare : *mettre en ordre asséner*
assetare : *assoiffer, altérer*
assettare : *mettre en ordre arranger*

assistente : *assistant, assistante, aide*
astanti : *assistants* -public-

attaccare : *attacher ; attaquer*
attecchire : *prendre racine ; prendre, réussir*

atterrare : *abattre, terrasser atterrir*
atterrire : *atterrer, terrifier*

avvisare : *avertir, prévenir*
ravvisare : *reconnaître*

bacinella : *cuvette,petite bassine*
bacinello : *petit bassin*

balena : *baleine*
baleno : *éclair*

balza : *escarpement ; falbala ; balzane*
balzo : *bond*

banda : *bande ; côté ; fanfare*
bando : *ban, exil*

bandita : *chasse gardée*
bandito : *banni ; bandit*

bandista : *musicien de fanfare*
banditore : *héraut ; commissaire priseur ; propagateur*

bara : (fém.) *cercueil, bière*
baro : *tricheur, pipeur ; filou*

barbaro : *barbare*
barbero : *cheval barbe*

basílico : *basilic* -bot.-
basilisco : *basilic* -zool.-

battaglia : *bataille*
battaglio : *battant de cloche*

belletta : (fém.) *limon, vase* (fém.)
belletto : *fard*

berillo : *béryl*
birillo : *quille*

boccia : *carafe ; boule* -de jeu-
boccio : *bouton* -de fleur-

bolla : *bulle ; soufflure ; cloque ; pustule*
bollo : *timbre ; cachet ; vignette ; marque marque de contrôle flétrissure*

bollettina : *petit clou, punaise*
bollettino : *bulletin*

bonaccia : *bonace*
bonaccione : *bonasse*

borea : *borée ; nord*
boria : *arrogance, suffisance, morgue*

borghese : *bourgeois ; civil*
borghigiano : *villageois*

borsaiolo : *pickpocket*
borsista : *boursier* (subst.)
borsistico : *boursier* (adj.)

boschereccio : *bocager, des bois*
boschivo : *boisé, forestier*

bòtola : *trappe*
bòtolo : *roquet*

bramare : *désirer ardemment convoiter*
bramire : *bramer*

brulicame : *grouillement*
bulicame : *source d'eau bouillante*

bruto : *brutal* (adj.), *brute* (subst.)
brutto : *laid, vilain*

buccia : *écorce, zeste*
buccina : (fém.) *buccin (instrument) il sonne du buccin*

buggerare :	*rouler, tromper*
sbugiardare :	*démasquer (un menteur)*
cacio :	*fromage*
caccio :	*je chasse ; je fourre*
calca :	*cohue, presse*
calco :	*calque ; moulage cliché*
calle (masc.) (poét.)	*chemin étroit*
calle (fém.)	*ruelle étroite (à Venise)*
callo :	*cal, cor, durillon*
calo : (masc.)	*diminution, baisse*
camino :	*cheminée -de maison-*
cammino :	*chemin, parcours, route*
camorra :	*bande, gang ; boucan*
camorro : (masc.)	*personne ennuyeuse ou patraque*
cannone :	*canon* -milit.-; *tuyau*
canone :	*gros chien*
cànone :	*canon* -relig. mus., etc.- *loyer, fermage*
cantarello :	*chanterelle, girolle*
canterello :	*je chantonne*
capello :	*cheveu*
cappello :	*chapeau*
capezzale :	*traversin ; chevet*
capezzolo :	*tétin*
capocchia (fém.)	*tête d'épingle ou de clou*
capoccia (masc.)	*chef de famille ; contremaître*
catasta : (fém.)	*pile, tas, amas*
catasto :	*cadastre*
cava :	*carrière de pierre*
cavo :	*creux ; câble*
cavalletta :	*sauterelle*
cavalletto :	*chevalet*
ceco :	*tchèque*
cieco :	*aveugle*
cenno :	*signe* -geste-
segno :	*signe* -marque-
cernere :	*discerner*
secernere :	*sécréter*
cessino : (masc.)	*gadoue*
gessino : (masc.)	*petite statue en plâtre*
chetarsi :	*se taire*
quietarsi :	*se calmer*
chicca :	*bonbon*
chicco :	*grain, graine*
chierica :	*tonsure*
chierico :	*clerc*
chierichetto :	*enfant de chœur*
chiostra :	*enceinte de montagnes rangée de dents*
chiostro :	*cloître*
colera :	*choléra*
collera :	*colère*
colore :	*couleur*
coloro :	*eux, ceux, ceux-là ; elles, celles, celles-là*
colpa :	*faute, culpabilité*
colpo :	*coup*
coma :	*coma*
comma :	*alinéa ; comma* -musique-
comando :	*commandement*
commando :	*commando* -milit.-
comodino :	*table de nuit*
comodone :	*personne sans gêne*
comunanza :	*communauté* -abstraite-
comunità :	*communauté* -concrète-
confine : (masc.)	*frontière, limite*
confino : (masc.)	*relégation*
conoscente :	*connaissance* -personne connue-
conoscenza :	*connaissance* -savoir-
consigliare :	*conseiller* -verbe-
consiliare :	*conseilleur* (adj.)
contare :	*compter*
raccontare :	*conter, raconter*
conte :	*comte*
conto :	*compte, addition, note ; calcul*
convito :	*banquet*
convitto :	*pensionnat*
copia :	*copie ; abondance*
coppia : (fém.)	*couple*
correttezza :	*correction* -attitude-
correzione :	*correction* -action-
costretta :	*obligée, contrainte* (part. passé)
costrizione :	*contrainte* (subst.)
crocchia : (fém.)	*chignon*
crocchio :	*groupe, cercle, club*
cucio :	*je couds*
cuocio :	*je cuis*
coccio :	*terre cuite ; tesson , débris*
dabben uomo :	*niais*
uomo dabbene :	*homme de bien*
dantista :	*dantologue*
dentista :	*dentiste*
delazione :	*délation*
dilazione : (fém.)	*délai*
dèmone :	*démon -génie-*
demonio :	*démon, diable*
desiderò :	*il -elle- désira*
desidererò :	*je désirerai*
detonare :	*détoner*
stonare :	*détonner, chanter faux*
diavoleto :	*tintamarre*
diavoletto :	*diablotin ; bigoudi*
diffida :	*sommation*
diffidenza :	*défiance, méfiance*
dimesso :	*modeste, humble*
smesso :	*qu'on ne porte plus* -vêtement- ; *cessé* (part. passé)
diritto :	*droit, rectiligne*
ritto :	*debout, dressé, droit*
disagio :	*gêne, incommodité*
disaggio :	*moins-value*
disavventura :	*mésaventure*
sventura :	*malheur ; malchance*
disconoscenza :	*ingratitude*
disconoscimento:	*désaveu*
dolo :	*dol, fraude*
duolo :	*douleur*
edito :	*édité*
editto :	*édit*
elce :	*yeuse, chêne vert*
selce :	*silex*
ellisse :	*ellipse* -géométrie-
ellissi :	*ellipse* -grammaire-
elmo :	*heaume, casque*
ermo :	*solitaire* (adj.)
empito :	*emportement, fougue*
impeto :	*impétuosité, élan*
erto :	*escarpé*
irto :	*hérissé*
esile :	*frêle*
esule :	*exilé*
esoterico :	*ésotérique* -hermét.-
essoterico :	*exotérique* -clair-
faccenda :	*affaire, besogne*
facendo :	*en faisant*
faccetta :	*minois ; facette*
fascetta :	*bande ; gaine, corset*
fama :	*renom, renommée*
fame :	*faim*
fedele :	*fidèle*
fidato :	*sûr, loyal*
federa :	*taie d'oreiller*
fodera :	*doublure ; housse ; liseuse*
fodero :	*fourreau, gaine*

224

fedina : (fém.) *casier judiciaire*
fedine (f. pluriel): *favoris*

ferale : *funèbre*
feriale : *ouvrable ; férial*

fièvole : *faible*
fièbile : *plaintif ; faible*

fiocco : *flocon ; nœud de ruban ; foc*
fioco : *faible* -voix ou lumière-

focolaio : *foyer* -sens méd et fig.-
focolare : *foyer* -sens propre et fig.-

fondatore : *fondateur*
fonditore : *fondeur*

fortunato : *chanceux, heureux*
fortunoso : *aventureux, mouvementé*

forzato, forzoso : *forcé*
forzuto : *robuste, costaud*

freddoloso : *frileux*
frettoloso : *pressé ; hâtif*

fregare : *frotter*
fregiare : *décorer, orner*

friggío : *grésillement*
frígio : *phrygien*

furiere : *fourrier* -milit.-
foriero : *avant-coureur*

gabbano : *caban*
gabbiano :(masc.) *mouette*

galantuomo : *honnête homme*
uomo galante : *homme galant*

gamba : *jambe*
gambo : (masc.) *tige*

gàmbero :(masc.) *écrevisse ; homard*
gambetto : *croc-en-jambe ; gambit*
gamberetto : (masc.) *crevette*

gelatina : *gélatine ; gelée*
gelatino : *petit sorbet, petite glace* -alim.-

genio : *génie*
genia : *engeance, race* (péjor.)

Gènova : *Gênes*
Ginevra : *Genève*

ginestra : (fém.) *genêt* -bot.-
ginnetto : *genet* -cheval-

gotta : *goutte* -maladie-
gotto : (masc.) *chope, bock, pot*

grammo : *gramme*
gramo : *malheureux ; triste malingre*

greppia : (fém.) *râtelier ; mangeoire*
greppo : *escarpement ; talus*

greto : (masc.) *grève* -rive-
gretto : *avare, pingre ; mesquin, étroit*

guazza : *rosée abondante*
guazzo : (masc.) *flaque, mare ; gouache*

immolare : *immoler*
immollare : *mouiller, tremper*

impaccio : *embarras, gêne, entrave*
impacco : (masc.) *compresse* -méd.-

impagliatura : *empaillage, rempaillage*
impagliettatura : *bastingage*

impampinarsi : *se couvrir de pampres*
impappinarsi : *s'embrouiller, bafouiller*

impanare : *paner ; fileter*
impaniare : *engluer ; prendre au piège*
impannare : *garnir de toile le châssis d'une fenêtre*

impazzare : *devenir fou*
strapazzare : *malmener, surmener*

impegolarsi : *s'embarquer dans une mauvaise affaire*
impelagarsi : *s'embourber, s'empêtrer*

inconveniente : *inconvénient*
sconveniente : *inconvenant*

inesauribile : *inépuisable*
inesorabile : *inexorable*

infine : *enfin (fin d'énumération)*
finalmente : *enfin (fin d'attente)*

intemerata : *réprimande, tirade*
intemerato : *pur, sans tache, intègre*

intrico : *enchevêtrement*
intrigo : (masc.) *intrigue, brigue, manège*

inzaccherare : *crotter*
inzuccherare : *sucrer*

inzeppare : *caler ; gaver*
inzuppare : *tremper, imbiber*

lavoratura : *action de travailler quelque chose*
lavorazione : *façon de travailler quelque chose ; ouvraison*

lembo : *pan ; bout ; bord; limbe* -bot.-
limbo : *limbes* -théologie-

lente (s. fém.) : *loupe, lentille*
lento (adj.) : *lent*

lí per lí : *sur le premier moment au pied levé*
lí lí per... : *sur le point de...*

liberarsi : *se libérer*
librarsi : *planer*
libra : *balance* -poét.- *Balance* -astrol.-
libbra : *livre* (s. fém.)

livello : *niveau*
livella : (fém.) *niveau* -instrument-

loto : (masc.) *boue, fange ; lotus*
lotto : *lot ; loterie*
lutto : *deuil*

luccio : *brochet*
lùcciola : *luciole ; ouvreuse*
lucèrtola : (fém.) *lézard*

luglio : *juillet*
loglio : (masc.) *ivraie*

lunare (adj.) : *lunaire*
lunaria (s. fém.) : *pierre de lune*
lunario (s. masc.) : *almanach*

madrina : *marraine*
matrigna : *marâtre*

maggio : *mai*
magio : *mage*
mago : *magicien ; enchanteur*

maggioranza : *majorité*
maggiorità : *bureaux de l'administration militaire*

maggiorenne : *majeur* -d'âge-
maggiorente : *notable* (subst. masc.)

malaccolto : *mal accueilli*
malaccorto : *malavisé, maladroit, imprudent*

mali : *maux*
malli : *brous*

malora : *ruine, perte, perdition*
malore : *malaise, indisposition*

marabù : *marabout* -zool.-
marabutto : *marabout* -prêtre-

massa : *masse* -vol., quantité-
mazza : *masse* -outil- ; *massue ; canne*

masso : *rocher*
mazzo : *bouquet ; trousseau* -de clefs- ; *liasse* -de billets- ; *jeu de cartes*

mattiniero : *matinal* -qui se lève tôt-
mattutino : *matinal, du matin*

menta : *menthe*
mento : *menton*

messa : *messe*
messe : *moisson* -récolte moissonnée-

messale : *missel*
míssile : *missile, fusée*

metropolitana : *métro*
metropolitano : *agent de police*

midolla :	mie de pain
midollo :	moëlle
millenne :	millénaire (adj.)
millennio :	millénaire (subst.)
minore :	moins grand ; cadet
minorenne :	mineur -d'âge-
minatore :	mineur -ouvrier-
moggio :	boisseau
mogio :	mortifié, penaud
mola :	meule
molla : (fém.)	ressort
molare :	molaire
mollare :	lâcher ; larguer ; céder
molo : (masc.)	môle, jetée ; débarcadère
mole : (fém.)	grande masse ; grand volume
molle :	mou ; mouillé ; trempé
morso : (masc.)	morsure
morsa : (fém.)	étau
mostra : (fém.)	étalage, vitrine ; exposition
mostro :	monstre
mota :	boue
moto (s. masc.) **:**	mouvement
moto (s. fém.) **:**	moto (motocyclette)
motto :	mot, bon mot, plaisanterie ; devise
multa :	amende, contravention
molta :	nombreuse, beaucoup de...
nembo :	nuée ; nimbus
nimbo :	nimbe
nonno :	grand-père
nono :	neuvième
notare :	noter, remarquer
nuotare :	nager
ombrella :	ombelle -bot.-
ombrello :	parapluie
ombrellino :	ombrelle
orbe :	orbe, globe, monde
orbo :	aveugle
orcio : (masc.)	jarre
orco :	ogre
orca : (fém.)	épaulard, orque ; monstre marin -myth.-
ostile :	hostile
ostico :	rebutant ; dur, difficile
ovata :	ovée -en forme d'œuf-
ovatta :	ouate, coton hydrophile
ovolo :	ove ; oronge ; bourgeon d'olivier
ovulo :	ovule
pace :	paix
pece :	poix
padano :	padan, de la vallée du Pô
padovano :	padouan, de Padoue
padrino :	parrain
patrigno :	parâtre
padrone :	maître, patron : propriétaire
patrono :	défenseur ; patron -relig.-
pagella : (fém.)	bulletin scolaire
pagello :	pagel, pagelle, daurade, dorade
pala :	pelle
palla :	balle, boule, boulet
palo :	poteau, pieu, échalas ; pal ; mât
pani :	pains
panni :	tissus, linge ; compresses ; vêtements
panna :	crème du lait
panno :	tissu, drap, linge
papa :	pape
pappa :	bouillie (s. fém.)
papà :	papa
parare :	parer ; protéger ; présenter ; empêcher ; mener ; parer, orner
sparare :	décocher ; tirer -un coup de feu-
pedana : (fém.)	marchepied
pedina : (fém.)	pion
pedone :	piéton
piedone :	grand pied
pelare, spelare :	peler, plumer
spellare :	écorcher
spillare :	épingler, mettre en perce ; tirer -du vin-; soutirer
pendolino (masc.)**:**	pendulette
pentolino (masc.)**:**	petite marmite, petit pot
pèrgamo :	chaire
pergamena : (fém.)	parchemin
pettine :	peigne (subst.)
pettino : (masc.)	je peigne
pettíno :	petite poitrine ; bavette ; jabot
pezza : (fém.)	lange
pezzo : (masc.)	morceau, pièce
piagato :	couvert de plaies
piegato :	plié
piaggia (littér.) **:**	étendue
spiaggia :	plage
piaggiare :	flatter ; louvoyer
pigiare :	presser, tasser, fouler
pianeta : (masc.)	planète (fém.)
pianeta : (fém.)	chasuble (fém.)
piega : (fém.)	pli -sinuosité-
piego, plico :	pli -lettre-
pienezza :	plénitude
ripienezza :	réplétion
píffero :	fifre, pipeau
spíffero :	courant d'air
pilare :	décortiquer
pillare :	piler, damer
pigliare :	prendre, attraper
pina, pigna :	pigne, pomme de pin
pinna :	nageoire
placare :	apaiser
placcare :	revêtir de plaques
poggia : (fém.)	côté sous le vent, lof
poggio :	coteau, colline
polla :	source
pollo :	poulet
polpa :	pulpe
polpo :	poulpe
poro :	pore
porro :	poireau
postino :	facteur (des Postes)
posticino :	petite place, petit coin
pozza :	flaque, mare
pozzo :	puits
precisione :	précision, netteté
precisazione :	précision, explication, éclaircissement
premessa :	prémisse ; préambule ; préface
primízia :	primeur
primate :	primat -relig.-
primato :	primauté ; record
procacia, procacità :	impudence, effronterie
procaccia (s. m.) **:**	commissionnaire
proferire :	proférer
profferire :	offrir
professionale :	professionnel (adj.)
professionista :	professionnel (subst.)
progettare :	projeter -former le dessein-
proiettare :	projeter -géom.-
prognosi :	pronostic -méd.-
pronostico :	pronostic -prévisions-
proposizione :	proposition
proponimento :	résolution
pulizía :	propreté ; nettoyage
polizía :	police
pòlizza :	police -certificat, bulletin-
quadriglia :	quadrille -danse-
quadrigliati :	quadrille -jeu de cartes-

quinto : *cinquième ; quinte* -musique-
quinte (s. fém. pl.): *coulisses*

raddobbare : *radouber*
rattoppare : *rapiécer*

raggiro : *manigance, machination*
rigiro : (masc.) *détour ; manœuvre*

rammendare : *repriser*
rammentare : *rappeler*

ramo : (masc.) *branche*
rame : *cuivre*
remo : (masc.) *rame, aviron*

ramoso : *branchu ; rameux*
ramato (adj.) : *cuivré*
ramato (subst.) : *sulfate de cuivre*

rampogna : *réprimande*
zampogna : *cornemuse*

rampollo : *bourgeon ; rejeton*
raspollo : *grappillon*

ràpido : *rapide* (adj.)
rípido : *raide, abrupt, escarpé*

rastrellatura : *ratissage (d'un jardin)*
rastrellamento : *ratissage (milit.)*

regale : *royal*
regalo : *cadeau*

regia : *royale* (adj. fém.)
reggia : (fém.) *palais royal*

reggiano : *habitant de Reggio Emilia*
reggino : *habitant de Reggio Calabria*

riboccare di... : *déborder de...*
rimboccare : *retrousser* -ses manches- ; *border* -le lit-

ricerca : *recherche* -action-
ricercatezza : *recherche, distinction*
ricercatezze : *préciosités*

rigaglie (s. f. pl.) : *abattis*
rigàgnolo : *petit ruisseau ; caniveau, rigole*
rigame (masc.) : *rainure* -archit.-

rilassamento : *détente (repos)*
rilassatezza : *relâchement (des moeurs)*

riparo : *abri, refuge*
ripario : *riverain* (adj.)

rito : *rite*
ritto : *debout*

rocca : *quenouille ; roche, rocher ; château fort, citadelle, forteresse*
roccia : *rocher, roc ; roche*

saia : *serge* -tissu-
saio : *froc ; saie*

sacrilegio (m.) : *sacrilège* -acte-
sacrílego : *sacrilège* (adj.) *sacrilège* -homme-

salma : *dépouille mortelle, cadavre, corps*
salmo : *psaume*

salute (fém.) : *santé*
saluto (masc.) : *salut, salutation*

scala : *échelle ; escalier ; gamme*
scalo : (masc.) *escale ; embarcadère*
scalata : *escalade*
scalinata : (fém.) *escalier monumental*

scalinato : *marche, degré, échelon*
scalone : *grand escalier*

scàndalo : *scandale*
scandaglio : *sonde ; sondage*

scàpola : *omoplate*
scàpolo : *célibataire* (masc.)

scherma : (fém.) *escrime*
schermo : *écran*
scherno : (masc.) *dérision, moquerie ; risée*

schernire : *railler*
schermirsi da... : *esquiver*

schioppo : *fusil de chasse*
scoppio : *éclatement, explosion ; éclat*
scopo : *but, dessein*

sciacquare, risciacquare : *rincer*
scialacquare : *gaspiller, dilapider*

scoccare : *décocher ; sonner ; se débander*
scocciare : *casser ; ennuyer*

scolpare : *disculper*
scolpire : *sculpter*

scornare : *décorner ; ridiculiser*
scoronare : *découronner*

scorreria : *incursion*
scorrevolezza : *fluidité*

scostare : *écarter, éloigner*
scrostare : *ôter la croûte ; décrépir*
scottare : *ébouillanter, brûler*

sdegnato : *indigné*
sdegnoso : *dédaigneux*

sega (fém.) : *scie*
sego (masc.) : *suif*

semolino : *semoule*
sermollino : *serpolet*

senna : *séné*
senno : *bon sens, jugement, discernement*

seta : *soie*
sete : *soif*

setta : *secte*
setto : *cloison* -anatomie-
sette : *sept*

sfalsamento : *décalage (dans l'espace)*
sfasamento : *décalage (horaire)*

sfarzo : *luxe, faste*
sferzo : *je fustige*

sferza : *fouet ; attaque cinglante*
sverza : *écharde, éclat*

sfiorare : *effleurer, frôler*
sfiorire : *se fâner, se flétrir*

sfratarsi : *se défroquer*
sfrattare : *expulser ; vider les lieux*

sindacato : *syndicat ; contrôle* -jurid.-
sindacalizzato : *syndiqué*

smaltare : *émailler, glacer* -techn.- ; *mettre du vernis* -à ongles-
smaltire : *faire passer, digérer cuver ; faire couler ; en finir* (avec)

soffitta : (fém.) *grenier, mansarde*
soffitto : *plafond*

soglia : (masc.) *seuil*
sogliola : *sole* -poisson-

sogno : *rêve* (subst.)
sonno : *sommeil*

sollevamento : *soulèvement (sens propre)*
sollevazione(f.): *soulèvement (émeute)*

soma : *charge, fardeau*
somma : *somme, total*

sorta : *sorte, genre, espèce*
sorte (s. fém.) : *sort, destin ; issue, résultat ; hasard*

spaccare : *fendre*
spacciare : *écouler ; diffuser*

sparacchiare : *tirer des coups de feu à tort et à travers*
sparecchiare : *desservir, débarrasser*

spazio : *espace*
spiazzo : *terrain ; esplanade ; clairière*

spaziare : *planer librement ; embrasser du regard ; espacer*
spazzare : *balayer ; débarrasser*

speciale : *spécial*
speziale : *apothicaire*

speco : *antre*
spreco : *gaspillage*

spessezza : *épaisseur* -densité-
spessore (m.) : *épaisseur* -mesure-

spiccare : *détacher ; émettre ; se détacher, ressortir ;*
spicciare : *expédier, débarrasser*
spiccicare : *décoller, détacher*

spiga : (fém.) *épi*
spigo : (masc.) *lavande*

spilla : (fém.) *broche, clip, agrafe, épingle de cravate*
spillo : (masc.) *épingle*

spulare : *vanner*
spulire : *dépolir*
spulezzare : *dételer, décamper*

stalla : *étable ; écurie* (fig.)
stallo : *stalle* (fém.) *; siège* -au parlement- ; *pat* - au jeu d'échecs- ; *perte de vitesse* -aéron.-

stelo (masc.) : *tige*
stele (fém.) : *stèle*

stipa : (fém.) *brindilles, broussailles coupées, petit bois sec ; entassement*
stipo : (masc.) *chiffonnier* -meuble-

stramazzare : *s'écrouler ; terrasser*
strapazzare : *rudoyer, malmener, houspiller*

stringare : *serrer ; lacer ;condenser*
stringere : *serrer ; presser ;abréger rétrécir ; conclure*

strizzare : *presser ; essorer ; cligner*
strozzare : *étrangler, étouffer, obstruer*

stuello : *tampon d'ouate*
stuolo : (masc.) *multitude ; horde*

stupido : *stupide*
stupito : *étonné*

subappaltante : *sous-traitant* (adj.)
subappaltatore : *sous-traitant* (subst.)

sughero : *chêne-liège ; liège ; flotteur*
zucchero : *sucre*

suola : *semelle ; patin* -d'un rail-
suolo : *sol, terrain ; territoire*

svanire : *s'évanouir* -disparaître-
svenire : *s'évanouir* -tomber en pamoison-

svergolare : *gauchir, voiler*
sverlare : *siffler, chanter (oiseaux)*

Svevia : *Souabe*
Svezia : *Suède*
Svizzera : *Suisse*

tacca : *entaille, encoche; cran*
tacco : *talon* -de chaussure-; *taquet*

talare (adj.) : *qui descend jusqu'aux talons*
talari (s. masc. pl.) : *talonnières* -mythologie-

tanfo : *relent*
tonfo : *bruit sourd*

tapino : *pauvret, malheureux*
tappino : *petit bouchon*

tarchiato : *râblé, trapu*
torchiato : *pressuré*
taso : *tartre*
tasso : *if* -bot.- ; *blaireau* -zool.- ; *taux*

teca : (fém.) *étui pour reliques*
tecca, teccola : *petite tache ; petit défaut*

telo : (masc.) *lé, toile, bâche ; dard, trait*
tela : *toile*
tempia : *tempe*
tempio : *temple*

tempi : *des temps*
templi : *des temples*

tentare : *tenter*
stentare : *peiner*

torba : *tourbe*
turba : *foule, multitude*

tornare : *revenir*
torniare, tornire : *fabriquer au tour*
torneare : *jouter*

tornio : *tour* -outil du tourneur-
turno : *tour de rôle*

torrentizio : *torrentueux*
torrenziale : *torrentiel*

torrione : *donjon*
torrone : *nougat*

tracannare : *avaler d'un trait*
stracannare : *rebobiner*

tralcio : *sarment*
traliccio : *treillis, treillage ;pylone*

treccia : *tresse*
treggia : (fém.) *traîneau*

trentenne : *âgé de trente ans*
trentennio : (masc.) *période de trente ans*

triglia : (fém.) *rouget*
striglia : *étrille*

trillo : *trille*
strillo : *cri perçant*

triste : *triste*
tristo : *méchant, mauvais, piètre*

tuba : (fém.) *haut-de-forme, gibus ; tuba* -mus.- ; *trompe* -anat.- ; *bleu* -argot milit.-
tubo : *tube, tuyau*

tuffare : *plonger*
truffare : *escroquer*

tufo : *tuf*
tuffo : *plongeon*

tuta : *salopette, bleu de travail, combinaison*
tutta : *toute*

uomini : *hommes*
omíni : *petits hommes*

uova : (fém. plur.) *œufs*
uva : (fém.) *raisin*
usciale : *porte vitrée*
usciere : *huissier ; portier*

valle : *vallée*
vallo : *rempart ; tranchée*

vegliardo : *vieillard*
veglione : *réveillon*

ventenne : *âgé de vingt ans*
ventennio : *période de vingt ans*

vicinanza : (fém.) *voisinage* -lieu-
vicinato : *voisinage* -gens-

vigente (adj.) : *en vigueur* -loi-
vigesimo (adj.) -lit.: *vingtième*

viluppo : *enchevêtrement, fouillis*
sviluppo : *développement ; dégagement*

vinaccia : (fém.) *marc de raisin*
vinacciolo : *pépin de raisin*

vinco : *osier*
vincolo : *lien ; obligation ; frein*

vita : *vie ; taille, tour de taille*
vite : *vis ; vigne*

vizio : *vice, défaut, mauvaise habitude*
vizzo : *flétri, fané, ratatiné*
vezzo : (masc.) *habitude ; câlinerie ; collier ; charme*

volontario : *volontaire*
volonteroso, volenteroso : *plein de bonne volonté*

vongola : *palourde, clovisse*
gongola : *il -elle- jubile*

votare : *voter*
vuotare : *vider*

zana : (fém.) *berceau*
zanna : (fém.) *croc ; défense* -d'éléphant, etc...-

zappa : *pioche*
zeppa (fém.) : *taquet, cale, coin, cheville*
zeppo (adj.) : *bourré, bondé, comble plein, archiplein, farci*

Néologismes

I) - NEOLOGISMES INTEGRES DANS LE LEXIQUE ITALIEN

acclimatare (acclimare), adibire (assegnare, destinare), andicappare, autorizzare, azionare, apprendistato (tirocinio), assenteismo, particolarismo, decollo, decollaggio, montaggio, fotomontaggio, imballaggio, indennizzo (risarcimento di danni), modifica (modificazione), qualifica (qualificazione), rettifica (rettificazione), revoca (revocazione), verifica (verificazione), interessenza (partecipazione agli utili), inevaso (non accolto, non sbrigato, sospeso), deragliare, deragliamento, programmare, programmazione, piazzare (collocare merce, vendere), radiare (cancellare da una lista), minimizzare, metamorfosare, vertenza (controversia), casellante, cineromanzo, rondella (riparella, dischetto, rosetta), garage, garagista, restare in panna (avere un guasto), snobbare (umiliare qualcuno guardandolo con spregio altero), paninoteca *(croissanterie)*, **bricolage (fai da te), i mass media** *(les médias)*, **telefax, telecronaca** *(reportage télévisé), etc...*

II) - NEOLOGISMES MAL INTEGRES (INUTILES - A EVITER -)

accusare ricevuta	**= dichiarare ricevuta**	*accuser réception*
aleroni	**= alettoni**	*ailerons*
allea	**= viale**	*allée*
ambiente	**= stanza** - de même, éviter l'emploi de **vano** à la place de **stanza**	
antiderapante	**= antisdrucciolevole**	*antidérapant*
basculla	**= stadera a piattaforma, bilancia a ponte**	*bascule*
berceau, bersò	**= pergola, pergolato, frascato ; capanno**	
bibelot	**= ninnolo, soprammobile**	
biscuit	**= gelato semifreddo**	
bombé	**= convesso**	
bonbon	**= caramella, chicca, cioccolatino**	
bookmaker	**= allibratore**	
bric-à-brac	**= cianfrusaglia, ciarpame**	
buffet	**= credenza ; ristoro ; ristoratore**	
bureau	**= scrivania, scrittoio ; studio, ufficio ; segreteria**	
camping	**= campeggio**	
colpo di telefono	**= telefonata**	*coup de téléphone*
colpo d'occhio	**= occhiata**	*coup d'œil*
a corpo perduto	**= alla disperata**	*à corps perdu*
corvée	**= sfacchinata - essere di corvée = essere di ramazza**	
debuttante	**= esordiente, principiante**	*débutant*
debuttare	**= esordire - a teatro -**	*débuter*
dernier cri	**= ultima novità, ultima moda**	
déshabillé (s. m.)	**= accappatoio, vestaglia**	
designer	**= progettista**	
escalation	**= pericoloso aumento progressivo**	
in evasione di...	**= in seguito a...**	
fondo di cassa	**= avanzo di cassa**	*fond de caisse*
formalizzarsi	**= preoccuparsi, maravigliarsi, scandalizzarsi**	*se formaliser*
al giorno d'oggi	**= oggigiorno, oggidì**	*aujourd'hui* -de nos jours-
hangar	**= capannone**	
innocentare	**= riconoscere innocente**	*innocenter*
a mente di...	**= in conformità di...**	
motivo per cui...	**= pertanto, perciò, per questa ragione**	
notes (s. m.)	**= taccuino per appunti**	
essere l'orgoglio di...	**= essere il vanto di..., l'onore di..., la gloria di...**	
osservarsi	**= agire con riguardo, con circospezione**	
pressante	**= urgente**	*pressant*
prosieguo	**= proseguimento, seguito**	
reclamazione	**= reclamo, protesta**	*réclamation*
realizzare	**= comprendere esattamente in tutta la sua portata**	*réaliser* - anglais : to realize
scemenza	**= scempiaggine, scimunitaggine, sciocchezza**	

Noms de lieux - Nomi di luogo

Les noms de lieux dont l'orthographe est identique en français et en italien ne figurent pas sur cette liste (par exemple : **Aden, Ankara, Annam...**), sauf s'ils sont suivis du nom des habitants : Albi **Albi/Albigese**. Les différences de genre (masc./fém.) ont été signalées, sauf pour les noms de villes qui sont, presque tous, du genre féminin en italien. La place de l'accent tonique a été signalée sur l'antépénultième syllabe et sur la dernière syllabe. L'accent aigu sur un **é** signale un «é fermé» ; l'accent grave sur un **è** signale un «è ouvert». De même : **ò** ouvert et **ó** fermé.

Abruzzes	**Abruzzi** / Abruzzese
Abyssinie	**Abissìnia** /Abissino
Achéron	**Acheronte**
Açores	**Azzorre**
Acre	**Acri**
Actium	**Ázio**
Adige	**Ádige**
Adoua	**Ádua**
Adriatique (fém.)	**Adriàtico** (masc.)
Afghanistan	**Afgànistan** / Afgano
Afrique	**Àfrica** / Africano
Afrique du Nord	**Nordàfrica** / Nordafricano
Agrigente	**Agrigento** / Agrigentino
Aix-La Chapelle	**Aquisgrana**
Ajaccio	**Aiaccio**
Aksoum (ou) Axoum	**Axum**
Alaska	**Alasca**
Albanie	**Albania** / Albanese
Albe-la-longue	**Albalonga**
Albi	**Albi** / Albigese
Albion	**Albione**
Aléoutiennes (Iles)	**Aleutine** (Isole)
Alep	**Aleppo**
Alexandrie	**Alessàndria** / Alessandrino
Alger	**Algeri** / Algerese
Algérie	**Algeria** / Algerino
Allemagne	**Germania** / Tedesco
Alpes	**Alpi** / Alpino
Alsace	**Alsàzia** / Alsaziano
Altaï	**Altai**
Alverne	**La Verna**
Amazone	**Rio delle Amàzzoni**
Amazonie	**Amazzònia**
Amérique	**Amèrica** / Americano
Anatolie	**Anatòlia**
Ancône	**Ancona** / Anconitano
Andalousie	**Andalusia** / Andaluso
Andes	**Ande** / Andino
Andorre	**Andorra** / Andorrano
Andrinople	**Andrianòpoli**
Angleterre	**Inghilterra** / Inglese
Angoumois	**Angumese**
Anjou	**Angiò** / Angioino
Antarctique (masc.)	**Antàrtide** (fém.)
Antilles	**Antille** / Antillano
Antioche	**Antiòchia**
Anvers	**Anversa**
Aoste	**Aosta** / Valdostano
Apennin	**Appennino**
Appienne (Voie)	**Via Appia**
Apulie	**Apùlia**
Aquilée	**Aquilèia**
Aquitaine	**Aquitània** / Aquitano
Arabie	**Aràbia** / Arabo
Aragon (masc.)	**Aragona** (fém.) / Aragonese
Arcadie	**Árcàdia** / Arcade
Arctique (masc.)	**Ártide** (fém.)
Ardennes	**Ardenne**
Argos	**Argo** / Argivo
Arménie	**Armènia** / Armeno
Asie	**Ásia** / Asiàtico
Assise	**Assisi** / Assisiate
Assyrie	**Assìria** / Assiro
Asturies	**Astùrie** / Asturiano
Athènes	**Atene** / Ateniese
Atlantique (Océan)	**Ocèano Atlàntico**
Augsbourg	**Augusta**
Ausonie	**Ausònia** / Ausone
Australie	**Austràlia** / Australiano
Autriche	**Áustria** / Austriaco
Auvergne	**Alvèrnia** / Alverniate
Aventin	**Aventino**
Avignon	**Avignone** / Avignonese
Azerbaïdjan	**Azerbaigiàn** / Azerbaigiano

Babel	**Babele**
Babylone	**Babilònia** / Babilonese
Bade	**Baden** / Badese
Bahamas	**Bahama**
Bâle	**Basilea**
Baléares	**Baleari**
Balkans	**Balcani**
Baltimore	**Baltimora**
Baltique (fém.)	**Bàltico** (masc.)
Bamberg	**Bamberga**
Banat	**Banato** / Banatese
Barcelone	**Barcellona** / Barcellonese
Bardonèche	**Bardonécchia**
Basilicate	**Basilicata** / Lucano
Bastia	**Bastia** / Bastiese
Bayonne	**Baiona** / Baionese
Belgique (fém.)	**Bèlgio** (masc.) / Belga
Béloutchistan	**Belùcistan**
Bellune	**Belluno** / Bellunese
Bénévent	**Benevento** / Beneventano
Bengale	**Bengala** / Bengalese
Béotie	**Beòzia** / Beóta
Bergame	**Bèrgamo** / Bergamasco
Berlin	**Berlino** / Berlinese
Bermudes	**Bermude**

Berne	**Berna** / Bernese
Bessarabie	**Bessaràbia**
Bethléem	**Betlemme**
Biélorussie	**Bielorùssia** / Bielorusso
Birmanie	**Birmània** / Birmano
Biscaye	**Biscàglia** / Biscaglino
Bohème	**Boèmia** / Boemo
Bologne	**Bologna** / Bolognese
Bonne-Espérance (Cap de)	**Buona Speranza** (Capo di)
Bosnie	**Bosnia** / Bosnìaco
Bosphore	**Bosforo**
Bourbonnais	**Borbonese**
Bourgogne	**Borgogna** / Borgognone
Brabant	**Brabante** / Brabantino
Brandebourg	**Brandeburgo** / Brandeburghese
Brême	**Brema**
Brenner	**Brènnero**
Brésil	**Brasile** / Brasiliano
Breslau	**Breslàvia**
Bretagne	**Bretagna** / Brètone
Bulgarie	**Bulgaria** / Bùlgaro
Bysance	**Bisànzio** / Bizantino

Cachemire	**Kàshmir**
Cadix	**Càdice**
Cagliari	**Càgliari** / Cagliaritano
Caire (Le)	**Il Càiro** / Cairota
Calabre	**Calàbria** / Calabrese
Calédonie	**Caledonia** / Caledoniano
Calvaire	**Calvàrio**
Cambodge (masc.)	**Cambogia** (fém.) / Cambogiano
Cameroun	**Camerùn** / Camerunese
Campanie	**Campània** / Campano
Canada	**Canadà, Cànada** / Canadese
Candie	**Càndia** / Candioto
Cannes (en Apulie)	**Canne**
Capharnaüm	**Cafarnao**
Capitole	**Campidoglio** / Capitolino
Capoue	**Càpua** / Capuano
Cap-Vert	**Capo Verde**
Caraïbes (Mer des)	**Mar dei Caraibi** (masc.)
Carignan	**Carignano**
Carinthie	**Carìnzia** / Carinziano
Carmel	**Carmelo, Càrmine**
Carolines (Les)	**Caroline (Le)**
Carpates	**Carpazi**
Carrare	**Carrara** / Carrarese
Carthage	**Cartàgine** / Cartaginese
Caserte	**Caserta** / Casertano
Caspienne (Mer)	**Mar Càspio** (masc.)
Cassin (Mont)	**Montecassino**
Castille	**Castiglia** / Castigliano
Catalogne	**Catalogna** / Catalano
Catane	**Catània** / Catanese
Caucase	**Càucaso** / Caucàsico
Cayenne	**Caienna**
Cenis (Mont)	**Moncenísio**
Céphalonie	**Cefalonia**
Cérisoles	**Ceresole d'Alba** (Cueno)
Chalcédoine	**Calcedonia**
Chaldée	**Caldea** / Caldeo
Cham	**Cam**
Chanaan	**Canaan**
Chang-Hai	**Sciangài**
Charybde	**Cariddi**
Chili	**Cile** / Cileno
Chine	**Cina** / Cinese
Chypre	**Cipro** / Cipriota
Clairvaux (masc.)	**Chiaravalle** (fém.)
Coblence	**Coblenza**
Cochinchine	**Cocincina**
Cologne	**Colonia**
Colombie	**Colombia** / Colombiano
Côme	**Como** / Comasco, Comense
Coni	**Cùneo** / Cuneese
Constance	**Costanza**
Constantinople	**Costantinòpoli**
Copenhague	**Copenaghen**
Cordoue	**Còrdova** / Cordovano
Corée	**Corea** / Coreano
Corfou	**Corfù** / Corfioto
Corinthe	**Corinto** / Corìnzio
Cornouailles	**Cornovaglia**
Corse	**Còrsica** / Corso
Costa Rica	**Costarica** / Costaricano
Cracovie	**Cracovia**
Crémone	**Cremona** / Cremonese
Crète	**Creta** / Cretese
Crimée	**Crimea**
Croatie	**Croàzia** / Croato
Cuba	**Cuba** / Cubano
Cumes	**Cuma**
Cyclades	**Cìcladi**
Cyrénaïque	**Cirenàica**
Cyrène	**Cirene**

Dacie	**Dàcia** / Dàcio
Dalmatie	**Dalmàzia** / Dàlmata
Damas	**Damasco** / Damasceno
Danemark	**Danimarca** (fém.) / Danese
Dantzig (Gdansk)	**Dànzica**
Danube	**Danùbio**
Dardanelles	**Dardanelli** (masc.)
Dauphiné	**Delfinato**
Délos	**Delo**
Delphes	**Delfi**
Dijon	**Digione** / Digionese
Djakarta	**Giacarta**
Djibouti	**Gibutì**
Djouba	**Giuba**
Dobroudja	**Dobrùgia**
Doire Baltée	**Dora Bàltea**
Doire Ripaire	**Dora Ripària**
Dolomites	**Dolomiti**
Domingues (Saint)	**San Domingo** (fém.)
Dordogne	**Dordogna**
Douro	**Duero**
Douvres	**Dover**
Dresde	**Dresda**
Dublin	**Dublino**

Ebre	**Ebro**
Ecosse	**Scozia** / Scozzese
Edimbourg	**Edimburgo**

Egades	**Egadi**
Egée (Mer) (fém.)	**Mar Egeo** (masc.)
Egypte	**Egitto** / Egiziano (1)
(1) Art égyptien :	**Arte egìzia**
Elbe	**Elba**
Elysées (Champs)	**Campi Elisi**
Emilie	**Emìlia** / Emiliano
Engadine	**Engadina**
Eoliennes (Iles)	**Eòlie** (Isole)
Ephèse	**Èfeso**
Epidaure	**Epidàuro**
Epire	**Epiro**
Equateur	**Ecuadòr** / Ecuadoriano
Eridan	**Erìdano**
Erythrée	**Eritrea** / Eritreo
Escaut (masc.)	**Schèlda** (fém.)
Escurial	**Escuriale**
Espagne	**Spagna** / Spagnolo
Esquilin	**Esquilino**
Estonie	**Estònia** / Èstone
Etats-Unis	**Stati Uniti** / Statunitense
Ethiopie	**Etiopia** / Etiope, Etiopico
Etolie	**Etòlia**
Etrurie	**Etrùria** / Etrusco
Euphrate	**Eufrate**
Eurasie	**Euràsia**
Europe	**Europa** / Europeo
Extrême-Orient	**Estremo Oriente**

Ferrare	**Ferrara** / Ferrarese
Fidji (Iles)	**Figi** (Isole)
Fiesole	**Fièsole** / Fiesolano
Finlande	**Finlàndia** / Finlandese
Flaminienne (Voie)	**Flamínia** (Via)
Flandre	**Fiandra** / Fiammingo
Florence	**Firenze** / Fiorentino
Floride	**Flòrida**
Formose	**Formosa**
Fornoue	**Fornovo**
France	**Francia** / Francese
Francfort	**Francoforte**
Franche-Comté	**Franca Contea**
Franconie	**Francònia** / Francone
Fribourg	**Friburgo**
Frioul	**Friùli** / Friulano
Frise	**Frìsia** / Frisone
Fucin (Lac)	**Fùcino** (Lago)

Gaète	**Gaeta**
Galice	**Galìzia** / Galiziano
Galicie	**Galìzia** (in Polonia)
Galilée	**Galilea** / Galileo
Galles (Pays de)	**Galles** / Gallese
Gambie	**Gàmbia**
Garde (Lac de)	**Garda** (Lago di)
Garonne	**Garonna**
Gascogne	**Guascogna** / Guascone
Gaule	**Gàllia** / Gallo, Gàllico
Gênes	**Gènova** / Genovese
Genève	**Ginévra** / Ginevrino
Germanie	**Germània** / Germano
Gethsémani	**Getsèmani**
Gibraltar	**Gibilterra**
Gironde	**Gironda**
Golgotha	**Gòlgota**
Grande-Bretagne	**Gran Bretagna** / Britannico
Grande-Grèce	**Magna Grècia**
Grèce	**Grècia** / Greco
Grenade	**Granada**
Grisons (Les)	**I Grigioni**
Groenland (masc.)	**Groenlàndia** (fém.) / Groenlandese
Groningue	**Groninga**
Guadeloupe	**Guadalupa**
Guatemala	**Guatemala** / Guatemalteco
Guinée	**Guinea**
Guyane	**Guiana**
Guyenne	**Guienna**

Haïfa	**Hàifa**
Haïti	**Haìti** / Haitiano
Hambourg	**Amburgo** / Amburghese
Hanovre	**Hannòver**
Havane (La)	**L'Avana**
Hawaii (Iles)	**Hawài** / Hawaiano
Haye (La)	**L'Aia**
Hébrides	**Èbridi**
Hellade	**Èllade**
Helvétie	**Elvèzia** / Elvèzio
Herculanum	**Ercolano**
Herzégovine	**Erzegovina**
Hespérie	**Espèria**
Hesse	**Ássia**
Himalaya	**Himàlaia** / Imalaiano
Hollande	**Olanda** / Olandese
Hongrie	**Ungherìa** / Ungherese (1)
Hymette	**Imètto**

(1) L'Empire austro-hongrois : **L'Impero Àustro-Ungàrico**

Ibérie	**Ibèria** / Ibèro
Iéna	**Jena**
Illion	**Ilio**
Illyrie	**Illìria** / Illìrico
Inde	**India** / Indiano
Indochine	**Indocina** / Indocinese
Indonésie	**Indonèsia** / Indonesiano
Indus	**Indo**
Insulinde	**Insulìndia**
Ionienne (Mer)	**Mar Iònio** (masc.)
Irak	**Irak** / Irakeno
Iran	**Iran** / Iraniano
Irlande	**Irlànda** / Irlandese
Islande	**Islànda** / Islandese
Israël	**Israele** / Israeliano
Istrie	**ìstria** / Istriano
Italie	**Italia** / Italiano
Ithaque	**ìtaca**
Ivrée	**Ivrea**

Janicule	**Gianìcolo**
Janina	**Giànnina**
Japon	**Giappóne** / Giapponese
Java	**Giava** / Giavanese
Jéricho	**Gèrico**
Jérusalem	**Gerusalemme**

Jordanie	**Giordània** / Giordano
Josaphat	**Giosafàt**
Jourdain	**Giordano**
Judée	**Giudea**
Jura	**Giura**

Kaboul	**Kabùl**
Kabylie	**Cabìlia** / Cabilo
Kremlin	**Cremlino**
Kurdistan	**Cùrdistan**

Lacédémone	**Lacedèmone** / Lacedèmone
Languedoc (masc.)	**Linguadoca** (fém.)
Laponie	**Lappònia** / Lappone
Latium	**Lazio**
Latran	**Laterano**
Lausanne	**Losanna**
Leipzig	**Lìpsia**
Léman (Lac)	**Lemano** (Lago)
Lépante	**Lèpanto**
Léthé	**Lète**
Lettonie	**Lettònia** / Lèttone
Leuctres	**Lèuttra**
Leyde	**Lèida**
Liban	**Lìbano** / Libanese
Libye	**Lìbia** / Libico
Liège	**Liegi**
Ligurie	**Ligùria** / Lìgure
Lille	**Lilla**
Limbourg	**Limburgo**
Limousin	**Limosino**
Lisbonne	**Lisbona**
Lituanie	**Lituània** / Lituano
Livourne	**Livorno** / Livornese
Ljubljana	**Lubiana**
Locres	**Locri**
Loire	**Lòira**
Lombardie	**Lombardìa** / Lombardo
Londres	**Londra** / Londinese
Lorette	**Loréto**
Lorraine	**Lorena** / Lorenese
Louisiane	**Luisiana**
Louksor	**Luxor**
Louvain	**Lovànio**
Lübeck	**Lubecca**
Lublin	**Lublino**
Lucanie	**Lucània** / Lucano
Lucques	**Lucca** / Lucchese
Lusitanie	**Lusitània**
Lutèce	**Lutèzia**
Luxembourg	**Lussemburgo**
Lyon	**Lione** / Lionese

Macédoine	**Macedonia** / Macèdone
Madagascar	**Madagascar** / Malgascio
Madrid	**Madrid** / Madrileno
Magdebourg	**Magdeburgo**
Main	**Mèno**
Majeur (Lac)	**Maggiore** (Lago)
Majorque	**Maiorca**
Malaga	**Màlaga**
Malaisie	**Malèsia** / Malese
Maldives (Iles)	**Maldive** (Isole)
Malte	**Malta** / Maltese
Manche -mer-	**Mànica**
Manche -région-	**Mància**
Mandchourie	**Manciùria** / Manciù, Mancese
Manille	**Manila**
Mantoue	**Màntova** / Mantovano
Marathon	**Maratona**
Marbourg	**Marburgo**
Marches (Les)	**Le Marche** / Marchigiano
Maremme	**Maremma**
Mariannes (Iles)	**Marianne** (Isole)
Maribor	**Marburgo**
Marignan	**Melegnano** (Milano)
Marne	**Marna**
Maroc	**Marocco** / Marocchino
Marquises (Iles)	**Marchesi** (Isole)
Marseille	**Marsiglia** / Marsigliese
Martinique	**Martinica** / Martinicano
Mascareignes (Iles)	**Mascarène** (Isole)
Massaouah	**Massàua**
Massif Central	**Massiccio Centrale**
Maurienne	**Val Moriana**
Mauritanie	**Mauritània**
Mayence	**Magonza**
Méandre	**Meandro**
Mecque (La)	**La Mècca**
Médie	**Mèdia**
Médine	**Medina**
Méditerranée (fém.)	**Mediterràneo** (masc.)
Mégare	**Mègara**
Mélanésie	**Melanèsia**
Memphis	**Menfi**
Menton	**Mentone** / Mentonese
Méonie	**Meònia**
Mésie	**Mèsia**
Mésopotamie	**Mesopotàmia**
Messénie	**Messènia**
Messine	**Messina** / Messinese
Métaponte	**Metaponto**
Métaure	**Metàuro**
Meuse	**Mosa**
Mexico	**Città del Mèssico**
Mexique	**Mèssico** / Messicano
Milan	**Milano** / Milanese
Milet	**Mileto**
Minorque	**Minorca**
Minturnes	**Minturno**
Misène	**Misèno**
Missouri	**Missuri**
Modène	**Mòdena** / Modenese
Moldau	**Mòldava, Moldàva**
Moldavie	**Moldàvia** / Moldavo
Monaco	**Mònaco** / Monegasco
Mongolie	**Mongòlia** / Móngolo
Monténégro	**Montenegro** / Montenegrino
Montferrat	**Monferrato**
Montgenèvre	**Monginevro**
Moravie	**Moràvia** / Moravo
Morée	**Morèa**
Morte (Mer) (fém.)	**Mar Morto** (masc.)
Moscou	**Mosca** / Moscovita

Mosella	**Mosella**
Moskova	**Moscova**
Moyen-Orient	**Medio Oriente**
Mozambique	**Mozambìco**
Munich	**Mònaco di Bavièra** / Monachese
Mycènes	**Micene**
Mysie	**Misia**
Mytilène	**Mitilène**

Nankin	**Nanchino**
Naples	**Nàpoli** / Napoletano
Narbonnaise	**Gàllia Narbonése**
Narbonne	**Narbóna** / Narbonese
Naupacte	**Naupatto**
Nauplie	**Nàuplia**
Navarre	**Navarra** / Navarrése
Nazareth	**Nàzareth** / Nazarèno
Nazianze	**Nazianzo**
Némée	**Nemèa**
Neustrie	**Nèustria**
New York	**Nuova York** / Nuovaiorchése
Niagara	**Niagàra**
Nice	**Nizza** / Nizzardo
Nicée	**Nicèa**
Nicomédie	**Nicomèdia**
Nicosie	**Nicosìa**
Nigéria	**Nigèria** / Nigeriano
Nil	**Nilo**
Nimègue	**Nimega**
Nivernais	**Nivernese**
Nole	**Nola**
Normandie	**Normandìa** / Normanno
Norvège	**Norvegia** / Norvegese
Nouvelle-Calédonie	**Nuova Caledònia** / Neocalèdone
Nouvelle-Delhi	**Nuova Delhi**
Nouvelle-Guinée	**Nuova Ghinea**
Nouvelle-Orléans	**Nuova Orleans**
Nouvelles-Hébrides	**Nuove Èbridi**
Nouvelle-Zélande	**Nuova Zelanda** / Neozelandese
Nouvelle-Zemble	**Nuova Zembla**
Novare	**Novara** / Novarese
Nubie	**Nùbia**
Numance	**Numànzia**
Numidie	**Numìdia** / Nùmida
Nuremberg	**Norimberga**

Occitanie	**Occitània** / Occitano
Océanie	**Oceània** / Oceaniano
Olympe	**Olimpo**
Olympie	**Olìmpia**
Ombrie	**Ùmbria** / Umbro
Oran	**Orano**
Orcades (Iles)	**Òrcadi** (Isole)
Orénoque	**Orinoco**
Ostende	**Ostenda**
Ostie	**Òstia** / Ostiense
Otrante	**Òtranto**
Ouganda	**Uganda** / Ugandese
Oulan-Bator	**Ulàn-Batòr**
Oural, Ourals	**Ural, Urali** / Uràlico
Ouzbékistân	**Usbéchistan** / Usbeco

Pacifique (Océan)	**Pacìfico** (Ocèano)
Padoue	**Pàdova** / Padovano
Paestum	**Pèestum**
Pain de Sucre	**Pan di Zùcchero**
Pâkistân	**Pàkistan** / Pachistano
Palatin	**Palatino**
Palerme	**Palermo** / Palermitano
Palestine	**Palestina** / Palestinese
Panama	**Pànama** / Panamense, Panamegno
Pannonie	**Pannònia**
Paphlagonie	**Paflagònia** / Paflagòne
Papouasie	**Papuàsia** / Papuano
Pâques (Ile de)	**Pasqua** (Isola di)
Paris	**Parigi** / Parigino
Parme	**Parma** / Parmense, Parmigiano
Parnasse	**Parnaso**
Paros	**Paro**
Patagonie	**Patagònia** / Patagone
Patras	**Patrasso**
Pausilippe (fém.)	**Posìllipo** (masc.)
Pavie	**Pavìa** / Pavese
Pays-Bas	**Paesi Bassi** / Olandese
Pékin	**Pechino** / Pechinese
Péloponnèse	**Peloponneso**
Pennsylvanie	**Pensilvània**
Pergame	**Pèrgamo**
Pérou	**Perù** / Peruviano
Pérouse	**Perugia** / Perugino
Perse	**Pèrsia** / Persiano
Petrograd	**Pietrogrado**
Pharsale	**Fàrsalo, Farsàglia**
Phénicie	**Fenìcia** / Fenìcio
Philippines	**Filippine**
Phlégréens (Champs)	**Campi Flegrèi**
Phocide	**Fòcide**
Phrygie	**Frìgia** / Frìgio
Picardie	**Piccardia** / Piccardo
Piémont	**Piemonte** / Piemontese
Pignerol	**Pinerolo**
Pise	**Pisa** / Pisano
Pistoie	**Pistoia** / Pistoiese
Plaisance / Placentin	**Piacenza** / Piacentino
Pô	**Po (Pado)** / Padano
Pologne	**Polònia** / Polacco
Polynésie	**Polinèsia** / Polinesiano
Poméranie	**Pomerània** / Pomerano
Pompéi	**Pompei** / Pompeiano
Pont-Euxin	**Ponto Eusino**
Pontins (Marais)	**Paludi Pontine** (fém.)
Port-Maurice	**Porto Maurìzio**
Porto-Rico	**Portorico** / Portoricano
Port-Saïd	**Porto Sàid**
Portugal	**Portogallo** / Portoghese
Posnanie	**Posnània**
Pouille, Pouilles	**Pùglia, Pùglie** / Pugliese
Pouzzoles	**Pozzuoli**
Préneste	**Preneste**
Presbourg	**Presburgo**
Provence	**Provenza** / Provenzale
Prusse	**Prùssia** / Prussiano
Pula	**Pola**
Pyrénées (fém.)	**Pirenei** (masc.) / Pirenàico

Quatre-Cantons (Lac)	**Quattro Cantoni** (Lago)
Quirinal	**Quirinale**

Raguse	**Ragusa** / Ragusano
Ratisbonne	**Ratisbona**
Ravenne	**Ravenna** / Ravennate
Reggio de Calabre	**Reggio Calàbria** / Reggino
Reggio d'Emilie	**Reggio Emìlia** / Reggiano
Réunion (Ile de la)	**Riunione** (Isola della)
Rhénanie	**Renània** / Renano
Rhétie	**Rèzia** / Rètico
Rhin	**Reno** / Renano
Rhodes	**Rodi** / Rodiese, Rodiota
Rhodésie	**Rodèsia**
Rhône	**Ròdano**
Rocheuses (Montagnes)	**Rocciose** (Montagne)
Romagne	**Romagna** / Romagnolo
Romania	**Romània**
Rome	**Roma** / Romano
Roncevaux (masc.)	**Roncisvalle** (fém.)
Rouanda	**Ruanda**
Rouge (Mer) -fém.-	**Mar Rosso** (masc.)
Roumanie	**Romania** / Romèno, Rumeno
Roussillon	**Rossiglione**
Rubicon	**Rubicone**
Russie	**Rùssia** / Russo
Ruthénie	**Rutènia** / Rutèno

Sabine	**Sabina** / Sabino
Sagonte	**Sagunto**
Saint-Bernard	**San Bernardo**
Saint-Domingue	**Santo Domingo**
Sainte-Hélène	**Sant'Èlena**
Saint-Gall	**San Gallo**
Saint-Gothard	**San Gottardo**
Saint-Jacques-de-Compostelle	**Santiago di Compostella**
Saint-Marin	**San Marino** / Sammarinese
Saintonge (fém.)	**Santongese** (masc.)
Saint-Pétersbourg	**Pietroburgo**
Salamanque	**Salamanca**
Salamine	**Salamina**
Salente	**Salento** / Salentino
Salerne	**Salerno** / Salernitano
Salonique	**Salonicco**
Saluces	**Saluzzo** / Saluzzese
Salzbourg	**Salisburgo**
Samarie	**Samarìa** / Sàmaritano
Samos	**Samo**
Samothrace	**Samotràcia**
Saône	**Saona**
Saragosse	**Saragozza**
Sardaigne	**Sardégna** / Sardo
Sarmatie	**Sarmàzia** / I Sàrmati
Sarre	**Sàar**
Savoie	**Savoia** / Savoiardo
Savone	**Savóna** / Savonese
Saxe	**Sassonia** / Sàssone
Scandinavie	**Scandinàvia** / Scandinavo
Schaffhouse	**Sciaffusa**
Scylla	**Scilla**
Ségeste	**Segesta**
Seine	**Sènna**
Sélinonte	**Selinunte**
Serbie	**Sèrbia** / Serbo
Sestrières	**Sestriere**
Séville	**Sivìglia** / Sivigliano
Sibérie	**Sibèria** / Siberiano
Sicile	**Sicìlia** / Siciliano
Sidon	**Sidone**
Sienne	**Siena** / Senese
Silésie	**Slèsia** / Slesiano
Singapour	**Singapore**
Sixtine (Chapelle)	**Sistina** (Cappella)
Slavonie	**Slavonia** / Slavone
Slovaquie	**Slovacchia** / Slovacco
Slovénie	**Slovènia** / Slovèno
Smyrne	**Smirne** / Smirniota
Sodome	**Sodoma**
Soleure (Solothurn)	**Soletta**
Somalie	**Somàlia** / Somalo
Sorbonne	**Sorbona**
Sorgue	**Sorga**
Sorrente	**Sorrento**
Souabe	**Svèvia** / Svèvo
Soudan	**Sùdan** / Sudanese
Sousse	**Sussa**
Sparte	**Sparta** / Spartano
Split	**Spàlato**
Splügen	**Spluga**
Spolète	**Spoleto** / Spoletano
Sporades	**Sporadi**
Stabies	**Stàbia**
Staffarde	**Staffarda**
Stalingrad	**Stalingrado**
Stettin	**Stettino**
Stockholm	**Stoccolma**
Strasbourg	**Strasburgo** / Strasburghese
Stuttgart	**Stoccarda**
Styrie	**Stìria**
Styx	**Stige**
Sud-Africaine (Rép.)	**Sudafricana (Rep.)**
Sudètes (Monts)	**Sudeti (Monti)**
Suède	**Svèzia** / Svedese
Suisse	**Svìzzera** / Svìzzero
Suse	**Susa**
Sybaris	**Sìbari** / Sibarita
Symèthe	**Simeto**
Syracuse	**Siracusa** / Siracusano
Syrie	**Sìria** / Siriano
Syrte	**Sirte**

Tage	**Tago**
Tahiti	**Tahìti** / Tahitiano
Tamise (fém.)	**Tamigi** (masc.)
Tanaïs	**Tànai** (antico nome del **Don**)
Tanganyika	**Tanganica**
Tanger	**Tàngeri**
Tanzanie	**Tanzània**
Taormine	**Taormina**
Tarascon	**Tarascona** / Tarasconese

Tarentaise	**Tarantàsia**
Tarente	**Tàranto** / Tarantino
Tarpéienne (Roche)	**Rupe Tarpèa**
Tarragone	**Tarragona** / Tarragonese
Tartarie	**Tartaría** / I Tàrtari
Tasmanie	**Tasmània** / Tasmaniano
Tauride	**Tàuride**
Taurus	**Tàuro**
Taygète	**Taigeto**
Tchécoslovaquie	**Cecoslovàcchia** / Ceco
Tende	**Tenda**
Terracine	**Terracina**
Terre de Feu	**Terra del Fuoco** / Fuegino
Terre-Neuve	**Terranova**
Terre Sainte	**Terrasanta**
Tessin	**Ticino** / Ticinese
Tétouan	**Tetuàn**
Thabor	**Tàbor**
Thaïlande	**Tailàndia** / Tailandese
Thébaïde	**Tebàide**
Thèbes	**Tebe** / Tebano
Thermopyles	**Termopili**
Thessalie	**Tessaglia**
Thulé	**Tule**
Thuringe	**Turingia** / Turingio
Tibériade (Lac de)	**Lago di Tiberìade**
Tibre	**Tévere** / Tiberino
Tigre	**Tigri**
Tobrouk	**Tobrùk**
Togo	**Togo** / Togolese
Tokyo	**Tòkio** / Edochiano
Tolède	**Toledo** / Toledano
Tonkin	**Tonchino** / Tonchinese
Toscane	**Toscana** / Toscano
Toulon	**Tolone** / Tolonese
Toulouse	**Tolosa** / Tolosano
Touraine	**Turena, Turenna**
Transjordanie	**Transgiordània** / Transgiordano
Transtévère	**Trastévere** / Trasteverino
Transylvanie	**Transilvània** / Transilvano
Trasimène (Lac)	**Lago Trasimeno**
Trébie	**Trèbbia**
Trébizonde	**Trebisonda**
Trente	**Trento** / Trentino
Trentin	**Trentino**
Trèves	**Treviri**
Trévise	**Treviso** / Trevigiano
Trieste	**Trieste** / Triestino
Trinacrie	**Trinàcria**
Trinité	**Trínidad**
Tripolitaine	**Tripolitània** / Tripolitano
Troie	**Troia** / Troiano
Tunis	**Tùnisi** / Tunisino di Tùnis
Tunisie	**Tunisìa** / Tunisino
Turin	**Torino** / Torinese
Turquie	**Turchìa** / Turco
Tyr	**Tiro**
Tyrol	**Tirolo** / Tirolese
Tyrrhénienne (Mer)	**Mar Tirreno** (masc.)

Ukraine	**Ucràina** / Ucràino
Ulm	**Ulma**
Upsal	**Ùppsala, Ùpsala**
Urbin	**Urbino** / Urbinate
Uruguay	**Uruguày** / Uruguaiano
Utique	**Ùtica**

Valachie	**Valàcchia**
Valais	**Vallese**
Valence	**Valenza**
Valette (La)	**La Valetta**
Vallombreuse	**Vallombrosa**
Valteline	**Valtellina** / Valtellinese
Var	**Varo**
Varèse	**Varese** / Varesino, Varesotto
Varsovie	**Varsàvia** / Varsaviano
Vatican	**Vaticano**
Vaucluse (masc.)	**Valchiusa** (fém.) / Valchiusano
Véies	**Véio** / Veiente
Vélitres	**Velitre**
Venaissin (Comtat)	**Contado Venassino**
Vendée	**Vandea** / Vandeano
Vénétie	**Vèneto** / Vèneto
Vénétie Julienne	**Venèzia Giulia** / Giuliano
Vénétie Tridentine	**Venèzia Tridentina**
Vénézuela	**Venezuela** / Venezuelano
Venise	**Venezia** / Veneziano
Verceil	**Vercelli** / Vercellese
Vérone	**Verona** / Veronese
Versailles	**Versaglia** / Versagliese
Vésuve	**Vesuvio**
Vicence	**Vicenza** / Vicentino
Vienne	**Vienna** / Viennese
Villefranche	**Villafranca**
Viminal	**Viminale**
Vintimille	**Ventimiglia**
Virginie	**Virgìnia** / Virginiano
Viso (Mont)	**Monviso**
Vistule	**Vìstola**
Viterbe	**Viterbo** / Viterbese
Volga (fém.)	**Volga** (masc.)
Vosges (fém.)	**Vosgi** (masc.)
Vulturne	**Volturno**

Walhalla	**Valalla**
Wallonie	**Vallonia** / Vallone
Westphalie	**Vestfàlia**

Xantos	**Xanto**

Yémen	**Yèmen** / Yemenita
Yougoslavie	**Iugoslàvia** / Iugoslavo

Zacynthe	**Zacinto**
Zagreb	**Zagàbria**
Zaïre	**Zaìre**
Zambèze	**Zambesi**
Zambie	**Zàmbia**
Zante, Zanthe	**Zante,** Zacinto
Zanzibar (masc.)	**Zànzibar** (fém.) / Zanzibarino
Zélande	**Zelàndia** / Zelandese
Zurich	**Zurigo** / Zurighese

Prénoms - Nomi di persona

Des accents ont été ajoutés :

1°) pour indiquer, éventuellement, la place de l'accent tonique
2°) pour distinguer : **é** fermé, **è** ouvert, **ó** fermé, **ò** ouvert.

Aaron, Aron (m.)	Arònne
Abel (m.)	Abèle
Adèle, Adeline (f.)	Adèle, Adelina
Adolphe (m.)	Adòlfo
Adrien (m.), Adrienne (f.)	Adriano, Adriana
Agathe (f.)	Àgata
Aimé (m.), Aimée (f.)	Amato, Amata
Aimeri, Aymeri (m.)	Americo, Amerigo
Alain (m.)	Alano
Alban (m.)	Albano
Albert (m.), Bébert	Albèrto, Bèrto
Alcinoos (m.)	Alcinoo
Alde (m.)	Aldo
Alexandre, Alex (m.)	Alessandro, Sandro, Sandrino
Alexandrine, Sandrine (f.)	Alessandrina, Sandra, Sandrina
Alexis (m.)	Alèssio
Alphonse (m.)	Alfonso
Alfred, Fred (m.)	Alfredo, Fredi
Alice, Alix (f.)	Alice
Aline, Line (f.)	Alina, Lina
Amadis (m.)	Amadigi
Ambroise (m.)	Ambrògio, Brògio
Amédée (m.)	Amedèo
Amélie (f.)	Amalia, Amelia
Amilcar (m.)	Amilcare
Anacharsis (m.)	Anacarsi
Anastase (m.)	Anastàsio
Anatole (m.)	Anatòlio
André, Dédé (m.)	Andrèa, Drèa
Andrée, Dédée (f.)	Andreina
Ange (m.)	Àngelo, Àngiolo
Angèle (f.)	Àngela
Angélique (f.)	Angèlica
Anne, Annette, Annie (f.)	Anna, Annétta, Annina, Anita
Annonciade (f.)	Annunziata, Nunzia
Anselme (m.)	Ansèlmo
Antoine, Toinet, Toine, Tony (m.)	Antònio, Tònio, Toni, Antonèllo Nèllo
Antoinette, Toinette, Toinon (f.)	Antònia, Antoniétta, Antonèlla Nèlla
Antonin (m.)	Antonino
Aphrodite (f.)	Afrodite
Apollinaire (m.)	Apollinare
Archibald (m.)	Arcibaldo, Baldo
Ariane (f.)	Arianna
Aristide (m.)	Arìstide
Armand (m.)	Armando
Arnaud (m.)	Arnaldo, Aldo
Arnolphe (m.)	Arnòlfo
Arsène (m.)	Arsènio
Artémise (f.)	Artemìsia
Aspasie (f.)	Aspàsia
Assomption (f.)	Assunta, Suntina
Aude (f.)	Alda
Augustin (m.), Auguste	Agostino, Gostino
Auréle (m.)	Aurèlio
Aurélien (m.)	Aureliano
Aurélienne (f.)	Aurèlia
Aurore (f.)	Auròra
Aymon (f.)	Aimóne

Babylas (m.)	Bàbila
Bacchus (m.)	Bacco
Balthazar (m.)	Baldassarre
Baptiste, Baptistin (m.)	Battista
Barbara (f.), Barbe	Bàrbara
Barnabé (m.)	Bàrnaba, Bernabò
Barthélémy (m.)	Bartolomèo, Mèo, Bàccio
Basile (m.)	Basìlio
Baudoin (m.)	Baldovino, Balduino
Bayard (m.)	Baiardo
Béatrice, Béatrix (f.)	Beatrice, Bice
Bénédicte (f.)	Benedétta, Betta
Benjamin (m.)	Beniamino
Benoît (m.)	Benedétto, Betto
Bérenger (m.)	Berengàrio
Bérengère (f.)	Berengària
Bernard (m.)	Bernardo, Nardo, Bernardino, Dino
Bernadette (f.)	Bernardina, Dina
Berthe (f.)	Bèrta, Bertina
Berthold (m.)	Bertòldo
Bertrand (m.)	Bertrando
Bias (m.)	Biante
Bienvenu (m.)	Benvenuto, Nuto
Blaise (m.)	Biàgio
Blanche (f.)	Bianca
Boniface (m.)	Bonifàzio, Bonifàcio
Brigitte (f.)	Brìgida, Brigitta
Brunhilde (f.)	Brunilde
Bruno (m.)	Bruno, Brunétto
Bouillon (m.)	Buglione

Caïn (m.)	Caino
Caïphe (m.)	Càifa
Callixte (m.)	Callisto
Camille (m.)	Camillo
Camille (f.)	Camilla
Candide (m.)	Càndido
Castor (m.)	Càstore, Castrùccio
Catherine (f.)	Caterina, Rina
Cécile (f.)	Cecìlia
Célestin (m.)	Celestino
César (m.)	Césare, Céce
Cham (m.)	Cam
Charles (m.), Charlot	Carlo, Carlino, Carlùccio
Charlotte (f.), Caroline, Lotte, Lotty	Carla, Carlòtta, Carolina Lina
Chloé (f.)	Clòe

Christian (m.)	Cristino
Christiane (f.), Christine	Cristiana, Cristina
Christophe (m.)	Cristòforo
Claire, Clara, Clarisse (f.)	Chiara, Clara, Clarice, Clarissa
Clairette (f.)	Clarétta
Claude (m.)	Clàudio
Claude (f.), Claudine	Clàudia
Clorinde (f.)	Clorinda
Clovis (m.)	Clodovèo
Conrad (m.)	Corrado, Corradino
Constant, Constantin (m.)	Costante, Costantino
Corinne (f.)	Corinna
Coriolan (m.)	Coriolano
Cornélie (f.)	Cornèlia
Cosme (m.)	Còsimo, Còsma
Créon (m.)	Creonte
Crépin (m.)	Crispino
Cunégonde (f.)	Cunegonda
Cyprien (m.)	Cipriano
Cyriaque (m.)	Cirìaco
Cyrille (m.)	Cirillo

Dalila (f.)	Dàlila
Damase (m.)	Dàmaso
Damien (m.)	Damiano
Daniel (m.)	Daniele, Danilo
Danièle, Danielle (f.)	Daniela
Daphnis (m.)	Dafni
David (m.)	Dàvid, Dàvide
Déjanire (f.)	Deianira
Delphine (f.)	Delfina
Délie (f.)	Dèlia
Déméter (f.)	Demètra
Démétrios (m.)	Demètrio
Démosthène (m.)	Demòstene
Denis, Denys (m.)	Dionigi, Dionìsio
Denise (f.)	Dionìsia
Déodat, Dieudonné (m.)	Deodato, Diodato
Désiré (m.)	Desiderato, Desidèrio
Désirée (f.)	Desiderata
Dominique (m.)	Doménico, Ménico
Dominique (f.)	Doménica
Donald (m.)	Donaldo
Donat (m.)	Donato - (f.) Donatella -
Dorothée (f.), Dolly	Dorotèa

Edgard (m.)	Edgardo
Edith (f.)	Editta
Edmée (f.)	Edmèa
Edmond (m.)	Edmóndo
Edouard (m.)	Edoardo, Eduardo
Edwige (f.)	Edvige
Elèonore (f.)	Eleonòra, Leonòra
Eliane (f.)	Eliana
Elie (m.)	Elìa
Elisabeth, Babette (f.)	Elisabètta, Betta, Bettina
Elise, Elsa, Lise, Lisette Lison (f.)	Elisa, Elsa, Lisa, Lisetta
Eloi (m.)	Elìgio
Emile (m.)	Emìlio, Mìlio
Emilie (f.)	Emìlia
Emmanuel (m.), Manuel	Emanuèle, Manuèle
Emannuelle (f.)	Emanuèla, Manuèla
Eric, Erik (m.)	Èrico
Erika (f.)	Èrica
Ernest (m.)	Ernèsto
Ernestine (f.)	Ernèsta, Ernestina
Esaü (m.)	Esaù
Estelle (f.)	Estélla
Etienne (m.)	Stéfano
Etiennette (f.)	Stefània
Eugène (m.)	Eugènio
Eugénie (f.)	Eugènia
Eulalie (f.)	Eulàlia
Eusèbe (m.)	Eusèbio
Eustache (m.)	Eustàchio
Evariste (m.)	Evaristo
Eve (f.)	Eva

Fabien (m.)	Fabiano
Fabienne (f.)	Fabiana
Fabiola (f.)	Fabiòla
Fabius (m.)	Fabio
Fabrice (m.)	Fabrìzio
Félicien (m.)	Feliciano
Félicité (f.)	Felìcita
Félix (m.)	Felice
Ferdinand (m.), Fernand	Ferdinando, Fernando, Nando
Fernande (f.)	Ferdinanda, Fernanda, Nanda
Florence (f.)	Florènza
Florent (m.)	Florènzo, Renzo
Florentin (m.)	Fiorentino
Foulque (m.)	Fólco, Fulco
Fortuné (m.)	Fortunato
France (f.), Francette Francine	Franca
François, Francis, Fanfan (m.)	Francésco, Cécco, Cecchino, Chécco
Françoise (f.), Fanchette, Fanchon	Francésca, Cécca, Cecchina, Chécca
Frank (m.)	Franco
Frédéric (m.), Frédi	Federico
Frédérique (f.)	Federica
Fulvius (m.)	Fulvio

Gabin (m.)	Gabìnio, Gavino
Gabriel (m.), Gaby	Gabrièle, Gabrièllo
Gabrielle (f.), Gaby	Gabrièlla
Gaspard (m.)	Gàspare
Gaston (m.)	Gastóne
Gautier (m.)	Gualtiero
Genès, Genest (m.)	Genèsio
Geneviève, Ginette (f.)	Genovèffa
Geoffroi (m.)	Goffrédo
Georges (m.)	Giórgio
Georgette (f.)	Giórgia, Giorgina
Gérald (m.)	Geraldo
Géraldine (f.)	Geraldina
Gérard (m.)	Gherardo, Gerardo
Germaine (f.)	Germana
Gertrude (f.)	Geltrude, Gertrude
Gervais (m.)	Gervàsio, Gervaso
Gervaise (f.)	Gervasia
Gilbert (m.)	Gilbèrto
Gilles (m.)	Egìdio
Gisèle (f.)	Gisèlla, Giséld a
Grégoire (m.)	Gregòrio
Gueniènvre (f.)	Ginévra
Guillaume (m.)	Guglièlmo
Guillaumette (f.)	Guglielmina
Gustave (m.)	Gustavo
Guy, Gui (m.)	Guido, Dùccio

Hamlet (m.)	Amleto
Hector (m.)	Èttore

Hélène (f.)	Èlena
Héloïse (f.)	Eloìsa
Henri (m.)	Enrico, Arrigo
Henriette (f.)	Enrica, Enrichétta
Herbert (m.)	Erbèrto, Aribèrto
Hermann (m.)	Ermanno
Hiéron (m.)	Gerone
Hilaire (m.)	Ilàrio - (f.) Ilària -
Hippolyte (m.)	Ippòlito - (f) Ippòlita -
Hortense (f.)	Ortènsia
Hubert (m.)	Ubèrto, Bèrto
Hugues (m.)	Ugo, Ugone, Uguccione
Huguette (f.)	Ughétta
Humbert (m.)	Umbèrto
Hyacinthe (m.)	Giacinto - (f.) Giacinta -

Ignace (m.)	Ignàzio
Ingrid (f.), Gréta	Ìngrid, Gréta
Innocent (m.)	Innocènte, Innocénzo
Irène (f.)	Irène
Irénée (m.)	Irenèo, Rinèo
Iris (f.)	Ìride
Isaac (m.)	Isacco
Isabelle, Isa, Belle (f.)	Isabèlla, Isa
Ivan, Ivanoe (m.)	Ivano, Ivànoe

Jacob (m.)	Giacòbbe
Jacqueline (f.)	Giacomina
Jacques, Jacquot, Jackie (m.)	Giàcomo, Giacomino, Jàcopo, Giàime
Janvier (m.)	Gennaro
Jean, Jeannot (m.)	Giovanni, Vanni, Giovannino, Nino, Gianni, Giannino
Jean-Baptiste (m.)	Giambattista, Bacìccia
Jean-Claude (m.)	Gianclàudio
Jean-François (m.)	Gianfrancésco, Gianfranco
Jean-Jacques (m.)	Giangiàcomo
Jean-Marie (m.)	Giammarìa
Jeanne, Jeannette, Jeannine, Jannine, Jeanneton (f.)	Giovanna, Vanna, Giovannina, Nina, Gianna, Giannina, Vannina
Jérémie (m.)	Geremìa
Jérôme (m.)	Geròlamo, Giròlamo
Jésus (m.)	Gesù
Joachim (m.)	Giovacchino, Gioacchino
Joconde (f.)	Giocònda
Joël (m.)	Gioèle
Joëlle (f.)	Giòia
Joseph, José, Jojo (m.)	Giusèppe, Bèppe, Beppino, Pèppe, Peppino
Josèphe, Joséphine, José, Josette (f.)	Giuseppina, Bèppa, Beppina, Pèppa, Peppina
Josiane (f.)	Giosiana
Josué (m.)	Giosuè
Judith (f.)	Giuditta
Jules, Julot (m.)	Giulio
Julie, Juliette (f.)	Giùlia, Giuliétta
Julien (m.)	Giuliano
Julienne (f.)	Giuliana
Justine (f.)	Giustina
Justinien (m.)	Giustiniano

Kurt (m.)	Cùrzio

Ladislas (m.)	Ladislào
Laetitia (f.)	Letìzia
Laure, Laurette (f.)	Làura, Laurétta
Laurence (f.)	Lorènza, Rènza
Laurent (m.)	Lorènzo, Rènzo, Ènzo
Lazare (m.)	Làzzaro
Léandre (m.)	Leandro
Léon (m.), Lionel	Leóne, Leonèllo
Léonard (m.)	Leonardo, Nardo
Liliane (f.)	Liliana
Louis, Loulou (m.)	Luigi, Luigino, Gino, Gigi, Gigino
Louise, Louisette, Louison (f.)	Luìgia, Luisa, Luisèlla, Luigina, Gigina, Gina, Gìgia
Luc, Lucas (m.)	Luca
Lucie, Luce (f.)	Lucìa, Luciétta
Lucien (m.)	Luciano
Lucienne (f.)	Luciana
Lucile (f.)	Lucilla
Ludovic (m.)	Lodovico, Ludovico, Vico
Lydie (f.)	Lìdia

Madeleine, Magdeleine, Madelon, Mado (f.)	Maddaléna, Léna
Mahaut (f.)	Mafalda
Marc (m.)	Marco
Marcel, Marcelin (m.)	Marcèllo, Marcellino
Marcelle, Marceline (f.)	Marcèlla, Marcellina
Marguerite, Margot, Daisy (f.)	Margherita, Ghita, Rita
Marianne (f.)	Marianna, Mariannina
Marie, Mariette, Marion, Manon (f.)	Maria, Mariétta, Mariùccia, Mariolina
Marie-Pierre (f.)	Marìa Pièra
Marine (f.)	Marina
Marius (m.)	Màrio, Mariolino
Marthe (f.)	Marta
Martin (m.)	Martino, Tino
Martine (f.)	Martina, Tina
Maryse (f.)	Marisa
Mathilde (f.), Maud	Matélda, Matilde, Tilde
Matthias (m.)	Mattìa
Matthieu (m.)	Mattèo, Tèo, Maturino
Maurice (m.)	Maurìzio, Màuro
Mauricette (f.)	Maurìzia
Maxime, Max (m.)	Màssimo, Massimino
Maximilien (m.)	Massimiliano
Mélanie (f.)	Melània
Mercédès (f.)	Mercède
Metellus (m.)	Metèllo
Michel (m.)	Michele, Michelino
Michèle, Micheline (f.)	Michèla, Micaèla, Michelina
Mireille, Mimi (f.)	Mirèlla
Moïse (m.)	Mosè
Monique (f.)	Mònica
Mylène (f.)	Milèna
Myriam (f.)	Miriàm, Myriàm

Nathalie, Natalie, Noëlle (f.)	Natalìa, Natalina
Nicolas, Colas, Nicou (m.)	Nicòla, Niccolò, Còla, Colùccio
Nicole, Nicolle, Nicolette, Colette (f.)	Nicolétta, Nicolina, Colétta
Nina, Ninon (f.)	Nina
Niobé (f.)	Nìobe
Noël (m.)	Natale, Natalino
Norbert (m.)	Norbèrto, Bèrto

Octave (m.), Octavien	Ottàvio, Ottaviano
Octavie (f.)	Ottàvia
Odette (f.)	Odétta
Odile (f.)	Odila

Odilon (m.)	**Odilóne**
Olive (m.)	**Olìvio, Olivo**
Olive (f.)	**Olìvia, Oliva**
Olivier (m.)	**Olivièro**
Ophélie (f.)	**Ofèlia**
Oswald (m.)	**Osvaldo**

Pascal (m.)	**Pasquale, Pasqualino**
Pascale, Pascaline (f.)	**Pasqualina**
Patrice (m.)	**Patrìzio**
Patricia (f.)	**Patrìzia**
Paul, Paulin (m.)	**Pàolo, Paolino**
Paule, Pauline, Paulette (f.)	**Pàola, Paolina, Lina**
Phaéton (m.)	**Fetonte**
Phébus (m.)	**Febo**
Phédon (m.)	**Fedone**
Phèdre (f.)	**Fedra**
Philinte (m.)	**Filinto**
Philibert (m.)	**Filiberto**
Philippe (m.)	**Filippo, Pippo**
Phyllis (f.)	**Filli, Fillide**
Phryné (f.)	**Frine**
Pie (m.)	**Pio** - (f.) **Pia** -
Pierre, Pierrot (m.)	**Piètro, Pièro, Pierino**
Pierrette (f.)	**Pièra, Pierina**

Rachel (f.)	**Rachèle**
Rainier (m.)	**Ranièri**
Raoul (m.)	**Ràul**
Raphaël (m.)	**Raffaèle, Raffaèllo**
Raphaëlle (f.)	**Raffaèlla**
Raymond (m.)	**Raimóndo**
Raymonde (f.)	**Raimónda**
Régis (m.)	**Reginaldo, Rainaldo**
Reine (f.)	**Regina, Gina**
Remi, Rémy (m.)	**Remìgio** - (f.) **Remìgia** -
Rémus (m.)	**Rèmo**
Renaud (m.)	**Rinaldo**
René (m.)	**Renato**
Renée, Nénette (f.)	**Renata**
Richard (m.)	**Riccardo, Ricciardo** - (f.) **Riccarda, Ricciarda** -
Robert (m.)	**Robèrto, Bèrto**
Roch (m.)	**Ròcco**
Rodolphe (m.)	**Rodòlfo**
Roger (m.)	**Ruggèro**
Roland (m.)	**Orlando, Rolando, Lando**
Romain (m.)	**Romano, Romanèllo, Nèllo**
Roméo (m.)	**Romèo**
Romulus (m.)	**Ròmolo**
Rosalie (f.)	**Rosalìa, Lia**
Rose, Rosette, Rosine (f.)	**Ròsa, Rosina, Rosétta, Rosita**
Roseline (f.)	**Rosalinda, Linda**
Rosemonde (f.)	**Rosmunda**
Roxane (f.)	**Rossana**
Rufin, Ruffin (m.)	**Rufino, Ruffino**
Ruth (f.)	**Rut**

Sabine (f.)	**Sabina**
Samuel, Sam, Samy (m.)	**Samuèle, Sam**
Saturnin (m.)	**Saturnino**
Sauveur (m.)	**Salvatore**
Sébastien, Bastien (m.)	**Sebastiano, Bastiano**
Sébastienne, Bastienne (f.)	**Sebastiana, Bastiana**
Serge (m.)	**Sèrgio**
Sévère, Séverin (m.)	**Sevèro, Severino**
Sidoine (m.)	**Sidònio**
Silvère (m.)	**Silvèrio**
Simon (m.)	**Simóne, Simoncino, Cino**
Sixte (m.)	**Sèsto, Sisto**
Sophie (f.)	**Sofìa**
Stanislas (m.)	**Stanislào**
Stéphane (m.)	**Stéfano**
Stéphanie, Fanny (f.)	**Stefània**
Suzanne, Suzon, Suzy (f.)	**Susanna**
Sylvain (m.)	**Silvano**
Sylvaine, Sylviane (f.)	**Silvana**
Sylvestre (m.)	**Silvèstro**
Sylvie (f.)	**Sìlvia**
Sylvius (m.)	**Sìlvio**

Tancrède (m.)	**Tancrédi**
Terpsichore (f.)	**Tersìcore**
Thaïs (f.)	**Tàide**
Thémistocle (m.)	**Temìstocle**
Théobald, Thibaud, Thibaut (m.)	**Teobaldo, Tebaldo**
Théodore (f.)	**Teodòra, Dòra**
Théodoric, Thierry (m.)	**Teodorico, Teo**
Théodose (m.)	**Teodòsio, Teo**
Théodule (m.)	**Teòdulo, Teo**
Théophile (m.)	**Teòfilo, Teo**
Thérèse (f.)	**Terèsa, Teresina**
Thésée (m.)	**Tesèo**
Thespis (m.)	**Tespi**
Thomas (m.)	**Tommaso, Tomaso, Maso**
Timée (m.)	**Timèo, Meo**
Tristan (m.)	**Tristano**

Ugolin (m.)	**Ugolino**
Ulrich (m.)	**Ulrico** - (f.) **Ulrica** -
Urbain (m.)	**Urbano**
Ursule (f.)	**Ùrsula, Órsola**

Valentin (m.)	**Valentino, Tino**
Valère (m.), Valéry	**Valèrio**
Valérie (f.)	**Valèria**
Venceslas (m.)	**Venceslào**
Vercingétorix (m.)	**Vercingetòrige**
Véronique (f.)	**Verònica**
Victor, Victorin (m.)	**Vittóre, Vittòrio**
Victoire, Victorine (f.)	**Vittòria**
Vincent (m.)	**Vincènzo**
Violette (f.)	**Violétta**
Virginie (f.)	**Virgìnia**
Viviane (f.)	**Viviana**
Vivien (m.)	**Viviano**
Vladimir (m.)	**Vladimiro**

Walter, Walther (m.)	**Wàlter**
Wanda (f.)	**Wanda**
Wolfgang (m.)	**Volfango**

Xanthippe (m.)	**Santippe**
Xavier (m.)	**Savèrio**
Xénophon (m.)	**Senofónte**
Xerxès (m.)	**Sèrse**

Yolande (f.)	**Iolanda, Jolanda**
Yves, Yvon (m.)	**Ivo, Ivóne**
Yvette, Yvonne (f.)	**Ivétta**

Zacharie (m.)	**Zaccarìa**
Zénobie (f.)	**Zenòbia**
Zeuxis (m.)	**Zeusi**
Zoïle (m.)	**Zòilo**

Lexique français - italien

Les mots grammaticaux (adverbes, articles, prépositions, pronoms, conjonctions, numéraux cardinaux et ordinaux, etc...) que l'on trouvera ailleurs dans CHIARO ne sont pas tous repris ici.
Principales abréviations : **n.** = nom, **v.** = verbe, **part.** = participe, **adj.** = adjectif, **adv.** = adverbe, **f.** = féminin, **inv.** = invariable, **m.** = masculin, **fig.** = sens figuré. Le signe **-** reprend le mot (ou la racine du mot) qui précède.

A

abandonner ; abandon	abbandonare ; abbandono
abasourdir	assordare ; sbalordire
abasourdissant	assordante ; sbalorditivo
abat-jour	paralume
abattoir	mattatoio, macello
abattre	abbattere, buttar giù
abbaye	abbazia
abbé ; abbesse	abate ; badessa
abcès ; crever l' -	ascesso ; estirpare il bubbone
abeille	ape
abîme	abisso, precipizio
abîmer (détériorer)	rovinare, guastare, sciupare
abondant ; - ce	abbondante ; abbondanza
abonnement	abbonamento
aboutir	sboccare ; condurre ; avere esito
abréger ; - viation	abbreviare ; abbreviazione
abri ; abriter	riparo ; riparare
abricot ; - ier	albicocca (f.) ; albicocco
abrupt	scosceso, ripido ; brusco
abruti ; abrutir	idiota ; inebetire, rimbecillire
absent ; s'- er	assente ; assentarsi
acariâtre	bisbetico, scontroso
accablé de fatigue	spossato, prostrato dalla fatica
accélérer	accelerare
accent ; accentuer	accento ; accentare ; -uare (fig.)
accepter ; - able	accettare ; accettabile
accident ; - de la route	accidente, caso ; incidente stradale
accompagner	accompagnare
accord ; accorder	accordo ; -are ; concedere
accordéon	fisarmonica (f.)
accoucher ; - ment	partorire ; parto
accrocher	agganciare, appendere
accueil ; - ir	accoglienza (f.) ; accogliere
accuser ; - ation	accusare ; accusa
acheter ; achat	comprare ; acquisto, compera (f.)
achever	finire, terminare, ultimare
achever (tuer)	dare il colpo di grazia a
acide	acido
acier ; en acier	acciaio ; d'acciaio
acrobate	acrobata ; virtuoso
acte ; - eur ; - if ; - ivité	atto ; attore ; attivo ; attività
action ; actuel	azione ; attuale
adapter ; adaptation	adattare ; adattamento (m.)
addition	addizione ; aggiunta ; conto (m.)
adhérer ; - sion	aderire ; adesione
adieu ; adieux	addio ; addii
adjoindre	affiancare ; aggiungere
adjonction	ammissione ; aggiunta
admirable	mirabile, stupendo
admirer ; - ation	ammirare ; ammirazione
admis ; admissible	ammesso ; ammissibile
adopter ; adoption	adottare ; adozione
adorable	adorabile ; delizioso
adorer ; - ation	adorare ; adorazione
adoucir	addolcire ; moderare ; mitigare
adresser ; adresse	indirizzare ; indirizzo (m.)
adresser (s'- à)	rivolgersi a
adroit ; adresse	destro, abile ; destrezza
adulte	adulto
adversaire ; - ité	avversario ; avversità
aéroport	aeroporto
affaiblir	indebolire ; attenuare
affaire ; s'- er	affare (m.) ; affaccendarsi
affectation	destinazione ; ostentazione ; affettazione
affectueux ; - tion	affettuoso ; affezione
affermir	rassodare ; consolidare
affiche ; - er	locandina (f.), cartellone (m.) ; affiggere
affluer	affluire
affranchir	affrancare ; liberare
affranchissement	affrancamento ; affrancatura (f.)
affreux	orrendo, raccapricciante
affriolant	allettante
agacer	dare ai nervi ; stuzzicare
âge ; âgé	età (f.) ; anziano, vecchio
agent de police	guardia (f.), poliziotto
agile ; agileté	agile ; agilità
agir ; il s'agit de	agire ; si tratta di
agiter ; - ation	agitare ; agitazione
agneau ; - de lait	agnello ; abbacchio (carne)
agréable	piacevole, gradevole ; gradito
ahuri (adj.)	attonito, stupito
ahuri (n.m.)	imbecille, allocco
ahurissant	sbalorditivo ; scandaloso
ahurissement	sbalordimento, sbigottimento
aide ; aider	aiuto (m.) ; aiutare
aigre	agro ; stridulo ; pungente ; aspro, acido
aigrefin	truffatore, imbroglione
aigreur	acidità, asprezza
aigri	inacidito ; inasprito
aigu	aguzzo ; squillante (voce)
aiguiser	affilare, arrotare
aiguille	*(couture)* ago (m.) ; *(montre)* lancetta
ail ; gousse d'ail	aglio ; spicchio (m.) d'aglio
aile ; les ailes	ala ; le ali
ailleurs	altrove , in un altro posto
aimant ; - é	calamita (f.) ; calamitato
aimer ; aimable	amare, voler bene a ; gentile
air ; aérer	aria (f.) ; arieggiare, ventilare

ajourner	rinviare, rimandare, aggiornare
ajouter	aggiungere
alarme	allarme (m.)
alentours	dintorni, paraggi
aliment ; - er	alimento, cibo ; alimentare
allécher	allettare
allée (n.f.) ; aller	viale (m.) ; andare
alléger	alleggerire ; alleviare ; sgravare
allocation	indennità, sussidio (m.)
allocations familiales	assegni familiari (m.)
allumer ; - age	accendere ; accensione (f.)
allumette	fiammifero (m.), cerino (m.)
alouette	allodola
amande ; - ier	mandorla ; mandorlo
ambulance	ambulanza, autolettiga
ambulancier	autista di ambulanza
âme ; corps et âme	anima ; anima e corpo
améliorer ; - ation	migliorare ; miglioramento (m.)
amende	multa, ammenda
amener	portare, condurre
amer ; amertume	amaro ; amarezza, amaro (m.)
ameublement	arredamento, mobilia (f.)
ami ; amitié	amico ; amicizia
amour ; amoureux	amore ; innamorato
ample ; ampleur	ampio ; ampiezza
ampoule (fiole)	ampolla, fiala
ampoule (cloque)	vescica
ampoule (électr.)	lampadina
amuser ; - ment	divertire ; divertimento
an, année	anno
ancêtres	antenati
anchois	acciuga (f.), alice (f.)
ancien (adj.)	antico
ancien (l' - président)	l'ex presidente
ancienneté	antichità ; anzianità
âne	asino, somaro
ange ; angelot	angelo ; angioletto
angle	angolo
angoisse ; angoissé	angoscia ; angosciato
animal	animale
anneau	anello
annexe	dipendenza ; annessi (m. plur.)
anniversaire (n.m.)	anniversario, compleanno
annonces ; - er	annuncio (m.) ; annunciare
anxiété ; anxieux	ansia ; ansioso
apercevoir	scorgere, intravedere
apercevoir (s' -)	accorgersi, avvedersi
apparaître ; - ition	apparire ; apparizione
appareil	apparecchio
appareil digestif	apparato digerente
appartenir	appartenere
appât	esca (f.) ; attrattiva (f.)
appel ; appeler	chiamata (f.), appello (m.) ; chiamare
appétit ; -issant	appetito ; appetitoso
appliquer (s' -)	applicarsi
appoint (monnaie)	spiccioli (m. plur.), denaro contato
apporter ; apport	portare, arrecare ; apporto
apprécier	stimare, valutare, apprezzare
apprendre	imparare, apprendere
apprêter (s' -) à	accingersi a
approcher	avvicinare, accostare
approvisionner	approvvigionare, rifornire
appuyer	appoggiare, sostenere
après-midi ; de l'-	pomeriggio ; pomeridiano
aptitude	attitudine
araignée ; toile d' -	ragno (m.) ; ragnatela
arbre ; arbrisseau	albero ; arboscello
arc ; arcades	arco ; arcate, portici (m.)
arc-en-ciel	arcobaleno
architecture	architettura
ardeur ; ardent	ardore ; ardente
arête	lisca (di pesce) ; spigolo (m.) ; crinale (m.)
argent	denaro ; *(métal)* argento
arme ; armée (n.)	arma ; esercito (m.)
armoire ; armoire à pharmacie	armadio (m.) ; armadietto farmaceutico
armoiries	stemma (m.)
arracher	strappare, strappar via
arranger ; - ment	sistemare ; sistemazione (f.)
arrêt ; arrêter	fermata (f.), arresto ; fermare
arrêter (s' -) ; - de	fermarsi ; smettere di
arrière (en -)	indietro, all'indietro
arriéré	arretrato
arriver ; l'arrivée	arrivare, giungere ; l'arrivo (m.)
arriver à (+ v.)	riuscire a
arriver, se passer	succedere, accadere
arroser, arrosage	annaffiare, annaffiatura (f.), bagnata (f.)
arrosoir	annaffiatoio, innaffiatoio
art ; artiste	arte (f.) ; artista
artère	arteria
artichaut	carciofo
article ; articuler	articolo ; articolare
artisan ; - at	artigiano ; artigianato
as	asso
ascenseur ; - ion	ascensore ; ascensione
asile	asilo, rifugio
asile d'aliénés	manicomio
aspirateur (n.m.)	aspirapolvere
assaisonner ; -ment	condire ; condimento
assassin ; - er	assassino ; assassinare
assécher	prosciugare
asseoir (s' -)	sedersi
assiette ; - creuse	piatto (m.) ; scodella
assister ; - ance	assistere ; assistenza
associé (n.) ; - ation	socio ; associazione
assoupir (s' -)	assopirsi, appisolarsi
assourdissant	assordante
astuce ; - ieux	astuzia ; astuto ; scaltro
attacher, lier	attaccare, legare
attaquer	attaccare, aggredire
atteindre	raggiungere ; colpire
atteint	raggiunto ; colpito ; affetto
attendre ; - ente	aspettare, attendere ; attesa
attention ; faire -	attenzione ; badare
atténuer	attenuare, moderare
atterrir	atterrare
attirer ; attrayant	attirare ; attraente
attribuer	attribuire, assegnare
attrait	fascino, attrattiva (f.)
attraper, saisir	acchiappare, afferrare
attiser	attizzare
aube	alba
auberge ; - iste	locanda ; locandiere
aubergine	melanzana

audace ; - ieux	audacia ; audace
auditeur	ascoltatore
augmentation	aumento (m.), incremento (m.)
augmenter, monter	aumentare, crescere
aujourd'hui ; dès -	oggi ; fin da oggi
aumône	elemosina
au revoir	arrivederci, arrivederLa
auteur ; - (femme)	autore ; autrice
authentique	autentico, genuino
autobus ; autocar	autobus ; pullman
automne	autunno
automobile	automobile, macchina
autoriser ; - ation	autorizzare ; autorizzazione
autoroute	autostrada
autour de	intorno a, attorno a
autre ; autrefois	altro ; una volta, un tempo
autrement	diversamente, altrimenti
autruche	struzzo (m.)
avalanche	valanga
avaler	inghiottire, mandar giù
avance (à l' -) (en -)	in anticipo
avancer	avanzare, anticipare
avantage ; - er	vantaggio ; avvantaggiare
avare ; avarice	avaro ; avarizia
avarie ; avarié	avaria ; avariato, guasto
avenir ; aventure	avvenire ; avventura
avenue	viale (m.)
averse	acquazzone (m.)
avertir	avvertire, avvisare
avertissement	avvertimento, avviso
aveugle ; aveugler	cieco ; accecare
avion	aereo, aeroplano
avis	avviso ; annuncio
avoine	avena
avouer	riconoscere, confessare
azur	azzurro

B

baccalauréat	licenza liceale (f.), maturità (f.)
bâche	telone (m.)
bagage	bagaglio
bagarre	rissa, tafferuglio (m.)
bagatelle	inezia, bazzecola
bague	anello (m.)
baguette	bacchetta ; *(tambour)* mazzuolo (m.)
bahut	madia (f.), credenza (f.)
baigner (se -)	fare il bagno
bâiller ; - ement	sbadigliare ; sbadiglio
bain ; salle de -	bagno
bain de siège	semicupio
baiser (v.) ; - (n.)	baciare ; bacio
baisse	ribasso (m.)
baisser	abbassare, diminuire, calare
baisser (se -)	chinarsi
bal ; salle de -	ballo ; sala da ballo
balade ; - er	gita ; portare a spasso
balafre ; - er	sfregio (m.) ; sfregiare
balai ; balayer	scopa (f.), granata (f.) ; spazzare
balayage	scopatura ; esplorazione a fascio radente
balance ; - er	bilancia ; oscillare
balancer (se -)	dondolarsi, cullarsi
balbutier	balbettare
balcon	balcone ; balconata
balle ; ballon	palla ; pallone
balle (projectile)	pallottola, proiettile (m.)
banane ; -ier	banana ; banano
banc	panca (f.), panchina (f.)
bande	fascia ; striscia ; corsia
bande magnétique	nastro magnetico (m.)
bande vidéo	videocassetta
bande dessinée	fumetto (m.)
bande (groupe)	banda, brigata
bandit ; banditisme	bandito ; banditismo
banlieue	periferia
banque ; banquier	banca ; banchiere
banquet ; - er	banchetto ; banchettare
banquette	sedile (m.) ; sgabello (m.) ; banchina
bar, café ; bistrot	bar, caffè ; osteria (f.)
baraque	baracca, baraccone (m.)
barbe, barbu	barba ; barbuto
barboter	sguazzare ; gorgogliare
barème	prontuario, tabella (f.)
barque ; s'embarquer	barca ; imbarcarsi
barre ; barrage	sbarra ; sbarramento, diga (f.)
barrer ; barrière	sbarrare ; barriera
bas ; à bas ; en bas	basso ; abbasso ; giù, in giù
base	base
basé (milit.)	stanziato
bas-fond	bassofondo
basilic	(bot.) basilico, (zool.) basilisco
basculer	ribaltare, roversciarsi
bas de nylon (des -)	calze (f.) di nailon
basse-cour	cortile (di fattoria)
bassin (récipient)	catino, bacinella (f.)
bassin (pièce d'eau)	vasca (f.)
bassin (géogr., géol.)	bacino, pianura (f.)
bassin (anatomie)	bacino, pelvi (f.)
bassin hygiénique	padella (f.)
bassine	catino (m.), bacile (m.)
basson ; - (musicien)	fagotto ; fagottista
bastille ; Bastille	bastia ; Bastiglia
bastion	bastione, baluardo
bataille	battaglia
bâtard	bastardo
bateau	barca (f.), battello (m.)
bâtiment (édifice)	edificio, fabbricato
bâtiment (activité)	edilizia (f.)
bâtir	costruire, murare
bâtisse	casamentone (m.), casermone (m.)
bâtisseur	costruttore, edificatore
bâton ; coup de -	bastone ; bastonata (f.)
battre ; se battre	battere, picchiare ; battersi
bavard ; bavarder	chiacchierone ; chiacchierare
bavure	sbavatura ; spiacevole conseguenza, abuso (m.)
beau ; beauté	bello ; bellezza
beaucoup trop	veramente troppo
beau-frère, belle-sœur	cognato, cognata
beau-père, belle-mère	suocero, suocera
bébé ; c'est un vrai - !	bebè, bimbo ; è proprio un bambinone !
bec ; bec-de-cane	becco ; scatto
bélier	ariete

bénéfice	beneficio, utile, profitto
bénir ; bénédiction	benedire ; benedizione
berceau ; bercer	culla (f.) ; cullare
béret	berretto basco
berger ; bergère	pastore, pecoraio ; pastorella
berner	prendere in giro
besogner	sgobbare, sfacchinare
besoin ; les besoins	bisogno ; il fabbisogno
bête (n.) ; - (adj.)	bestia, animale (m.) ; stupido
bêtise (défaut)	stupidità, imbecillità
bêtise (action)	sciocchezza, stupidaggine
béton	calcestruzzo
betterave	barbabietola
beurre ; beurrer	burro ; imburrare
bibelot	ninnolo, soprammobile
bible	bibbia
bibliothèque	biblioteca
biche	cerva
bicyclette	bicicletta
bidet ; - (cheval)	bidè ; ronzino
bidon	bidone, lattina (f.)
bien ; eh bien !	bene ; ebbene
bienfait	beneficio, vantaggio
bienfaiteur	benefattore
bientôt ; à bientôt	presto ; a presto
bienvenue (n.f.)	benvenuto (m.)
bière ; - à la pression	birra ; birra alla spina
bifteck	bistecca (f.)
bifurcation	bivio (m.) ; diramazione
bijou ; - terie	gioiello ; gioielleria
bille ; billot	bilia ; sfera ; ceppo
billet	biglietto
biscotte	fetta biscottata
biscuit	biscotto
bizarre, étrange	bizzarro, strano
blague	frottola, fandonia ; burla ; sciocchezza ; balordaggine
blâme ; blâmer	biasimo ; biasimare
blanc	bianco, candido
blé ; blé noir	grano ; grano saraceno
blesser ; blessure	ferire ; ferita
blettes, bettes	bietole
bleu	azzurro, blu
bleu clair ; - foncé	celeste ; turchino
blond	biondo
blottir (se -)	rannicchiarsi, accoccolarsi
blouse ; blouson	blusa, camice (m.) ; giubbotto
bobard	balla (f.), frottola (f.)
bobine (de fil)	bobina, rocchetto (m.)
bobine (photo)	bobina (di nastro)
bocal	barattolo, vaso
bœuf	bue ; *(viande)* manzo
boire ; à boire	bere ; da bere
bois (forêt)	bosco
bois (en -)	di legno
bois de chauffage	legna (f.)
boisson	bevanda, bibita
boîte	scatola (f.) ; barattolo (m.)
boiter ; boiteux	zoppicare ; zoppo
bol ; bol d'air	tazza (f.) ; boccata (f.) d'aria
bombe ; bombarder	bomba ; bombardare
bon ; bonté	buono ; bontà
bon marché, peu cher	a buon mercato

bonbon	caramella (f.)
bonheur	felicità (f.)
bonjour ; bonsoir	buongiorno ; buonasera (f.)
bonne (n.f.)	domestica, colf (= collaboratrice fam.)
bonnet ; un gros - (fig.)	berretto, cuffia (f.) ; un pezzo grosso
bord	bordo, orlo, ciglio ; riva (f.)
border	fiancheggiare, orlare
borne	cippo (m.), limite (m.)
bosse ; bossu	bernoccolo (m.), gobba ; gobbo
botte (chaussure)	stivale (m.)
bouche ; bouchée (n.)	bocca ; boccone (m.)
boucher (n.) ; boucherie	macellaio ; macelleria
boucher (v.), obstruer	tappare, turare, ostruire
bouchon	tappo, turacciolo
boue ; boueux (adj.)	fango (m.), melma ; fangoso
bouffée (d'air)	folata, ondata (di profumo)
bouffée (de chaleur)	vampata (di calore)
bouffée (d'ail)	zaffata (d'aglio)
bouffée (tirer une -)	tirare una boccata
bouffée d'orgueil	accesso (m.) di orgoglio
bouffants (cheveux)	vaporosi (capelli)
bouffantes (manches)	a sbuffo (maniche)
bouffer (manger)	pappare, sbafare
bouger	muoversi
bougie	candela
bouillir ; bouillant	bollire ; bollente
bouilloire ; bouillon	bricco (m.) ; brodo
boulanger ; - ie	fornaio ; panetteria
boule ; boulette	palla ; pallottolina
bouleverser	sconvolgere
bouleversé	sconvolto
bouquet de fleurs	mazzo di fiori
bourgeois ; - ie	borghese ; borghesia
bourreau	boia (inv.)
bourse ; boursier	borsa ; borsista
bout	punta (f.), estremità (f.)
bout (jusqu'au -)	fino in fondo
bouteille	bottiglia, bombola (di gas)
boutique	bottega, negozio (m.)
bouton ; boutonner	bottone ; abbottonare
bouton (sur la peau)	bolla (f.), foruncolo (m.)
braise ; brasier	brace ; rogo
branche ; brancher	ramo (m.) ; collegare
bras	braccio
brasserie	birreria ; caffè ristorante
brebis	pecora
bref ; brièveté	breve ; brevità
bricolage	fai-da-te ; fai da te
briller ; brillant	brillare ; brillante
brique	mattone (m.), formella ; cotto (m.)
briquet	accendino, accendisigaro
brochet	luccio
broder ; broderie	ricamare ; ricamo (m.)
bronze ; bronzé	bronzo ; abbronzato
brosse ; brosser	spazzola ; spazzolare
brosse à dents	spazzolino (m.) da denti
brouillard	nebbia (f.), foschia (f.)
bruit ; bruyant	rumore ; rumoroso, chiassoso
brûlant	scottante
brûler ; brûlure	bruciare ; bruciatura, ustione
brun ; brunir	bruno ; scurire
brut	greggio, grezzo, lordo
buisson	cespuglio

bulle	bolla
bulletin	bollettino ; bolletta ; scontrino ; scheda
buraliste	tabaccaio
bureau	studio, ufficio ; scrivania (f.)
bureau de tabac	tabaccheria (f.)
burin	bulino
but, objectif	scopo, fine (m.), meta (f.)
but (sport)	rete (f.), goal (m.)
butin	bottino

C

cabane	capanna
cabas	sporta (f.), borsa (f.)
cabine ; cabinet	cabina ; stanzino, gabinetto, studio
câble	cavo ; cablogramma
cabosser	ammaccare
cacher ; - ette ; en -	nascondere, celare ; nascondiglio (m.) ; di nascosto
cachet	timbro, bollo, sigillo
cachet d'aspirine	compressa di aspirina (f.)
cadeau ; offrir (-)	regalo ; regalare
cadenas	lucchetto
cadre	cornice (f.) ; ambiente ; dirigente
café ; cafetière	caffè ; caffettiera
cage ; cageot	gabbia ; cassetta (f.)
cahier	quaderno
caillou ; petit -	sasso ; sassolino
caisse ; caissière	cassa ; cassiera
calculer ; - atrice	calcolare ; calcolatrice
caleçon	mutande (f. plur.)
calendrier	calendario
caler (mettre une cale)	calzare, rincalzare, inzeppare
câlin (n.)	coccolone (m.) ; coccola (f.)
calme (adj.) ; - (n.)	calmo ; calma (f.), quiete (f.)
calmer	calmare, placare
camarade, copain	compagno, amico
caméra ; - de télévis.	cinepresa ; telecamera
camion, poids lourd	camion, autocarro
camp ; campagne	campo ; campagna
camper ; camping	campeggiare ; campeggio
canal ; - isations	canale ; condutture, tubazioni
canard ; - (mus.)	anatra (f.), anitra (f.) ; stecca (f.)
cancer ; Cancer	cancro ; Cancro
canif	temperino, coltellino
canne	canna, bastone (m.)
canon ; - (de fusil)	cannone ; canna (di fucile) (f.)
canot ; - pneumatique	canotto, lancia (f.) ; gommone
caoutchouc	caucciù, gomma (f.)
caoutchouc-mousse	gommapiuma (f.)
capable ; capacité	capace ; capacità, capienza
capital (e) ; - aine	capitale ; capitano
Capricorne	Capricorno
caractère	carattere
carburant ; - ateur	carburante ; carburatore
caresse ; caresser	carezza ; accarezzare
carnet ; - de chèques	taccuino ; libretto di assegni
carré ; carreau (sol)	quadrato ; mattonella (f.)
carrefour	incrocio, crocevia (f.) ; bivio
carrosserie	carrozzeria
cassis (fruit)	ribes nero
cassis (sur une route)	canaletto trasversale
carte ; carte-lettre	carta ; tessera ; biglietto postale (m.)
carte de visite	biglietto (m.) da visita
carte postale	cartolina
carton	cartone ; scatola (f.) ; cartella (f.)
case postale	casella postale
casier	casellario
casque ; casquette	casco ; berretto (m.) a visiera
casse-pieds	scocciatore, rompiscatole
casser ; cassure	rompere ; frattura
casserole	casseruola, tegame (m.)
catastrophe	catastrofe, sciagura
cathédrale	cattedrale, duomo (m.)
cauchemar ; - desque	incubo ; da incubo
cause ; -er (être - de)	causa ; causare, arrecare
caution	cauzione, garanzia
cave (n.f.)	cantina, scantinato (m.)
céder ; cession	cedere ; cessione
ceinture ; ceinturer	cintura ; cintola ; cingere, cinturare
célèbre ; célébrité	celebre ; celebrità
céleri	sedano
célibataire	celibe, scapolo (m.) ; nubile (f.)
cendre ; cendrier	cenere ; portacenere
centre ; central	centro ; centrale
cercle ; cirque	cerchio, circolo ; circo
cercueil	bara (f.)
céréale ; - s complètes	cereale (m.) ; cereali integrali
cérémonie ; - eux	cerimonia ; cerimonioso
cerise ; cerisier	ciliegia ; ciliegio
certain ; certes	certo ; certo, già, sicuro
certitude	certezza
cerveau	cervello
cesser	cessare, smettere
c'est-à-dire ; - que	cioè ; vale a dire che
chagrin ; - d'amour	dispiacere ; - amoroso
chaîne ; chaîne stéréo	catena ; impianto (m.) stereo
chair	carne ; incarnato (m.) ; polpa
chaise ; - longue	sedia ; sedia a sdraio
chaleur	calore (m.) ; caldo (m.)
chambre ; - à coucher	camera ; stanza da letto
chameau	cammello
champ ; champignon	campo ; fungo
champion ; - nat	campione ; campionato
chance ; chanceux	fortuna ; fortunato
change ; changer	cambio ; cambiare, mutare
changement	cambiamento, mutamento
chanoine	canonico
chanson ; chanteur	canzone ; cantante
chant ; chanter	canto ; cantare
chapeau ; chapeau !	cappello ; tanto di - !
chapelle	cappella
chapelure	pangrattato (m.)
chapitre	capitolo
char ; - d'assaut	carro ; carro armato
char ; chariot	carro ; baroccio
charbon ; - de bois	carbone ; -di legna
charcuterie	salumeria ; salumificio (m.)
charcuterie (viande)	salumi (m. plur.)
charge ; charger	carico (m.) ; caricare
chariot (techn.)	carrello
charité ; - able	carità ; caritatevole
charlatan	ciarlatano

charme ; charmant	fascino ; affascinante
charmer	affascinare, incantare
charmeur	rubacuori ; incantatore
charnière	cardine (m.) ; cerniera
charrette	carretta
charrue	aratro (m.)
chasse ; chasseur	caccia ; cacciatore
chasse des W.C.	sciacquone (m.)
chasser	cacciare ; scacciare
chat ; petit -	gatto ; gattino, micino
châtaigne ; - ier	castagna ; castagno
châtain	castano
château ; - fort	castello ; roccaforte (f.)
châtier ; - iment	castigare ; castigo
chatouiller	fare il solletico a ; solleticare, stuzzicare
chatouillis	pizzicore
châtrer	castrare, evirare
chatterton (ruban)	nastro isolante
chaud ; chaudière	caldo ; caldaia
chauffer ; - age	scaldare ; riscaldamento
chauffeur	autista
chauffeur de camion	camionista
chauffeur de taxi	tassista
chaussée (n.f.)	carreggiata
chaussée défoncée	strada dissestata
chausser ; - ure	calzare ; calzatura
chaussette	calzino (m.), calzetta
chauve	calvo
chauve-souris	pipistrello (m.)
chavirer	rovesciarsi, capovolgersi
chef ; médecin-chef	capo ; primario
chemin ; - de fer	strada (f.), sentiero ; ferrovia (f.)
cheminée	camino (m.) ; fumaiolo (m.)
cheminée (d'usine)	ciminiera (f.)
chemise ; chemisier	camicia ; blusa (f.)
chêne	quercia (f.)
chèque ; - de voyage	assegno ; - turistico
cher ; cherté de la vie	caro ; carovita (m.)
chercher ; - eur	cercare ; ricercatore, cercatore
chéri (ma -) (mon -)	amore mio
cheval ; - erie	cavallo ; cavalleria
cheveu ; chevelure	capello ; capigliatura, chioma
chèvre ; chevreau	capra ; capretto
chien ; chienne ; chiot	cane ; cagna ; cucciolo
chiffon	straccio, cencio
chiffon (coup de -)	lustrata (f.), spolverata (f.)
chiffre	numero, cifra (f.)
chignon	crocchia (f.)
chimie ; chimiste	chimica ; chimico
chirurgien	chirurgo
choc ; choquer	urto, scontro ; urtare
chocolat	cioccolato, cioccolata (f.)
chœur ; enfant de -	coro ; chierichetto
choisir ; choisi	scegliere ; scelto
choix	scelta (f.)
chômage ; chômeur	disoccupazione (f.) ; disoccupato
choquant	urtante ; indecente
chose ; autre chose	cosa ; altro
chou ; choucroute	cavolo ; crauti (n.m. plur.)
chuchoter ; chuchotis	bisbigliare ; bisbiglio
chute ; - d'eau	caduta ; cascata
ciel	cielo
cidre	sidro
cigare ; cigarette	sigaro ; sigaretta

ciment ; cimenter	cemento ; cementare
cinéma ; séance de -	cinema ; spettacolo cinematografico
circonstance	circostanza
circulation (auto.)	traffico
cirer ; cirage	cerare, lucidare ; lucido
cirque	circo
ciseaux	forbici (f. plur.)
citer ; citation	citare ; citazione
citerne	cisterna
citoyen ; citadin	cittadino
citron ; - nier	limone
civière	barella
civilisation	civiltà ; incivilimento (m.)
clair ; clarté	chiaro ; chiarore (m.), chiarezza
clairsemé	rado
classe ; livres de -	classe ; libri di testo
classes moyennes	ceto medio (m.sing.)
classer ; classeur	classificare ; classificatore
classeur (fiches)	schedario
clavier	tastiera (f.)
clef, clé	chiave ; chiavetta
clerc	chierico ; impiegato
client	cliente, avventore
climat ; - rude	clima ; clima rigido
climat doux	clima mite
clinique (n.f.)	clinica
clochard	barbone, accattone
cloche ; clocher	campana ; campanile
cloison	tramezzo (m.)
cloître	chiostro
clou ; clouer	chiodo ; inchiodare
clown	pagliaccio
cochon ; - nerie	maiale, porco ; porcheria
code	codice
cœur ; mal au -	cuore ; animo ; nausea (f.)
coffre	cassetta (f.) ; bagagliaio ; cassapanca (f.)
coffre-fort	cassaforte (f.)
cohue	baraonda
coiffeur	parrucchiere
coiffeur (femmes)	pettinatrice
coiffeur (hommes)	barbiere
coiffure (cheveux)	acconciatura, pettinatura
coin	angolo, canto
col (montagne)	valico, passo, colle
col (vêtement)	colletto, bavero
colère	collera, ira, rabbia
collant (n.m.)	calzamaglia (f.)
colle ; coller	colla ; incollare
collier (parure)	collana (f.)
collier (bêtes)	collare
colline	colle (m.), collina
colonne ; colonnade	colonna ; colonnato (m.)
combat ; combattre	combattimento ; combattere
combinaison	combinazione ; espediente (m.)
combinaison (vêt.)	sottoveste ; tuta
combiné (téléph.)	microtelefono
commande	ordinazione ; comando (m.)
commander	comandare ; ordinare
commencer	cominciare, iniziare, principiare
commencement	inizio, principio
commerce ; - çant	commercio ; commerciante, negoziante
commode, pratique	comodo, semplice

commun ; - auté	comune ; comunità
compagnie	compagnia ; brigata
comparer ; - aison	paragonare ; paragone (m.)
compatissant	compassionevole
compenser ; - ation	compensare ; compenso (m.)
complet (adj.)	completo ; integrale (farina)
composer	comporre ; transigere
composition	composizione ; componimento (m.)
comprendre	comprendere ; capire
compter	contare
concentrer	concentrare
concerner	concernere, riguardare
concert	concerto
concierge	portinaio, portiere
condamner ; - ation	condannare ; condanna
condition	condizione
conduire ; - ucteur	guidare ; guidatore
confier ; confiance	confidare ; fiducia
confidence	confidenza
confiture	confettura, marmellata
confondre ; - usion	confondere ; confusione
confort (tout le -)	tutte le comodità (f. plur.)
congé	congedo ; vacanza (f.)
congés payés	ferie retribuite (f.)
connaissance	conoscenza
connaissance (pers.)	conoscente (m.)
connaissances (scien.)	cognizioni
conscient ; - ience	consapevole ; coscienza
conseil ; - ler (v.)	consiglio ; consigliare
conséquence	conseguenza
conserver	conservare, serbare
considérer	considerare
consigne (bagages)	deposito bagagli
consister à (+v.)	consistere nel
consommer , - ation	consumare ; consumo (m.)
consommation (bar)	consumazione
constipation	stitichezza
construire ; -uction	costruire ; costruzione
conte de fée	fiaba (f.)
contenir ; contenu	contenere ; contenuto
content ; contenter	contento ; contentare
conter ; conte, récit	narrare ; racconto
continuer	continuare, proseguire
contraindre ; - te	costringere ; costrizione
contraire ; au -	contrario ; al contrario, invece
contrarier	contrariare, ostacolare
contrat ; passer un -	contratto ; stipulare un contratto
contribuer ; - able	contribuire ; contribuente
contrôle ; - er	controllo ; controllare
convaincre ; convaincu	convincere ; convinto
conversation	conversazione
copie ; copier	copia ; copiare
coq ; coquette	gallo ; civettuola
coquin	birichino, birbante
corbeille	cesta, cestino (m.), canestro (m.)
corde ; cordelette	corda ; cordicella
corne ; cornes (fig.)	corno (m.) ; corna (f. plur.)
corps	corpo
correct	corretto
corriger ; corrigé	correggere ; corretto (part. passé)
correction	correzione (f.) ; castigo (m.)
costume	costume ; abito
côte ; côte (rive)	costola ; costa
côté	lato, fianco, parte (f.)
coton	cotone
cou	collo
couche-culotte	pannolino da neonato
couché (être -)	essere disteso ; *(au lit)* coricato
coucher (se -)	coricarsi ; sdraiarsi
coude	gomito
coudre	cucire
couleur ; colorer, - ier	colore (m.) ; colorare
coup ; à-coup	colpo ; sobbalzo, scossa (f.)
coup de feu	sparo
coup dur (échec)	bastonata (f.)
coupable	colpevole
couper ; coupure	tagliare ; taglio (m.)
couple	coppia (f.)
cour	cortile (m.) ; corte
courage ; - eux	coraggio ; coraggioso
courbe (n.f.)	curva
courber ; se -	curvare ; curvarsi
courir ; course	correre ; corsa
couronne ; - (pain)	corona ; ciambella
courrier	posta (f.) ; corriere
cours ; coursier	corso ; fattorino
court ; courtaud	corto, breve ; tracagnotto
cousin, cousine	cugino, cugina
coussin	cuscino
couteau ; grand -	coltello ; coltella (f.)
coûter ; coût	costare ; costo
coutume, usage	costume (m.), usanza (f.)
couturière	sarta
couvent	convento
couvercle	coperchio
couverture (de lit)	coperta (del letto)
couvrir ; - erture	coprire ; coperta
cracher ; crachin	sputare ; acquerugiola (f.)
craindre ; crainte	temere ; timore (m.)
cran (entaille)	tacca (f.)
cran de sûreté	sicura (f.)
cran d'arrêt	serramanico
cran (avoir du -)	aver fegato
crâne ; crâner	cranio ; fare lo spavaldo
crapaud	rospo
crapule	mascalzone (m.)
craquer (bruit)	scricchiolare
craquer une allumette	strofinare un fiammifero
craquer (se déchirer)	spaccarsi
craquer (défaillance)	crollare, cedere
craquer (plein à -)	pieno zeppo
cravate	cravatta
crayon	matita (f.), lapis
créer ; création	creare ; creazione
crème fraîche	panna
crème (bouillie)	crema
crème (entremets)	budino
crème à raser	crema da barba
creuser ; creux	scavare ; cavo
crevette	gamberetto (m.)
cri ; crier	grido ; gridare ; strillare
crible	setaccio, vaglio
cribler	setacciare, vagliare ; crivellare
crime ; criminel	delitto ; criminale
crise ; - de nerfs	crisi ; crisi di nervi
critique ; - er	critica ; criticare
crochet	gancio, uncino, rampino
croire ; - yance	credere ; fede

croiser ; - ment	**incrociare ; incrocio**
croître ; - ssance	**crescere ; crescita**
croix	**croce**
cru ; cruel ; - auté	**crudo ; crudele ; crudeltà**
cruche	**brocca** (f.), **orcio**
crue (n.f.)	**piena**
cueillir ; - ette	**cogliere ; raccolta, raccolto** (m.)
cuiller ; - à café	**cucchiaio** (m.) **; cucchiaino** (m.)
cuir ; en cuir	**cuoio ; di cuoio**
cuire ; cuit	**cuocere ; cotto**
cuisine ; cuisinier	**cucina ; cuoco**
cuisse	**coscia**
cul ; tirer au -	**culo ; battere la fiacca**
culbute	**capriola ; capitombolo** (m.), **ruzzolone** (m.)
cul-de-sac	**vicolo cieco**
culminer	**culminare ; dominare**
culot (audace)	**sfacciataggine** (f.), **faccia tosta** (f.)
culotte (pantalon)	**calzoni** (m. plur.)
culottes courtes	**pantaloncini** (m. plur.)
culottes longues	**pantaloni lunghi** (m. plur.)
culotte (faire dans sa -)	**farsela addosso**
culotte (slip)	**mutandine** (f. plur.)
culture	**coltivazione ; cultura**
cure	**cura**
curieux ; - osité	**curioso ; curiosità**
cuvette	**catinella ; conca**
cyclomoteur	**motorino**

D

d'abord	**dapprima**
dactylo	**dattilografa**
daim	**daino**
dalle	**lastra**
dame	**signora, dama**
danger ; - eux	**pericolo ; pericoloso**
danse	**danza ; ballo** (m.)
danser ; - eur	**ballare ; ballerino**
date	**data**
dé (à coudre)	**ditale**
dé (à jouer)	**dado**
débarquer ; - ment	**sbarcare ; sbarco**
débarrasser	**sbarazzare, sgomberare**
débit de boissons	**fiaschetteria** (f.)
déborder	**traboccare, straripare**
déboucher	**sturare, stappare ; sboccare**
debout	**ritto** (adj.), **in piedi**
débrayer	**disinnestare**
débrouiller (se -)	**sbrogliarsela**
décevoir ; - ption	**deludere ; delusione, disappunto**(m.)
déchet	**rifiuto, scarto ; calo**
déchirer ; - ment	**strappare ; straziare ; strazio**
déchirure	**strappo** (m.)
décider ; décision	**decidere ; decisione**
déclarer ; - ation	**dichiarare ; dichiarazione**
décoiffer	**spettinare ; scappucciare**
décoller (avion)	**decollare**
décolleté	**scollato, scollatura** (f.)
décontracté	**rilassato**
décor	**decorazione** (f.), **arredamento**
décor (théâtre)	**scenario**
décorer ; - ation	**decorare ; decorazione**
décourager	**scoraggiare, avvilire**
découvrir ; - erte	**scoprire ; scoperta**
décrasser (moteur)	**togliere la morchia**
décrocher	**sganciare, staccare**
déçu	**deluso**
dédaigner	**disdegnare, trascurare**
dédain	**disdegno, disprezzo**
dedans	**dentro**
dédier ; dédicace	**dedicare ; dedica**
dédire (se -)	**disdirsi, ritrattarsi**
dédoubler	**sdoppiare**
défaire ; défaite (n.)	**disfare ; disfatta, sconfitta**
défaut ; à - de	**difetto ; in mancanza di**
défectueux	**difettoso ; viziato**
défendre ; - ense	**difendere ; difesa**
défense de fumer	**vietato fumare**
défi ; défier	**sfida** (f.) **; sfidare**
déficit	**deficit, disavanzo**
défilé	**sfilata** (f.), **corteo**
définir ; - ition	**definire ; definizione**
défoncer	**sfondare ; scassare**
déformer	**deformare ; travisare**
dégât	**danno**
dégel	**disgelo**
dégeler	**sgelare ; scongelare**
dégourdir ; dégourdi	**sgranchire ; sveglio**
dégoût ; - ant	**disgusto ; schifoso**
dégoûter	**disgustare, fare schifo**
degré	**gradino ; grado**
déguiser (se -)	**travestirsi**
déguster	**assaporare**
dehors	**fuori**
déjeuner (n.m.)	**pranzo**
déjeuner (v.)	**pranzare**
déjeuner (petit -)	**prima colazione**
délice ; - ieux	**delizia ; delizioso**
délinquant ; - ce	**delinquente ; delinquenza**
délire ; - er	**delirio ; delirare**
délit	**reato**
déluge	**diluvio**
demain ; après -	**domani ; dopodomani**
demande ; - er	**domanda ; domandare**
démangeaison	**prurito** (m.)
démanger	**prudere**
démêler	**districare**
déménager	**traslocare**
déménagement	**trasloco**
demi	**mezzo**
dénivellation (creux)	**sbancamento** (m.)
dénoncer ; - iation	**denunciare ; denuncia**
dénouer ; - ement	**sciogliere ; conclusione** (f.)
dent ; - iste	**dente** (m.) **; dentista**
dentier	**dentiera** (f.)
départ	**partenza** (f.)
dépasser	**sorpassare, superare**
dépêcher (se -)	**sbrigarsi, affrettarsi**
dépense ; - er	**spesa ; spendere**
déplacer ; se -	**spostare ; spostarsi**
déplaire	**non piacere**
déplier	**spiegare, svolgere**
déposer ; dépôt	**deporre ; deposito**
dépouiller ; - ement	**spogliare ; spoglio**

depuis (prép.)	**da ; dopo**
depuis lors	**da allora ; da allora in poi ; fin d'allora**
déraciner	**sradicare, svellere**
dérangement	**disturbo, fastidio**
déranger ; se -	**disturbare ; disturbarsi**
déraper ; dérapage	**slittare, sbandare ; derapata** (f.)
dérider	**rasserenare**
dernier ; avant -	**ultimo ; penultimo**
derrière (adv. ; prép.)	**di dietro ; dietro**
derrière (n.m.)	**retro ; didietro ; sedere, culo**
désagréable	**spiacevole, sgradevole**
désagrément	**seccatura** (f.), **noia** (f.)
désamorcer	**disinnescare ; diseccitare** (fig.)
désastre	**disastro, sciagura** (f.)
descendre ; - te	**scendere ; discesa**
désert ; - er	**deserto ; disertare**
désespérer ; - oir	**disperare ; disperazione**
déshabiller	**spogliare, svestire**
déshonorer ; - neur	**disonorare ; disonore**
désigner	**indicare ; designare**
désirer ; désir	**desiderare ; desiderio**
désolé ; - ation	**desolato ; spiacente ; desolazione**
désordre ; - onné	**disordine ; disordinato, sregolato**
désormais	**ormai, d'ora innanzi**
dessin ; - er	**disegno ; disegnare**
dessins animés	**cartoni animati**
dessous (adv.) ; (n.)	**sotto ; disotto**
dessus (adv.) ; (n.)	**sopra ; disopra**
destin ; - ation	**destino ; sorte** (f.) **; destinazione, meta**
détail	**dettaglio, particolare ; bazzecola**
détaillé	**particolareggiato, dettagliato**
détester	**detestare, aborrire**
détroit	**stretto**
détruire ; destruction	**distruggere ; distruzione**
dette ; s'endetter	**debito** (m.) **; indebitarsi**
développer ; - ment	**svolgere, sviluppare ; sviluppo**
devenir	**diventare, divenire**
deviner ; devinette	**indovinare ; indovinello** (m.)
dévisser	**svitare ; precipitare** (intr.)
devoir (n.m.) ; - (v.)	**dovere ; compito ; dovere**
dévouer (se -)	**dedicarsi, sacrificarsi**
deuil	**lutto**
diable ; endiablé	**diavolo ; indiavolato, scatenato**
dialecte	**dialetto**
diamant ; - aire	**diamante, brillante ; diamantaio**
dictature ; - eur	**dittatura ; dittatore**
dicter ; dictée (n.f.)	**dettare ; dettato** (m.)
dictionnaire	**dizionario**
dieu ; les dieux	**dio ; gli dei**
différent, divers	**differente, diverso**
difficile ; - ulté	**difficile ; difficoltà**
diffuser ; - ion	**diffondere ; diffusione**
digérer ; -estion	**digerire ; digestione**
diluvienne (pluie -)	**pioggia torrenziale**
dimanche	**domenica** (f.)
diminuer ; - tion	**diminuire, ridurre ; diminuzione, regresso** (m.) **; calo** (m.)
dinde ; dindon	**tacchina ; tacchino**
dîner (n.) ; - (v.)	**cena** (f.) **; cenare**
diplomate ; - ie	**diplomatico ; diplomazia**
diplomé	**diplomato**
dire ; et dire que...	**dire ; e pensare che...**
direct ; - eur, - rice	**diretto ; direttore, direttrice**

diriger ; - ection	**dirigere ; direzione**
discours	**discorso**
discussion ; - ter	**discussione ; discutere**
dissoudre ; dissous	**sciogliere ; sciolto**
disparaître ; - ition	**sparire, scomparire ; scomparsa, sparizione**
dispute	**disputa, litigio** (m.)
disputer (se -)	**litigare, bisticciare**
disque	**disco**
distance ; - er	**distanza ; distanziare**
distinguer ; distingué	**distinguere ; distinto**
distraire (se -)	**svagarsi**
distrait (adj.)	**distratto, sbadato**
divaguer ; - ation	**farneticare ; divagazione**
divin	**divino**
diviser ; - ion	**dividere ; divisione**
divorce ; - er	**divorzio ; divorziare**
docteur	**dottore, dottoressa** (f.)
dodo	**nanna** (f.)
doigt ; les doigts	**dito ; le dita** (f.)
domestique (m.) (f.)	**domestico ; domestica, colf** (= collaboratrice familiale)
domicile ; - ier	**domicilio ; domiciliare**
dommage (quel -) !	**peccato !**
don ; faire - de	**dono ; regalare, donare**
donner ; redonner	**dare ; ridare**
dormir ; s'endormir	**dormire ; addormentarsi**
doper (se -)	**prendere eccitanti**
dorénavant	**d'ora in poi, d'ora in avanti**
dortoir	**dormitorio**
dos ; dos d'âne	**schiena** (f.), **dorso ; dosso**
dose ; - er ; - eur	**dose ; dosare ; dosatore**
douane ; - ier	**dogana ; doganiere**
double	**doppio, duplice**
douceur	**dolcezza, delicatezza**
douceur de la peau	**morbidezza della pelle**
douceur du climat	**mitezza del clima**
douche ; se doucher	**doccia ; fare la doccia**
douleur ; endolori	**dolore** (m.) **; indolenzito**
doute ; douter	**dubbio ; dubitare**
douzaine	**dozzina**
doux	**dolce ; mite**
draguer ; - (fig.)	**dragare ; andare a donne**
drame	**dramma**
drap (de lit)	**lenzuolo**
drapeau	**bandiera** (f.)
dresser (relever)	**rizzare, drizzare**
dresser (ériger)	**erigere**
dresser une tente	**montare una tenda**
dresser la table	**apparecchiare**
dresser (rédiger)	**redigere**
dresser (un animal)	**addestrare, ammaestrare**
drogue ; - é	**droga ; drogato**
droguerie	**negozio di casalinghi**
droguiste	**droghiere**
droit (adj.) ; (n.)	**diritto, destro ; diritto**
drôle ; drôlerie	**buffo, divertente ; comicità ; pagliacciata**
dru (adj.) ; dru (adv.)	**fitto, folto ; forte**
duc ; duchesse	**duca ; duchessa**
duel ; duelliste	**duello ; duellante**
dur ; œuf -	**duro ; uovo sodo**
durer ; - ée ; - able	**durare ; durata ; durevole**
durillon	**durone**

E

eau ; eau-de-vie	acqua ; acquavite
éblouir	abbagliare
éboueur	netturbino
ébouriffer	arruffare, scompigliare
ébouriffé (tout -)	tutto scarmigliato
ébranler	scrollare, far vacillare
écaille	squama ; scaglia
écailler	squamare ; scrostare
écarter (éloigner)	scostare, allontanare
écarter les jambes	divaricare le gambe
échafaudage	impalcatura (f.)
échange ; - er	scambio ; scambiare
échapper (s' -)	scappare, sfuggire
échec	scacco, smacco, insuccesso, fiasco
échecs (jeu)	scacchi
échelle	scala
échouer	fallire ; arenarsi, incagliarsi
éclair ; - er	lampo ; illuminare
éclairage	illuminazione (f.) ; luce (f.)
éclaircie	schiarita
éclaircissement	chiarimento
éclater ; - ment	scoppiare ; scoppio, esplosione (f.)
école ; - ier	scuola ; scolaro
économie ; - iser	economia ; risparmiare
écouter	ascoltare ; dar retta a
écouteurs	auricolari
écraser ; s' -	schiacciare ; schiantarsi
écrire ; - teau	scrivere ; cartello
écrivain	scrittore, scrittrice (f.)
écrou	dado
écrouler (s')	crollare
écueil	scoglio
écu	scudo
écru	greggio
écume ; écumoire	schiuma, spuma ; schiumarola
éducation	educazione
effacer	cancellare, scancellare
effet ; en -	effetto ; infatti, difatti
efficace ; - ité	efficace ; efficacia
effort ; s' - cer	sforzo ; sforzarsi
effrayer ; - ant	spaventare ; spaventoso
effronté	sfacciato, sfrontato
égal ; égaler	uguale ; uguagliare
égard	riguardo
égards (à tous -)	sotto ogni aspetto
égarer ; s' -	smarrire ; smarrirsi
église	chiesa
égout ; bouche d'-	fogna (f.), chiavica (f.) ; tombino (m.)
égratigner ; - ure	scalfire ; scalfittura
élan	slancio
élancé	slanciato, snello
élancement	fitta (f.)
élection ; élire ; élu	elezione ; eleggere ; eletto
électricité	elettricità, luce
élégant ; élégance	elegante ; eleganza
éléphant	elefante
élève	allievo, alunno
élever ; élevage	innalzare ; allevare ; allevamento
embardée	sbandata
embarrasser	imbarazzare, ingombrare
embouteillage	ingorgo, imbottigliamento
embrasser	abbracciare ; baciare
embrayer ; - age	innestare ; innesto
émerveiller	sbalordire
émeute	sommossa, sedizione
émission	emissione ; trasmissione (radio-TV.)
emmener ; emporter	portare con sé ; portar via
empêcher ; - ment	impedire ; impedimento
empester	puzzare
emploi ; employé	impiego ; impiegato
employeur	datore di lavoro
empoisonner	avvelenare ; amareggiare (fig.)
empressé	premuroso
emprunt	prestito, mutuo
encore ; pas -	ancora ; non ancora
encre ; - ier	inchiostro (m.) ; calamaio
endroit (côté)	dritto, retto
endroit (lieu)	luogo, posto ; punto ; passo
endroit (par -)	a tratti, qua e là
enfant	bambino, bambina (f.) ; figlio
enfer ; infernal	inferno ; infernale, indiavolato
enfermer	rinchiudere, racchiudere
enfoncer ; - (défoncer)	conficcare ; sfondare
enfoncer (s' -)	affondare ; inoltrarsi
enfuir (s' -)	fuggire
engager ; - ment	impegnare ; impegno
enjamber	scavalcare
enjeu	posta (f.)
enjôler	abbindolare
enlever ; - ment	togliere, levare ; rapimento ; ritiro
enlèvement (ordures)	raccolta (f.) delle immondizie
ennemi (adj. et n.)	nemico
ennui ; - yeux	noia (f.) ; noioso, seccante
ennuyer ; s' -	infastidire ; annoiarsi
enquête ; enquêter	indagine, inchiesta ; indagare
enregistrer ; - ment	registrare ; registrazione (f.)
enseigner ; - ant	insegnare ; docente
ensemble (m.)	insieme, complesso
ensemble (adv.)	insieme
ensuite	dopo, poi
entasser ; s' -	ammucchiare ; stiparsi
entendre	sentire ; intendere
enterrer ; - ment	seppellire ; funerale (m. sing.)
entier	intero ; integrale
entourer	circondare, cingere
entrepôt	magazzino, deposito
entreprise	impresa, azienda
entrer ; - ée (n.)	entrare ; ingresso (m.)
entretien	manutenzione (f.) ; colloquio
enveloppe ; - er	busta ; avvolgere
envers (à l' -)	a rovescio
envie (désir)	voglia
envie (jalousie)	invidia
environ ; - nement	circa, all'incirca ; ambiente
environs	dintorni, vicinanze (f.)
envoler (s' -)	volar via
envoyer	mandare, inviare
épais	spesso ; denso, fitto, folto
épaule ; épaulette	spalla ; spallina
épée	spada
épeler	compitare
épicerie fine	alimentari (m. plur.) di pregio
épingle ; tiré à 4 -	spillo (m.) ; in ghingheri

éplucher ; - ure	**sbucciare ; buccia**
éponge ; spongieux	**spugna ; spugnoso**
époque ; drôle d' - !	**epoca ; strana epoca !**
épouser	**sposare**
épouvantail	**spaventapasseri ; spauracchio**
épreuve	**prova ; gara** (sport)
épuiser ; - ment	**esaurire ; esaurimento**
équilibre	**equilibrio ; pareggio**
équipe ; - age (techn.)	**squadra ; attrezzatura**
erreur ; erroné	**errore** (m.), **sbaglio** (m.) **; sbagliato**
escale	**scalo** (m.)
escalier ; en -	**scala** (f.), **scalinata** (f.) **; a scala**
esclave ; - age	**schiavo ; schiavitù** (f.)
espace ; spacieux	**spazio ; spazioso**
espèce	**specie**
espérer ; espoir	**sperare ; speranza** (f.)
espion ; espionne	**spia** (f.)
esprit	**spirito ; animo ; mente** (f.)
essayer ; essai	**provare ; prova** (f.)
essence	**essenza ; benzina**
essuyer	**asciugare ; pulire**
essuie-glace	**tergicristallo**
est ; à l'est	**est ; a est, ad est**
estomac	**stomaco**
étage ; - ère	**piano ; scaffale** (m.)
étalage	**esposizione** (f.)**; vetrina** (f.)**; sfoggio**
étaler	**stendere ; spalmare ; ostentare, fare sfoggio di**
état	**stato**
été ; estival	**estate** (f.) **; estivo**
éteindre ; éteint	**spegnere ; spento ; smorto**
étendre ; - ue (n.)	**stendere ; distesa**
étendre (s' -)	**sdraiarsi**
éternel ; - lement	**eterno ; eternamente**
étoile	**stella**
étonnant	**sorprendente**
étonné ; s'étonner	**meravigliato ; meravigliarsi**
étonnement	**sorpresa** (f.), **meraviglia** (f.)
étouffer ; - ant	**soffocare ; soffocante**
étourdi, distrait	**sventato, sbadato, distratto**
étourdissement	**stordimento**
étranger (pays)	**estero**
étranger (personne)	**forestiero ; straniero**
être	**essere**
étroit	**stretto**
étude	**studio** (m.)
étudier ; - ant ; - ante	**studiare ; studente ; studentessa**
éveillé	**sveglio ; vivace**
événement	**evento, avvenimento**
évidemment	**evidentemente, ovviamente**
évident	**evidente, chiaro, perspicuo**
évier	**acquaio**
éviter ; évitage	**evitare ; virata** (f.)
exact ; - itude	**esatto, preciso ; esattezza**
exactement	**esattamente**
exagérer ; - ation	**esagerare ; esagerazione**
examen ; - minutieux	**esame ; disamina** (f.)
exaucer	**esaudire**
excellent	**ottimo, eccellente**
excès ; excessif	**eccesso ; eccessivo**
exciter ; excitation	**eccitare ; suscitare ; eccitazione, incitamento** (m.), **eccitamento** (m.)
excursion	**gita, escursione**
excuse ; s' - er	**scusa ; scusarsi**
exemple ; - aire (n.)	**esempio ; copia** (f.), **esemplare**
exercice ; exercer (s' -)	**esercizio ; esercitarsi, allenarsi**
exiger ; - ence	**esigere ; esigenza**
exiler	**esiliare**
exister ; - ence	**esistere ; esistenza**
expédier ; - teur	**spedire ; mittente**
expérience	**esperienza ; esperimento** (m.)
expliquer ; - cation	**spiegare ; spiegazione**
exploit ; - er	**prodezza** (f.) **; sfruttare**
exploitation	**sfruttamento** (m.) **; conduzione**
exprès (adv.)	**apposta, appositamente**
exprimer ; - ession	**esprimere ; espressione**
expulser	**espellere ; sfrattare**
extasier (s' -)	**andare in estasi**
extraordinaire	**straordinario**

F

fable ; fabliau	**favola ; favolello**
face ; façade	**faccia ; facciata**
fâcher (se -)	**arrabbiarsi, seccarsi**
facile ; facilité ; - s	**facile ; facilità ; agevolazioni**
façon (manière)	**modo** (m.) **; fattura**
façon (travail)	**lavorazione**
facteur (Poste)	**postino, portalettere**
fade	**insipido, scipito ; scialbo**
faible	**debole ; scarso**
faiblesse	**debolezza ; deficienza ; scarsezza**
faim ; famine ; affamé	**fame ; carestia ; affamato ; avido** (di), **assetato** (di)
fainéant	**fannullone, svogliato**
fainéantise	**fannullaggine**
faire ; fait (n. et part.)	**fare ; fatto**
faisceau	**fascio**
falaise	**falesia, scogliera**
falloir ; il faut	**occorrere ; occorre, bisogna**
famille ; familier	**famiglia ; familiare** (adj.)
fanfare	**banda**
fard ; se farder	**belletto ; imbellettarsi**
fardeau	**fardello**
farine ; - complète	**farina ; farina integrale**
fatigue ; fatigant	**fatica ; faticoso**
fatigué ; se - er	**stanco ; stancarsi**
faufiler	**imbastire**
se faufiler	**intrufolarsi**
faute ; faux (adj.)	**colpa, errore ; falso**
fauteuil	**poltrona** (f.)
fautif	**colpevole ; errato**
faveur ; - orable	**favore** (m.) **; favorevole**
félicitations	**congratulazioni**
femelle ; femme	**femmina ; donna**
fenêtre ; petite -	**finestra ; finestrino** (m.)
fer ; fer-blanc	**ferro ; latta** (f.)
ferme ; fermier	**fattoria ; fattore, contadino**
fermer ; fermeture	**chiudere, serrare ; chiusura**
fenouil	**finocchio**
fête ; férié	**festa ; festivo**
feu ; - (circulation)	**fuoco ; semaforo**
feuille ; - de papier	**foglia ; foglio di carta**
ficelle	**spago** (m.)
fiche (en papier)	**scheda, cartellino** (m.)
fidèle ; - ité	**fedele ; fedeltà**

fièvre ; fiévreux	febbre ; febbricitante ; febbrile
figue ; figuier	fico (m.)
figure ; - er	figura ; faccia, viso (m.) ; raffigurare
fil ; file, filer	filo ; fila ; filare
fille (jeune -)	ragazza
film ; filmer	film ; filmare
fils ; fille	figlio ; figlia
finir ; fin	finire ; fine
fixer ; idée fixe	fissare ; fissazione
flamme ; enflammer	fiamma ; accendere, infiammare
flan	budino ; tondello
flanc	fianco
flâner	bighellonare, gironzolare
flatter	lusingare, adulare
flèche ; - (archit.)	freccia ; guglia
fleur ; fleurir	fiore (m.) ; fiorire, infiorare
fleuve	fiume (m.), fiumicello (m.)
flotter	galleggiare ; ondeggiare
foi	fede ; parola data
foie ; foie gras	fegato ; fegato d'oca, fegato d'anatra
foire ; faire la -	fiera ; far baldoria, gozzovigliare
fois ; autrefois	volta ; una volta, un tempo
folie	follia, pazzia
fonctionner	funzionare
fond ; bas-fond	fondo ; sfondo ; bassofondo, secca (f.), depressione (f.)
fond de teint	fondo tinta
fondre	sciogliere ; sciogliersi, struggersi
fontaine	fontana, fonte
football	calcio
force ; - er ; - ément	forza ; forzare ; per forza
forêt	foresta, selva, bosco (m.)
forme ; former	forma ; formare
fort ; - ment	forte ; fortemente
fortune	fortuna ; ricchezza
fou ; vitesse folle	pazzo, matto ; velocità pazzesca
foulard	fazzoletto, pezzuola (f.)
foule ; se presser en -	folla ; gran quantià ; affollarsi
four ; fourneau	forno ; fornello
fourche ; - ette	forca ; forchetta
fourmi ; - iller	formica ; formicolare
foyer	focolare ; focolaio (fig.)
fragile ; très -	fragile ; fragilissimo
frais ; tout frais	fresco ; fresco fresco
fraîcheur	fresco (m.), frescura ; freschezza
fraise (fruit)	fragola
framboise ; - ier	lampone (m.)
franchir	attraversare ; varcare
franchissement	superamento
frapper	colpire, battere ; picchiare
fraude ; - eur	frode ; frodatore
frein ; freiner	freno ; frenare
freinage	frenata (f.), frenatura (f.)
fréquence	frequenza
fréquent ; - er	frequente ; frequentare
frère ; - (moine)	fratello ; frate
frire ; friture	friggere ; fritto (m.)
frisé	ricciuto
frisson ; - ner	brivido ; tremare, rabbrividire, fremere
froid ; refroidir	freddo ; raffreddare
fromage	formaggio, cacio
front	fronte (f.) ; (m. fig.)
frontière	confine (m.), frontiera
frotter ; - ment	sfregare, strofinare ; sfregamento, strofinamento, attrito
fruit ; jus de -	frutto ; succo di frutta
fuir ; fuite	fuggire ; fuga
fumée ; fumer	fumo (m.) ; fumare
furieux	furioso, arrabbiato
fusée ; lance-fusées	razzo (m.) ; lanciarazzi
fusil ; - ler	fucile ; fucilare
futur (n.m.)	futuro, avvenire

G

gâchette d'arme à feu	nottolino (m.)
gâchette de serrure	grilletto (m.)
gagner ; gain	guadagnare ; guadagno
gai ; gaieté	allegro ; allegria
galop ; - er	galoppo ; galoppare
gant ; - de toilette	guanto ; guanto di spugna
garage ; - iste	garage ; meccanico
garantie ; garant	garanzia ; garante
garçon ; vieux -	ragazzo ; maschio ; scapolo
garçon de café	cameriere
gardien ; gardiennage	custode ; custodia (f.)
gare ; garer	stazione ; posteggiare
gaspiller	sperperare, sprecare, scialare
gâteau ; petit -	dolce ; pasta (f.)
gâter (enfant)	viziare
gâteries	regalini (m.) ; leccornie
gauche (s.f.) ; - er	sinistra ; mancino
gaufre ; - ette	cialda ; cialdino (m.), wafer (m.)
gaz ; gazeux	gas ; gassoso, gassato
gazole	gasolio
gel ; geler	gelo ; gelare
Gémeaux	Gemelli
gênant	fastidioso, imbarazzante
gendre	genero
gêner ; se -	dar fastidio ; incomodarsi
général ; - eux	generale ; generoso
genevois	ginevrino
génie ; génial	genio ; geniale
gênois	genovese
genou ; à genoux	ginocchio ; ginocchioni
genre	genere, tipo
gens	gente (f. sing.)
gentil ; - lesse	gentile ; gentilezza
gerbe (céréales)	covone(m.)
gerbe (de fleurs)	fascio (m.)
gerbe (d'eau)	getto
gérer ; gérant	gestire ; gestore, gerente
geste (n.m.)	gesto, mossa (f.) ; cenno
gestion ; - naire (adj.)	gestione ; gestionale
gibier	selvaggina (f.)
giboulée	acquazzone (m.), piovasco (m.)
girafe	giraffa
glace ; - ier (géol.)	ghiaccio (m.) ; ghiacciaio
glace, sorbet	gelato (m.)
gland	ghianda (f.)
glande	ghiandola
glisser ; - ant	scivolare, sdrucciolare ; sdrucciolevole
gloire ; glorieux	gloria ; glorioso
gomme ; gommer	gomma ; ingommare

gommer (effacer)	cancellare con la gomma
gonfler ; - ment	gonfiare ; gonfiatura (f.)
gorge ; gorgée (n.f.)	gola ; sorso (m.)
goudron ; - ner	catrame ; incatramare
goudronnée (route -)	strada asfaltata
gouffre	baratro ; abisso ; vortice
goujat	cafone
goulu ; goulûment	ingordo ; ingordamente
gourmand ; - ise	goloso, ghiotto ; ghiottoneria
gourmet	buongustaio
goût ; goûter (v.)	gusto ; assaggiare
goutte ; gouttelette	goccia ; gocciolina
gouverner ; - ment	governare ; governo
grâce ; - ieux	grazia ; grazioso
grain ; - de beauté	chicco ; neo
graisse ; - er ; - eux	grasso (m.) ; lubrificare ; unto ; adiposo
grand ; - ir	grande ; alto ; crescere
grands-parents	nonni
grand-père ; - mère	nonno ; nonna
gras (adj. et n.)	grasso
gratter ; se gratter	grattare, raspare ; grattarsi
gratuit ; - tement	gratuito ; gratis
grave ; ce n'est pas -	grave, serio ; poco male
graver ; graveur	incidere ; incisore
gravier ; gravillon	ghiaia (f.) , ghiaino
gravure	incisione ; riproduzione
grève (terrain)	greto (m.)
grève (interr. travail)	sciopero (m.)
griffe ; griffer	unghia, artiglio (m.) ; graffiare
grignoter	sgranocchiare ; mangiucchiare
grignoter (s'approprier)	rosicchiare
gril ; griller (cuisine)	griglia (f.) , cuocere alla griglia
grimace	boccaccia, smorfia, versaccio (m.)
grimper	arrampicarsi, inerpicarsi
grincement	cigolio, stridio ; stridore (denti)
grincer	cigolare, stridere
grincer des dents	digrignare i denti
grincheux	scorbutico, bisbetico
grippe	influenza
gris ; - aille ; - onnant	grigio ; grigiore (m.) ; brizzolato
gronder (réprimander)	sgridare, rimproverare, rimbrottare
gros ; - sir	grosso ; ingrassare, ingrossarsi
grossesse	gravidanza
grosseur	grossezza ; gonfiore (m.)
grossier	grossolano, villano ; grezzo ; vago
grossièreté	villania ; scurrilità
grotte	grotta
groupe ; regrouper	gruppo ; raggruppare
grue	gru
guenilles	stracci (m.), cenci (m.)
guêpe ; taille de -	vespa ; vitino (m.) di vespa
guérir ; - ison	guarire ; guarigione
guérisseur	guaritore
guerre ; - ier (n.m.)	guerra ; guerriero
guetter	spiare, far la posta ; minacciare
gueule	bocca ; becco (m.) ; muso (m.)
gueuleton	sbafata (f.), scorpacciata (f.) pappata (f.), mangiata (f.)
guichet	sportello ; biglietteria (f.)
guider ; guide	guidare ; guida (f.)

H

habile ; - té	abile ; abilità ; destrezza
habiller ; habits	vestire ; vestiti, abiti, indumenti
habiter ; habitat	abitare ; insediamento
habitude ; s'habituer	abitudine ; abituarsi
habituel	solito, consueto
haie	siepe ; ala (fig.)
haïr ; haine	odiare ; odio (m.)
hâle	abbronzatura (f.)
haleine ; haleter	alito (m.), fiato (m.) ; ansimare
halte (n.f.) ; halte !	sosta ; alt !
harceler	assilare
hargne	astio (m.)
haricot	fagiolo
harmonie ; harmonieux	armonia ; armonioso
harmoniser	armonizzare ; conciliare
harnachement	bardatura (f.)
hasard ; par -	caso ; per caso
hâte ; se hâter	fretta, furia ; affrettarsi
hâtif	affrettato ; primaticcio
hausse	rialzo (m.), aumento (m.)
hausser	alzare
haut ; en -	alto ; su, in su
hautain	altero, altezzoso
hautbois	oboe
hauteur	altezza
hauteur (terrain)	altura
haut-parleur	altoparlante
hayon	portellone posteriore
hebdomadaire	settimanale
héberger ; - ment	ospitare, alloggiare ; alloggio
hélas	purtroppo, ahimè
herbe ; fines herbes	erba ; erbe aromatiche
hérissé	irto, ispido
hérisson	riccio ; istrice (fig.)
héros ; - isme	eroe ; eorismo
hésiter ; - ation	esitare ; esitazione
heure ; à une - avancée	ora ; a tarda ora
heureux ; - sement	felice ; fortunatamente, meno male
heurter ; heurt	urtare ; urto, contrasto
hier ; avant -	ieri ; l'altro ieri
histoire ; - drôle	storia ; barzelletta
hiver ; - rigoureux	inverno ; inverno rigido
hommage	omaggio
homme ; humain	uomo ; umano
homme-grenouille	sommozzatore, uomo rana
homogène ; - ité	omogeneo ; omogeneità
honnête ; - té	onesto ; onestà
honnête homme	galantuomo
honneur ; honorer	onore ; onorare
honte ; avoir -	vergogna ; vergognarsi
honteux	vergognoso
hôpital ; hospitaliser	ospedale ; ricoverare, ospedalizzare
horaire ; emploi du temps	orario
horizon ; - tal	orizzonte ; orizzontale
horloge, montre	orologio (m.)
horreur ; horrible	orrore (m.) ; orribile, orrendo
horrifiant	raccapricciante
horripiler	esasperare
hors	fuori
hors-d'œuvre	antipasto, antipasti

hors-la-loi	fuorilegge
hospice	ospizio, ricovero
hospitalité	ospitalità
hôte ; hôtel ;	ospite ; albergo ;
hôtelier (n.)	albergatore
hôtesse d'accueil	hostess
hotte (panier)	gerla
hotte (de cheminée)	cappa
houblon	luppolo
houle	mareggio (m.)
housse	fodera
houx	agrifoglio
hublot	oblò
huche	cassa ; madia
huile ; - lier ; - leux	olio (m.) ; oliare ; oleoso
huissier	usciere ; ufficiale giudiziario
huître	ostrica
humble ; humilité	umile ; umiltà
humeur	umore (m.)
humide ; - ité	umido ; umidità
humilier	umiliare
humour	umorismo
hurler ; - ment	urlare ; urlo
hymne	inno

I

idée ; idéal	idea ; ideale
identité (pièce d')	documento
idiot ; idiotie	stupido, cretino ; idiozia, stupidaggine
île ; insulaire (adj.) ; insulaire (n.)	isola ; insulare ; isolano
illuminer ; - ation	illuminare ; illuminazione
illusion ; - ner	illusione ; illudere
image ; - ination	immagine ; fantasia, immaginazione
imaginer ; s' -	immaginare ; immaginarsi
imbécile	fesso, scemo, imbecille, grullo
imbiber	imbevere, impregnare
imiter ; - ation	imitare ; imitazione
immédiat ; - ement	immediato ; immediatamente
immeuble (n.)	stabile, palazzo
immiscer (s'-)	immischiarsi, intromettersi
immobile ; - ité ; - isme	immobile, immoto, fermo ; immobilità ; immobilismo
impair (adj.)	dispari
impardonnable	imperdonabile
imparfait (adj. et n.)	imperfetto
impartial	imparziale
impasse	vicolo cieco (m.)
impassible ; - ilité	impassibile ; impassibilità
impatient ; - ce	impaziente ; impazienza
impérissable	imperituro
imperméable	impermeabile
impertinent ; - ce	impertinente ; impertinenza
impie ; impiété	empio ; empietà
impitoyable	spietato
implacable	implacabile
impoli	sgarbato, maleducato, incivile
impolitesse	maleducazione ; sgarbo (m.), scortesia
important ; - ce	importante, ragguardevole ; importanza
impôt ; imposition	tassa (f.), imposta (f.) ; imposizione
impression ; - nant	impressione ; impressionante
imprimer ; i- erie	stampare ; stampa ; tipografia
improviser ; - ation	improvvisare ; improvvisazione
improviste (à l' -)	all'improvviso
imprudent ; - dence	imprudente ; imprudenza
impudent	impudente, sfacciato
impudence	impudenza, sfacciataggine
impuissant	impotente, incapace
impuissance	impotenza, incapacità ; vanità
impulsion ; impulsif	impulsione ; impulsivo
incapable (adj. et n.m.)	inetto, incapace
incertain ; incertitude	incerto ; incertezza
inclure ; ci-inclus	accludere ; includere ; allegato, in allegato
inconvenant ; - ce	sconveniente ; sconvenienza
inconvénient	inconveniente, svantaggio
increvable	non perforabile ; instancabile
incroyable ; incroyant	incredibile ; miscredente
incruster	incrostare ; intarsiare
inculpé ; inculpation	imputato ; imputazione
indécis ; indécision	indeciso ; indecisione
indéfrisable (n.f.)	permanente
indépendant ; - ance	indipendente ; indipendenza
indice	indizio
indifférent ; - ce	indifferente ; indifferenza
indigne ; indignité	indegno ; indegnità
indiquer ; - cation	indicare ; indicazione
industrie ; - alisation	industria ; industrializzazione
infarctus	infarto
infirme ; infirmité	invalido, minorato ; menomazione
infirmier ; infirmière	infermiere ; infermiera
influence	influenza, influsso (m.)
influençable	influenzabile
informer ; - tion	informare ; informazione
ingénieur	ingegnere
s'ingénier	ingegnarsi, studiarsi (di)
innocent ; - ce	innocente ; innocenza
inoffensif	innocuo, inoffensivo
inonder ; inondation	inondare, allagare ; alluvione, inondazione
inquiet , s' - er	preoccupato ; preoccuparsi
insecte ; insecticide	insetto ; insetticida
insister ; insistance	insistere ; insistenza
insouciance	spensieratezza
insouciant	spensierato, incurante (di)
instinct	istinto ; senso (di) ; presentimento
instruit ; - ction	istruito ; istruzione
instrument ; jouer d'un -	strumento ; suonare uno strumento
insulte ; - er	insulto (m.) ; insultare
intact ; réputation -	intatto ; reputazione integra
intelligent ; - ce	intelligente ; intelligenza
intention	intenzione
interdire	proibire, vietare
interdiction	divieto (m.)
intéresser ; - ant	interessare ; interessante
interroger	interrogare
interrompre ; - uption	interrompere ; interruzione
intime ; - ité	intimo ; intimità
intolérance ; - ant	intolleranza ; intollerante
intoxiquer ; - cation	intossicare ; intossicazione
intrigue	intrigo (m.) ; intreccio (m.)
inutile ; propre à rien	inutile ; disutilaccio

inventer ; - tion	**inventare ; invenzione**
inverser	**invertire**
inviter ; - ation	**invitare ; invito** (m.)
isoler ; - ation	**isolare ; isolamento** (m.)
itinéraire	**itinerario**
ivre ; ivrogne	**ebbro, ubriaco ; ubriacone**

J

jaillir	**zampillare, sgorgare**
jaloux ; jalousie	**geloso ; gelosia**
jamais ; à tout -	**mai ; per sempre**
jambe ; jambon	**gamba ; prosciutto**
jardin ; - potager	**giardino ; orto**
jaune ; jaunir	**giallo ; ingiallire**
jaune d'œuf	**tuorlo dell'uovo**
jet d'eau	**zampillo, getto**
jeter	**buttare, gettare, buttar via**
jeu ; les Jx Olymp.	**gioco ; le Olimpiadi** (f. plur.)
jeun (à -)	**a digiuno**
jeûne ; jeûner	**digiuno ; digiunare**
jeune ; jeune homme	**giovane ; giovanotto**
jeunesse	**giovinezza ; gioventù**
joie ; joyeux	**gioia ; allegro, gioioso, lieto, festoso**
joindre ; rejoindre	**congiungere, unire ; raggiungere**
joli	**carino, grazioso**
joue ; joufflu	**guancia, gota ; paffuto**
jouer, s'amuser	**giocare, divertirsi**
jouer un rôle	**impersonare una parte**
jouer (musique)	**suonare**
jouet	**giocattolo, balocco**
jouir ; - ssance	**godere ; godimento** (m.)
jour ; journée	**giorno ; giornata**
journal ; - iste	**giornale ; giornalista**
joute ; jouteur	**giostra ; certame** (m.) **; giostratore**
joyau	**gioiello**
jubiler ; jubilation	**esultare ; esultanza**
juge ; juger	**giudice ; giudicare**
jumeau	**gemello**
jumelles (lunettes)	**binocolo** (m. sing.)
jupe ; jupon	**gonna ; sottana** (f.)
jurer ; juron	**giurare ; bestemmiare ;bestemmia**(f.)
jus de fruits	**succo di frutta**
jus de viande	**sugo di carne**
juste ; justice	**giusto ; giustizia**

K

kidnapper ; - age	**rapire ; rapimento**
kiosque (à journaux)	**edicola** (f.)
klaxon ; - ner	**claxon ; sonare il claxon, strombettare**

L

labourer ; - eur	**arare ; aratore**
lac ; petit lac	**lago ; laghetto**
lacet ; lacer	**laccio ; tornante ; allacciare**
lâche ; lâcher	**vigliacco ; allentato ; mollare**
laid ; laideur	**brutto ; bruttezza**
laine ; en laine	**lana ; di lana**
laisser ; délaisser	**lasciare ; trascurare, abbandonare, tralasciare**
lait ; laitages	**latte ; latticini**
lame	**lama**
lamentable	**pietoso ; lamentevole**
lamentation	**lamento** (m.), **gemito** (m.)
lamentations (jérémiades)	**lagnanze**
lampe ; lampadaire	**lampada ; lampada a stelo ; lampione** (m.)
lancer ; lancement	**lanciare, scagliare ; lancio ; varo** (di una nave)
langue ; langage	**lingua ; linguaggio**
large ; largeur	**largo ; larghezza**
largesses	**elargizioni**
lave-glace	**lavavetro**
laver ; lavabo	**lavare ; lavandino**
leçon ; - particulière	**lezione ; lezione privata**
léger	**leggero ; lieve**
légumes ; - secs	**ortaggi, verdura** (f. sing.) **; legumi**
lent ; lenteur	**lento ; lentezza**
lettre ; à la -	**lettera ; alla lettera, letteralmente**
levées d'un fleuve	**argini di un fiume**
lever (se -)	**alzarsi, levarsi**
lèvre	**labbro** (m.)
lèvres (rouge à -)	**rossetto**
libre ; liberté	**libero ; libertà**
librairie ; - papeterie	**libreria ; cartolibreria**
lien ; lier	**legame ; legare**
lieu ; lieue	**luogo, posto ; lega**
ligne ; - (pêche)	**linea ; riga ; striscia ; lenza, canna da pesca**
ligne d'arrivée	**traguardo** (m.)
limite ; limiter	**limite** (m.) **; limitare, delimitare**
limonade	**gassosa**
linge ; lingerie	**biancheria** (f.)
lion ; lionne	**leone ; leonessa**
liquide	**liquido**
lire ; lecture	**leggere ; lettura**
lisse (adj.) ; lisser	**liscio ; lisciare**
liste	**elenco** (m.) **; lista**
lit ; au saut du lit	**letto ; appena fuori dal letto**
livre (n.m.) ; livret	**libro ; libretto**
livrer ; - aison ; - eur	**consegnare ; consegna ; fattorino**
local régional	**locale, regionale**
location	**affitto** (m.) **; noleggio** (m.)
loger ; - ment	**alloggiare ; alloggio**
loi ; légal	**legge ; legale**
loin ; de plus loin	**lontano ; più da lontano**
loisirs	**svaghi, passatempi**
long ; le - de	**lungo** (adj. et loc. prép.)
longtemps	**a lungo, per molto tempo**
longtemps (il y a -)	**molto tempo fa**
longue-vue	**cannocchiale** (m.)
louche (adj.)	**losco ; torvo**
louche (n.f.)	**ramaiolo** (m.), **cucchiaia** (f.)
louer ; éloge	**lodare ; lode** (f.), **elogio**
louer (maison)	**affittare**
louer (véhicule)	**noleggiare**
louer (réserver)	**prenotare**
lourd ; alourdir	**pesante ; gravoso ; appesantire**
loyal ; loyauté	**leale ; lealtà**

loyer	affitto
lubie ; une de ses -	ubbia ; una sua ubbia
lueur	chiarore (m.) ; bagliore (m.) ;
	lampo (m.)
lumière	luce ; lume (m.)
lune ; lunettes	luna ; occhiali (m. plur.)
lutte ; lutter	lotta ; lottare
luxe ; luxueux	lusso ; lussuoso

M

mâcher ; mâchoire	masticare ; mascella
machine	macchina
maçon ; maçonnerie	muratore ; muratura
madame ; - emoiselle	signora ; signorina
magasin	bottega, negozio (m.)
magazine	rivista (f.), periodico
magnétophone	registratore
magnétoscope	videoregistratore
magnifique	magnifico
maigre ; - ir	magro ; dimagrire
maille	maglia
maillot de bain	costume da bagno
main ; maintenant	mano ; ora, adesso
maintenir	mantenere
maintien	contegno ; mantenimento
maire ; mairie	sindaco ; municipio (m.)
maison ; à la -	casa ; a casa, in casa
maître	padrone ; maestro
majesté	maestà ; maestosità
majestueux	maestoso
majeur	maggiore
majeur (d'âge)	maggiorenne (adj. et n. m. et f.)
mal ; ce n'est pas -	male ; non c'è male
malade ; maladie	malato ; malattia
maladroit ; - esse	maldestro, goffo ; goffaggine
malchance ; - eux	sfortuna ; sfortunato
mâle ; macho	maschio ; maschilista
malgré ; malgré que	nonostante, malgrado ; benché
malheur ; - eux	disgrazia (f.), sventura (f.) ; infelice,
	sventurato, disgraziato
malheureusement	purtroppo, disgraziatamente,
	sfortunatamente
malin, rusé	furbo, astuto, scaltro
malle	baùle (m.)
malmener	malmenare, tartassare
maltraiter	maltrattare, bistrattare
malveillant ; - ce	malevolo ; malevolenza
maman	mamma
mamelle	mammella, poppa
mamelon	capezzolo ; mammellone
manche (n.f.) , - (n.m.)	manica ; manico
mandat légal	mandato legale
mandat postal	vaglia (postale)
mandat d'arrêt	mandato di arresto
mandat d'amener	mandato di accompagnamento
manette, levier	leva (f.)
manger ; grignoter	mangiare ; mangiucchiare
mangue	mango (m.)
maniable	maneggevole
manie	mania
maniement	uso, maneggio

manier ; manière	maneggiare ; maniera, modo (m.)
manifester	manifestare
manifestation	manifestazione, dimostrazione
manigance	intrigo (m.), imbroglio (m.)
manigancer	ordire, macchinare
manivelle	manovella
manœuvre (n.f.)	manovra
manœuvre (n.m.)	manovale
manque ; manquer	mancanza (f.) ; mancare
manteau, pardessus	cappotto, mantello
marbre ; marbrière	marmo ; cava di marmo
marchand ; - ise ; - er	negoziante ; merce ; contrattare,
	tirare sul prezzo
marché (n.m.) ;	mercato ;
meilleur -	più a buon mercato
marche d'escalier	gradino (m.), scalino (m.)
marcher ; marche	camminare ; marcia
marge	margine (m.)
mari ; mariage ;	marito ; matrimonio, sposalizio ;
remariage	seconde nozze (f. plur.)
marier (se -) ; se re -	sposarsi ; risposarsi
marin (n.m.) ; col -	marinaio ; collo alla marinara
marque	segno (m.) ; marca (f.), marchio (m.)
marquer ; marquage	segnare ; marcatura (f.), segnaletica (f.)
marraine	madrina
marteau	martello
martyr ; martyre	martire ; martirio
masque ; masqué	maschera (f.) ; mascherato
massacre	massacro, eccidio, macello
massacrer	massacrare, trucidare
masse ; coup de -	massa, mole ; mazza ; mazzata (f.)
match	partita (f.), incontro (m.)
matelas ; - à ressorts	materasso ; materasso a molle
matériel (n.m.)	macchinario ; materiale
maternel	materno
mathématiques	matematica (f. sing.)
matière	materia ; argomento (m.)
matin ; matinée	mattina (f.), mattino (m.) ; mattinata
matinal	mattutino ; mattiniero
mauvais ; très -	cattivo ; pessimo
médecin ; - icament	medico ; medicina (f.)
méfiant ; - ce	diffidente ; diffidenza
mélange ; - er	mescolanza (f.) ; misto ; mescolare
melon	melone, popone
membre ; membru	membro ; membruto
mémoire (n.f.)	memoria ; ricordo (m.)
menace ; - er	minaccia ; minacciare
mensonge ; - teur	menzogna, bugia ; bugiardo
mépris ; - er	disprezzo ; disprezzare
merci ; - beaucoup	grazie ; grazie mille
merde	merda
mère ; maternel ; - nité	madre ; materno ; maternità
mérite ; méritant	merito ; meritevole
merveille ; - eux	meraviglia ; meraviglioso
mésange	cincia, cinciallegra
mesquin ; - erie	meschino ; meschineria
message	ambasciata (f.) ; messaggio
messager	messo, messaggero
mesure ; - er ;	misura ; misurare ;
à mesure que	man mano che
métal ; métallisé	metallo ; metallizzato
méthode	metodo (m.)
métier	mestiere

mets	pietanza (f.)
mettre, mettable	mettere ; portabile
meuble ; - er	mobile ; arredare, ammobiliare
meule ; meunier	mola, macina ; mugnaio
meurtre ; - ier (n.m.)	omicidio ; omicida
meurtrier (adj.)	micidiale ; cruento
midi ; midinette	mezzogiorno ; sartina
mignon (adj.)	grazioso
mijaurée	smorfiosetta
milice ; milicien	milizia ; miliziano
milieu ; au - de	mezzo ; ambiente ; in mezzo a, nel mezzo di
militaire ; militer	militare ; militare
minable (adj.)	misero, pietoso
minauder	fare moine
minauderies	moine, smancerie
mince	sottile ; misero
minceur	sottigliezza ; snellezza
mine (gisement)	miniera
mine (engin) (crayon)	mina
mine (aspect)	aspetto (m.), aria
mineur (adj.)	minore
mineur (d'âge)	minorenne
mineur (ouvrier)	minatore
mini-jupe	minigonna
ministre ; ministère	ministro ; dicastero
minuit	mezzanotte (f.)
miracle ; mirage	miracolo ; miraggio
miroir ; se mirer	specchio ; mirarsi, specchiarsi
misère ; - able	miseria ; miserabile, misero
missile ; missilier	missile ; addetto ai missili
mission	missione, incarico (m.)
mobile ; - ier (adj.)	mobile ; mobiliare
moche ; plutôt moche	brutto ; bruttotto
mode ; à la -	moda ; di moda, alla moda
modèle ; modeler	modello ; modellare, plasmare
modérer ; - ment	moderare ; moderatamente
moderne ; - iser	moderno ; modernizzare
modeste ; modestie	modesto ; modestia
moine ; moinillon	frate ; fratino
moineau	passero, passerotto
mois ; mensuel	mese ; mensile
moisir ; - issure	ammuffire ; muffa
moisson ; - ner ; - neur	mietitura ; messe ; mietere ; mietitore
moitié ; à moitié prix	metà ; a metà prezzo
moment, instant	momento, attimo
monastère	monastero
monde ; mondain	mondo ; mondano
moniteur ; - trice	istruttore ; istruttrice
monnaie ; pièce de -	moneta ; monetina
monnaie (petite -)	resto (m.) spiccioli (m. plur.)
monsieur ; jeune -	signore ; signorino
monstre ; monstrueux	mostro ; mostruoso
mont ; montagne	monte ; montagna
montagnard (adj. et n.)	montanaro
monter ; montée (n.)	salire ; salita
montre-bracelet	orologio da polso
montrer	mostrare, far vedere, presentare
monument ; - tal	monumento ; monumentale
moquer (se -) de...	prendere in giro, deridere
moral (e) ; moralité	morale ; moralità
morceau ; - de bravoure	pezzo ; brano ; tocco ; pezzo forte
mordre ; - sure	mordere ; morsicatura (f.), morso (m.)
mort (n.f.) ; - (n.m.)	morte ; morto
mot ; gros mot	parola (f.) ; parolaccia (f.)
moteur ; cyclomoteur	motore ; motorino
moto (motocyclette)	moto (motocicletta)
mou : mollement	molle, soffice, morbido ; fiacco ; fiaccamente
mouche ; faire -	mosca ; fare centro
moucher (se -)	soffiarsi il naso
mouchoir	fazzoletto (m.), pezzuola (f.)
mouiller	bagnare ; affondare (l'ancora)
moule (m.)	forma (f.), stampo
moule (f.)	cozza
mourir ; mort (adj.)	morire ; morto
mousse (m.)	mozzo
mousse (f.) ;	spuma, schiuma
mousseux	spumante, spumeggiante
moustache	baffi (m. plur.)
moustique ; - aire	zanzara (f.) ; zanzariera
mouvement	moto, movimento
moyen (adj.) ; - (n.m.)	medio ; mezzo
moyenne (n.f.)	media
muet ; sourd-muet	muto ; sordomuto
munir ; se munir	munire ; munirsi
munitions	munizioni
mur ; muraille	muro (m.), parete (f.) ; muraglia
mûr ; mûrir	maturo ; maturare
muscle ; musclé	muscolo ; muscoloso
museau	muso
musée	museo
musette (sac)	tascapane (m.)
musique ; - cien	musica ; musicista
mutiler ; - ation	mutilare ; mutilazione
mutiner (se -)	ammutinarsi
mutinerie	ammutinamento
mystère ; - ieux	mistero ; misterioso

N

nacre	madreperla
nage ; nager	nuoto (m.) ; nuotare
naïf	ingenuo ; spontaneo
naître ; naissance	nascere ; nascita
naïveté	ingenuità
nappe (de table)	tovaglia
nappe de brouillard	banco (m.) di nebbia (f.)
nappe souterraine	falda sotterranea
narguer	schernire
narine	narice
narquois	beffardo
nation ; - al	nazione ; nazionale
natte (tapis)	stuoia
natte (tresse)	treccia
nature ; - el	natura ; naturale
naturellement	naturalmente ; con naturalezza
naufrage ; - é (adj. et n.m.)	naufragio ; naufragato ; naufrago
navire ; naviguer	nave (f.) ; navigare
navrer	affliggere, addolorare
navrant	pietoso, penoso
né ; nouveau -	nato ; neonato
nécessaire ; nécessité	necessario ; necessità

négliger ; - ent	trascurare ; negligente
nègre ; négresse	negro ; negra
neige ; - er	neve ; nevicare
nerf ; nerveux	nervo ; nervoso
net ; nettoyer	netto ; pulire, ripulire
neuf ; nouveau	nuovo
neutre (adj. et n.m.)	neutrale ; neutro
neveu ; nièce	nipote (m. et f.)
nez ; narine	naso ; narice
niais	sempliciotto, grullo
nid ; nicher	nido ; nidificare
nier ; négation	negare ; negazione
niveau ; niveler	livello ; livellare
noble ; - esse	nobile ; nobiltà
noce	nozze (f. plur.) ; sposalizio (m.)
noce (faire la -)	far baldoria, far bisboccia
noceur	vitaiolo
nocif	nocivo, dannoso
Noël ; de -	Natale ; natalizio
nœud ; nouer	nodo ; annodare, legare
noir ; noircir	nero ; annerire, scurire
noix ; noisette	noce ; nocciola
nom ; prénom	cognome ; nome
nombre ; - eux	numero ; numeroso
nommer ; - ination	nominare ; nomina
nonchalant ; - ce	noncurante ; noncuranza
non-exécution	inadempimento (m.)
non-intervention	non intervento (m.)
non-livraison	mancata consegna
non-paiement	mancato pagamento
nord ; au nord	nord ; a nord
normal ; - ement	normale ; normalmente
note (addition)	conto (m.) ; *(facture)* bolletta
note (annotation)	nota ; annotazione
note (appréciation)	voto (m.)
nourrir ; - ture	nutrire ; cibo, vitto (m.)
nouveau ; - té	nuovo ; novità
nouvelles (n.f.plur.)	notizie
noyau	nòcciolo ; nucleo
noyer (se -)	annegare ; annegarsi
nu ; dénudé	nudo ; brullo, spoglio
nuage ; nuageux	nuvola, nube (f.) ; nuvoloso
nuance	sfumatura, gradazione
nuire ; - sible	nuocere ; nocivo
nuit ; nocturne	notte ; notturno
nul (adj.) ; - lité	nullo ; nullità
numéro ; - ter	numero ; numerare

O

obéir ; - issant	ubbidire, obbedire ; ubbidiente
objet ; objectif (n.m.)	oggetto ; obiettivo
objecter ; - teur	obiettare ; obiettore
obligation	obbligo (m.) ; obbligazione
obliger ; - atoire	obbligare ; obbligatorio
obscène ; obscénité	osceno, sconcio ; sconcezza
obscurité ; obscur	buio (m.), oscurità ; buio, scuro ; oscuro
obsèques	esequie
obséquieux	ossequioso
observer	osservare
obstacle ; faire -	ostacolo ; ostacolare
obstiner (s' -)	ostinarsi, intestardirsi, incaponirsi
obtenir ; obtention	ottenere ; ottenimento (m.), conseguimento (m.)
occasion ; - ner	occasione ; causare, procurare
occuper ; occupation	occupare ; occupazione
océan ; océanique	oceano ; oceanico
odeur ; odorant	odore (m.) ; odoroso, odorifero
œil ; coup d' -	occhio ; occhiata (f.), sguardo
œuf ; œufs	uovo (m.) ; uova (f. plur.)
œuvre (f.) ; gros -	opera ; rustico
offenser ; offense	offendere ; offesa
officier ; - iel	ufficiale ; ufficiale
offre ; offrir	offerta ; offrire, regalare
offusquer (s' -)	offendersi
ogre ; ogresse	orco ; orchessa
oie	oca
oiseau ; petit -	uccello ; uccellino
oisif ; oisiveté	ozioso, sfaccendato ; ozio (m.)
ombre ; ombrelle	ombra ; parasole (m.)
omelette	frittata
oncle ; tante	zio ; zia
onde ; ondoyant	onda ; ondata ; ondeggiante ; instabile, mutevole
ongle	unghia (f.)
opérer ; - ation	operare, fare ; operazione
opinion ; à mon avis	opinione, parere (m.) ; a mio avviso, secondo me
opportun ; - ité	opportuno ; opportunità
opposer ; - ition	opporre ; opposizione
oppresser ; - imer	opprimere ; opprimere, soffocare
or ; en or	oro ; d'oro
orage ; orageux	temporale ; tempestoso, burrascoso
orchestre	orchestra (f.)
ordinaire	ordinario, comune, naturale
ordinateur	elaboratore elettronico, computer
ordonnance (méd.)	ricetta medica
ordre ; ordonné	ordine ; ordinato
ordures ; - (fig.)	immondizie ; sconcezze, porcherie
oreille ; - er	orecchio (m.) ; guanciale, cuscino
organiser ; - ation	organizzare ; organizzazione
orgueil ; - leux	superbia (f.), orgoglio ; superbo, orgoglioso
origine ; - al	origine ; originale
orner ; - ment	ornare ; ornamento
os ; - selet ; - sements	osso ; ossicino ; ossa (f. plur.)
oser	osare, ardire
otage	ostaggio
ôter	togliere, levare
oublier ; oubli	dimenticare ; dimenticanza (f.)
ouest	ovest, ponente
ours ; oursin	orso ; riccio di mare
outil ; - lage	attrezzo, arnese ; attrezzatura (f.)
ouvrier	operaio
ouvrir ; ouvrable	aprire ; lavorativo, feriale
oxyde ; oxydation	ossido ; ossidazione
oxygène ; oxygéner	ossigeno ; ossigenare

P

page (n.f.)	pagina
pain ; petit -	pane ; panino
pain complet	pane integrale
paire ; les paires	paio (m.) ; le paia (f. plur.)
paix ; paisible	pace ; pacifico, calmo, tranquillo

palais	palazzo
pâle	pallido ; scialbo
palier	piano ; stasi (f.)
palier (d'escalier)	pianerottolo
palmier	palma (f.)
panier	paniere, cestino, cesto
panique (n.f.)	panico (m.)
panne ; en panne	guasto (m.) ; guasto, in panna
panneau	cartello ; pannello ; portello
panorama ; - ique	panorama ; panoramico
panser ; - ment	fasciare, medicare ; fasciatura (f.)
pantalon	pantaloni, calzoni (m. plur.)
pantoufle ; - ard	pantofola ; pantofolaio
pape ; papauté	papa ; papato (m.)
papier ; - eterie	carta ; documento ; cartoleria
papillon	farfalla (f.)
Pâques	Pasqua (f. sing.)
paquet ; - (tas)	pacco, pacchetto ; mucchio
parachute ; - iste	paracadute ; paracadutista
parader	pavoneggiarsi
paradis ; - iaque	paradiso ; paradisiaco
paradoxe ; paradoxal	paradosso ; paradossale
paraître	apparire ; sembrare, parere
paralyser ; paralysie	paralizzare ; paralisi
parapluie ; parasol	ombrello (m.) ; ombrellone
parasite	parassita
parc (jardin)	parco
parchemin	pergamena (f.)
parcourir ; parcours	percorrere ; percorso
par dessus	sopra, al di sopra di
pardessus (vêtement)	soprabito, cappotto
pardon ; - ner	perdono ; perdonare
pare-brise ; pare-choc	parabrezza ; paraurti
parent	parente
parents (père et mère)	genitori
paresse ; - eux	pigrizia ; pigro, svogliato
parfait ; - ement	perfetto ; perfettamente
parfois	talvolta, a volte
parfum ; - er	profumo ; profumare
pari ; - er	scommessa (f.) ; scommettere
parler ; parole	parlare ; parola
parquer ; parking	rinchiudere ; parcheggiare ; parcheggio
part ; - age	parte ; spartizione (f.)
partager	spartire, dividere, condividere
particulier	particolare ; privato
partie	parte ; partita
partir	partire, andar via
parvenir	giungere ; pervenire
parvenir à ses fins	raggiungere il proprio scopo
parvis	sagrato
pas (n.m.) ; passage	passo, passaggio ; transito
pas du tout	per niente
passager (n.m.)	passeggero
passant (adj.)	frequentato
passant (n.m.)	passante
passeport	passaporto
passer ; le passé	passare ; il passato
passion ; - ner	passione ; appassionare
pastèque	anguria, cocomero (m.)
pâte ; pâtisserie	pasta ; pasticceria ; dolce
pâtes (spaghetti)	pasta (f. sing.)
patience ; - enter	pazienza ; pazientare
patrie ; patriote	patria ; patriota

patron ; - (modèle)	padrone ; modello
patron (saint)	patrono
patte ; à quatre pattes	zampa ; carponi (adv.)
pause	pausa, sosta
pauvre ; - té	povero ; povertà
payer ; paiement	pagare ; pagamento
pays ; paysage	paese ; paesaggio
paysan	contadino
péage	pedaggio
peau ; - (écorce)	pelle ; buccia
pêche ; pêcheur	pesca *(é fermé)* ; pescatore
pêche (fruit) ; pêcher	pesca *(è ouvert)* ; pesco
peigne ; - er	pettine ; pettinare
peindre	dipingere ; pitturare
peintre (artiste)	pittore (m.), pittrice (f.)
peintre-plâtrier	imbianchino
peinture (art)	pittura
peinture (vernis)	vernice (f.)
peine ; à peine	pena, dispiacere (m.) ; appena
peiner	faticare, stentare
pelle ; pelletée	pala ; palata
pencher ; - ant (n.m.)	pendere, inclinare ; inclinazione (f.)
pendre ; suspendre	pendere ; sospendere, appendere
pendre (supplice)	impiccare
pénible	penoso, faticoso
péniche	chiatta
pénis	pène *(è ouvert)*
pensée ; penser ; re -	pensiero (m.) ; pensare ; ripensare
pensée (fleur)	viola del pensiero
pension ; - naire	pensione ; convitto ; convittore
pente	pendenza ; pendio (m.), pendice (f.)
pépin (graine)	seme
pépin (ennui)	seccatura (f.)
perçant (adj.)	acuto, penetrante
percepteur (n.m.)	esattore
percer ; une percée	forare, bucare ; spuntare ; un varco (m.), un'apertura
percevoir	percepire
perche ; - (poisson)	pertica ; pesce persico (m.)
perché	appollaiato ; posato in alto
perdre ; perte ; à - de vue	perdere ; perdita ; a perdita d'occhio
père	padre
perfection ; - ner	perfezione ; perfezionare
périmé	scaduto ; sorpassato
périmer (laisser -)	lasciare scadere
période ; périodique	periodo (m.) ; periodico
périssoire	sandolino (m.)
perle	perla
permettre	permettere, consentire
permis ; permission	permesso, licenza
persécuter	perseguitare
persister ; la persistance	persistere ; il persistere (m.)
personnage	personaggio ; tipo
personnage (rôle)	parte (f.)
personne ; il n'y a -	persona ; non c'è nessuno
perspective	prospettiva
persuader ; persuasion	persuadere ; persuasione
pervers ; perversion	perverso ; perversione
pesanteur	pesantezza
peser ; soupeser	pesare ; soppesare
pet ; péter	peto, scoreggia (f.) ; scoreggiare
péteur	scoreggione

pétillant	spumeggiante ; scintillante
pétiller ; - ment	spumeggiare ; scoppiettio
petit ; petit à petit	piccolo ; a poco a poco
pétoche (peur)	fifa
pétrole	petrolio
pétrolier (navire)	petroliera (nave) (f.)
peu ; très peu ;	poco ; pochissimo
peu à peu	a poco a poco
peuple ; peupler	popolo ; popolare
peur ; peureux ; tout -	paura ; pauroso ; tutto impaurito
peut-être ; - bien	forse ; può darsi
phare ; phares code	faro ; fari anabbaglianti
pharmacie ; - cien	farmacia ; farmacista
photo ; appareil -	foto ; macchina fotografica
pic (oiseau)	picchio
pic (outil)	piccone
pic (mont.) ; à -	picco ; a picco
picoler	sbevazzare
picorer (oiseaux)	becchettare, razzolare
picorer (manger)	piluccare
picotement	pizzicore, formicolio
pie ; pie voleuse	gazza ; gazza ladra
pièce (morceau, unité)	pezzo (m.)
pièce (document)	documento (m.), pezza
pièce (habitation)	stanza
pièce (monnaie)	moneta
pièce (théâtre)	commedia, opera teatrale
pied ; coup de -	piede ; pedata (f.)
piège	trappola (f.), tranello
pierre ; empierrer	pietra, sasso (m.) ; imbrecciare
piétiner (trépigner)	pestare i piedi
piétiner (troupeau)	scalpitare
piétiner (écraser)	calpestare
piéton (n.) ; - (adj.)	pedone ; pedonale
piètre	meschino, magro
pile (tas)	pila, catasta
pile (générateur)	pila
pilule	pillola
piquer ; - ûre	pungere ; puntura
pince	pinza ; molla, molletta
pinceau ; pincée	pennello ; pizzico (m.)
pincer	pizzicare, stringere
pincer (en - pour...)	prendersi una cotta per...
pinède	pineta
pinson	fringuello
pintade	gallina faraona
pioche ; piocher	zappa ; zappare ; sgobbare
pion	pedone ; pedina (f.)
pipe	pipa
pirate ; pirater	pirata ; pirateggiare
piscine ; - en plein air	piscina ; piscina scoperta
pisser ; pissotière	pisciare ; pisciatoio (m.)
piste ; les traces de...	pista ; le orme di...
pitié	pietà ; commiserazione
pitoyable	pietoso
pitre	buffone
pittoresque	pittoresco
placard-penderie	armadio-guardaroba
place	posto (m.)
place (en ville)	piazza
plafond	soffitto ; tetto ; massimale
plafonnier	plafoniera (f.)
plage ; - arrière	spiaggia ; ripiano posteriore (m.)
plaindre ; se -	compatire ; lamentarsi
plaine	pianura, piano (m.)
plaire ; S.V.P.	piacere ; per favore, per piacere
plaisanter ; - erie	scherzare ; scherzo (m.)
plaisir	piacere
plan ; - (dessin)	piano ; pianta (f.)
plan (d'une œuvre)	schema
planche ; - er (n.m.)	asse (f.), tavolo (m.) ; impiantito
plante ; - ter	pianta ; piantare
plaque	lastra ; piastra ; targa ; placca ; lastrone (m.)
plaque (tache)	chiazza
plastique (n.m.)	plastica (f.)
plat (adj.) ; - (n.m.)	piatto, piano ; piatto
plateau (vaisselle)	vassoio
plein ; - à craquer	pieno ; pieno zeppo
pleurer ; pleurs	piangere ; pianto (s.)
pleuvoir ; pluie	piovere ; pioggia
plier ; pli ; - (postal)	piegare ; piega (f.) ; plico
plomb ; plombier	piombo ; idraulico , stagnino
plonger ; plongeon	tuffare, immergere ; tuffo
plume ; plumeau	penna, piuma ; piumino
plus tôt	più presto
plutôt	piuttosto
pneu	pneumatico, gomma (f.)
poêle à mazout	stufa (f.) a nafta (f.)
poésie ; poète	poesia ; poeta, poetessa (f.)
poids ; - lourd (camion)	peso ; autocarro
poignée	pugno (m.) ; maniglia ; impugnatura
poignée de main	stretta di mano
poignet, pouls	polso
poil ; à un poil près	pelo ; per un pelo
poing ; coup de -	pugno ; pugno, cazzotto
point ; pointu	punto ; appuntito, a punta
poire ; - ier	pera ; pero
poison ; - violent	veleno ; veleno potente
poisson ; - nerie	pesce ; pescheria
poitrine ; - plantureuse	petto (m.) ; petto prosperoso
poivre ; poivré	pepe ; pepato
poli ; impoli	ben educato ; maleducato
police ; - d'assurance	polizia ; polizza assicurativa
polir	levigare, lucidare ; forbire
polissage	levigatura (f.)
politesse	cortesia, educazione, gentilezza
politique ; - icien (n.)	politica ; politicante
pollution ; polluer	inquinamento ; inquinare
pomme ; - de terre	mela ; patata
pommeau	pomo
pompe ; pompier	pompa ; pompiere, vigile del fuoco
pondeuse (poule)	ovaiola
pondre	deporre le uova
pont ; ponton	ponte ; pontone
populaire ; - ation	popolare ; popolazione
porc ; porc-épic	porco, maiale ; istrice
porcherie	porcile (m.)
pore ; poreux	poro ; poroso
port (abri)	porto
port d'attache	porto d'immatricolazione
port de commerce	porto mercantile
port de pêche	porto peschereccio
port (manière)	portamento

portatif	portatile
porte ; portail	porta ; uscio (m.), cancello (m.), portale (m.)
porte-avions	portaerei (f.)
porte-bagages	portapacchi
porte-bonheur	portafortuna
portefeuille	portafoglio
porte-jupe	gruccia (f.) per le gonne
portemanteau	attaccapanni
porter	portare
portière	portiera ; sportello (m.)
portrait	ritratto
poser ; apposer ; im -	posare, porre ; apporre ; imporre
possible ; impossible	possibile ; impossibile
poste (n.f.) ; - (n.m.)	posta ; posto
pot ; pot à eau	vaso ; barattolo ; brocca
pot d'échappement	marmitta (f.), scappamento
potage ; potager (n.)	minestra (f.) ; orto
poteau	palo
poubelle	pattumiera
poudre	polvere
poule ; poulet	gallina ; pollo
pouls	polso
poumon	polmone
poupée	bambola, pupa
pourboire	mancia (f.)
pourrir ; - ture	marcire ; putredine, marciume (m.)
pousser	spingere
pousser, croître	crescere
pousser (à), inciter (à)	sospingere (a), indurre (a)
poussière	polvere
pouvoir (v. et n.m.)	potere
pratique ; praticable	pratico, comodo ; praticabile
pré ; prairie	prato ; prateria
précaution	precauzione, cautela
précieux	prezioso
précipiter (se -)	precipitarsi, avventarsi
précis ; - ion	preciso ; precisione ; precisazione
préférer ; - ence	preferire ; preferenza
préjugé	pregiudizio, preconcetto
prendre	prendere, pigliare
préparer	preparare, allestire
présent (adj.) ; - er	presente ; presentare
président	presidente
presque ; - île	quasi ; penisola
presse (foule)	calca, ressa
presse (journaux)	stampa
presser (se -) ; se hâter	affrettarsi
pression	pressione
prestige ; prestigieux	prestigio ; prestigioso, portentoso
prêt (adj.)	pronto
prêt (n. m.)	prestito, mutuo
prêter	prestare
prétexte ; sous -	pretesto ; con il pretesto
prêtre ; un défroqué	prete ; uno spretato
preuve ; nouvelle -	prova ; riprova
prévenir	avvisare, avvertire ; prevenire
prévoir ; - oyant ;	prevedere ; previdente
prévisision	previsione
prier ; prière	pregare ; preghiera
prince ; - ipal	principe ; principale
printemps ; - tanier	primavera (f.) ; primaverile
priorité	precedenza ; priorità
prison	carcere (m.), prigione (f.)
prisonnier	prigioniero
priver ; privé	privare ; privato
privilège ; - ié	privilegio ; privilegiato
prix (coût)	prezzo
prix (récompense)	premio
probable ; - ment	probabile ; probabilmente
problème ; il n'y a pas de -	problema ; non ci sono problemi
procès	processo (m.), lite (f.)
proche ; - ain	vicino ; prossimo
prodige ; prodigieux	prodigio, portento ; prodigioso
produire ; - ction	produrre ; produzione
professeur	professore (m.), professoressa (f.)
profiter (de)	approfittare (di)
profiter (abuser)	approfittarsi, abusare
profond ; - eur	profondo ; profondità
programme	programma
progrès ; - ser	progresso ; progredire ; avanzare
projet ; projecteur	progetto ; proiettore
promener (se) ; - ade	passeggiare ; passeggiata
promettre ; - sse	promettere ; promessa
prononcer ; - iation	pronunciare ; pronuncia, pronunzia
proposer ; - ition	proporre ; proposta
propre ; - té	pulito ; pulizia
propriétaire	proprietario, padrone di casa
protéger ; - ction	proteggere, riparare (da) ; protezione
protester ; - ation	protestare ; protesta
prouver	provare, dimostrare
provisoire	provvisorio
provoquer ; - cation	provocare ; provocazione
prudent ; - ce	prudente ; prudenza
public ; - ité	pubblico ; pubblicità
puce	pulce
puer ; puanteur	puzzare ; puzzo (m.), fetore (m.)
puissant ; - ce	potente ; potenza
puits	pozzo
pulpe	polpa
punaise ; - (clou)	cimice ; puntina
punir ; - ition	punire ; punizione
pur ; pureté	puro ; purezza
purge ; purger	purga ; purgare
purger (conduits)	spurgare
purger (peine)	scontare, espiare
pylone	pilone

Q

quai	banchina (f.), lungofiume
qualifier	qualificare
qualité ; quantité	qualità ; quantità
quart ; quartier	quarto ; quartiere
quatrain	quartina (f.)
querelle	lite, disputa
question	domanda ; questione ; quesito (m.)
quête ; - er	questua ; questuare ; elemosinare
queue	coda
quiconque	chiunque, chicchessia
quitter ; être quitte	lasciare ; essere pari
quotidien	quotidiano

R

rabais	ribasso, sconto
raccommoder	rammendare ; rappacificare
raccourci (chemin)	scorciatoia (f.)
race ; - iste	razza, stirpe ; razzista
racine ; déraciner	radice ; sradicare ; estirpare ; espatriare
racler	raschiare, raspare ; grattar via
raclement	raschio
raconter ; racontar	raccontare, narrare ; pettegolezzo
radar ; radariste	radar ; radarista
radeau	zattera (f.)
radiateur ; - entartré	radiatore ; radiatore incrostato
radio (f.) ; - graphie	radio ; radiografia, lastra
rafale ; par rafales	raffica ; a raffiche
raffiné ; - ement	raffinato ; raffinatezza (f.)
rafraîchissant	rinfrescante
rafraîchissement	rinfrescata (f.) ; bibita fresca
ragaillardir	rinfrancare
rage ; faire -	rabbia ; imperversare
raide ; - eur	rigido ; ripido ; rigidezza, rigidità
rainure	scanalatura
raisin ; jus de raisin	uva (f.) ; succo d'uva
raison ; - nable	ragione ; ragionevole
ralenti (du moteur)	minimo (del motore)
ralenti (en -)	al rallentatore (cinema)
ramassage	raccolta (f.)
ramasser	raccogliere, raccattare
rame ; ramer	remo (m.) ; remare
rameau	ramoscello, rametto ; ramo
ramener	riportare
ramper	strisciare, muoversi carponi
rampe (plan incliné)	rampa
rampe (balustrade)	ringhiera, corrimano (m.)
rampe (théâtre)	ribalta
rang ; rangée	fila (f.) ; rango ; fila, filare (m.)
rangement	sistemazione (f.)
ranger	riordinare, riporre ; posteggiare
râper	grattugiare ; raspare
rapide ; - ité	rapido, veloce ; rapidità, velocità
rappeler ; se -	richiamare, ricordare ; ricordarsi
rapt	rapimento, ratto
raquette	racchetta
rare ; - ment	raro ; scarso ; rado ; di rado
raser (se -) ; rasoir	farsi la barba ; rasoio
rassasier	saziare, sfamare
rassembler	radunare, riunire, raccogliere
rassis (pain -)	pane raffermo
rassurer	rincuorare, rassicurare
rat ; rat d'égout	topo ; topo di chiavica
rattrapage	recupero
rattraper (évadé)	riacciuffare, riprendere
rattraper (retard)	ricuperare, compensare
rattraper (rejoindre)	raggiungere
rattraper (se -)	aggrapparsi ; rifarsi
rature	cancellatura
ravages	danni, devastazioni (f.)
ravauder ; - age	rammendare ; rammendo
ravi	lietissimo ; estasiato
ravin ; raviné	burrone ; eroso
ravissement	estasi (f.), rapimento
ravisseur	rapitore
ravitaillement	approvvigionamento
rayer	rigare ; scalfire ; cancellare
rayon	raggio ; reparto
rayon (étagère)	scaffale
réagir ; - ction	reagire ; reazione
réaliser ; réalité	realizzare, attuare ; realtà
rebondir	rimbalzare
rebondissement (fig.)	nuovo sviluppo
recel ; receleur	ricettazione (f.) ; ricettatore
recensement	censimento
récent ; tout récent	recente ; recentissimo
recevoir ; reçu (n.m.)	ricevere ; ricevuta (f.)
réchaud ; réchauffer	fornello ; riscaldare
recherche ; - er	ricerca ; ricercare
récif	scogliera (f.)
réciproque ; - ocité	reciproco ; reciprocità
récit ; - er	racconto ; recitare
réclamer ; - ation	reclamare ; richiedere ; reclamo (m.)
récolte	raccolta ; raccolto (m.)
récolter	raccogliere
récompense ; - er	ricompensa ; ricompensare
reconnaissance ; - naître	riconoscimento (m.) ; riconoscenza ; riconoscere
récif	scogliera (f.)
reculer	indietreggiare
récupérer	ricuperare, recuperare
recyclage	riorientamento ; riqualificazione (f.)
recyclage (de choses)	riciclo, riciclaggio
recycler	aggiornare, riqualificare, riciclare
rédacteur en chef	caporedattore
reddition	resa
redevance	cànone (m.)
redorer son blason	ridare lustro al casato
réduit (n.m.)	bugigattolo ; nicchia (f.)
réel ; irréel	reale ; irreale
reflet ; refléter	riflesso ; riflettere
réfrigérateur	frigorifero
refuge ;	rifugio, asilo ; salvagente ;
réfugier (se -)	rifugiarsi, riparare
refus ; - er	rifiuto ; rifiutare
régal	leccornia, squisitezza, delizia
régaler ; se -	offrire ; deliziarsi
regard ; - er	sguardo ; guardare
régime	regime ; casco (di banane, di datteri)
région ; - al	regione ; regionale
règle ; - ment	riga ; regola ; regolamento
réglisse (f. ou m.)	liquirizia (f.)
règne ; régner	regno ; regnare
regret ; - ter	rimpianto, rammarico ; rimpiangere rammaricarsi (voir p. 153)
regrettable	increscioso, spiacevole
régulier ; ir -	regolare ; irregolare
rejeter	rigettare, ributtare
rejeter (renvoyer)	rimandare
rejeter (refuser)	rifiutare, respingere
rejoindre	raggiungere ; ricollegarsi (a)
réjouir (se -)	rallegrarsi
réjouissances	festeggiamenti (m.)
relier ; relation	rilegare ; collegare ; relazione
religion ; - eux	religione ; religioso
remarquable	notevole, ragguardevole
remarque ; - er	osservazione, nota ; notare, rilevare

rembourser ; - ment rimborsare ; rimborso
remède rimedio ; medicina (f.), farmaco
remercier ; - ments ringraziare ; ringraziamenti
remettre (donner) consegnare
remords rimorso
remorque ; remorquer rimorchio (m.) ; rimorchiare, trainare
remplacer ; - ment sostituire ; sostituzione (f.) ; supplenza (f.)
remplir ; - (exercer) riempire ; compiere, adempiere
remplissage riempimento ; ripieno
remuer muovere ; smuovere ; agitare
remue-ménage confusione (f.), trambusto
renaissance rinascita ; rinascimento (m.)
rencontre ; - er incontro (m.) ; incontrare
rendez-vous appuntamento ; luogo di convegno
rendre rendere, restituire
rendre (vomir) vomitare, rimettere
renommée (n.f.) rinomanza, fama
renoncer ; - ement rinunciare, rinunziare ; rinuncia (f.)
renseigner informare, fornire ragguagli
renseignement informazione (f.)
renverser rovesciare ; invertire ; capovolgere
renvoyer rimandare, rinviare ; licenziare
répandre versare, spargere ; diffondere
réparer ; - ation riparare, aggiustare ; riparazione ; restauro (m.)
repas ; casse-croûte pasto, pranzo ; spuntino
repasser (linge) ; - age stirare ; stiratura (f.)
repentir (se -) pentirsi
répéter ; répétition ripetere ; ripetizione ; prova
répondre ; réponse rispondere ; risposta
repos ; se reposer riposo ; riposarsi, riposare
représenter ; - ation rappresentare ; rappresentazione ; recita ; rappresentanza
reproche ; - er rimprovero ; rimproverare
reproduire ; - ction riprodurre ; riproduzione
république ; - cain repubblica ; repubblicano
réputation (mauvaise) nomea
réservation prenotazione
résider ; - ence risiedere, stare ; residenza
résigner (se -) rassegnarsi
résister ; - ance resistere ; resistenza
respect ; - er rispetto ; rispettare
respirer ; - ation respirare ; respirazione, respiro (m.)
responsable ; - ilité responsabile ; responsabilità
resquilleur ; - age scroccone ; scrocco
ressembler somigliare, assomigliare, rassomigliare
restaurant ristorante, trattoria (f.)
rester ; reste rimanere, restare ; avanzare ; resto, avanzo
résultat ; excellent - risultato ; ottimo risultato
résumer ; résumé riassumere ; riassunto, compendio
retard ; - er ritardo ; far perder tempo ; essere indietro ; ritardare
retenir trattenere
retenir (réserver) prenotare
retenir (mémoire) tenere a mente, ricordare
retentir squillare ; echeggiare
retentissant (fig.) clamoroso, strepitoso
retentissante (voix -) voce squillante
retour ; - ner ritorno ; rivoltare ; rispedire
retourner (se -) voltarsi ; rigirarsi ; capovolgersi, ribaltarsi
retraite ritirata ; ritiro (m.) ; pensione
retraité pensionato
rétroviseur retrovisore
réunir riunire, raccogliere
réunir (se -) ; réunion riunirsi ; riunione, raduno (m.) ; ricongiungimento (m.)
réussir ; réussite riuscire ; riuscita
revanche rivincita
rêve ; - er ; - erie sogno ; sognare ; fantasticare ; fantasticheria
revêche arcigno
réveil ; remonter le - risveglio ; sveglia (f.) ; ricaricare la sveglia
réveiller ; se - svegliare, destare ; svegliarsi, destarsi
revenir ; revenu (n.m.) tornare, ritornare ; reddito
réviser ; révision rivedere ; ripassare ; revisionare ; revisione
révolution rivoluzione
revue rassegna ; rivista
riche ; - esse ricco ; ricchezza
ride grinza, ruga ; ondulazione
ridé grinzoso, rugoso
rideau (de fenêtre) tenda (f.), tendina (f.)
rideau (de magasin) saracinesca (f.)
rideau (de théâtre) sipario
rideau (fig.) cortina (f.)
rideaux (du lit) cortine (f.) del letto
ridicule (adj.) ; - (n.m.) ridicolo ; ridicolaggine (f.)
rien ; un rien niente, nulla ; un nonnulla
rigolade (vaste -) grossa buffonata
rincer sciacquare, risciacquare
rinçage risciacquatura (f.)
rire (v.) ; - (n.m.) ridere ; riso
risque ; - er rischio ; rischiare ; azzardare
rival ; rivaliser rivale ; rivaleggiare, fare a gara
rive ; rivage riva, sponda ; riva (f.), costa (f.)
rivière fiume (m.), corso (m.) d'acqua
riz ; gâteau de riz riso ; torta (f.) di riso
robe ; - de chambre abito (m.), vestito (m.) ; vestaglia
robinet ; - du gaz rubinetto ; chiavetta (f.) del gas
roc ; rocher roccia (f.), rupe (f.) ; scoglio
rodage ; roder rodaggio ; rodare
roi ; reine re ; regina
rôle ; à tour de - ruolo, parte (f.) ; a turno
roman (n.) ; - cier romanzo ; romanziere
rompre ; rompu rompere ; rotto, spezzato ; stremato (dalla fatica)
ronces rovi (m. plur.)
rond (adj.) ; - (n.) tondo, rotondo ; cerchio
ronfler ; le ronflement russare, ronfare ; rombare ; il russare ; il ronzio
ronger rodere, rosicchiare ; corrodere ; tormentare
rose (adj. et n.) rosa
roseau ; cannaie canna (f.) ; canneto (m.)
rôtir ; rôti (adj. et n.) arrostire ; arrosto
roue ruota
rouge rosso ; arroventato
rouge à lèvres rossetto (per le labbra)
rouille ; - é ruggine ; arrugginito
rouleau ; - à pâtisserie rotolo ; rullo ; mattarello
rouler (far) rotolare ; ruotare ; spingere
rouler (tromper) abbindolare
route strada, via, cammino (m.)

route (navigation)	rotta (f.)
routine ; routinier	trantran (m.) ; abitudinario
ruban ; enrubanner	nastro ; infioccare, infiocchettare
rudoyer	strapazzare
rue ; ruelle	via, strada ; viuzza, stradina
ruelle (entre lits)	corsello (m.)
rugir ; - issement	ruggire ; ruggito
ruine ; - er	rovina (f.) ; rudere (m.) ; rovinare
ruisseau ; ruisseler	ruscello, rigagnolo ; grondare, gocciolare, scorrere
ruse ; rusé	astuzia, scaltrezza ; astuto, scaltro, furbo
rustique	rustico ; rozzo
rustre (adj.) ; - (n.)	rozzo ; villano, zotico, zoticone
rythme	ritmo

S

sable ; s'ensabler	sabbia (f.), rena (f.) ; arenarsi, insabbiarsi
sabot ; - age ; - eur	zoccolo ; sabotaggio ; sabotatore
sac	sacco
sac à dos	zàino
sac à main	borsa (f.)
saccager ; saccage	saccheggiare ; saccheggio
sacré ; sacré numéro !	sacro ; che fenomeno! che sagoma !
sacrifice ; sacrilège	sacrificio ; sacrilegio
sage ; - esse	saggio, savio ; buono ; saggezza, giudizio (m.)
sage-femme	ostetrica, levatrice
Sagittaire	Sagittario
sain	sano
sain et sauf	sano e salvo
saint ; saintement	santo ; santamente
sainteté	santità
saison ; en toute -	stagione ; in ogni stagione
salade ; - mélangée	insalata ; insalata mista
salaire, rétribution	stipendio, salario, retribuzione
salaud, souillon	sporcaccione
sale ; - té	sporco, sudicio ; sporcizia, sudiciume (m.)
salle	sala (f.) ; locale (m.) ; aula (f.)
saloperie	porcheria, schifezza, cesso (m.)
saluer ; salut	salutare ; saluto
salutations	saluti (m. plur.)
sanction ; sanctionner	sanzione ; conseguenza ; sancire
sandale	sandalo (m.)
sang ; saigner	sangue ; sanguinare
santé ;	salute ; sanità (pubblica) ;
avoir une petite -	essere di salute cagionevole
satisfaire ; - action	soddisfare ; soddisfazione
sauce ; - piquante	salsa ; salsa piccante
saut ; - er	salto ; saltare
sauvage	selvatico ; selvaggio
sauvage (camping -)	campeggio libero
sauvagerie	salvatichezza ; efferatezza, ferocia
sauver ; se -	salvare ; salvarsi ; scappare
savoir ; qui sait... ?	sapere ; chissà... ?
savon ; - nette ; - ner	sapone ; saponetta ; insaponare
savourer ; - eux	assaporare ; gustoso, saporito
scandale ; - eux	scandalo ; scandaloso
scandaliser	scandalizzare
sceau ; sceller	sigillo ; sigillare ; suggellare

scène	scena ; palcoscenico (m.)
scène (querelle)	scenata
sceptique ; - isme	scettico ; scetticismo
schéma	schema
science ; - fiction	scienza ; fantascienza
scorpion	scorpione
sculpter ; - eur	scolpire ; scultore; scultrice (f.)
séance ; - tenante	seduta ; seduta stante
seau ; il peut à - x	secchio ; piove a catinelle
sec ; sécher	secco, asciutto ; seccare, asciugare
sécheresse ; séchoir	aridità, siccità ; essiccatore
seconde (n.f.)	secondo (m.)
secouer ; secousse	scuotere, scrollare ; scossa
secourir ; secours	soccorrere ; soccorso
secret (n.m.) ; en -	segreto ; in segreto, di nascosto
secrétaire ; - ariat	segretario ; segreteria (f.), segretariato
sécurité ; être en -	sicurezza ; essere al sicuro
séduire ; - cteur (n.)	sedurre, affascinare ; seduttore
sein ; au sein de	seno ; grembo ; in seno a, nel bel mezzo di
séjour ; salle de -	soggiorno
séjourner	soggiornare, rimanere, trattenersi
sel ; salé	sale ; salato
selle ;	sella ;
aller à la selle	andare di corpo
selon	secondo, a seconda di, stando a...
semailles	semina (f. sing.), seminagione (f.sing.)
semaine ; hebdom.	settimana ; settimanale
sembler ; - able	sembrare, parere ; simile
semer	seminare ; disseminare
sens ; bon -	senso ; buon senso, giudizio, senno
sensation	sensazione (f.), senso (m.)
sensationnel	sensazionale
sensé ; sensible	sensato, assennato ; sensibile
sentier	viottolo, viottola (f.), sentiero
sentir ; - iment	sentire ; senso, sentimento
séparer ; - ément	separare ; separatamente
sépulture ; sans -	sepoltura ; insepolto (adj.)
série ; hors série	serie ; fuori serie
sérieux ; - sement	serio ; sul serio
serment	giuramento
serment d'ivrogne	promessa (f.) da marinaio
sermon	sermone, predica (f.), paternale (f.),
serpent	serpente (m.), serpe (f.)
serpenter	serpeggiare, snodarsi
serrer ; serrure	stringere ; serratura
servante	serva, domestica
service ; serviable	servizio ; servizievole
serviette (bain)	asciugamano (m.)
serviette (cuir)	borsa, cartella
serviette (table)	tovagliolo (m.), salvietta
servir ; servitude	servire ; servitù, obbligo (m.)
seuil ; au seuil de	soglia (f.) ; alle soglie (f. plur.) di
seul ; seulement	solo ; soltanto, solo
sévère ; sévérité	severo ; severità
sexe ; - uel ; - ualité	sesso ; sessuale ; sessualità
siège (meuble)	sedile
siège (lieu)	sede (f.)
siège (milit.)	assedio
siège (le derrière)	sedere, didietro, podice
siège à pourvoir	seggio vacante
siffler	fischiare, sibilare
sifflet	fischio, fischietto
signal ; signaler	segnale ; segnalare

signe	segno ; cenno ; sintomo
signe (je vous ferai -)	Le farò un cenno
signer ; - ature	firmare ; firma
signifier	significare, voler dire ; esprimere ; notificare
silence ; - ieux	silenzio ; silenzioso
silhouette	sagoma
simple ; pur et -	semplice ; mero
simplet	sempliciotto
sincère ; bien - ment	sincero ; molto sinceramente
singe	scimmia (f.)
singerie (imitation)	scimmiottatura
situation	ubicazione ; situazione
ski ; skier ; skieur	sci ; sciare ; sciatore
sobre ; - iété	sobrio ; parco ; sobrietà
social ; société	sociale ; società
sœur ; - (religieuse)	sorella ; suora
soie ; - artificielle	seta ; seta artificiale
soif ; assoiffé	sete ; assetato
soigner ; soins	curare ; aver cura di ; cure (f.) attenzioni (f.)
soir ; soirée	sera (f.) ; sera, serata, ricevimento (m.)
sol (terre)	suolo, terra (f.)
soldat ; être à la solde de	soldato ; essere al soldo (f.) di
soldes (n.m.plur.)	saldi ; svendita (f. sing.)
soleil ; ensoleillé	sole ; soleggiato
solide ; solidité	solido ; robusto ; solidità
sombre	buio, scuro, oscuro ; cupo, tetro
somme (n.f.) - addition	somma
sommeil ; ensommeillé	sonno ; insonnolito, assonnato
sommet	cima (f.), vetta (f.) ; vertice, apice
son ; sonore	suono ; sonoro
sonder ; - age	sondare, scandagliare ; sondaggio, scandaglio
sonner ; - ette	suonare ; campanello (m.)
sort (n.m.)	sorte (f.), destino ; malocchio
sorte	specie, sorta ; tipo (m.), qualità
sortie ; sortir	uscita ; uscire ; portar fuori
sot ; sottise	sciocco, stolto ; schiocchezza, stupidaggine
sou ; gros sous	soldo ; quattrini, grana (f. sing.)
souci	preoccupazione (f.), pensiero
soucier (se - de)	preoccuparsi (di), curarsi (di)
souder ; - ure	saldare ; saldatura
souffler ; souffle	soffiare ; soffio ; fiato, alito
soufflerie ; soufflet	soffieria ; soffietto
soufflet de forge	mantice di una forgia
souffrir ; - ance	soffrire ; sofferenza
souhait ; - er	desiderio, augurio ; augurare, auspicare
souhaits (à vos - !)	salute !
souhaitable	auspicabile
soulager ; - ment	alleggerire, sollevare ; sollievo
soulever ; - ment	sollevare ; sollevamento
soulier ; petit soulier	scarpa (f.) ; scarpetta (f.)
souligner	sottolineare
soumettre	sottomettere ; sottoporre
soupçon ;- ner	sospetto ; sospettare
soupe ; trempé comme une -	zuppa, minestra ; bagnato fradicio, inzuppato
souper (v.) ; - (n.m.)	cenare ; cena (f.), cenetta (f.)
soupir ; - er	sospiro ; sospirare

souple	flessibile, morbido ; duttile
souplesse	flessibilità
source ; sourcier, - ère	sorgente, fonte ; rabdomante
sourd ; assourdir	sordo ; assordare ; attutire
sourire (v.) ; - (n.m.)	sorridere ; sorriso
souris (n.f.)	topo (m.), sorcio (m.)
sournois	sornione
sournoisement	subdolamente
soustraire	sottrarre
souterrain (adj.) ; - (n.)	sotterraneo ; sotterraneo, sottopassaggio
soutien-gorge	reggiseno, reggipetto
souvenir ; mon bon - à	ricordo ; mi ricordi a...
souvent ; le plus -	spesso, sovente ; per lo più
spécial ; spécialité	speciale, particolare ; specialità
spectacle ;- culaire	spettacolo ; spettacolare
spéculation	speculazione
spirituel	spirituale ; spiritoso
splendide ; splendeur	splendido ; splendore (m.)
spontané ; spontanéité	spontaneo ; spontaneità
sport ; terrain de -	sport ; campo sportivo
stable ; instable	stabile ; instabile
stade	stadio
stage	seminario di aggiornamento ; tirocinio
stagiaire	tirocinante, praticante
station ; - ner	sosta, stazione ; sostare, stazionare
stationnement ; parc de -	sosta (f. plur.) ; posteggio, parcheggio
statue ; stature	statua ; statura
stock ; stocker	scorte (f. plur.) ; immagazzinare
store	avvolgibile , tenda (f.) scorrevole
studieux	studioso ; dedicato allo studio
stupéfait ;-faction	stupito, stupefatto ; stupefazione
stupide ; stupidité	stupido ; stupidità, stupidaggine
style ; stylo ; stylobille	stile ; penna stilografica (f.) ; biro
subir	subire, sopportare
succéder ; succès ; à -	succedere ; successo ; di successo
sucer ; sucette	succhiare ; lecca lecca (m.)
sucre ; sucreries	zucchero ; dolciumi (m. plur.)
sud	sud
suer ; sueur ; suée	sudare ; sudore (m.) ; sudata
suffire ; ça suffit	bastare ; basta
suffoquer	soffocare ; togliere il fiato
suggérer ; suggestion	suggerire ; suggerimento (m.) ; suggestione
suicide ; se suicider	suicidio ; suicidarsi
suite ; à suivre	seguito (m.) ; segue, continua
suivre ; suivant	seguire ; seguente
sujet	soggetto ; argomento, tema
sujet (au - de)	riguardo a
supercherie	inganno (m.)
superficiel ; superflu	superficiale ; superfluo
supérieur ; - orité	superiore ; superiorità
superstitieux ; - tion	superstizioso ; superstizione
supplément ; - aire	supplemento ; supplementare
supplice	supplizio
supplier	supplicare, scongiurare
supporter	sopportare, sostenere ; subire
supposer	supporre, ammettere
supposition	supposizione, ipotesi
supprimer ; -ssion	sopprimere ; soppressione
suprématie ; suprême	supremazia ; supremo
sûr ; sûreté	sicuro ; sicurezza, garanzia
surface ; à la surface	superficie ; a galla

surgelé	surgelato
surhumain	sovrumano
surmenage	strapazzo, sovraffaticamento
surmener (se -)	strapazzarsi
surmonter	sormontare ; superare
surprendre ; surprise	sorprendere ; scoprire ; sorpresa
surtout (adv.)	soprattutto, principalmente
surveillance	sorveglianza
surveiller	sorvegliare, controllare
survêtement	tuta (f.)
survivre ; - ant	sopravvivere ; superstite
susceptible ; - de	permaloso ; suscettibile di
suspect ; - er	sospetto ; sospettare
suspendre	sospendere ; appendere
svelte	snello, slanciato
syncope (cœur)	collasso
système	sistema

T

tabac ; tabagisme	tabacco ; tabagismo
table ; tableau	tavola, tavolo (m.) ; quadro, scena (f.)
tache ; tacher	macchia, chiazza ; macchiare
tâche ; à la -	compito (m.) ; a cottimo
taille (ceinture)	vita
taille (une - de guêpe)	un vitino (m.) di vespa
taille (coupe)	taglio (m.), intaglio (m.)
taille (stature)	statura
tailler	tagliare, incidere
tailleur de...	tagliatore di...
tailleur (couturier)	sarto
taire ; se -	tacere ; tacere, stare zitto
talc	talco
talé	ammaccato
talon (chaussure)	tacco
talon (du pied)	calcagno
talon (de chèque)	talloncino
talonner	tallonare, incalzare
talus	scarpata (f.), ciglione
taper ; tapage	battere ; schiamazzo
tanner ; tannerie	conciare ; conceria ; concia
tante ; grand-tante	zia ; prozia
tantôt... tantôt...	ora... ora...
tapis ; - brosse	tappeto ; zerbino
tarabiscoté	ricercato, arzigogolato
tarabuster	assillare, angustiare
tard ; tarder	tardi ; tardare ; indugiare
tarder (sans -)	senza indugiare
tarif	tariffa (f.)
tarte	torta
tas	mucchio
tasse	tazza, tazzina
tâter ; à tâtons	tastare ; saggiare ; a tastoni
taudis	tugurio, catapecchia (f.), stamberga (f.)
taureau	toro
taux	tasso
taxe ; taxi	tassa, imposta ; tassì, taxi
technique ; - cien	tecnico ; tecnico
teindre ; teinture	tingere ; tintura
teint (du visage)	carnagione (f.)
télégramme	telegramma
téléphone ; -er	telefono ; telefonare
télésiège ; téléski	seggiovia (f.) ; sciovia (f.), skilift
téléviseur ; - sion	televisore ; televisione
témoin ; témoigner	testimone ; testimoniare
tempérament	temperamento, indole (f.)
température	temperatura
tempête	tempesta, fortunale (m.)
temple ; temples	tempio ; templi
temps ; - poraire	tempo ; temporaneo
tenancier de tripot	biscazziere
tendre ; - esse	tenero ; tenerezza
tenir	tenere, reggere ; tener duro, resistere
tente ; - (bâche)	tenda ; telone (m.)
tenter ; - ation	tentare ; tentazione
terme ; - iner	termine ; terminare
terre ; terrain ; - asse	terra ; terreno ; terrazza, terrazzo (m.)
terreur ; - ible	terrore (m.) ; terribile, tremendo
terrorisme ; - iste	terrorismo ; terrorista
tête ; têtu	testa, capo (m.) ; testardo, cocciuto
texte	testo
thé ; théière	tè ; teiera
théâtre ; - de verdure	teatro ; teatro verde
thème	tema ; versione (f.)
théorie ; théorique	teoria ; teorico
thermomètre	termometro
ticket ; - de caisse	biglietto ; scontrino
tiède ; tiédeur	tiepido ; tiepidezza, tepore (m.)
tiers ; tiers payant	terzo ; assistenza (f.) diretta
tige	gambo (m.), stelo (m.)
timbre (affranch.)	francobollo
timbre (cachet)	timbro, bollo
timide ; - ité	timido ; timidezza, timidità
tirer ; tiroir	tirare ; cassetto
tirer (arme à feu)	sparare
tisser ; tissu	tessere ; tessuto
titre ; sous-titré	titolo ; con sottotitoli
toast	brindisi ; toast
toile ; toilettes (W.C.)	tela ; bagno (m.), gabinetto (m.)
toilette	toeletta, toletta
toit ; toiture	tetto ; copertura
tôle	lamiera
tolérer ; - ance	tollerare ; tolleranza
tomate	pomodoro (m.)
tombeau	tomba (f.), avello
tomber ; - de sommeil	cadere, cascare; cascare dal sonno
tondre	tosare
tonne	tonnellata
tonneau ; tonnelle	botte (f.) ; pergolato (m.)
tonnerre ; une fille du -	tuono ; uno schianto di ragazza
torchon	strofinaccio ; straccio
tordre	torcere, storcere
torrent ; il pleut à -	torrente ; piove a catinelle
tort ; à - et à travers	torto ; a vanvera, a casaccio, a sproposito
torture ; - er	tortura ; torturare
tôt ; plus tôt	presto ; prima
total ; totalité	totale ; totalità
toucher ; - de l'argent	toccare ; riscuotere danaro
toujours	sempre
tour (n.f.) ; - penchée	torre ; torre pendente
tour (n.m.) ; - de rôle	giro ; gioco ; scherzo ; turno
tourbillon	turbine, vortice
tourbillonner	turbinare
tourelle	torretta

tourisme ; - iste	turismo ; turista
tournant	curva (f.), svolta (f.), tornante
tourne-disque	giradischi
tourner	girare ; voltare ; volgere
tousser ; toux	tossire ; tosse
tout ; tous ; toutes	tutto ; tutti ; tutte
tout à fait	affatto, proprio, del tutto
tout à fait (pas -)	non del tutto
toutefois	tuttavia
toxique ; toxicomane	tossico ; tossicomane
trace ; tracer	traccia ; tracciare
tradition ; - nel	tradizione ; tradizionale
traduire ; - ction	tradurre ; traduzione
trahir ; trahison	tradire ; tradimento (m.)
train ; rapide (n.m.)	treno ; rapido
traîner ; - (flâner)	trascinare, tirare ; gironzolare
trait ; traiter	tratto, linea (f.) ; trattare
traître ; traîtrise	traditore ; tradimento, trabocchetto
trajet	tragitto
tramway	tram, tranvai
tranche ; trancher	fetta ; tagliare, troncare
tranquille ; - ité	tranquillo ; tranquillità
transformer ; - ation	trasformare ; trasformazione
transfusion	trasfusione
transmettre ; - mission	trasmettere ; trasmissione
transparent	trasparente
transpirer	sudare
transport ; - er	trasporto ; trasportare
travail ; travailler	lavoro ; lavorare
traverser ; - ée	attraversare ; traversata
treille	pergola ; vite a pergolato
treillis	graticcio, traliccio
tremblement de terre	terremoto
trembler ; - ment	tremare ; tremolio, tremito, tremore
tremper	inzuppare, immergere
très	molto, tanto, assai
trésor ; trésorier	tesoro ; tesoriere
tressaillir	trasalire
tresse ; tressage	treccia ; intrecciatura
tri ; trier	cernita (f.) ; fare la cernita di, selezionare
triangle	triangolo
tribunal ; tribune	tribunale ; tribuna
tricher	barare, imbrogliare
tricherie	imbroglio (m.), truffa
tricot	maglia (f.) ; lavoro a maglia
tricoter	lavorare a maglia
triomphe ; - er	trionfo ; trionfare
tripot	bisca (f.)
tripoter	brancicare, palpeggiare
triste ; - esse	triste ; tristezza
troc ; troquer	baratto ; barattare
tromper ; se -	ingannare ; sbagliare
trottoir	marciapiede
trou ; trouer	buco, buca (f.) ; bucare, forare
trouble ; - er	torbido ; intorbidare ; disturbare ; turbare
troupe ; troupeau	truppa ; branco, gregge, armento, mandria (f.)
trouver ; - aille	trovare ; scoperta, trovata
truffe	tartufo (m.)
tube, tuyau	tubo, tubetto ; tubo, cannello
tuer ; tuerie	ammazzare, uccidere ; carneficina
tuile	tegola
tunnel	galleria (f.), traforo
tutoyer	dare del tu (a)
type ; - ique	tipo ; tipico
tyran ; - nique ; - ie	tiranno ; tirannico ; tirannia

U

union ; unique	unione ; unico
unir ; uni (adj.)	unire ; unito ; piano, liscio
univers ; universel	universo ; universale
université	università
urbain ; - anisme	urbano ; urbanistica (f.)
urgent ; - ce	urgente ; urgenza, emergenza
usage ; usagé	uso ; usato
user	consumare ; fare uso di, usare
usure	logorio (m.), usura
usine	fabbrica, officina, opificio (m.)
ustensile	utensile
usuel	usuale
utile ; - ité	utile ; utilità
utiliser	utilizzare, usare

V

vacances ; vacant	vacanze, ferie ; vacante
vagabond ; - er	vagabondo ; vagabondare, errare
vague (n.f.)	onda ; ondata
vain ; en vain	vano ; invano
vaincre ; vainqueur	vincere ; vincitore
vaisselle (récipients)	stoviglie (f. plur.), vasellame (m.)
vaisselle (action)	rigovernatura
faire la vaisselle	rigovernare ; lavare i piatti
valable	valevole, valido
valet ; - (meuble)	valletto ; stiracalzoni
valeur	valore (m.)
valide ; - ité	valido ; validità
valise	valigia
vallée	valle
valoir	valere
valse ; valser	valzer (m.) ; ballare il valzer
vandalisme	vandalismo
vanité ; - iteux	vanità ; vanitoso, vanesio
vantard ; vantardise	spaccone, fanfarone ; vanteria, spacconata
vanter ; se -	vantare ; vantarsi
vapeur ; - oriser	vapore (m.) ; vaporizzare
vaquer à	attendere a, occuparsi di
varier ; varié (adj.)	variare ; vario, svariato
vase (n.m.) ; - (n.f.)	vaso ; melma
vaurien	furfantello, mascalzoncello
veau ; viande de -	vitello ; vitella (f.)
vedette (célébrité)	divo (m.), diva, stella
végétal ; - arien	vegetale ; vegetariano
véhicule	veicolo
veiller	vegliare ; vigilare, sorvegliare
veilleur de nuit	guardia notturna (f.)
veine (anat.)	vena
velours ; velouté	velluto ; vellutato
vendanges	vendemmia (f. sing.)
vendre ; - eur	vendere ; venditore ; commesso
venger ; - eance	vendicare ; vendetta
venin ; venimeux	veleno ; velenoso

venir ; venue (n.f.)	venire ; venuta, arrivo (m.)
vent ; venté	vento ; ventoso
vente	vendita
vente aux enchères	vendita all'asta
ventilateur	ventilatore
ventouse	ventosa ; coppetta
ventre ; à plat -	ventre, pancia (f.) ; bocconi (adv.)
ver	verme, baco
verbe ; - al	verbo ; verbale
verdure	verde (m.), vegetazione
verglas	fondo ghiacciato
vérifier	verificare, accertare ; dimostrare
vérification	accertamento (m.), verifica
vérité ; - able	verità ; vero, autentico
vermoulu	tarlato
vernis	vernice (f.)
verre, vitre	vetro (m.)
verre (à boire)	bicchiere
verrou	catenaccio, chiavistello
vers (n.m. et prép.)	verso
Verseau	Acquario
verser (argent)	versare
verser (liquide)	mescere, versare, spargere
vert ; vert-de-gris	verde ; verderame
vertical	verticale
vertige	vertigine (f.), capogiro
vertigineux	vertiginoso
vertu ; - eux	virtù ; virtuoso
veste ; veston	giacca
vestiaire	guardaroba (f.)
vestibule	ingresso, entrata (f.)
vêtement ; vêtements	vestito, abito ; indumenti, vestiti
vétérinaire	veterinario
veuf ; veuve	vedovo ; vedova
vexer ; se vexer	offendere, ferire ; offendersi
viaduc	viadotto, cavalcavia
viande ; - de conserve	carne ; carne in scatola
vibrer ; - ation	vibrare ; vibrazione
vice ; - ieux	vizio ; vizioso
victime	vittima
victoire ; - orieux	vittoria ; vittorioso, vincitore
vidange	cambio (m.) dell'olio
vide ; vider	vuoto ; vuotare, svuotare
vie ; vital ; - ité	vita ; vitale ; vitalità
vieillir ; - esse	invecchiare ; vecchiaia
vierge ; vigne vierge	vergine ; vite del Canadà
vieux ; - garçon	vecchio, anziano ; scapolo incallito
vif (adj.) ; - (n.m.)	vivace, vivo, sveglio ; vivo
vigne ; - oble	vite ; vigneto
vilain ; vilainement	brutto ; cattivo ; malamente
villa ; petite -	villa ; villetta, villino (m.)
ville ; village	città ; paese, paesino, villaggio
villageois (adj. et n.)	paesano
villégiateur ; - ure	villeggiante ; villeggiatura
vin ; vinaigre	vino ; aceto
violent ; - ce	violento ; violenza
violenter	violentare ; snaturare
violer ; - ation	violare ; violentare ; violazione
violet ; violette	viola (inv.) ; viola, violetta, mammola
virement	giroconto, bancogiro
virer (argent)	trasferire (danaro)
viril ; - ité	virile ; virilità
vis ; visser	vite ; avvitare
visa	visto ; vidimazione (f.)
visage	viso, faccia (f.), volto
viser ; vision	mirare ; visione ; vista
visite ; visiter	visita ; visitare
vite (adv.)	in fretta, velocemente, presto
vitesse	velocità
vitre ; - ail ; - ine	vetro (m.) ; vetrata (f.) ; vetrina
vivre ; vivres	vivere, campare ; viveri
vœu ;	voto, augurio ;
- x de bonne année	auguri di buon anno
voie ; - ferrée	via ; corsia ; ferrovia
voile (n.f.) ; - (n.m.)	vela ; velo
voir ; revoir ; au -	vedere ; rivedere ; arrivederci, arrivederLa
voire	e persino, magari, o addirittura
voisin ; voisinage	vicino ; vicinato, vicinanza (f.)
voiture	vettura, carrozza, macchina, autovettura
voix ; voix off	voce ; voce fuori campo
volage	volubile, incostante
volaille	pollame (m.) ; pollo (m.)
volant	volante
volcan ; volcan éteint	vulcano ; vulcano spento
voler (dans l'air) ; vol	volare ; volo
voler (dérober) ; vol	rubare ; furto
voleur	ladro
volonté ; - aire	volontà ; volontario, volitivo
volontiers	volentieri
volume	volume
vomir ; - issement	vomitare ; vomito
vote ; voter	votazione (f.), voto (m.) ; votare
vouloir	volere
voûte ; voûté	volta ; a volta, arcuato ; curvo
voyage ; - er ; - eur	viaggio ; viaggiare ; viaggiatore
voyou	monello ; mascalzone
vrai (adj. et n.)	vero
vraisemblable	verosimile
vue ; longue -	vista, veduta ; cannocchiale (m.)
vulgaire	volgare

W

wagon ;	vagone, carrozza (f.)
- de marchandises	vagone merci
W.C., toilettes	toilette (f. sing.), bagno (m.), ritirata (f.), latrina (f.), gabinetto (m.) cesso (m.)

Y

yacht	panfilo
yachting	navigazione da diporto
yaourt, yoghourt	iogurt, yogurt

Z

zèle ; zélé	zelo, premura (f.) ; zelante
zéro ; mettre au -	zero ; azzerare
zeste de citron	scorzetta (f.) di limone
zone ; - bleue	zona ; zona disco
zone (de seconde -)	di second'ordine, di serie B
zut !	accidenti !

INDEX GRAMMATICAL